メランヒトンの人間学と教育思想

― 研　究　と　翻　訳 ―

菱　刈　晃　夫

成文堂

はじめに

　ルターが「95箇条の提題」を1517年に掲げて以来，2017年は宗教改革500年記念の年となった。17年の翌年となる1518年，本書で取り上げるメランヒトンが21歳でヴィッテンベルクの地を踏むことになる。8月25日のことであった。よって2018年もまた，ルターとメランヒトンとの歴史的出会いから500年目の記念の年といえよう。

　ルターに比してメランヒトンの知名度は，とくに日本では低いものの，1997年のメランヒトン生誕500年記念を嚆矢として，欧米では数多くの研究成果が世に送り出されてきている。とりわけドイツではメランヒトン研究が飛躍的に前進している。その生まれ故郷ブレッテンにあるメランヒトン・アカデミー（Europäische Melanchthon-Akademie Bretten）所長のギュンター・フランク編集による包括的かつ本格的なメランヒトン研究入門への手引き書も刊行された（Frank, Günter (Hg.): Philipp Melanchthon. Der Reformator zwischen Glauben und Wissen. Ein Handbuch. Berlin 2017）。同時に新しいメランヒトン全集の刊行も着々と進行中である（次の第1章で見るメランヒンの思想構造をよく反映した内容構成についてはメランヒトン・アカデミー内のウェブサイト http://www.melanchthonedition.com/ 参照）。前年には，現代におけるメランヒトン研究の中心であるハイデルベルクのメランヒトン研究所（Melanchthon-Forschungsstelle der Heidelberger Akademie der Wissenschaften）の創設者シャイブレによる伝記（初版1997年）の改訂版も出版された（Scheible, Heinz : Melanchthon. Vermittler der Reformation. Eine Biographie. München 2016）。すでにシャイブレによる簡略なメランヒトン伝記は訳されてはいたが（拙訳「メランヒトン」日本ルター学会編訳『宗教改革者の群像』知泉書館，2011年，329-369頁），この度ご高齢にも関わらずシャイブレ先生は，電子メールでも私の拙い質問に親切かつ丁寧にお答えいただいたうえに，新たに資料をお送り下さったり，研究所員の方をご紹介いただいたりした。まず，ここに記して心より感謝の意を表する。メランヒトンの広く深く豊かな

ii　　はじめに

思想世界へと誘うこの書物は，現代におけるメランヒトンの最上の伝記であるといえるが，その背景には膨大な研究の積み重ねがある。本書でもメランヒトン研究を愛して止まないシャイブレ先生からの多大な恩恵に与っている。また研究所のホームページからはメランヒトンの書簡についてなど，さまざまな情報を得ることができる。

　拙著『ルターとメランヒトンの教育思想研究序説』（溪水社，2001 年）からは，すでに 17 年の月日が経ってしまった。その間『近代教育思想の源流──スピリチュアリティと教育──』（成文堂，2005 年）ではメランヒトン教育思想研究のその後の成果を公表したが，しかし「序説」から「本論」への展開には程遠い状態にあった。むろんメランヒトンについて研究を少しずつ進めながら，その原典からの翻訳も細々と続けてはいた。そこで 2018 年，メランヒトンが宗教改革史もしくは世界史の表舞台に登場してから 500 年を記念する年に，ようやく本論の入り口にさしかかった結果が，ささやかな小著である。

　ともかくルターという宗教改革史のヒーローのみならず，その重要な脇役としてこの運動を支え，しかも教育という具体的な実践を通じてルター神学の理念を現実化した人物として，「ドイツの教師」メランヒトンを看過するわけにはいかない。彼なくして宗教改革は決して進展しえなかったであろう。激動する歴史的かつ社会的コンテキストのなかで，その流れとともに彼の思想も開花し変化していくが，核心にはルターとの運命的出会いを通じて熱く刻印された神学が常にあった。律法と福音の区別を通奏低音とするルター神学を基盤にしてメランヒトンの「人間学」は構築され，ここから多様で幅広い思想が壮大なスケールをもって展開されていく。ただし彼の本職はヴィッテンベルク大学での教職および研究にあった。ルネサンス人文主義によって甦ったギリシア・ローマ以来の古典および聖書という原典（そして原点）に絶えず立ち還りつつ，また当時の最新の研究成果を取り入れながら，その時代と社会のニーズに応答する形で生きた思想を紡ぎ出していったメラントヒン。しかし，その天職はあくまでも教師であり，教育こそが彼の本業であった。彼は優れた研究者であると同時に，また優れた教育者でもあったのだ。ゆえに私たちは彼のテキストの至る所で「教育」に関する教育的言説を

はじめに　iii

見出すであろう。とはいえメラントヒンの人間学から展開される彼の学問世界は一人の研究者の人生を軽く超えて遥かに広大であり，今もルネサンス風に美しく調和した明晰な姿を残してくれている。

　第Ⅰ部研究編では，先の二冊の前著に続く成果をまとめ，メランヒトンの思想世界の全体像を，その人間学と教育を中心にして俯瞰すべく描き出そうと試みた。加えてメランヒトンに関連する重要人物と派生的なトピックについても第5章で扱った。

　第Ⅱ部翻訳編では，これまで断片的に公表してきたメランヒトン原典からの邦訳の一部を14編収録した。いずれも日本では初訳となるものばかりである。そのタイトルを一覧するだけでもメランヒトンの幅広さが看取できるが，なかでも第Ⅰ部に記されているように，自然学もしくは自然哲学に対する彼の関心は大きかった。これら作品や思想の全体的繋がりや構造については第1章で明らかにした。

iv

凡　例

・　翻訳の底本としてはメランヒトン全集（Corpus Reformatorum）とシュトゥッペリッヒ版著作集 (Melanchthons Werke in Auswahl) に依った。メランヒトン全集には CR の略記号を用い，続く数字は巻，次に頁を示す。次にシュトゥッペリッヒ版著作集には MSA の略記号を用い，続く数字は巻，次に頁を示す。ただし『倫理学概要』は Heineck, Hermann : Die aelteste Fassung von Melanchthons Ethik. Berlin 1893. に依った。

・　最小限必要と思われる箇所には訳語の後に原文を記した。また，原文の理解を助けるために訳者の判断で〔　〕内には原文にはない言葉を補って訳出し，ルビをふるなどして平易さを第一に心掛けた。読みやすさを優先したため底本とは異なる改段箇所もある。

・　注および文献一覧に掲げた英語等文献もドイツ語文献と同様の表記法に従った。

・　原文中のイタリックおよび大文字の強調体については傍点を付した。

・　講演に属するものは敬体で訳出した。

・　聖書は新共同訳（1987 年）に依った。聖書の略語もこの目次に依った。引用の際は本書の表記に合わせて微細な修正を施している箇所もある。

・　人名，書名等はできる限り現在日本で一般的に用いられているものを採用した。

・　古典文献からの引用については可能な限り邦語出典箇所を示すようにし

た。引用の際は本書の表記に合わせて微細な修正を施している箇所もある。

目　次

はじめに　i

凡例　iv

第Ⅰ部　研究編

第1章　メランヒトンの思想構造
1節　メランヒトンの修学時代と教授就任演説
　　　──人文学者としての基礎形成── ……………………………… 5
2節　聖書学士から『ロキ』へ
　　　──宗教改革者としての核心形成── …………………………… 11
3節　メランヒトン思想の構造と特質 ……………………………… 18

第2章　メランヒトンの人間学
1節　初期近代における人間学の誕生 ……………………………… 28
2節　メランヒトン人間学の特質と構成 …………………………… 34
3節　人間学の内容 …………………………………………………… 39

第3章　メランヒトンの教育原理と実践
1節　アニマ論と教育の原理 ………………………………………… 57
2節　教育の目標と言語 ……………………………………………… 67
3節　メランヒトンの教育実践 ……………………………………… 75

第4章　メランヒトンのヴィッテンベルク大学教育改革
1節　メランヒトン着任前から1523年までのカリキュラム ……… 84
2節　再洗礼派との全面対決（1527年）までのカリキュラム …… 91

viii　目　次

　3節　再洗礼派との対決後のカリキュラム ……………………………………… 95

第5章　ルター主義キリスト教倫理の展開

　1節　カメラリウスの教育論 ……………………………………………………… 103

　　　（1）　カメラリウス略歴

　　　（2）　教育論の構造概略

　　　（3）　教師と生徒との関係

　2節　ルターの大教理問答書 ……………………………………………………… 109

　　　（1）　カテキズム成立に至る歴史的背景

　　　（2）　社会的背景と個人的背景

　　　（3）　内容と特徴

　3節　格差社会とルター ……………………………………………………………… 121

　　　（1）　神の「容器」と「道具」

　　　（2）　貧困とルター神学

　　　（3）　社会福祉の具体化に向けて

　4節　格差社会とブーゲンハーゲン ……………………………………………… 134

　　　（1）　ライスニク『共同金庫の規定』からブーゲンハーゲンへ

　　　（2）　社会福祉の精神の真髄にあるブーゲンハーゲン神学

　　　（3）　ハンブルクに宛てた手紙からブラウンシュヴァイク教会規定へ

第 II 部　翻訳編

　1　聖書学士提題（1519 年）……………………………………………………… 147

　2　現世の義とキリストによる義の違い（1522 年）…………………………… 151

　3　福音と哲学の違いについて（1527 年）……………………………………… 157

　4　学習の規則について（1531 年）……………………………………………… 162

　5　倫理学概要（1532 年）………………………………………………………… 171

　6　占星学の価値（1535 年）……………………………………………………… 231

　7　哲学について（1536 年）……………………………………………………… 241

目　次　ix

8　自然学について（1542 年）……………………………………… 252

9　ニコマコス倫理学・第 1 巻について（1546 年）………………… 262

10　心臓の部分と運動について（1550 年）………………………… 300

11　魂についての書（1553 年）……………………………………… 313

12　教会で用いられている数多くの語句の定義（1552/53 年）………… 404

13　解剖学について（1553 年）……………………………………… 453

14　医学という学問について（1555 年）…………………………… 464

おわりに　475

あとがき　477

文献一覧　480

索引　490

第Ⅰ部　研究編

第1章
メランヒトンの思想構造

　2017年は宗教改革500周年に当たる。周知のように1517年，ルター（Martin Luther,1483-1546）による悔い改めと贖宥に関する「95箇条の提題」（贖宥の効力を明らかにするための討論 Disputatio pro declaratione virtutis indulgentiarum）が最初のきっかけとなり，それから宗教改革（Reformation）は一気にドイツ，そしてヨーロッパ，さらにはアメリカ大陸へと広がっていった[1]。ただしユングも指摘しているように，ただルターのみによって宗教改革が開始されたわけでも，また拡大していったわけでもない。彼はその嚆矢となりはしたが，そこに至るまでにはすでに長い歴史的蓄積と，その後も彼を支える協力者が多くいたのである。無論それに対抗する内外の多くの敵たちも。

　　ルターなしに宗教改革はなかったでしょうが，彼一人では改革は実現できなかったでしょう。当初から彼には支持者と後援者がいましたし，宗教改革を成功に導くためには彼らが必要でした。支持者，後援者としてヴィッテンベルクに，またドイツとヨーロッパの多くの地域に協働する宗教改革者たちがいました。ヴィッテンベルクの宗教改革には一人の，近年言われるところでは二人の指導者がいました。ルターとメランヒトンは共に働き責務を分かち合いました[2]。

1　オーバーマン『二つの宗教改革——ルターとカルヴァン——』日本ルター学会・日本カルヴァン研究会編訳，教文館，2017年，踊共二編『記憶と忘却のドイツ宗教改革——語りなおす歴史1517-2017——』ミネルヴァ書房，2017年，参照。
2　ユング『宗教改革を生きた人々——神学者から芸術家まで——』菱刈晃夫・木村あす

4 第Ⅰ部 研究編

「ドイツの教師」（Praeceptor Germaniae）と当時から尊称されたメランヒト
ン（Philipp Melanchthon, 1497-1560）こそ，ルターの右腕として宗教改革運動
に協力したもうひとりの宗教改革者である[3]。

しかし後に人文学の王者といわれたエラスムス（Erasmus von Rotterdam,
1466/69-1536）とルターとのあいだで起こる自由意志に関する論争を見ても
分かるように[4]，このなかでメランヒトンがとったスタンスからしても[5]，
第一の宗教改革者であるルターとその有力な協力者であるメランヒトンとの
あいだには，当然のことながら性格や思想の違いが見出される[6]。というの
もメランヒトンは，まず人文学者（Humanist）であり，人文主義による教育
の成果である人文主義的教養（humanitas, Bildung）を骨の髄まで身につけた
教師であったから[7]。

とはいうものの，ここでかつて行われてきたように人文主義（Humanismus）
と宗教改革とを単純に対立するものとして捉えるのは誤っている。ギリシ
ア・ローマの古典古代作家の原典に回帰し，これを原点にして「人間的なる
もの」（humanum）――生まれながらの「人間らしさ」ではなく，それを欠

か訳．知泉書館．2017 年，v‒vi．頁。

3 ユング『メランヒトンとその時代――ドイツの教師の生涯――』菱刈晃夫訳．知泉書
館，2012 年，参照。

4 金子晴勇『宗教改革の精神――ルターとエラスムスの思想対決――』講談社学術文庫．
2001 年，参照。

5 拙著『ルターとメランヒトンの教育思想研究序説』溪水社，2001 年，153 頁以下，参
照。Cf. Scheible, Heinz: Melanchthon und die Reformation. Forschungsbeiträge. Mainz
1996. S. 171ff.

6 Cf. Scheible, Heinz: Aufsätze zu Melanchthon. Tübingen 2010. S. 1ff.

7 フマニスト，英語ではヒューマニストは人文学者もしくは人文主義者と訳される。
Humanismus, Humanisme という用語は 19 世紀初めに作り出された言葉であるが（拙
著『習慣の教育学――思想・歴史・実践――』知泉書館，2013 年，202 頁以下参照），
ヒューマニスト（humanista）という用語は 15 世紀末のイタリアにさかのぼり，16 世
紀のあいだに一般に用いられていた（クリステラー『イタリア・ルネサンスの哲学者』
佐藤三夫監訳，みすず書房，1993 年，224 頁以下，参照）。それは人文学すなわち
studia humanitatis の教師と学生を意味していた。ストゥディア・フーマーニターティ
ス（人文学）とは，15 世紀より，文法，修辞学，詩，歴史，および道徳哲学という五
つの学科を含み，ここから派生して，これらの学科を職業的に代表する者たちがヒュー
マニストと呼ばれた。詳しくは，根占献一『フィレンツェ共和国のヒューマニスト――
イタリア・ルネサンス研究――』創文社，2005 年，33 頁以下，参照。

いては人間とはいえない本質的なもの——「教養」としての人間性を高めようとする学問運動（ルネサンス）と宗教改革とは，決して相容れないものではなく，むしろこうした人文主義運動としてのルネサンスがあったからこそルターによる宗教改革は可能になった[8]。まさに「エラスムスが卵を産み，それをルターが孵した」のである[9]。

　本章では，まずは人文学者として1518年21歳の若さでヴィッテンベルク大学に招聘され第二の宗教改革者となるメランヒトンの思想構造とその特質を解明したい。はじめにメランヒトンの修学期にさかのぼりつつ，ヴィッテンベルク大学に教授として就任した際の演説の内容から，彼のとくに教育思想の要点を明らかにする。この時期に人文学者としての基礎が形成される。次にルターおよびその神学との出会いによって生成されてくるメランヒトンのとくに神学思想の要点を明らかにする。この時期には宗教改革者としての核心が形成される。最後に人文主義と宗教改革が統合されたメランヒトンの思想の全体的構造とその特質を明らかにすることで，今後の研究のための見取り図を示したい。

1節　メランヒトンの修学時代と教授就任演説
——人文学者としての基礎形成——

　メランヒトンは1497年2月16日ブレッテン（現在では大都市カールスルーエの近く）に生まれた。メランヒトンの詳しい伝記については他に譲るにせよ[10]，元の名を Philipp Schwartzerdt という。このシュヴァルツェルトというドイツ語名が，後に人文学者ロイヒリン（Johannes Reuchlin, 1455-1522）に

8　ユング前掲『宗教改革を生きた人々』，27頁，参照。Cf. Junghans, Helmar: Der junge Luther und die Humanisten. Weimar 1984. Beyer, Michael/Wartenberg, Günther (Hg.): Humanismus und Wittenberger Reformation. Festgabe anläßlich des 500. Geburtstages des Praeceptor Germaniae Philipp Melanchthon am 16. Februar 1997. Leipzig 1996.

9　同上書，4頁，参照。

10　主に次を参照。ユング前掲『メランヒトンとその時代』，シャイブレ「メランヒトン」（日本ルター学会編訳『宗教改革者の群像』知泉書館，2011年，329-369頁）。Scheible, Heinz: Melanchthon. Vermittler der Reformation. Eine Biographie. München 2016.

6   第 I 部　研究編

よってギリシア語化され，フィリップはメランヒトンと名乗るようになった。ただし自身は短くメラントン（Melanthon）とするのが常であった[11]。幼くして父と父母とを亡くし，彼は 1508 年より近郊プフォルツハイムにあったラテン語学校に通うことになるが，そこで寄宿していたのがロイヒリンの妹エリーザベト（Elisabeth Reuchlin : Els Reuchlerin, ca. 1470-ca. 1545）の家であった。彼女は母方の親戚であった。エリーザベトはメランヒトンの母方に繋がる男性と婚姻関係にあり，ゆえにロイヒリンとメランヒトンは血縁関係にはなかったが，しかし彼は才能あるフィリップのことを親戚として可愛がり，1509 年 3 月 15 日にギリシア語文法書とともに「メラン-ヒトン」（シュヴァルツ-エルトというドイツ語では「黒い」「土地」を意味する言葉のギリシア語訳）を彼に贈ったのである。

　すでにブレッテンで幼少期を過ごしていたときからメランヒトンの知的才能に親たちは気づき，フィリップは町のラテン語学校に通い，かつプフォルツハイム出の家庭教師ヨハネス・ウンガー（Johannes Unger, ca. 1485-1553）によってラテン語の基礎基本を徹底して厳しく叩き込まれた[12]。1508 年に父と祖父とが相次いで他界すると，彼は弟たちとともにプフォルツハイムのエリーザベトのところへと送られた。というのもここには当時より名高いラテン語学校があり，やはり優秀な教師ゲオルク・ジムラー（Georg Simler, ca.1475-1535）がいたからである。彼は後にテュービンゲン大学教授となり，メランヒトンと再会することになる。ジムラーは同僚ヒルテブラント（Johannes Hiltebrand, ca. 1480-1513）とともに人文学者であって当時の改革的な教育法で知られたヴィンプフェリング（Jakob Wimpfeling, 1450-1528）に従いメランヒトンを教育した。メランヒトンはとくにギリシア語をよく学んだ。ここにはエリートたち，たとえば後に宗教改革者となるヘディオ（Caspar Hedio, 1494-1552），イレニクス（Franciscus Irenicus, 1494-1553），エルプ（Matthias Erb, 1495-1571）らがいた。メランヒトンの親友には 4 歳年上で農民出のグリュナエウス（Simon Grynaeus, 1493-1541）がいて，後にハイデルベルクとバーゼルで優秀なギリシア語教授となる。11 歳とメランヒトン

11　ユング前掲『宗教改革を生きた人々』，55 頁，参照。Cf. Ibid., S. 17f.
12　Ibid., S. 13-14.

は最年少であったが、もっとも才能にあふれていた。彼はすぐに初心者に対して教育的世話をやくこと——教育的指導——を許可されている[13]。

次いで1年ほどでメランヒトンはプフォルツハイムのラテン語学校を後にし、1509年10月14日付でハイデルベルク大学に12歳で学籍登録する。ハイデルベルクでは教授であったシュパンゲル（Pallas Spangel, ca. 1445-1512）の許に住まい、ジムラーやヒルテブラントそしてシュパンゲルら師たちと同じく古い方法（via antiqua）に従って所定の学業を修めた[14]。シュパンゲルのところには、かつてハイデルベルクで教えたヴィンプフェリングが立ち寄ることもあった[15]。メランヒトンは学芸課程を最短で修了し、1511年6月10日に14歳で学芸学士（Baccalaureus artium）となる。

それから1年ほど彼はハイデルベルクに留まるが、おそらく師ジムラーの死去（1512年7月17日）もあって、今度はテュービンゲン大学に1512年9月17日付で学籍登録をした。そして1514年1月25日メランヒトンは17歳で学芸修士となった。ここではハイデルベルクとは異なり新しい方法（via moderna）によって学修を終えた。テュービンゲンでのメランヒトンの主要な活動はやはりギリシア語にあり、すでに自身もギリシア語を教えていた。学芸課程での最高学位であった修士号を取得の後2年で神学学士になることも可能であったが、メランヒトンは学芸学部での諸学科ならびに古典作家の研究に打ち込んだ[16]。さらに数学や天文学および占星学をシュトゥフラー（Johannes Stöffler, 1452-1532）から学び、後の教育思想の基礎を形成している。ロイヒリンとも親交を保ちつつ、1516年には最初の学術的業績であるテレンティウスの喜劇への導入を執筆。この頃よりエラスムスとも文通するようになり、エラスムスもまたメランヒトンのことを高く評価していた。ルターとエラスムスとのあいだでの論争を超えて二人は文通し続けている[17]。

13　Cf. Ibid., S. 17.

14　シャイブレ前掲論文、368頁、参照。Cf. Ibid., S. 19.

15　Cf. Ibid., 19ff.

16　Cf. Ibid., S. 26. Kuropka, Nicole: Melanchthon. Tübingen 2010. S. 20.　シャイブレ前掲論文、333頁、参照。

17　Cf. Scheible, Heinz: Philip Melanchton（1497-1560）. S. 68. In: Lindberg Cater（ed.）: The Reformation Theologians. An Introduction to Theology in the Early Modern Period. Oxford

8   第Ⅰ部　研究編

宗教改革者となるブラーラー（Ambrosius Blarer, 1492-1564）やエコランパド（Johannes Oekolampad, 1482-1531）とも交友を重ね，とりわけ15歳年上の後者からは1515年ルーヴェンで死後発行された人文学者アグリコラ（Rudolf Agricola, 1444-1485）の弁証法を寄贈された。アグリコラは神学の学位取得とエラスムスの新約聖書の刊行を手伝うためにバーゼルへ向かい，そこからメランヒトンがスコラ論理学を克服し，2節で述べる『ロキ』で採用する方法に役立つ，この重要な書物を送付したのである[18]。プフォルツハイムでの学友イレニクスがハーゲナウで大作『ドイツ史』（Exegesis Germaniae）を出版する際にもメランヒトンは手伝うが，すでにナウクレルス（Johannes Nauclerus, 1425-1510）の世界史の出版にも協力し，彼は歴史に関する根本的な知識を獲得している。後に歴史もまたメランヒトンにとって重要な教育科目のひとつとなる。恩師シュトゥフラーに捧げられた「自由学芸について」（De artibus liberalibus, 1517）と題する講演の通り，まさにテュービンゲン時代は人文主義に基づくメランヒトン思想の基礎が形作られた時代であり，すでにこの時期にヴィッテンベルクに来て早々に出版されるギリシア語文法や，修辞学に弁証法のほとんどが準備されていたと考えられる[19]。他にも数多くの実りを携えて[20]，1518年メランヒトンはルターとともに臨終の地となるヴィッテンベルクへと赴く。テュービンゲンには18年後に一度だけ訪問しただけとなる。

　1502年にフリードリヒ賢公（Friedlich der Weise, 1463-1525）[21]によって設立されたヴィッテンベルク大学はギリシア語やヘブライ語そのほか学芸課程に属する数名の教師を募集していた。フリードリヒはロイヒリンを呼ぼうとしたが老齢もあってかなわず，もちろん彼は親戚でもあるメランヒトンを，エラスムスを除いてメランヒトンよりも優秀な者はいない，と推挙した。そ

　　2002. Wengert, Timothy J.: Humann Freedom, Christian Righteousness. Philip Melanchthon's Exegetical Dispute with Erasmus of Rotterdam. Oxford 1998.

18　Cf. Kropuka, Nicole: Philipp Melanchthon. Wissenschaft und Gesellschaft. Tübingen 2002. S. 13.

19　Cf. Ibid.

20　Cf. Scheible, op. cit. Melanchthon, S. 24-33.

21　ユング前掲『宗教改革を生きた人々』，200頁以下，参照。

して1518年8月25日メランヒトンは運命の地ヴィッテンベルクに到着。来る日曜日の8月28日——後にルターとともにメランヒトンも眠ることになる——城教会で『青年の学習改善について』(De corrigendis adolescentiae studiis) と題して教授就任演説を行った。外見は小柄で華奢なメランヒトンであったが，その演説は形式および内容ともに人々，とりわけルターに感銘を与えた。メランヒトンは，ギリシア語はもちろんのことテューピンゲンでの人文主義時代に身につけた数学や歴史などさまざまな成果を，いわばヴィッテンベルク大学への嫁入り持参金のようにしてもたらした (Mitgift seiner Tübinger Humanistenzeit)[22] といえよう。そこで最初のテーマとして選ばれたのが，大学での学習課程すなわちカリキュラムの改革であった。その後ヴィッテンベルク大学のカリキュラム改革は (本書第4章で見るように) ルターおよびメランヒトンの教育思想をベースに時とともに進められていくが，この演説にはその基本方針が明確にされている。メランヒトン教育思想の基盤にある特徴を見ておこう。

やはり第一にメランヒトンは人文主義に沿った教育改革を提起する。それは古典古代のよき文学 (bonae litterae) へと，その原典および源泉へと (ad fontes) 還ることを第一に要請する。文字もしくは言葉として記された原テキストに還ることは，哲学においても神学においても同じである。一方はホメロスやアリストテレスやキケロー等々の原典へと，他方はヘブライ語やギリシア語で記された聖書の原典へと還り，原点から内容を読解していくことが求められている。

ちなみに，もちろんルターはこのことを痛感していたので，すでにロイヒリンの著作からヘブライ語を学び，エラスムスによるギリシア語原本を頼りに新約聖書を読み解こうとしていた。ゆえに彼らを含めルター自身も「聖書人文主義者」(Bibelhumanisten) のひとりといえる。すでにルターはエアフルト時代より人文主義的な専門教育を受けていた[23]。よって人文主義と宗教

---

22 Scheible, Heinz: Philipp Melanchthon, ein Theologe der Reformation. S. 136. 注17のシャイブレ論文をドイツ語版にして拡充したものより。シャイブレ博士よりPDFで送付いただいた。また貴重なご教示を多くいただいた。この場を借りて心より感謝申し上げる。Cf. Scheible, op. cit. Aufsätze zu Melanchthon, S. 4ff.

23 Cf. Junghans, op. cit., S. 63ff.

10   第Ⅰ部　研究編

改革とを対立的に捉える 19 世紀的な見方は歴史的現実からすれば誤りであ
り，むしろ人文学者あるいは人文主義者であるとともに宗教改革者
（Humanist und Reformator）であることに何ら矛盾はなく，とりわけメランヒ
トンにおいてはトレードマークであるとさえいえる[24]。ともかく ad fontes
はメランヒトンの就任演説の基本主張であるが，ただし決してメランヒトン
独自の真新しいものではない。そもそも，すでにそうした人文主義的精神に
よってヴィッテンベルク大学を改革しようとしたからこそ，メランヒトンが
招聘されたからである。シャイブレが述べるように，まさにメランヒトンは
開かれた扉から堂々入場していったのである[25]。

　中世のスコラ学や，事物そのものというよりも事物に関する二次文献や，
解釈のまた解釈のような不透明な濃霧のなかから学生を連れ出し[26]，学問の
本質——原典——へと立ち戻らせることがメランヒトンの教育改革の最大の
ねらいであって，伝統的な自由学芸や学科といった枠組みを蔑ろにしようと
は考えていない。そこで，こう述べる。

　　学芸の種類には全般的に三つ，論理学，自然学，倫理学があります。論
　　理学（logicum）は概して話（言葉）（sermo）の意味や区別を扱い，これ
　　によってより高度のものに至るのですから，最初に教育されなければな
　　らない子どもへの手ほどきとなります。これは文字を教え，言葉の正確
　　な意味あるいは規則をまとめ，または作家から実例を集め，考察すべき
　　ことを示しますが，それはほとんど文法（grammatica）が明らかにする

24　Cf. Scheible, Heinz: Der Bildungsreformer Melanchthon. S. 97. In: Asche, Matthias/
　　Lück, Heiner/Rudersdorf, Manfeld/Wriedt, Markus（Hg.）: Die Leucorea zur Zeit des
　　späten Melanchthon. Institutionen und Formen gelehrter Bildung um 1550. Leipzig 2015.
25　Ibid.
26　よく知られているように，たとえば聖書にしても「そのヒエロニムスの版には，しば
　　しば注解，評釈がついていて，比喩的・寓意的・神秘的解釈で本文を補足し，文字どお
　　りの意味は，一般に認められた伝統的釈義の中に埋もれた感がある。中世のどの時期に
　　も，人びとの頭は，聖書の本文の語句や言及だけでなく，それぞれの句が含みとして持
　　っている寓意や神秘性でいっぱいだったのである」（ハスキンズ『十二世紀世紀のルネ
　　サンス——ヨーロッパの目覚め——』別宮貞徳・朝倉文市訳，講談社学術文庫，2017
　　年，78 頁）。

のと同じものになります。それから少し進歩したら，精神に判断力が備わります。これによって事柄の基準，起源，目的，経路といったものが認識できるようになり，すると何が起ころうとも的確に対処できるようになります。これら教えに属するすべてを，あなたたちはほとんど現金のようにして持っていて，学芸の助力によって聴衆の心を捉えれば，わけもなく矛盾はできなくなります。この学芸の役割を，私たちは弁証法，そして修辞学と呼んでいます。確かに権威者によって名称はさまざまですが，同一の学芸です[27]。

何よりもまず言葉のトレーニングすなわち自由学芸の筆頭にある文法から開始されなければならない。むろんラテン語，ギリシア語，そしてヘブライ語である。そして修辞学に弁証法つまり論理学。とりわけギリシア語の軽視[28]，数学の無知，神学の荒廃は同時的に進行している（simul Graeca contempta, mathematica deserta, sacra negligentius culta sunt）[29]。

　またメランヒトンは刷新された原典に基づく言語教育とあわせてテュービンゲンで学んだ歴史，数学，天文学の重要性を説いている。メランヒトンによれば，とくに歴史は太陽と同じように人間の生活には必要である。というのも私的にせよ公的にせよ人生にとって，また司法や政治にとって，これらは有益な実例を今日に伝えてくれるからである。

　こうしてメランヒトンもまた人文学者としての基礎を形成しながら，宗教改革という世界史に連なる輝かしい1ページに記されることになったのである。

2節　聖書学士から『ロキ』へ
──宗教改革者としての核心形成──

　ギリシア語ならびにギリシア文学の教授としてヴィッテンベルク大学に赴任したメランヒトンであるが，新約聖書の読解も当初より加わっていた[30]。

27　『青年の学習改善について』より。CR11, 18.
28　中世においてギリシア語は衰退していた。ハスキンズ前掲書，271頁以下，参照。
29　MSA3, 33.
30　Cf. Scheible, op. cit. Melanchthon, S. 40.

12　第Ⅰ部　研究編

まずはホメロスの『イリアス』やテトスへの手紙から講義は開始され，そのためにメランヒトンはギリシア語からのテキストを作成させた。その後プルタルコスやピンダロスからの抜粋版テキストが続き，おそらくヤコブの手紙も加わる。そしてローマの信徒への手紙やガラテヤの信徒への手紙がギリシア語の初心者向けのために取り上げられた。1518 年にはギリシア語文法，1519 年には修辞学，1520 年には弁証法のテキストが出版されるが，これらはすでにテュービンゲン時代に用意されていたものである。ウェルギリウス，アリストファネス，ルキアノス，キケロー，ヘシオドスなどをメランヒトンは学生とともに勤勉に読解していった。

　ギリシア語やギリシア語文献のテキストだけではない。フィロローゲとしてメランヒトンはヘブライ語の講座も担当せざるをえなかった。メランヒトンとほぼ同時に赴任したヘブライ語学者が三月ほどで辞めてしまったからである。彼はヘブライ語聖書とソロモンの箴言とを原典から読解していった。その後の後任も長続きせず，メランヒトンはヘブライ語文法などを教えざるをえなかったが，こうしたギリシア語のみならずヘブライ語の知識は，後にルターによる聖書のドイツ語訳の際にも大きな助けとなる。ユングも指摘しているように，ルターの偉業と一般には受け入れられている聖書のドイツ語訳であるが，元来「ルター-メランヒトン聖書」というほうが史実としてはふさわしい[31]。

　さて学芸学部の教授として，また学芸修士として精力的に研究および教育に打ち込むメランヒトンは，当時として普通であった習慣に従い，さらに上級の学部で研究することになる。むろん神学部であり，後にメランヒトンは「私はルターから福音を学んだ」と感謝の念をもって振り返っている[32]。1519 年 9 月 19 日に彼は聖書学士（Baccalaureus biblicus）の学位を取得する。学位取得の際に掲げられたメランヒトンの提題のなかでとくに注目すべき四つをあげておこう[33]。

31　ユング前掲『宗教改革を生きた人々』，57 頁，参照。
32　同上書，56-57 頁，参照。
33　MSA1, 24.

第1章　メランヒトンの思想構造　13

16　キリスト者にとっては聖書という証人以外のものをさらに信じる必
　　要はない。
17　公会議の権威は聖書の権威よりも下である。
18　ゆえに聖別された聖職者の失われることのない性格や聖体変化やそ
　　れに類したことを信じなくても，とうてい異端とはならない。
19　獲得された信仰とは妄想である。

　当時こうしたテーゼを堂々と主張することは極めて異例であり，とりわけ第
18 にある司祭制や彼らによるミサ聖祭の無効については，ルターですら
1520 年に『教会のバビロン捕囚について　マルティン・ルターの序曲』（De
Captivitate Babylonica Ecclesiae Praeludium Martini Lutheri）のなかでようやく繰
り広げた考えであり，センセーショナルなものであった。ルターは，これに
ついて「大胆だが真実だ」と語っている[34]。司祭制やミサ聖祭というカトリ
ック教会の二つの重要な機軸を，聖書を根拠として無力にしたことは非常に
ショッキングであった[35]。この点で「ルターから福音を学んだ」メランヒト
ンは，このとき師でもあるルター以上にルター的であったといえよう。また
信仰とは神から与えられるものであり，人間が自らの意志や力によって獲得
するものではないとも続けている。
　こうしてメランヒトンは神学部に籍を移し，ここで教授として活動するこ
とになるが，給与は相変わらず学芸学部より支払われている[36]。神学部教授
すなわち神学者，つまりルター神学に基づく宗教改革者として神学講義にも
正式に携わることができる一方，人文学者としての従来の仕事にも存分に取
り組めるという特別なポジションをメランヒトンは獲得したのである。ただ
し依然として当時の学則によればウルガタ訳聖書による聖書講義が義務づけ
られており，メランヒトンはマタイによる福音書や，1520 年 4 月からは 1
年間ローマの信徒への手紙の講義を担当する。さらにルターがヴァルトブル
クにいて不在のあいだも（代役として）継続してコリントの信徒への手紙を

34　Ibid., S. 23.
35　Cf. Scheible, op.cit. Philipp Melanchthon, ein Theologe der Reformation, S. 137.
36　シャイブレ博士より私信にてご教示いただいた。重ねて感謝の意を記す。

14　第 I 部　研究編

読解し，結局 1523 年 3 月のヨハネによる福音書まで続けられることになる。

　ところで 1508 年からの学則によれば，センテンティアルスという聖書講義の次の段階に至るためには，メランヒトンがもっとも嫌悪するスコラ学の代表ともいえるロンバルドゥス（Petrus Lombardus, ca.1095-1160）の『命題集』（Sententiae）を取り上げなければならなかった。しかし彼のスコラ学に対する嫌悪の念は大きく，あえて上位に進むことはしなかった。その代わりメランヒトンは独自のテキストを編んでいった。それがルター神学の最初の教義学書といわれる『神学要覧』（Loci communes rerum theologicarum seu hypotyposes theologiae）通称『ロキ』であり，1521 年に出版された。

　この『ロキ』には「神による神秘を私たちは探究するというよりも正しくは賛美することになるだろう」（Mysteria divinitatis rectius adoraverimus quam vestigaverimus）と記されている[37]。ミステリアとはルター神学を学んだメランヒトンにとって要するに――行いによるのではなく信仰による――福音であり，その前提には律法が踏まえられている。律法と福音の区別は，ルター以上にメランヒトンが終生に渡って強調した重要ポイントであり，彼の思想の全体的構造を貫く最大の特質となっている[38]。信仰による救いの次元――「神の前」（coram Deo）の領域――に関わる福音と，人間社会や世界に生きる私たちが日々生活する次元――「人々の前」（coram hominibus）の領域――にも関わる律法とは，区別されると同時に，相互に関係しあわなければならない[39]。私たち人間には探究すべき世界が人間自身を含めて――自然学的にも倫理学的にも――目の前に無限に広がっている一方で，そうした世界とともに――神学的にも解明できない――神秘については，私たちはただ賛美するより他はないのである。約言すればメランヒトンにおいて，いわば科学と信仰，探究と賛美とは区別されつつも一体となっている。敬虔と学識（pietas et erudition）は決して矛盾しないのだ[40]。

37　CR21, 84.

38　Cf. Kusukawa Sachiko: The Transformation of Natural Philosophy. The Case of Philip Melanchthon. Cambridge 1995. S. 27ff. Scheible, op. cit. Aufsätze zu Melanchthon, S. 241ff.

39　拙著前掲『ルターとメランヒトンの教育思想研究序説』。175 頁以下，参照。

40　Cf. Jung, Martin H.: Frömmigkeit und Bildung. Melanchthon als religiöser Erzieher seiner Studenten. In: Frank, Günter/Lalla, Sebastian (Hg.): Fragmenta Melanchthoniana.

第1章　メランヒトンの思想構造　15

　さて宗教改革者としての核心を記した書物でもある『ロキ』は，やはり人文学者としての精神によって貫かれている。ギリシア語教師であるメランヒトンは初心者のために先のギリシア語の古典のみならず，やはり新約聖書からもテキストを採用しているが，なかでもローマの信徒への手紙に記されたパウロ思想をベースにして『ロキ』を執筆した。Loci（単数形で locus：場所や地点）とはギリシア語のトポスつまり主題や要点という意味でもあり，それぞれの学問分野における主眼点や目標のようなものでもある[41]。はじめにメランヒトンは，こう述べている。

　　というのは，〔命題集〕注解というより〔主要概念の〕インデックスを
　　作成したいからです。聖なる書物の中をさ迷っている人たちがそこへと
　　導かれるところの主要概念のカタログを作り，さらに，キリスト教の教
　　理全体が依拠している事柄をわずかな言葉で告げ知らせたいのです。学
　　生を聖書から曖昧で複雑な議論へ呼び戻すためにこれをするのではな
　　く，できることなら彼らを聖書へと招待するためです。なぜなら，わた
　　しは全体に，注解なるものを，古代の注解といえども，これを評価しな
　　いからです[42]。

あくまでも聖書という原典および原点へと誘おうとする（ad scriptas invitem）のが『ロキ』のねらいであり，決して古来のような注解ではない。聖書という原テキストに立ち戻るために正確な位置（ロケーション）やポイントを示すのが，その名の通り『ロキ』の目的である。「キリスト教の本質を聖典である聖書以外から得ようとする者は誤っています」[43]。キリスト者にとってカノンとは聖書のみであり，アリストテレスに毒されたスコラ学や，オリゲネスやアンブロシウスにヒエロニムスらの注解──二次文献──ではないこ

　　　　Zur Geistesgeschichte des Mittelalters und der frühen Neuzeit. Bd. 1. Heidelberg 2003.
41　クライン他編『キリスト教神学の主要著作──オリゲネスからモルトマンまで──』
　　　佐々木勝彦他訳，教文館，2013 年，157 頁以下，参照。
42　『宗教改革著作集 4』教文館，2003 年，176 頁。
43　同上。

16　第Ⅰ部　研究編

とをメランヒトンは重ねて強調している[44]。「われわれは聖書に精通したいと願う人々の努力をなんとしてでも促進させてあげたい，それ以外何も行いません」[45]。あくまでも「聖書と関わること」(in scripturis versari)，聖書そのものと関わる人々を育てることが『ロキ』のねらいなのである。

そこでメランヒトンは神や三位一体，人間の能力や罪など，合計23のトピックを掲げている。とくに人間における罪（peccatum）や意志（voluntas）や情意（affectus）の問題についてはルター神学を忠実に踏襲し，後に改訂を重ねていく『ロキ』とは異なる若き日のメランヒトンの，ある意味でルター以上にルター的な宗教改革的認識が明示されていて興味深い[46]。またアリストテレスにも精通したメランヒトンであるが，そのアリストテレスを福音や救いの問題と関わらせることは厳しく戒められている。律法と福音とのあいだの区別は，アリストテレスの哲学が有効に機能できる次元——科学的かつ探究的次元——と，そうではない信仰の次元——神秘的かつ賛美的次元——との区別でもある。これもやはりメランヒトン思想の全体像を貫く構造的特質である。

メランヒトンは『ロキ』という組織的な神学的著作を晩年に至るまで改訂し続け，自らの思想発展の軌跡を今日の私たちに残してくれている。『ロキ』を用いることで彼は『命題集』を退けた。ゆえに神学博士の学位を取得することはなかったが，メランヒトン自身はまず人文学者としてギリシア語などの語学をはじめとする諸学芸や学問に携わることを喜びならびに使命と感じていた。ここでは修士が最高学位であり，あえて学位のために嫌悪するロンバルドゥスの著作を扱う必要はなかったのである。1533年にはメランヒトンによって新たな学則が示され，もはやこれまでのような必要はなくなったが，もうメランヒトンはドクターの学位を望んではいなかった。彼は博士ではなかったが，すでに博士たちを作り出す立場になっていたのである（Er war kein Doktor, er machte Doktoren）[47]。

44　前注26参照。
45　前掲『宗教改革著作集4』，177頁。
46　拙著前掲『ルターとメランヒトンの教育思想研究序説』，143頁以下，参照。
47　シャイブレ博士からの私信より。

第1章　メランヒトンの思想構造　　**17**

　こうして人文学者メランヒトンの ad fontes という絶対的要請は，神学者すなわち宗教改革者メランヒトンの ad scripturam という絶対的要請とぴったり重なり合っていることが明らかとなったであろう。そもそも「宗教改革者たちは革新（Neuerung）を欲していたわけではなく，まさに言葉通り再-形成（re-formieren），すなわちさかのぼって形成すること（zurück-formieren）（ラテン語で reformare つまり元の状態に戻すこと）を望んでいた。教会はキリスト教が最初にあった時代の状態に再び戻るべきである」[48]としたのであるから，これも当然である。人文主義は宗教改革を準備し，宗教改革はますます人文主義を必要としたのだ。メランヒトンは生涯を通じて，人間的なる教養（humanitas）においても神秘的な聖なるもの（divinitas）においても，ともに原典へと絶えず立ち還り，この原点において物事を探究しようとする衝動に駆り立てられていたといえるだろう。しかもディルタイがすでに指摘しているように，メランヒトンはその後の実験や観察など事物に即した自然科学の発展へ向けた萌芽ともなっている[49]。『自然学入門』には，こう記されている。

　　すべての自然の事物は人間の知力にとっていわば劇場〔舞台〕のようなものである。神はこれら〔自然の事物〕が注視されることを望んでいる。それゆえに神は人間の精神に，これを考察しようとする熱望と，その認識に伴う喜びを与えたのである。この〔自然の事物の〕原因は健康な知力を自然の熟考へと誘う。たとえ何ら有用性が伴わなくても，見ることが〔人を〕楽しませるように，精神はその自然本性によって事物を注視することへと駆り立てられる。したがって，これ〔精神〕はこうした研究の原因となりうる。というのも自然を考察することは，その〔精神の〕自然本性に最大限に即応しているからであり，精神が自ら進んで考察することは，たとえ何ら他の有用性が伴わなくても，もっとも快い喜びをもたらすからである[50]。

48　ユング前掲『宗教改革を生きた人々』，27-28 頁。
49　『ディルタイ全集7』法政大学出版局，2009 年，181 頁以下，参照。
50　CR13, 189.

18 第Ⅰ部 研究編

こうした探究衝動はメランヒトンの根本的気質ともなっている[51]。むろん残されたミステリアについては賛美と祈りとを忘れてはいない。あくまでも「聖霊に導かれ，私たちの教育する学芸に伴われて，聖なるものへと来ることが許されるのである」(Duce Spiritu, comit artium nostrarum cultu, ad sacra venire licet)[52]。

3節　メランヒトン思想の構造と特質

　人文学者および宗教改革の神学者として活躍したメランヒトン。その業績は残された作品目録からしても極めて膨大かつ多岐に及ぶ[53]。そこで生涯に渡る実り豊かな活動成果よりメランヒトン思想の全体的な構造とその特質を浮き彫りにするには，はじめに残された作品をジャンル分けしておくのがよいであろう[54]。

　1節で見たように，メランヒトンは何よりもギリシア語教師としてヴィッテンベルク大学に招聘された。メランヒトンの活動の第一は，言語や文学に関する教育や研究にある。文法そして修辞学や弁証法を介して人間的なる教養，さらには諸学問とりわけ神学へと進むツールとして，まず言語の訓練があげられねばならない。が，言語的トレーニングはメランヒトンにおいて同時に精神の思考能力や判断力の訓練ともリンクしていた。生徒や学生は，文法や修辞学といった三つの学芸のテキストから入り，ギリシア・ローマの古典古代作家の原典を読解するプロセスにおいて，精神的思考能力や判断力を形式陶冶されながら，古代人たちの内容豊富なフマニタスを実質陶冶されていく。これらはメランヒトンにおいて広く三種類の哲学に分類されている。

51　メランヒトンの知的好奇心によって手がけられた学問分野はじつに幅広い。Cf. Bauer, Barbara (Hg.): Melanchthon und die Marburger Professoren (1527-1627). Marburg 2000.

52　MSA3, 40.

53　Cf. Claus, Helmut: Melanchthon-Bibilographie 1510-1560. 4Bde. Gütersloh 2014.

54　Cf. Kuropka, Nicole: Melanchthon und die Ethik. In: ZThK 113. 2016. S.235-257. 以下の分類に関しては，ここから多大な示唆を得ている。

哲学は語ることの術（artes dicendi）〔弁証法・修辞学〕，自然学（physiologia）〔自然哲学〕そして市民の道徳に関する教え（praecepta de civilibus moribus）〔道徳哲学〕を内容としている。こうした学問〔学科〕は神による善き創造であり，自然のすべての贈り物のなかでも卓越している。しかも哲学は現世の身体的ならびに市民的生活にとって食べ物や飲み物や公の法とかいったものと同様に必要である[55]。

弁証法や修辞学は自由学芸（artes liberales）の重要な構成部分であり，文法とともに伝統的な三学（trivium）として知的探究すなわち学問研究の道具となる言語の修練と教育に深く関係している。次に自然哲学では，ルター神学から派生したメランヒトンの特異な思想が展開される。これは人間の現世での生活にとって必要かつ有用である。そして道徳哲学は市民道徳に関するまさに神の法（lex Dei）であるとされ，アリストテレスをルター神学の観点から変容・修正しつつ，ここにもメランヒトンならではの神学的哲学が見出される。これもやはり人間の現世での生活にとって必要かつ有用である。

　すると人文学者としてのメランヒトンの活動成果より，次のようなジャンル分けが可能であろう。①文法，修辞学，弁証法といった言語に関するテキスト。これらはすべての学問および社会生活においても必要とされる土台である。次にこれをベースにした②自然哲学すなわち自然学に関するテキスト。そして③道徳哲学すなわち倫理学に関するテキスト。これら三つのテキスト群に渡ってメランヒトンは数多くの作品を残している。メランヒトンにおいて一番の主要な活動とはヴィッテンベルク大学における教育であったから，これらテキストは文字通り日頃使用される教科書としても編まれ，メランヒトン自身の最新の研究成果を取り入れたⅠ「組織的記述」（Systimatische Darstellung）となっている。

　①から③のジャンルにおいて，すでに見たように①については着任当初より個別の教科書が作成されていったとはいえ，たとえば②自然学における代表作としては『自然学入門』（Initia doctrinae physicae, 1549）があげられ，③

---

55 CR12, 689.

20 第Ⅰ部 研究編

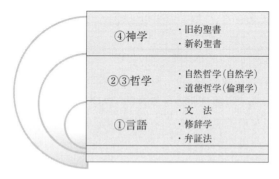

図1 人文学者・神学者メランヒトンの主な活動領域

倫理学における代表作としては『倫理学の基本概念』(Ethicae doctrinae elementa, 1550) があげられる。哲学とならんで神学者としてのメランヒトンの④神学における代表作としては，もちろん『ロキ』が筆頭にあげられねばならない。既述したように，これは1521年の初版から1559年の晩年に至るまで何回も改訂が重ねられてゆき，その遍歴のなかにメランヒトン神学思想の変化を辿ることができる[56]。ただし，いずれも組織的記述に至るまでにさまざま改版が重ねられ，また晩年に至るまで手を入れ続けていることに注意しなければならない。このように機会あるごとに改版を重ねて進化していくのがメランヒトン作品の特徴でもある[57]。

さて①を基盤にして②から④のジャンルにおいてメランヒトンの組織的記述としてのテキストを私たちは目にすることができ，ここから彼の思想の全体的構造を描きつつ（図1参照），その特質を抽出してみることができるのであるが，しかしメランヒトンが残した作品はこれだけに止まらない。ad fontesへと駆られてメランヒトンは古典古代の作家たちの作品への人文学的な注解や注釈を数多く残している。これらⅡ「古典注解」(Klassische

---

[56] Cf. Scheible, op. cit. Philipp Melanchthon, ein Theologe der Reformation, S. 139. とくに1535年，1543年に大きく改訂されている。あわせて拙著前掲『ルターとメランヒトンの教育思想研究序説』，145頁以下，参照。

[57] メランヒトンが作成もしくは編集した教科書 (Lehrbücher) の一覧としては次を参照。Leonhardt, Jürgen (Hg.): Melanchthon und das Lehrbuch des 16. Jahrhunderts. Rostock 1997. S. 231ff.

第1章　メランヒトンの思想構造　21

Kommentare）もまたメランヒトン思想を知るための重要な資料となる。あわせて ad scripturam へと駆られてメランヒトンは聖書への人文学的な注解を数多く残している。これらⅢ「聖書注解」（Biblische Kommentare）もまたメランヒトン思想を知るための重要な資料となる。ここからもメランヒトンは，あくまでも人文主義および人文学者として古典と聖書との両方に原典において取り組むことで，この源泉から時代や社会の状況に応じた回答を引き出し，あるいは応答を求めながら，自己の中心に位置づく組織的記述としてのテキストを作成していったことが分かるであろう。さらに一例をあげれば自然学に関して，とりわけ解剖学や医学の分野で，当時としては最新であったヴェサリウス（Andreas Vesalius, 1514-1564）の『人体構造論』（De humani corporis fabrica, 1543）からも学び，その知見は『魂についての書』（Liber de anima, 1553）というテキストに反映されている[58]。また自らは天動説を固持したもののコペルニクスの作品も読んでいる[59]。フマニストとして古典や聖書に常に立ち還る研究を続けるなかで，当時のさまざまな新しい研究成果も取り入れつつ，宗教改革の怒涛と波乱の世の中に対してレスポンスしていったのがメランヒトンであり，その結果が残された膨大な作品群なのである。つまり彼の作品を正確に読み解くには，当時の社会やメランヒトンを取り囲む状況といったマクロかつミクロなコンテキストをも考慮に入れる必要がある。時代と社会の文脈のなかでメランヒトンは，自己の内側からも外側からも，その都度ごとにニーズを感じ取りながら筆を執ったからである。

　それゆえにメランヒトンが残した業績は，その形式から見てⅠ「組織的記述」，Ⅱ「古典注解」，Ⅲ「聖書注解」だけに尽きはしない。他にもやはり膨大な数に及ぶ手紙，演説，そして教理問答，教会規則，学習計画やカリキュラムの提案，勧告，助言，説教などが加わる。とりわけ時機に応じて書かれ話されたⅣ「演説」（Reden）には，そのときのメランヒトンの考えがコン

58　アリストテレスの De anima の注解は，すでに 1540 年に Commentarius de anima として出版され，この Liber de anima はその集大成となっている。Cf. Kusukawa, op.cit., S.75ff. さらに詳しくは次を参照。Salatowsky, Sascha : De Anima. Die Rezeption der aristotelischen Psychologie im 16. und 17. Jahrfundert. Amsterdam 2006. S. 69ff. 拙著『近代教育思想の源流――スピリチュアリティと教育――』成文堂，2005 年，185 頁以下。

59　ユング前掲『メランヒトンとその時代』，210 頁以下，参照。

22　第Ⅰ部　研究編

パクトに分かりやすくまとめられている。先の『青年の学習改善について』
は，その代表作としてあげられよう。またⅤ「教理問答（カテキズム）」
(Katechismen) はメランヒトンのキリスト教教育思想を知る上では重要な資
料となる。これもまた時機に応じてさまざまな版が出されている[60]。

　以上より，メランヒトン思想の全体は残された作品の形式からすれば，お
よそⅠを両脇から固めるⅡとⅢがコアを形作り，これを囲んでⅣとⅤなど
の業績から描くことが可能であろう。まとめてみよう。

Ⅰ　組織的記述……①文法，修辞学，弁証法に関する著作（『ギリシア語文法
　　の原理』など）　②自然学に関する著作（『自然学入門』『魂についての書』
　　など）　③倫理学に関する著作（『倫理学の基本概念』など）　④神学に関す
　　る著作（『ロキ』）
Ⅱ　古典注解……②自然学に関する著作（アリストテレスの『魂についての注
　　解』など）　③倫理学に関する著作（アリストテレスの『ニコマコス倫理学
　　第１巻への注解』など）
Ⅲ　聖書注解……④神学に関する著作（『コロサイの信徒への手紙注解』など）
Ⅳ　演説……①文法，修辞学，弁証法に関する著作（『青年の学習改善につい
　　て』など）　②自然学に関する著作（『自然学について』など）　③倫理学
　　に関する著作（『哲学について』など）　④神学に関する著作（『神学の学
　　位について』など）
Ⅴ　カテキズム……③④あわせて倫理学ならびに神学に関する著作（『子ど
　　ものカテキズム』など）

　メランヒトンが人文学者として活躍した領域，つまり①言語，②自然学，
③倫理学，要するに哲学に関わる作品と，神学者として活躍した領域，つま
り④神学，そのまま神学に関わる領域が，彼の生涯を貫徹する研究と教育の
二大領域とするならば，この両領域を包括してここでキリスト教教育者とし
てのメランヒトンが活躍した領域，つまり教理問答（カテキズム）に関する
領域が加えられなければならない。これを⑤カテキズムとしよう。これら五

60　拙著前掲『近代教育思想の源流』，165頁以下，参照。

図2 メランヒトン思想のコアを形成するもの

つの領域から，また形式的にも五つに分類された作品から，メランヒトンの思想構造が以下のように描かれるであろう。

すなわち基盤には①言語があり，またその上に②③と④の領域が区別されつつも同時にあり（図1参照），それらはともに ad fontes を基本に ad scripturam を伴う注解による研究を原典に即して進めながらテキストという組織的記述に凝縮されていく（図2参照）。これがメランヒトンの人生の日常スタイルであり，単純化すればアカデミズムのなかで哲学と神学の研究と教育に生きたコアとなる部分である。ところがドイツの教師としてのメランヒトンはそこに止まらず，広くキリスト教教育の分野でもカテキズムを通じて影響を及ぼしていく。つまり①から④をさらに中心として家庭でも敬虔な教育者としての人生を歩んでいる（図3参照）。大学での仕事のみならず，ある時期まで自宅に学生を住まわせて私塾（schola privata）を営んでいたメランヒトンにとって[61]，じつはカテキズムなどに見られる普段の教育者としての姿からも，彼の思想を身近に読み取ることができる[62]。これら全体から

---

61 Cf. Stempel, Hermann-Adolf : Melanchthons pädagogisches Wirken. Bielefeld 1979. S.39ff. Koch, Ludwig: Philipp Melanchthon's Schola Privata. Ein historischer Beitrag zum Ehrengedächtniss des Präceptor Germaniae. Gotha 1859.

62 Cf. Philipp Melanchthons Schriften zur praktischen Theologie. T. 1. T. 2. hrsg. v. Ferdinand Cohrs. Leipzig 1915. Jung, Martin H.: Frömmigkeit und Theologie bei Philipp Melanchthon. Tübingen 1998.

24　第Ⅰ部　研究編

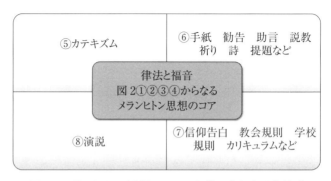

図3　メランヒトン思想のコアから⑤，さらなる作品群

メランヒトン思想は形成されていて，その構造の根底には，すでに触れてきたように律法と福音との区別がある。とりわけ大学および私塾において日常的な教育者・研究者として生きたメランヒトンのコアとなる姿から，今後はメランヒトン思想の要として，とくにその教育思想に注目したい。

　つまりメランヒトンの思想全体は，①に裏付けられた研究・教育活動がベースにあり，ここから律法と福音の区別を構造的特質として一貫して保ちながら②③④の成果を生み出し，それらは⑤という普段の教育の領域で再び日常へと循環する構造を持つ。さらに時機に応じて演説や手紙なども記され，教育の制度化のために数多くの学校規則やカリキュラムも提案している（⑥⑦⑧の作品群）。要するに教育と研究を人生の要として生きたメランヒトンにおいて，その教育思想はメランヒトン思想全体の中心に位置していると見なされてよいであろう[63]。本章ではそこに至るまでの概念的見取り図を描いてみた。

＊

---

[63]　こうした観点からメランヒトンを捉えた代表的業績として，Stempel, op.cit. および Hartfelder, Karl: Philipp Melanchthon als Praeceptor Germaniae. Berlin 1889. がある。

今後メランヒトンの教育思想へと本格的に迫っていくには，いうまでもなく教育が他ならぬ人間の教育である以上，メランヒトンの人間学が解明されねばならないが，次章で続けよう。メランヒトンの人間学を踏まえた上で，いよいよ先にあげたジャンルに属する作品を，外的な当時の時代や社会というマクロな視点と，あわせて内的なメランヒトン自身のミクロな視点から照射しながら，律法と福音という構造的特質の下で丁寧に読解していくとき，ここに彼の教育思想の全容が，メランヒトン思想全体の要として明確な形をとって浮上することになるであろう。メランヒトンの残された膨大なテキストのなかから，その歴史的時期に応じて代表的なものを取り上げ，そこからまずは教育思想の全体的なデッサンを描くことが，当面の課題となる。

第 2 章
メランヒトンの人間学

　教育とはいうまでもなく人間の教育である。教育を意図的かつ意識的に行おうとするとき，そこには人間をどのような存在と見るか，という人間観もしくは人間学が自ずと反映されてくる。さらに意図的な教育という行為を意識的に反省したり裏づけようとしたりするとき，教育の理論や哲学や思想が形成されてくる [1]。

1　Cf. Dörpinghaus, Andreas / Uphoff, Ina Katharina: Grundbegriffe der Pädagogik. Darmstadt 2011. S. 12ff. Fromm, Martin: Einführung in die Pädagogik. Grundfragen, Zugänge, Leistungsmöglichkeiten. Münster 2015. S. 38ff. フロムによれば「人がだれかを教育したり，だれかに教授しようとする場合，ある観念（Vorstellung）を抱かざるをえない。それは，この作用（Einwirkung）を通じて最後に到達されるべきところに関する観念である。これは意識的もしくは明確に定式化されたものである必要はないが，しかし，それはなければならない」(Ibid. S. 40.)。教育という行為が目指す観念をすでに広く支えているのが，人それぞれの無意識的な習慣的人間観といえるであろう。現代における教育学の視座からすれば，次のような整理が可能である（Cf. Ibid. S. 38.）。①経験的教育科学（Empirische Erziehungswissenschaft）は主に教育の現実が何で「ある」(sein)かの解明に従事する。次に②教育哲学（Philosophie der Erziehung）は主に教育がどうある「べき」か，何を目指す「べき」（sollen）かの探究に従事する。そして③実践的教育学（Praktische Pädagogik）は，この「ある」から「べき」への中間に位置していて，主に「ある」から「べき」への道や方法の解明と探究に従事する。この全体を一般に教育学は包括していて，この根底にあるのが人間観であり，より学的に深化させていけば人間学となるであろう。今日の日本でいえば，教育社会学や教育心理学などは①に属し，教育哲学や教育思想は②に属し，教育課程を含む教科教育学などは③に属するといえよう。ただし②には，これまでの教育の歴史全体を振り返る教育史や教育哲学史さらに教育思想史なども含まれるので，総じて教育学の本質もしくは中心といえる。メランヒトンの時代，こうした教育学に関する明確な分類は存在していないし，狭義の教育学もまだ誕生していない。しかし，これから見ていくように，メランヒトン自身も時代と社会の変化のなかで①教育の現実を把握して，これを独自の人間学に基づいて自然学的

メランヒトンにおいても事情は同じであり，その教育思想は彼の人間観そして人間学に由来している。ヴォーラーシャイムはメランヒトンの1521年初版『ロキ』をベースに彼の人間観の一面を描いたが[2]，すでに述べてきたようにメランヒトンはこの度重なる改訂の過程でも[3]，また本章で取り上げる著作においても，その人間観というよりもむしろ「人間学」を絶えず全面的に成長させ拡充している。彼はルター神学の下で当時のさまざまな学問成果を常に積極的に取り入れ，いわば「メランヒトンの人間学」ともいいうる体系を作り上げた，といっても過言ではない。とりわけ今日でいう自然科学すなわち自然哲学へのメランヒトンの関心は絶大であり[4]，その結果からもメランヒトンの人間学は構築されている。この人間学を根幹にしてメランヒトンの教育思想は開花している[5]。ただし根底にあるのは，あくまでもルター神学であることを忘れてはならない。

　本章では，これまで日本で本格的には取り上げられてこなかったメランヒトンの人間学の一端を解明し[6]，これに根差す教育思想との関連について述べておきたい。しかし，そもそも「人間学」（Anthropologie）という名称は，やはりメランヒトンの時代になって用いられ始めたアントロポロギウム（anthropologium）もしくはアントロポロギア（anthropologia）にさかのぼる。

にも解明しようとし，②教育が目指すべき目標や目的について探究し，③そのための方法やカリキュラムについても具体的な計画を示して，なおかつ自らこれらを実践した。16世紀メランヒトンのなかには，すでに全体的な教育学の原型と実例，さらにこれを意識的に下支えする学問的な人間学が見出される。この点でもメランヒトンは「ドイツの教師」という名称にふさわしい。

2　Cf. De Angelis, Simone: Bildungsdenken und Seelenlehre bei Philipp Melanchthon. Die Lektüre des *Liber de anima*（1553）im Kontext von Medizintheorie und reformatorischer Theologie. S. 95f. In: Musolff, Hans-Ulrich / Göing, Anja-Silvia（Hg.）: Anfänge und Grundlegungen moderner Pädagogik im 16. und 17. Jahrhundert. Köln 2003.

3　拙著『ルターとメランヒトンの教育思想研究序説』渓水社，2001年，参照。

4　Cf. Kusukawa Sachiko: The Transformation of Natural Philosophy. The Case of Philip Melanchthon. Cambridge 1995.

5　ただしデ・アンゲリスも指摘するようにメランヒトンの人間学には，本章で試みるように，さらなる補足が必要である。Cf. De Angelis, op. cit., S. 96f.

6　ユング『メランヒトンとその時代――ドイツの教師の生涯――』菱刈晃夫訳，知泉書館，2012年，245頁以下「訳者あとがき」，参照。

28　第Ⅰ部　研究編

そこで，まずは初期近代における人間学の誕生から簡単に跡づけておこう。

1節　初期近代における人間学の誕生

　人間学と邦訳されるラテン語名が付された書物としてまずあげられるのは，マグヌス・フント（Magnus Hundt, 1449-1519）によって1501年ライプツィヒで出版された『人間の尊厳に関する人間学』である。原著名は Antropologium de hominis dignitate, natura et proprietatibus, de elementis, partibus et membris humani corporis であり，『人間の尊厳，自然本性と特質，人間身体の構成要素，部分と四肢に関する人間学』が総タイトルとなる。ここに「人間学」の誕生が文献上明瞭に確認されることになるが，フントによるアントロポロギウムの意図は，楠川も指摘しているように人文学者（Humanist）から見た人間の尊厳すなわち人間の素晴らしさへの称賛にある[7]。書名にも表れているように，人間の身体についての解剖学的関心をフントも抱いてはいるが，それはあくまでも人間の理性的な魂と並列された記述であり，むしろ魂にこそ重点が置かれている。後述するがメランヒトンの場合，身体への解剖学的かつ医学的関心の寄せ方は，これと少し異なる[8]。その後「人間学」は「心理学」（psychologia）という名称の誕生とともに広がっていく。

　心理学についてはメランヒトンが自身の講義のなかで用いたのが最初であり，彼がドイツで初めての心理学者として「心理学」という語を使用したとする説があるが[9]，テキストとして裏づけるものはない[10]。ともかく後に見るように，メランヒトンがアリストテレスのデ・アニマを基に霊魂論を展開

7　Cf. Kusukawa, op. cit., S. 88.

8　Cf. Ibid.

9　Cf. Lapointe, Francois H.: Origin and Evolution of the Term"Psychology". S. 640. In: American Psychologist 25. 1970. S. 640-646.

10　Cf. Hartfelder, Karl: Philipp Melanchthon. Praeceptor Germaniae. Berlin 1889. S. 241f. しかし文献としての証拠はない。Cf. Kristić, Kruno: Marko Maulic. The Auther of the Term "Psychology". In: Acta Instituti Psychologici Universitatis Zagrabiensis 36. 1964. S. 7-13.「Classics in the History of Psychology」http://psychclassics.yorku.ca/Krstic/marulic.htm（2018年1月29日）

したのは事実であるが，サイコロギアという名称についてはダルマティアの人文学者マルクス・マルルス（Marcus Marulus: Marko Marulić, 1450-1524）が1520年頃『人間の理性的な魂に関する心理学』（Psichiologia de ratione animae humanae）で用いたのが最初のようである[11]。

次にマールブルクとヴィッテンベルクで学んだゴクレニウス（Rudolf Goclenius, 1547-1628）が1590年『心理学』（Psychologia）[12]と名づけた書物を著し，その4年後の1594年ゴクレニウスの生徒であり弟子でもあるカスマン（Otto Casmann, 1562-1607）が『人間学的心理学もしくは人間の魂についての学説』（Psychologia anthropologica sive animae humanae doctrina）を著す。2年後の1596年には第2巻目の Secunda pars anthropologiae, hoc est: fabrica humani corporis が出される。以降，これらの著作によって「心理学」とともに「人間学」という用語が広がることになる[13]。

ここでカスマンは人間学（アントロポロギア）を二つの部分に分けている。ひとつは心理学（サイコロギア）であり，人間の魂や精神に関する学説である。もうひとつは「身体学」（somatotomia）であり，人間の身体すなわち人体・肉体に関する学説である。心理学は身体学（ソマトトミア）とともに人間学を形成することになる。

先にフントの場合「人間学」における身体および解剖学への関心は，もっぱら人間の尊厳すなわち人間の素晴らしさへの賛辞にあると述べたが，その際もっとも重要なのは人間の霊魂である。フントは人間を二元論的に「二つの自然本性」（duplex natura）に分けて捉えている[14]。「身体」（corpus）と

---

11 Cf. Lamanna, Marco: On the Early History of Psychology. S. 292. In: Revisia Filosófica de Coimbra 38. 2010. S. 291-313., Kristić, Ibid. 次に新しい成果がまとめられているので参照。Luccio, Riccardo: Psychologia. The Birth of a New Scientific Context. In: Review of Psychology 20. 2013. S. 5-14. Vidal, Fernando: The Sciences of the Soul. The early Modern Origins of Psychology. trans. by Saskia Brown. Chicago 2011. S. 25ff. も心理学および人間学の起源等について詳しいので参照されたい。

12 原題は Psychologia, hoc est de hominis perfectione, animo et in primis ortu hujus commentationes ac disputationes quorumdam theologorum et philosophorum nostrae aetatis である。

13 Cf. Lamanna, op. cit., S. 304f. Ritter, Joachim (Hg.): Historisches Wörterbuch der Philosophie. Bd. 1. Basel 1971. S. 362f.

14 Cf. Schipperges, Heinrich: Krankheit und Kranksein im Spiegel der Geschichte. Berlin

「霊」（spiritus）である。人間はこの二つの部分から構成されていているが，「人間は魂によって神の像なのである」（Homo est dei imago secundum animam）との通り，「魂」（anima）もしくは「霊」こそが人間を人間たらしめ，これを構成する重要な要素とされている。神と世界とのあいだ，天と地とのあいだの結節点に人間は位置しているが，その尊厳は人間のみが有する優れた霊魂にある。この点で人間は世界のなかで特別の地位——「神の像」（imago Dei）としての人間——を占めているとされる。

　カスマンにおいても同じく人間は先の二つの構成要素から成り立っている[15]。「人間の自然本性もしくは人間の部分は二つある。人間の霊あるいは論理的な魂と人間の身体である」（Humanae naturae seu partes hominis duae sunt: spiritus humanus seu anima logica et corpus humanum）。ここから「人間学」という名称の下，常に霊魂論と身体論が二重に想定されることになる[16]。

　西洋初期近代における人間学の生成過程で人間がこのように二元論的に捉えられるのは，むろん古代ギリシア以来の伝統にも深く根差しているが，ルター神学を根底とするメランヒトンの場合，その身体に対する解剖学的かつ医学的な眼差しは，それまでの単なる二元論を超えている。というのも身体を神の像である霊魂よりも卑しく劣ったものとする見方はルター神学では拒絶され，メランヒトンもまたこれに従っているからである。

　周知のようにプラトン以来の人間観によれば，人間は大きく霊魂と身体もしくは肉体という二つの部分から構成されていて，この人体は霊魂を閉じ込める牢獄と見なされてきた[17]。ルターと同時代人である人文主義の王者といわれたエラスムスも，同様の見解を踏襲している。人間は「霊」と「肉」の二つから成り立っている，と。

　この見方はキリスト者の救いの問題について人間の自由意志——意志による選択の自由——の力をどこまで認めるのか，どの程度認めるのか，もしくは全く認めないのか，といった論争をルターとのあいだで引き起こす原因の

1999. S. 87.

15　Ibid., S. 87f.

16　Cf. De Angelis, op. cit., S. 198ff.

17　拙著『習慣の教育学——思想・歴史・実践——』知泉書館，2013 年，30 頁以下，参照。

第2章　メランヒトンの人間学　31

ひとつともなっている。つまりルターとエラスムスとでは，人間観が大きく
異なるのである。エラスムスは，こう述べる。

　　人間は二つあるいは三つのひじょうに相違した部分から合成された，あ
　　る種の驚くべき動物です。つまり一種の神性のごとき魂と，あたかも物
　　いわぬ獣とからできています。もし身体についていうなら，私たちは他
　　の動物の種類にまさるものではなく，むしろそのすべての賜物において
　　それに劣っています。しかし魂の面では私たちは神性にあずかるもので
　　あり，天使の心そのものをも超えて高まり，神と一つになることができ
　　るのです。もしあなたに身体が与えられていなかったとしたら，あなた
　　は神のような存在であったでしょうし，もし精神が付与されていなかっ
　　たら，あなたは獣であったことでしょう。相互にかくも相違せる二つの
　　本性をかの創造者は至福な調和（concordia）へと結び合わせたのでし
　　た。だが平和の敵である蛇は不幸な不和（discordia）へとふたたび分裂
　　させたので，猛烈な激痛なしに分かれることもできないし，絶えざる戦
　　闘なしに共同的に生きることもできません。（中略）私はあなたと一緒
　　に生きることができないし，さりとてあなたなしに生きることもできな
　　い（nec tecum possum vivere nec sine te）[18]。

このようにエラスムスによれば，人間は魂もしくは精神と肉体とから二元的
に構成されている。しかし神性にあずかる魂には精神が備わっていて，これ
は人間の魂だけが持つ優れた能力である。それは人間の魂における王者とし
ての理性である。人間はこの能力――理性――を最大限に行使することによ
って自身の身体を統御していくことができるし，また意志によってそうした
選択をする自由を有している，というのがエラスムスの基本的立場である。
よって人間は完全に堕落しているわけでも罪人であるわけでもない。

---

[18] 『エラスムス神学著作集』金子晴勇訳，教文館，2016年，40頁。原文は Erasmus von
　　Rotterdam: Ausgewählte Schriften. Bd. 1. Darmstadt 2006. S. 108. より引用した。なおエ
　　ラスムスの人間観については以下も参照されたい。河野雄一『エラスムスの思想世界
　　――可謬性・規律・改善可能性――』知泉書館，2017年，95頁以下。

32 第Ⅰ部 研究編

こうしたエラスムス的人間観を哲学的人間学として捉えるならば，ルターによる人間観およびそこから導き出される人間学は，常に罪人として人間存在を神による救いとの関係のなかで捉えようとする神学的人間学といえる[19]。次節で見るメランヒトンの人間学はルターによる神学的人間学をさらに自然哲学的にも解釈し直す試みであり，より総合的な人間学を形成しているが，この大きな特徴は金子や楠川も指摘するように「魂と身体」を含めた人間を「ひとつの全体」として捉える見方にある。

「霊」と「肉」あるいは霊魂と身体とを，人間を構成する二つの異なる実体と捉えるのは，ルターによれば完全な誤りである。哲学的には人間の構成部分を大きく二つに，さらに三つに分割することは可能であるが，それはあくまでも人間を個体として見た場合のスタティックな捉え方——哲学的人間学——である。そうした哲学による見方を踏まえながらも，神との関係における救済の動態のなかで人間を見るのがルターである。このダイナミックな捉え方こそが神学的人間学を形成する。

エラスムスは人間のなかに救いに向かう——救いを選択しうる——意志の自由と，その基となる理性的精神は元より備わっていて，その活動は堕罪後たとえ不活発ではあるものの十分残存しているとし，さらに人間の努力や習慣によっては，これをより活発化することも可能であるとする。これはエラスムスが罪に毒されていない理性的精神の独立した存在を確信し，かつ霊魂と身体との二元論に立つがゆえに可能となる帰結といえよう。しかるにルターの場合は霊魂と身体を含めたすべてが「ひとつ」として堕罪の状態にあり，神による救いはこのすべてに関わると考えられている。

　　ルターにとって，人間の存在のすべて，身体も魂も含めたすべてが恩恵
　　の対象である。これはルターがエラスムスとは極めて対照的に採用する
　　立場である。（中略）ルターにとっては理性的な魂だけではなく，全体
　　としての人間，身体と魂との両方が救済あるいは断罪の対象であった。
　　『魂についての注解』（Commentarius de anima）におけるメランヒトンの

19　金子晴勇『ルターの人間学』創文社，1975 年，参照。

第 2 章　メランヒトンの人間学　　33

キリスト者の魂もまた，このようなルターの教えの光の下に理解されね
ばならない[20]。

メランヒトンにおける身体も，そうした救いの対象となる「魂とともにあ
る身体」である。よってメランヒトンは，すでに 30 歳代の半ばから，人間の
霊魂を含めた身体も組み込まれた「自然学」(Physik)，すなわち自然哲学の全
体について著したいという意図を抱くようになる[21]。しかし願いはすぐには
叶わず，まずは『魂についての注解』という形で 1540 年に出されることにな
った[22]。これをハートフェルダーは，いみじくも「心理学 (Psychologie) ある
いはまさに人間学 (richtiger Anthropologie)（というのも人間の身体をも取り扱っ
ているから)」[23] であるとは述べたが，この辺りからメランヒトンはアルベル
トゥス・マグヌスを除けばドイツで最初に心理学を著した人物であると語ら
れるようになる[24]。が，これはハートフェルダーによってそう表現されたの
であり，繰り返すようにメランヒトン自身がサイコロギアという言葉を用い
たわけではなく，ましてや彼が今日でいう心理学者というわけでもない[25]。
　それよりもメランヒトンの神学的かつ哲学的な学問関心は，むしろ霊魂を
含めた自然としての人体にあったことを看過してはならない。この点で『魂
についての注解』や，その最終版ともいえる『魂についての書』(Liber de
anima, 1553) は，フントのように霊魂と単に並列された身体が問題とされて
いるのではなく，霊魂とともに重要な意味と機能とを担う身体について記述

20　Kusukawa, op. cit., S. 89.

21　Cf. Hartfelder, op. cit., S. 238. これは後述する Initia doctrinae physicae で初めて実現さ
　　れる。ただし，メランヒトン自身が自然学を大学で担当することはなかった。Cf. Vermij,
　　Rienk: A Science of Signs. Aristotelian Meteorology in Reformation Germany. S. 660. In:
　　Early Science and Medicine 15. 2010. S. 648-674. Kusukawa, op. cit., S. 144ff.

22　Cf. Kusukawa, op. cit., S. 85ff.

23　Hartfelder, op. cit., S. 238.

24　Cf. Ibid., S. 241f. Pertersen, Peter: Geschichte der aristotelischen Philosophie im
　　protestantischen Deutschland. Leipzig 1921. S. 80.

25　Luccio, op. cit., S. 6. によれば，メランヒトンが最初に psychologia という名称を用い
　　たと誤って伝えたのは，1879 年のオイケンと 1884 年のフォルクマンだとされている。
　　ハートフェルダーらも，これらを参照したのかもしれない。

34　第Ⅰ部　研究編

されているという点で，ハートフェルダーのいうようにまさにアントロポロ
ギーであるといえよう。ゆえに楠川がとくに注意しているように，メランヒ
トンのいわゆる霊魂論においては，人間の身体すなわち人体に関する解剖学
的記述が極めて重要となる[26]。それは単なる心理学ではなく，じつは身体を
も含めたひとつの全体としての人間に関する神学的かつ哲学的な人間学を構
成しているからである。

　以上より，確かにアントロポロギウムという用語はフントを先駆けとして
メランヒトンに続く世代によって使用され始めるとはいえ，ルター神学に根
差したメランヒトンの霊魂に対する独自の学問的関心からすれば，そのサイ
コロジーとも後に呼びうるもののなかに，すでに幅広い学識に裏づけられた
独特のアントロポロギーが実り豊かに開花していたといえるであろう。本書
ではハートフェルダーとともに，これをメランヒトンの人間学と呼ぶことに
したい。

2節　メランヒトン人間学の特質と構成

　1518年21歳でヴィッテンベルクにギリシア語教授として招聘されたメラ
ンヒトンには，罪人が信仰によってのみ（sola fide）救われるというルター
神学が刻印された。

　先に述べたように，罪人とは「魂と身体」を含めた「ひとつの全体」とし
ての人間である。ルターによれば，法もしくは律法（lex）により罪人とさ
れた人間は，聖書に記された「言葉」としてのキリストの福音（evangelium）
を受容することを通じて，罪人のまま義人とされ救われる[27]。神の法によっ
て自身の内面を精査すれば，この世にはだれひとりとして完璧で正しい人間
──義人──はいない。この自分の内心を徹底して告発するのが，ルターの
いう「良心」（conscientia）である。法によって覚醒されたキリスト者の良心
は，死に至るまで自己を責め続ける。しかし，こうして罪人となった者にこ

26　Cf. Kusukawa, op. cit., S. 88.

27　以下，ルターの神学的人間学については拙著前掲『ルターとメランヒトンの教育思想
研究序説』も参照。

そ，ようやくキリストによる福音の言葉が恩恵によってのみ（sola gratia）届くようになる。それは聖霊（spiritus sanctus）を通じて人間の魂（アニマ）そのものに作用する。人間は人前でなされる善行（bona opera）によって，すなわち功績によって救われるのではない。罪人である人間は，ただキリストのみに寄り頼み（solus Christus），聖書のみ（sola scriptura）に記された救いの言葉としての福音を受け容れる信仰（fides），すなわち「言葉」への信頼（fiducia）によってのみ救われる。このように「聖書のみ」（聖書に記された言葉のみ），「キリストのみ」，「恩恵のみ」そして「信仰のみ」を基本原理とするのが，ルターの信仰義認論（Rechtfertigungslehre）である。ゆえに人間はまず罪人とならなければ，中心となる信仰においてのみ働くキリストも，福音も，恩恵も，そして救いもありえない。ここにルター神学の核心がある。この点は，功績主義による行為義認や贖宥状に対してルターが激しく抗議した所以ともなっている。

　当初，語学教授としてヴィッテンベルク大学に着任したメランヒトンは，元より神学者ではなく人文学者（フマニスト）であるが，前章で見たように彼はギリシアやローマの言語や古典は当然のこと，すでに驚くほど幅広い学問および教養とリンクしていた。その大きさと深みは1560年63歳でヴィッテンベルクにて他界するまで成熟し続けるが，このメランヒトンの広範な「学識」（eruditio）を根幹において統合しているのは「敬虔」（pietas）であり，その中心には信仰義認論を核心とするルター神学がある。メランヒトンの人間学さらに教育思想はルター神学との密接な関連の下で展開された[28]。よってメランヒトンの人間学は敬虔な学識によって形成され，それはフランクもいうように「フィリップ・メランヒトンの神学的哲学」（Die theologische Philosophie Philipp Melanchthons）[29]と簡潔に表現できるだろう。宗教改革者としてルターがもっぱら信仰義認論に基づく神学を深化させていったのに対して，メランヒトンはこのルター神学を基礎にして独自の哲学，そして人間学を発展させていったのである。順次たどるように，そこにはメランヒトンならではの人間学と

28　同上。

29　Cf. Frank, Günter: Die theologische Philosophie Philipp Melanchthons (1497-1560). Leipzig 1995.

36 第Ⅰ部 研究編

教育思想として，ルターにはない知見と後世への影響が見て取れる。

　すでに第1章で見たように，メランヒトンは哲学を大きく三つの領域に分けていた。まず「語ることの術」としての①弁証法や修辞学。次に「自然学」もしくは②自然哲学。そして③道徳哲学である。

　①弁証法や修辞学は，古来いわゆるリベラル・アーツとして伝わる自由学芸（artes liberales）の重要な構成部分であり，文法とともに伝統的な三学（trivium）として——後に論理学（Logik）[30]——知的探究すなわち学問研究の道具となる言語の修練と教育に深く関係している。

　②自然哲学では，ルター神学から派生したメランヒトンの特異な思想が展開される。これは楠川やヘルム，さらにヴェルスも指摘しているように，ルター神学によるインパクトから必然的に導き出されたものではない。ここにメランヒトンならではの神学的哲学が展開されている[31]。しかも，これは人間の現世での生活にとって必要であり，かつ有用である。

　③道徳哲学は「市民道徳に関する，まさに神の法（lex Dei）である」[32]とされ，アリストテレスをルター神学の観点から変容・修正しつつ，ここにもメランヒトンならではの神学的哲学が見出される。これもやはり人間の現世での生活にとって必要であり，かつ有用である。

　端的にいえばメランヒトンの人間学は，ルター神学の光によって照射される下で，そのユニークな自然哲学および道徳哲学によって構成されているといえるだろう。ここで，とくに重要なのは②自然哲学であり，この見解と関連して③道徳哲学についても説明がなされ，翻って①弁証法や修辞学さらには文法の教育的意義とその重要性の強調へと循環する，といった全体的輪郭をひとまず描くことができる。メランヒトンはこの人間学を基に，当時の主に高等学校——後のギムナジウム——や大学のカリキュラムおよび教育制度を整備してゆき，自身もそこでの教材となるテキストを数々作成すると同時に，後継ぎとなる教師をも育成していったのである。そこで①については次

30　Cf. Ibid., S. 63.

31　Cf. Wels, Volkhard: Manifestationen des Geistes. Frömmigkeit, Spiritualismus und Dichtung in der Frühen Neuzeit. Göttingen 2014. S. 129.

32　CR 12, 689.

第2章　メランヒトンの人間学　37

章で取り上げるとし，以下では主に②を中心に，あわせて③からも特徴づけられるメランヒトン人間学の構成と内容の一部を，明らかにしておきたい。

　信仰義認論はルター神学の核心であるが，これをメランヒトンは合理化し自然化したといえよう[33]。メランヒトンはルター神学を独自の自然哲学を用いて再解釈し合理化したのである。それは彼の「精気論」（spiritus-Lehre）に基づく人間学によく表れている。メランヒトンがルターの信仰義認論を自らの自然哲学によって解釈し直して合理化し，これを推進していく背景には，当時の熱狂主義者（Enthusiast）や再洗礼派（Anabaptist）を席巻した心霊主義との対決，すなわちメランヒトンの反心霊主義（Antispiritualismus）がある[34]。それは教育思想にも反映されることになるが，まずは心理学や人間学として表現される。こうヴェルスは指摘している。

　　メランヒトンによる根本的な反心霊主義は彼の人間学および自然哲学においても表れている。その際，メランヒトンとルターとのあいだの違いが繰り返されることになる。メランヒトンはその精気論によってルターの信仰義認論に生理学的な基礎づけ（phyisiologische Begründung）を施していった。つまり恩恵を通じた義認のなかで「自然の原因」（natürlicher Ursachen）によって──ゆえに超自然的な原因（übernatürlicher Ursachen）を想定することなしに──神の霊〔聖霊〕が仲介することの説明可能性を展開したのである。これはルターの義認論が合理化（Rationalisierung）され自然化（Naturalisierung）された形式である[35]。

　ルター神学の核心にある信仰義認論のプロセスを自然哲学によって説明するところに，メランヒトン人間学のもっともユニークな特徴が見出される。聖書に記された「言葉」が信仰において人間の魂の内に受け容れられるとき，ここに言葉としての福音は恩恵による聖霊を通じた精気として，人間の心身に生理学的な変化を引き起こす。すなわちメランヒトンによれば，聖霊

33　Cf. Wels, op. cit., S. 89.

34　Cf. Ibid., S127ff.

35　Ibid., S. 89.

38　第Ⅰ部　研究編

による人間の魂および身体への作用は自然哲学的かつ自然学的であり，要するに生理学的かつ医学的な過程として解明される可能性を持つことになる。まさにメランヒトンは「こうしてルター神学によって与えられたもの〔信仰義認論〕を医学に，より正確には，生理学に翻訳した」[36]のである。

　さらにメランヒトンは義認のプロセスのみならず，心霊主義に突き動かされている人々の生理学的説明，および神や天使，悪魔や悪霊が働きかけるプロセスまでも自然哲学的に，つまり医学的，生理学的に説明しようとするが，その際には加えて占星学（Astrologie）が重要な役割を果たすことになる。同時代に地動説を唱えてセンセーションを巻き起こしたコペルニクスを想起するまでもなく，メランヒトンにとって占星学は天文学（Astronomie）とともに自然科学，つまり自然哲学もしくは自然学の重要な一部分であった。よって彼はルター神学に対して，医学や生理学および占星学による自然哲学的な説明を付加しようとしたといえよう。

　ルター自身は，とくに占星学に対して露骨な嫌悪感を示していて[37]，聖霊が働きかける過程についても，神による直接の作用についてしか語らない。ところがメランヒトンにおいては，そうした神による直接的作用について語ると同時に，そこに自然哲学的な説明を付与していく。メランヒトンは人間が，ただ神や悪魔や，聖霊や悪霊や，さらに心霊に駆動されているといった非理性的な——今日風にいえば非科学的な——言説には満足できず，むしろそこに「自然の原因」を究明し，当時の悪しき事態に対して合理的かつ理性的に対処しようとする。こうして重大な問題を論理的に解決し，危機的局面を一つひとつ切り抜けていこうとしたのである。ふつう人々が「超自然的な原因」——たとえば悪魔や悪霊の働き——で片づけてしまう事柄に対して，メランヒトンは自然哲学による理性的な探究のメスを入れようとした。しかもそれだけに止まらず，そうした理性的な探究の精神や態度を養う教育を重視したのである。

　このようにしてメランヒトンの人間学は，神学と医学そして占星学といった自然哲学のあいだで成長しつつ，同時に道徳哲学と教育思想を伴いなが

36　Ibid., S. 90.
37　Cf. Ibid., S. 106ff.

ら，その全体像を形成していく。しかも，この根底にはルター神学から得られた信仰義認の確信がある。と同時に，人間を含めた全世界や宇宙が，やはりひとつの神の法に従っているとの確信がある。この点が極めて重要である。

　やはりヴェルスも指摘しているように，メランヒトンの自然哲学の背景にはルター神学に基づく法と恩恵との対照関係がある。いわば恩恵のみが働く領域と法が支配する領域との区別であり，この世において罪人としての人間はこの二つの領域にまたがって生きているとされる。法は神の律法（Gebot）でもあり，恩恵はキリストの言葉としての福音でもある。つまり律法によって「ひとつの全体」として人間が罪人となる次元と，福音によって「ひとつの全体」として人間が救われる次元の区別であり，そこに現れ出てくる動態の区別である。

　これから見ていくように，人間を含めた全世界・宇宙すなわち自然としての物質は，すべて「神の法」（lex Dei）の一側面である「自然法」（lex naturalis）に従っていて[38]，まずはこの法の支配の下に「魂と身体」からなる人間も完全に服さざるをえない，とメランヒトンは見ていた。この自然法は，天体はもちろんのこと人間の身体にも表現され，これを貫徹しているとされる。すると心身とともにある「ひとつの全体」としての人体の探究，すなわち医学や生理学さらに解剖学は，メランヒトンにとって神の法の一側面である自然法の究明にも繋がり，それは同時に神の法の全体をよりよく知ること——神学——へ発展していくとされる。しかも生まれつきの自然本性に備わる「自然の知識」（notitiae naturales）によって人間は，この哲学的探究および究明を，やはり生まれつきの理性を用いて推進していくことができるとされる。その内容を『自然学入門』からスケッチしておこう。

3節　人間学の内容

『自然学入門』（Initia doctrinae physicae, 1549）[39]は，すでに前節で述べたよ

---

[38]　Cf. De Angelis, op. cit., S. 103ff., Scattola, Merio: Das Naturrecht vor dem Naturrecht. Zur Geschichte des ›ius naturae‹ im 16. Jahrhundert. Tübingen 1999. S. 28ff.

40　第Ⅰ部　研究編

うに，30代半ばより抱いていた構想をようやく実現した広範なテキストである。これは人間の霊魂を含めた身体をも組み込んだ自然学すなわち自然哲学であり，つまるところメランヒトンにおける人間学の重要な構成部門となっている。はじめにメランヒトンは「自然学の教えとは何か」(Quid est physica doctrina ?) と問いかけ，こう記述している。

> それは，すべての身体の順序，質，運動，自然における種，生成，消滅の原因，元素における他の運動と，元素の混合によって生じてきたその他の身体を，この人間の精神の暗闇において許される限りで，探究し，解明するものである[40]。

周知のように「身体」(corpus) には「物体」や「物質」も含意されるので，ここでのコルプスには人間の身体は元より，これも含み込んだ自然物質世界全体という身体も含まれている。これら全体(コルプス)を，たとえ人間の精神が罪によって暗闇に陥っているにせよ，許される限りで (quantum) 探究し解明していくのが自然学であり[41]，これは神が創造した全世界の秩序と法則，すなわち「法」を認識することであると同時に，その作り主である神を知ることにも繋がる。人間の精神 (mens humana) によるあらゆる探究成果の結晶である学問や教養，すなわち「学識(エルディティオ)」は，このとき「敬虔(ピエタース)」へと至る。「自然学の目的と有用性について。自然学の目的と益とは何か」(De fine et utilitate physices. Quis est finis et usus physices ?) と問いかけ（第1章でも引用したように）こうメランヒトンは答えている。

> すべての自然の事物は人間の知力にとっていわば劇場〔舞台〕のようなものである。神はこれら〔自然の事物〕が注視されることを望んでい

39　原題は Initia doctrinae physicae, dictata in academia vuitebergensi である。Cf. Melanchthon, Philipp: Initia Doctrinae Physicae, Dictata in Academia Vuitebergensi. Die Anfänge der physikalischen Lehre, vorgetragen an der Universität Wittenberg. Übers. v. Walther Ludwig. Rahden 2008.

40　CR 13, 179.

41　ゆえに，むろん physica は物理学でもある。

る。それゆえに神は人間の精神に，これを考察しようとする熱望と，その認識に伴う喜びを与えたのである。この〔自然の事物の〕原因は健康な知力を自然の熟考へと誘う。たとえ何ら有用性が伴わなくても，見ることが〔人を〕楽しませるように，精神はその自然本性によって事物を注視することへと駆り立てられる。したがって，これ〔精神〕はこうした研究の原因となりうる。というのも自然を考察することは，その〔精神の〕自然本性に最大限に即応しているからであり，精神が自ら進んで考察することは，たとえ何ら他の有用性が伴わなくても，もっとも快い喜びをもたらすからである[42]。

この私たち人間自身も含めて「すべての自然の事物」（tota natura rerum）が人間の知力（ingenium）にとっての劇場（theatrum）であり，これらを人間の精神は自らの自然本性に駆られて，たとえそれが何かの役に立つというわけでなくとも，ただ探究そのものが喜びであるがゆえに，これをより広く深く認識し熟考しようとする。いかにも好奇心旺盛なメランヒトンらしい始まりといえよう。人間は知ることを元より欲し，かつ知ること自体に純粋な喜びが伴うといった言説は，「すべての人は生まれつき知ることを欲する」といったアリストテレス『形而上学』の冒頭を想起させる。しかしメランヒトンにとってこの喜びは，神によって人間の健康な精神に付与された能力による当然の結果である。ゆえに，この知力による自発的探究や研究は，自然の事物全体を創造した神の法を明らかにすることへと繋がると同時に，神による神秘を知る最初の道筋ともなり，さらに人間の生にとっても極めて有用であると続けられるのである。

しかし〔研究のための〕他の原因がさらに加わる。それゆえに神は自然の探究へと駆り立てるこうした炎を精神に挿入した。それは，この学問が神を認識することへの最初の道となり，次いで人生に助けを示すためである[43]。

---

42 CR 13, 189.
43 CR 13, 190.

42　第Ⅰ部　研究編

人間の精神のなかに神が自然研究に向けた「炎」（flamma）を置き入れた
〔挿入した〕（indidit）。それは自然学という教え〔学問〕（doctrina）が神認識
への最初の道〔進路〕（primum iter）となるためであり，なおかつ人間の生に
とっても「助け」〔援助・保護〕（praesidium）となるためである。つまり
メランヒトンにとって神を知ることは，それそのものが喜びであり，さらに
人生にとって助力ともなる。そこで，さらにこう続く。

> それではどのような助けを〔自然学は〕人生にもたらしてくれるのか，
> 考察していくとしよう。
> 　この教えから医学という学問が形成される。というのもここで元素，
> 質，質による行動，類似，対立，元素と〔その〕混合における変化の原
> 因，人間の身体における体液の自然本性的差異，気質もしくは〔その〕
> 合成，そしてこれらのものと精気の調和，人間における傾向と情念が区
> 別されるからである。

自然学は神認識──最終的に神学──への入り口になると同時に，医学への
道をも切り開く。しかも，この医学という学問（ars medica）は人間の生に
とっての，まさに援助であり保護であり，人生に有用かつ有益な教えであ
る。そこで医学のなかにメランヒトンは，人間各自の「体液」（humor）の
自然本性的差異やこれと連動した「気質」（temperamenta），こうした自然的
事物としての身体への「精気」（spiritus）の作用，さらにおのおのの「傾向」
（inclinatio）や「情念」〔感情・情動〕（affectus）の区別といった探究を，内容
として含めている。要するに自然学の一部である医学は，メランヒトンにと
って気質や傾向や感情といった，いわば人間の非合理的な部分をも研究内容
とした人間学と捉えられている。メランヒトンの人間学は，こうした当時の
医学の意味において，まさに医学的人間学であったともいえよう。
　こうしてメランヒトンは自然学が扱うべき 70 のテーマを列挙するが[44]，
最後に「人間の目的について」（De fine hominis）が置かれ，次のように続け

---

[44]　CR 13, 195-197.

られる。

さて，このように自然学は研究者を，医学という学問ばかりでなく倫理
学へも送り出す〔開く〕ことになる。というのも医者は人間の身体の四
肢や部分，性質の多様性や作用〔結果〕，身体の多様性について，もっと
多くのことを明らかにするからである。次いで病気の原因を明らかにし，
治療〔薬〕を与え〔付加し〕，植物，動物，鉱物，宝石を探究する。
　倫理学は，さらに自然学から魂の段階，行為の矛盾，知識，愛情，さ
まざまな情念〔に関する知見〕を手に入れた後に，この教え〔学問〕か
ら人間の目的について，すべての行動を導く自然法について積み上げて
いく。それゆえ，もし私たちが倫理学を重んずるなら，医者が捉えた甘
美なる自然の認識と，自然学のなかに伝えられているこの始まりを認識
することは必要不可欠である[45]。

このようにメランヒトンは自然学および医学から得られた研究成果をベー
スに「倫理学」(ethice) を構築すると同時に，倫理学もまた自然学と医学を
必要不可欠 (necesse) な土台としているとする。メランヒトンにおいてこ
の両者は，ともに人間の生の目的というテーマと最終的に深く関わるととも
に，つまるところ人間のすべての行動を統率する「自然法」(lex naturae) を
明らかにしていくこととも通底している。ともかく，その「始まり」
(exordia) が自然学にあり，この『自然学入門』はまさにその「開始」
(initium) に相当する。ゆえにメランヒトンの人間学は，ここからもまず自
然学的すなわち自然哲学的始まりと基礎を持つことになる。
　ではメランヒトンは「魂と身体」を含めた「ひとつの全体」としての人間

45　CR 13, 197. 自然学もしくは自然哲学と倫理学もしくは道徳哲学がメランヒトンのな
かで密接な繋がりにあることについては次も参照。Bellucci, Dino: Natural Philosophy
and Ethics in Melanchthon. In: Kraye, Jill / Saarinen, Risto (eds.): Moral Philosophy on
the Threshold of Modernity. Dordrecht 2005. S. 235-254. なおベルッチはメランヒトンの
自然学に関する本格的な研究も公にしているので参照されたい。Bellucci, Dino: Science
de la Nature et Réformation. La physique au service de la Réforme dans l'enseignement de
Philippe Mélanchthon. Roma 1998.

44　第Ⅰ部　研究編

のすべての行動（omnes actiones）が，一体どのようにして生じてくると考えたのであろうか。メランヒトンの人間学における行動原理について簡単に整理しておきたい。

　すでにルター神学の下で人間の全体が罪人として堕落している――人間の精神が暗闇に陥っている――ことは前提済みであるが[46]，それにもかかわらず（tamen）許される限りにおいて，人間は自らの精神に残された知力をフルに活用して，自然学的にこの人間を探究していくこと，すなわち人間学の第一段階を遂行していくことができる。その際に用いる「方法」（methodus）を，メランヒトンは――アリストテレスに依拠しながら――学問の三つの「基準」（κριτήρια）に求める。事物の「原理」（principia），「普遍的な経験」（experientia universalis），「知性の（論理的）帰結」（intellectum consequentiae）である[47]。繰り返すまでもなく三つ目の「知性の論理的帰結」を修練するには，次章で扱うように先の①弁証法や修辞学等の教育が必要となるが，ともかくこうした基準に根差した方法を用いて，メランヒトンは人間の行動を引き起こす原因を六つあげている。

　そもそも，この世界での「出来事」（eventus）は三つのもの「自然（本性）」（natura），「運命」（fortuna），「偶然」（casus）によって生じてくるとされるが[48]，とりわけ人間の行動にとって最後の「偶然の出来事」（eventus fortuiti）には，大きく六つの原因が考えられるとメランヒトンはいう。

　　ところで偶然の出来事は大部分こうした六つの原因に帰せられる。つまり，神とそれに仕える神聖な天使，悪霊，気質，星から生じるさまざまな傾向，各自の習慣，最後に物質の流動性である[49]。

①神と天使（deus et angeli），②悪霊（mali spiritus），③気質（temperamenta），④星から生じる傾向（inclinationes），⑤習慣（mores），⑥物質の流動性

46　拙著前掲『ルターとメランヒトンの教育思想研究序説』，参照。
47　Cf. CR 13, 193ff.
48　Cf. CR 13, 320.
49　CR 13, 322.

第2章　メランヒトンの人間学　　45

(fluxibilitatis)。①と②が人間に直接的に働きかける自然学的メカニズムについては次に取り上げるが，メランヒトンの人間学において，私たちの日々の行動の多くを占める偶然的なものは，ほぼ私たちが持つさまざまな気質と傾向とそれに伴う感情や，その毎日の繰り返しとしての習慣に帰せられるといえよう。また身体を含めた物質も常に流動的であり不安定である。

　そこでメランヒトンは，まず人間の気質をヒポクラテス以来の伝統に従い「体液病理学」(Humoralpathologie) によって基礎づけ[50]，さらにこれが占星学による知識に基いて星の影響を受けるという[51]。つまり人間の気質は体液病理学と占星学によって規定されていて，これは私たちにとって生まれつき自然の素質（ingenium）となっている。要するに各自の「気質の幸福」(temperamenti foelicitas) あるいは「不幸」(infoelicitas) は生まれつきのものであって，こうした気質に対して各自には星から影響された傾向がさらに加わり，その人の行動や性格を規定していくと捉えられるのである。

　メランヒトンによれば，たとえば音楽が苦手でうまく歌えない音痴は，基本的に素質的気質によるものである。加えて占星学の知見を取り入れたホロスコープを用いて見て，音楽家向けのよい気質に対して太陽（Sol），月（Luna），金星（Venus）そして水星（Mercurius）がうまく位置づいていれば，その人は音楽に向いていることになる。反対に気質がよいにしても，土星（Saturnus）と火星（Mars）によって気質は妨げられ，重ねて素質的気質も元来よくなければ，無骨で粗野となる[52]。これは詩人や語り手についても同様，各人にはそれぞれの素質的気質があり，またホロスコープから見た傾向が備わっていて，これが各自にとっての行動の向き不向きを自然学的に規定している，とメランヒトンは考えていた。そこに習慣が重なる。習慣および意図的な習慣づけは，むろん教育における修練とも深く関係してくる。

　ただし占星学によっても影響された気質や傾向が必ずしもすべてを決定す

50　Cf. Schipperges, op. cit., S. 31ff.

51　Cf. CR 13, 323ff., Kusukawa Sachiko: Aspectio divinorum operum. Melanchthon and Astrology for Lutheran Medics. In: Grell, Ole Peter / Cunningham, Andrew (eds.): Medicine and the Reformation. London 1993. S. 33-56.

52　Cf. CR 13, 325.

46 第I部 研究編

る要因ではない，という点には注意しなければならない。さもなければメランヒトンの人間学は運命論となってしまう。ここにメランヒトンならではの人間の自由意志——選択の自由——が活躍する余地が残されている。これはあくまでも，この自然界における自由意志の行使であり，それは人間の身体をも含めた自然世界を貫く自然の法，もしくは法則を探究し究明することへと導かれる。先述したように私たち人間は堕罪後にも残された知力を用いて許される限り，この自然の法および法則を明らかにすることへと自然本性的に駆り立てられる。結果として，それは神の法の一側面を解明することに繋がっていた。ヴェルスは，こうまとめている。

　　自然，そこに人間の気質に影響を及ぼす星のみならず人間の身体も全体として属しているが，これは「諸法」(Gesetzes)の顕現(Manifestationen)である。神は自らを自然のなかに，自然の法に則するもの〔すなわち法則〕として自己を明らかにしている[53]。

　この自然世界の範囲内で，そこに属する私たちもまた自然法に従うのだが，メランヒトン当時の言葉にある通り「星は影響を与えるが，必然ではない」(astra inclinant, non necessitant.)[54]のである。つまりメランヒトンによれば，こうした気質や傾向に関する知識を得ること，その自然の法を知ることを通じて，私たちは偶然と思われる出来事に対して，よりよく行動できるようになりうるのであり，さらにはそれが各自にとってのよりよい人生へと繋がる。『占星学の価値』(Dignitas astrologiae, 1535) では，こう述べられる。

　　もし，それぞれが自分の自然本性の傾向 (inclinatio) を理解するなら，よいところを育て強め (alere bona et cofirmare)，入念さと理とによって

---

53 Wels, op. cit., S. 127.

54 Cf. Frank, op. cit., S. 312. CR 13, 339f. Sed hic necesse est simul doceri, nequaquam omnes eventus ad astra referendos esse. このように，すべての出来事が星に帰せられるべきではないとしてメランヒトンは，①人間の意志，②気質，③星，④神，⑤悪魔，⑥外的な力の六つをあげるが，とくに①は教育とも深く関わる。

悪徳を避ける（vitare vitia）ことができるのである[55]。

こうした訓練が，まさに意志的な習慣づけによる教育の課題でもあることは繰り返すまでもない[56]。

　そこで残すところ，いよいよ人間の日常生活においては①神と天使，そして②悪霊もまた常に働きかけており，これらは私たちの行動に大きな影響を与えている。とくに②の作用から免れている者はひとりもいない。この点でメランヒトンはルターの神学的人間学を忠実に踏まえている。ただし先にも触れたように，ルターは神や天使にせよ，悪魔に悪霊にせよ，これらが直接的に人間に作用してくると捉えていて，これらに対してメランヒトンのような自然学的説明を加えることはなかった。

　メランヒトンが根差すルターの神学的人間学において，人間は絶えず「誘惑」（Bekörunge）に晒されている。それには「肉」（freisch），「この世」（welt），「悪魔」（Teuffel）という三つがあげられる[57]。ルターは『大教理問答書』（Der Große Katechismus, 1529）のなかで誘惑を「試み」（versuchung）あるいは「試練」（anfechtung）とも換言し，人間そのものが「肉」であることを第一にあげている。

　　それは私たちが肉の中に住んでいて，古きアダムをになっているからである。この古きアダムが活動して，私たちを刺激し，日ごとに淫奔，怠惰，暴飲暴食，貪欲ならびに隣人を欺き，暴利をむさぼる詐欺的行為を犯させるのである。要するに私たちは，生まれながらに身に固着し，その上，他人との社交，すなわち，しばしば純真な心までもそこない，燃えたたせるような悪い手本や見聞によってかきたてられるあらゆる種類の悪しき欲望をになっているのである[58]。

55　CR 11, 266.

56　Cf. CR 13, 340. In moribus et artium studiis aliquid etiam variant educatio et disciplina. Sed haec duo ad primum pertinent, scilicet ad voluntatem.

57　WA 30 I , 208. ワイマール版ルター全集（Martin Luthers Werke.）には WA の略記号を用い，続く数字は巻，次に頁。邦訳は次に依った。ルター著作集委員会編『ルター著作集　1-8』聖文舎，1983 年，505 頁。

48 第Ⅰ部 研究編

　ルターによれば人間は，はじめから「肉的」(freischlich) であり，その本質には「悪しき欲望」(böse lüste) がある。私たちは「悪しき欲望」を本質とする「肉，そのなかで日々生きている」(das freisch, darynn wir teglich leben)[59] のである。注目すべきは，1節で見たように，ここで人間の身体あるいは肉体が霊魂とは切り離されて，それ自体として「悪」とされているわけではない，という点である。神の律法が人間の実存を良心によって隈なく精査する下では，その内に必ずや「悪しき欲望」が見出され，神との関係性のなかで私たちは「悪しき欲望」を本質とせざるをえない，という事実をルターは示している。

　　この肉の性質たるや，神を頼まず，信ぜず，常に悪しき欲望と奸計のままに動くもので，私たちは日ごとにことばとわざとにおいて，あるいはことをなすと，なさざるといずれの場合にも罪を犯し，そのため良心の平和は乱され，神の怒りと不興とをおそれ，こうして福音からの慰めと確かな期待とを失ってしまうのである[60]。

　「魂と身体」を含めた「ひとつの全体」としての人間が神との関係において「肉」であり，「肉的」である。決して人間の身体が霊魂と切り離されて二元論的に肉的であるわけではない。よってルターは修道士の独身制にも何ら価値を置くことなく，むしろ妻帯を自らも実行した。ゆえに，この全体としての人間が救われるためには「祈り」(Gebet) と神による全面的な働きかけ，すなわち聖書のみ，キリストのみ，これへの信頼としての信仰のみによる「言葉」＝福音の作用が必要である。神は聖霊を通じて人間に働きかける。それによって私たちが祈ることもまた可能になる。この往還的な繰り返し。よってルターが──まずは親の責任としての──子どもの教育においてもっとも重要視したのは，こうした「祈りの習慣づけ」[61] であった。

58　Ibid. 同上。
59　WA 30 Ⅰ, 206-207. 同上書，502 頁。
60　WA 30 Ⅰ, 207. 同上書，502-3 頁。

第 2 章　メランヒトンの人間学　49

日ごとに請い求める習慣を子供の時から養うことが肝要である。（中略）
要するに，私たちの隠れ場，避難所は祈りの中にしかない（allein ynn
dem gebete）ということを知らねばならない[62]。

　こうした「肉的」性格をもつ人間に，さらに追い打ちをかけるように「こ
の世」と「悪魔」が迫ってくる。

次にはこの世である。それはさまざまのことばやわざをもって，私たち
の心を傷つけ，私たちを怒りと焦燥に駆りたてる。要するにそこにある
ものは，ただただ憎悪と嫉妬，敵意と暴力，不正，不実，復讐，呪詛，
嘲罵，誹謗，傲慢，それに虚飾，名誉，名声，権力などと結びついた不
遜以外の何ものでもなく，そこではだれも自分が最小の存在であること
を好まず，人の上位にすわって，人々の目にとまることのみを求めてい
るありさまである[63]。

　こうした人間の内面を洗いざらい正直に暴き出したうえで，最後に「悪
魔」がとどめを刺す。

そこへさらに悪魔がやってきて，至る所でけしかけ，あおりたてる。わ
けても，良心や霊的事がらに関係ある方面を駆りたてる。すなわち，
人々が神の御言と御わざとの二つながらを無視し，軽蔑するようにしむ
け，信仰と希望と愛とから私たちを引き離し，迷信や誤った自負頑迷に
導き，あるいは一転して絶望に突きおとし，神を否定冒涜させ，その他
数々の恐ろしい悪に誘いこもうとする。これはまさしく罠であり，網で
ある。否，それどころか，これこそ血肉にあらず，悪魔が心臓に射こむ
最も有毒な火矢である[64]。

61　次を参照。拙稿「学校教育」，金子晴勇・江口再起編『ルターを学ぶ人のために』世
　　界思想社，2008 年，204-214 頁。
62　WA 30 I , 197. ルター著作集委員会編前掲書，487 頁。
63　WA 30 I , 209. 同上書，505-506 頁。

50　第Ⅰ部　研究編

　私たち人間は，まず自身が「肉」であるうえに，さらに「この世」から
も，「悪魔」からも常に誘惑に遭い続けている。あるいは，こうした三重の
ものから常に試みられ，試練に晒され続けている。「私たちは誘惑にあうど
ころか，その中にあみこまれてさえいるのである」(wir müssen anfechtung
leiden, ia daryn sticken)[65]。若者はとくに「肉の誘惑」〔肉欲〕を感じ，老年に
は「この世の誘惑」〔名誉欲や権力欲〕を感じるとルターはいう。最後に
「悪魔」は私たちの「心臓」〔心〕(hertz) に毒矢を打ち込む。これを撃退し
防御できるのは「祈り」のみ。「けれども祈りは悪魔を防ぎ，これを撃退す
ることができるのである」(aber das gebete yhm wehren und zu rück treiben)[66]。

　こうしたルターによる神学的人間学をメランヒトンは忠実に受け継ぎ，さ
まざまな誘惑との戦いにある人間の様子を，その自然学を用いて哲学的に解
明しようとした。では神に発する聖霊や，あるいは悪魔や悪霊は，一体どの
ような自然学的プロセスを経て人間に作用してくるのか。人間がなしうる唯
一の抵抗手段としての祈りは，どう作動するのか。

　そこで，ようやく聖書による「言葉」の働きが登場する。つまり聖書に
「文字」として記された「外的言葉」(das äußere Wort) が，信仰のみによる
祈りの際に聖霊の働きを通じて私たちの内に「内的言葉」(das innere Wort)
として作用するとき，こうした誘惑への激しい対抗戦が生じてくる。ルター
もメランヒトンも聖書に記された文字からは一歩も離れようとはしない点で
は全く同じであり，聖書に記された奇跡以外のものを一切認めない点でも全
く同じである[67]。が，メランヒトンは聖霊を通じて人間の「心」あるいはア
ニマに働きかける「言葉」の作用を，独自の「精気論」を用いて自然学的か
つ医学的に解釈し合理化したのであった。たとえばルターが，悪魔は絶えず
私たちの心のなかに入り込もうとしているとして次のようにいう場合，メラ

64　WA 30 Ⅰ, 209. 同上書．506 頁。

65　WA 30 Ⅰ, 209. 同上書．507 頁。

66　WA 30 Ⅰ, 210. 同上書．508 頁。

67　Cf. Wels, Volkhard: Melanchthons Anthropologie zwischen Theologie, Medizin und
Astrologie. S. 54. In: Greyerz, Kaspar von / Kaufmann, Thomas / Siebenhüner, Kim /
Zaugg, Roberto (Hg.): Religion und Naturwissenschaften im 16. und 17. Jahrhundert.
Gütersloh 2010. つまり Luthers Reformation ist das Werk eines Professors, nicht eines

第2章　メランヒトンの人間学　　51

ンヒトンは人間の心に働きかける神の言葉が，文字通り「心臓」において医
学的かつ生理学的に作用していると見なしていた。

> あなたは心の中にも，口にも，耳にも，絶えず神の御言を持っていなけ
> ればならない。もし心がなまけていて，御言が響かないと，さっそく悪
> 魔が侵入してきて，それと気づかないうちに害をなしてしまう。反対
> に，御言が熱心に注目され，聞かれ，行われるところでは，御言は力を
> 持ち，決して実を結ばずに過ぎることはなく，かえって，常に新しい理
> 解と喜びと敬虔とを呼びおこし，純真な心と思いをつくりだす。御言は
> 決して不確かなものでも，死んだものでもなく，営々として生きて働き
> たもうものだからである[68]。

ルターによれば，聖書に記された神による「創造する生きた言葉」(schefftige, lebendige wort) は「純粋な心と思い」(rein hertz und gedancken) を作り出す (machen) が，これをメランヒトンは自然学的に解釈し直し，合理化する。『教会で用いられている数多くの語句の定義』(Definitiones multarum appellationem, quarum in Ecclesia usus est. 1552 / 53) から要点のみ確認しておこう。
　言葉は聖霊を通じて人間の「心臓」に作用する。

> 聖霊は神性の第三のペルソナである。永遠の父と子から発出し，これと
> 同質 (ὁμοούσιος) である。そして聖霊は愛であり，実質的な喜び
> (laetitia substantialis) である。聖霊は福音の声によって信じる者の心
> 〔心臓〕に送られる。それは信じる者を聖別するためである。つまり彼
> らが教えを理解できるように彼らの内に光 (lux) を灯し，賛同
> (assensio) を強め，神と一致する運動 (motus congruentes Deo) を引き
> 起こし，祈る者たちを駆り立てて，神のなかで休息する喜びをもたらす
> ためである[69]。

Propheten. なのだ。
68　WA 30 I , 146. 同上書，409 頁。

52　第Ⅰ部　研究編

　キリストの福音が——聖書に記された文字を媒体として——聖霊の働きによって心臓に送られると，次のようになる。

　　そして子が精神のなかで慰めを語ると同時に，聖霊が心〔心臓〕のなか
　　に注ぎ出し，これはそれ自体の新しい運動を点火する。それから生命精
　　気と混ぜ合わされ，心臓（こころ）の運動と調和して知識は，より明る
　　く輝くものとなる[70]。

「聖霊」（spiritus sanctus）は文字と音声を通じて人間の「心臓」に入り込み，
そこで自然の生物としての人間が持つ「生命精気」（spiritus vitalis）と混合さ
れる。さらに心臓は，さらにこのよい精気を血液によって全身へと運ぶ。
　メランヒトンは心すなわち心臓を，やはり伝統的に「感情」の座（sedes）
もしくは臓器と規定したが，聖霊と混合された生命精気は「喜び」（laetitia）
という感情をもたらす。

　　喜びとは心〔心臓〕のなかの快い運動〔動き・情動〕（suavis motus）で
　　あり，いわば弛緩〔リラックスしていること〕（laxatio）である。このな
　　かで血液は温められ，豊富に輝く精気の炎が生まれる。これによって全
　　身が温められる。これらの端緒〔苦痛と喜び〕から，どのような感情で
　　も記述することが可能である。というのも大部分の感情は，次のよう
　　に，これらが組み合わさったか，あるいは混合したものだから[71]。

　その反対は「怒り」（ira）である。

　　怒りとは敵対する〔有害な〕対象から逃れようとする心の苦痛であると
　　同時に，これを撃退しようとする欲望である。ところで抑圧によって苦
　　痛が生じる。というのも心〔心臓〕を援助しようと，血液が流れ込むか

69　CR 21, 1077.
70　CR 21, 1084.
71　CR 21, 1089.

らである。しかし撃退の欲望は〔血管の〕拡張を引き起こす。これによって心臓は血液と精気とを外的な四肢へと大量に送り出し，これらをいわば武装する。この両方〔心臓と四肢〕の運動が高まることで心と精気との燃焼が生まれる[72]。

そしてメランヒトンは「信仰」について，こう定義する。

> 信仰とは私たちに伝えられた神の言葉のすべてに賛同すること（assentiri）であり，このなかで神の子のゆえに約束されている恩恵の保証への賛同である。この賛同によって罪の赦しと和解の約束が把握される。さらに信仰とは信頼（fiducia）であり，仲介者のゆえに神のなかで休息することであり，これによって私たちは本物の恐怖〔不安〕のなかで鼓舞され，神において生と喜びとを感じる[73]。

この「賛同」をメランヒトンは決して比喩的にではなく，文字通り自然学的かつ物理的な運動として捉えていた。ヴェルスは，こう説明している。

> 信仰は神の言葉との感情的〔情動的〕な賛同であり，この感情的賛同は生理学的な次元では聖霊と人間の動物精気との混合である。メランヒトンが聖霊を「神的な光」（divina luce）によって媒介されると記述するとき，これは比喩的にではなく，字義どおりに理解されている。というのも精気は太陽や星の光を通じて運ばれるからである[74]。

「動物精気」（spiritus animalis）も動物しての人間が身体に持つ精気であるが[75]，これと聖霊とが信仰による祈りを通じて，太陽や星の光を介して私たちの心臓に運び込まれてくるとき，ルターのいう「純粋な心と思い」が作ら

---

72 CR 21, 1089.

73 CR 21, 1079.

74 Wels, op. cit. Melanchthons Anthropologie zwischen Theologie, Medizin und Astrologie, S. 57.

54　第I部　研究編

れる。こうした聖霊のいわば注入を，メランヒトンは自然学的かつ物理的に
理解していた。ルターの神学的人間学に依拠するメランヒトンにとって，こ
の聖霊の働きなしに人間が信仰によって義人とされることはなく，キリスト
者としてふさわしい生もありえない。「聖霊の助けなしに，人間が自ら信仰
という肯定的な感情を形成することはできない」[76]。そして反対に，悪魔や
悪霊によって引き起こされる，もしくはこれらに取りつかれていると考えら
れた心霊主義者たちについても，同様に自然学的「合理的」な説明を繰り広
げていくのである[77]。

　さて，このように自然哲学的に考察された人間学に，さらに②の道徳哲学
的もしくは倫理学的な考察が加わって，メランヒトンの人間学の全体像が浮
かび上がってくる。倫理学は，先にも触れたように，自然学的人間学を土台
として人間の目的を指し示し，その行動を導く原理としての法をも究明す
る。『倫理学概要』（Epitome ethices. 1532）のなかでメランヒトンは「人間の
目的」について，こう述べる。

　　原因が探し当てられたとき事柄はついに解明されるのであるから，今度
　　はどのようなことについてでも，その目的が探究されねばならない。し
　　たがって聡明かつ学識ある人々は人間の目的について探究する。とくに
　　哲学の他の部分は別の原因について語るが，道徳哲学は人間の目的の探
　　究に全力で取り組む。このようにして自由な認識がもたらされることに
　　なる。というのも人間が自らの自然本性の目的について理解すること
　　は，もっとも価値あることだから。アリストテレスが初めて幸福が人間
　　の目的であると定義し，あるいは幸福という言葉を用いてこれに〔初め

75　Cf. CR 13, 88f. メランヒトンにおける霊魂論，スピリトゥス，そして占星学については，
　　すでに拙著でも扱っているので参照。『近代教育思想の源流──スピリチュアリティと教
　　育──』成文堂，2005年，185頁以下。このなかでも以下に含まれた多くの論考を参照
　　している。Frank, Günter / Rhein, Stefan（Hg.）: Melanchthon und die Naturwissenschaften
　　seiner Zeit. Sigmaringen 1998.

76　Wels, op. cit. Melanchthons Anthropologie zwischen Theologie, Medizin und Astrologie,
　　S. 60.

77　Ibid., S. 67ff.

第2章　メランヒトンの人間学　　55

て〕答えた。私たちは彼の定義に従って主張しよう。理性は徳の行い
〔徳ある振る舞い〕が人間の目的であることを示している。つまり理性
は徳の行いが善のすべてであると判断するのである。そして，それはそ
れ自体が持つ価値のゆえに追求されるべきすべてである，と理解され
る。多くの者は徳が人間の自然本性のなかに記されていて，人間はとり
わけ徳に向けて作られており，人間の自然本性は徳に向かって呼び寄せ
られているなどという。私は先に哲学は神の法の一部分であると述べ
た。ここから人間の目的について判断することができるであろう。まさ
に神の法は人間の目的が理性によって理解される限りでの法に従うこと
にある，と述べるのである。もちろん神の意志について理性は確かめる
ことはできないが，しかし外的および市民的な生活に関する法を理性は
理解する。そして福音の判断によれば，人間の目的とはキリストによっ
て与えられた憐れみを認識して受容し，反対にその好意に感謝をし，神
に従うことにある。しかし私たちは今，理性が与えてくれる目的につい
て話をしている[78]。

やはり，ここでも法と恩恵との対照関係の下にメランヒトンが人間学を構成
していることが読み取れる。自然哲学も道徳哲学も，自然学も倫理学も，ど
ちらも神の法の一部分を限られた理性もしくは知力をフルに用いて探究す
る。一方は自然の法を明らかにし，他方はこの自然の法を基礎として生活に
関する法，すなわち「道徳法」(lex moralis) を明らかにする。そして理性
は，こうした法に従って生きることが人間の生の目的に適うという。が，ル
ターの神学的人間学に基づけば，それだけではまだ不十分である。ここに恩
恵としての聖霊の助力がなければ，人間の生の目的，すなわちキリスト者と
しての人生の究極の目的——神に従うこと——には近づきえない。法の解明
とこれへの服従は必要であるが，まだそれだけでは十分とはいえないのであ
る。つまりメランヒトンが依拠するルター神学によれば，律法によって恩恵
への，すなわちキリストへの，福音への，さらに聖霊が働く世界への次元が

78　Heineck, Hermann: Die aelteste Fassung von Melanchthons Ethik. Berlin 1893. S. 5f.

開かれねばならない。ここでようやく私たちは，メランヒトンの「神学的哲学」による人間学を基礎とした教育思想を扱う段階に至ることになる。

＊

　以上，メランヒトン人間学の全体的な特質と構成および内容が概ね明らかになったであろう。確かに人間の知力は堕罪後衰弱してはいるものの，完全に無能力となっているわけではない。この理性的能力を可能な限り用いて私たちは自然の法を解明していくことができるし，それはまた人間の自然本性に適った喜びでもあり使命でもある。しかし人間は罪人の状態から自らの力で脱することはできない。そこには恩恵へと準備する法すなわち律法の役割が必要であり，しかも私たちは恩恵による再生を必要としている。こうしたキリスト教的人間の生成と教育の過程をメランヒトンはそのユニークな人間学を基礎にして提示した。この成果は教育課程および教育内容さらに教育制度を含んだ教育思想に具体化されている。

　畢竟，人間が元より使用しうる能力——とりわけアニマの理性的能力——を人間学的，つまり自然学的・生理学的・医学的・解剖学的に明確にしておくことは，メランヒトン教育思想において教育という人間の意志的行為の可能性を最大限に活用かつ確保するための前提であった。しかし，これは無限の教育可能性ではない。むしろメランヒトンの人間学は，人間の力すなわち教育が及ばない，神学的人間学による恩恵の領域も強力に堅持している。人間および人生のすべてを包含する自然の法の探究と，これを包摂する神の律法による恩恵への誘導は，同時的に進行しているといえよう。

第3章
メランヒトンの教育原理と実践

これまでメランヒトンの教育思想が独自の人間学に基づくことを明らかにし，その特質と構成および内容について概観した。

本章では『魂についての書』（Liber de anima, 1553）を中心にアニマの理性的能力の位置を確認したうえで，教育という意志的行為が拠り所とする原理を明らかにしておきたい。これによりメランヒトンの教育思想における目標や内容も，さらに明確となるであろう。またメランヒトン自身は，いかに教育と具体的に関わったのか。教育者としてのメランヒトンの実践についても，あわせて触れておきたい。

1節　アニマ論と教育の原理

この世界や宇宙のなかで人間のみに特別の地位，尊厳，役割が付与されている理由は，メランヒトンによれば，これが「神の像」（imago Dei）として作られている点に求められる[1]。神の像は伝統的にもっぱら人間の魂すなわちアニマとその能力に帰されてきた[2]。しかしメランヒトンの人間学によれば，これは「ひとつの全体」として身体の自然学つまり生理学的・医学的・解剖学的土台の上にも成り立っている。人間の身体も神による創造の成果であり，驚嘆すべき内容と機能を備えていた。そこでアニマは，この身体と独

1　拙著『ルターとメランヒトンの教育思想研究序説』溪水社，2001年，121頁以下，参照。

2　拙著『近代教育思想の源流——スピリチュアリティと教育——』成文堂，2005年，185頁以下，参照。

58   第Ⅰ部　研究編

立して存在しているわけでも活動しているわけでもない。この世の生のなか
で人間の魂は，まず身体とともにひとつの全体として存在し活動しているの
である。

　メランヒトンは『魂についての書』で「アニマは自然的有機的身体の最初
のエンデレキアであり，生命を維持する能力である」(Anima est Endelechia
prima corporis physici organici, potentia vitam habentis)[3]と定義している。元来
エンデレキアとはアリストテレスによるエンテレケイア（entelecheia）に由
来し，目的（telos）に達している状態（完全現実態）であるが[4]，メランヒト
ンはエンデレキア――ドイツ語ではエンデレキー（Endelechie）――をキケロ
ーおよびボエティウスによるアリストテレス注解を基にして展開した[5]。ア
ニマとは最初のエンデレキアであり，ここではとくに私たち人間の，まずは
自然（物理）的で有機体的な生命を維持する能力とされる。ただしメランヒ
トンにおいては，そこに信仰によるキリスト教的人間としての見解も付加さ
れる。

　エンデレキアは実在的（substantialis）もしくは本質的なものと，非本質的
（accidentalis）もしくは偶然的なものとに区別される。エンデレキアは生き
とし生けるもの，動物の生命の本質であると同時に，この生命の本質や実在
に伴う――生の過程で事に応じて生じてくる――偶然的な活動（agitatio）で
もある。この生命活動は，むろんアニマの本質に従って生じてくるが，これ
には場所的運動（motus localis）や変化（alteratio）などがある。メランヒト
ンにおいてアニマとはエンデレキア，すなわち生命もしくは運動の一般原理
(das allgemeine Lebens-oder Bewegungsprinzip)[6]といえる。このアニマは自然

3　CR13, 12.
4　「アリストテレス哲学の重要概念。telos（目的）に達している状態の意。可能態であ
　る質料が目的とする形相を実現し，現実態として運動が完結した状態。後に生物学者ド
　リーシュ（H. Driesch 1867-1941）などの生気論において生命の非物質的原理とされる。
　エンテレキー」新村出編『広辞苑』第7版，岩波書店，2018年，353頁。出隆『アリス
　トテレス哲学入門』岩波書店，1972年，243頁，参照。
5　Cf. Frank, Günter: Die theologische Philosophie Philipp Melanchthons (1497-1560).
　Leipzig 1995. S. 91.
6　Ibid., S. 91.

（物理）的身体において生命精気や動物精気[7]，さらに聖霊や悪霊など，さまざまな精気や他の要因による生理学的かつ医学的な作用のなかで活動し，その作用や活動についてメランヒトンは解剖学的にも解説していたが[8]，しかしキリスト教信仰からは離れず，この魂は不死とされる[9]。

　フランクによればメランヒトンは，自然哲学（自然学）が現実をその性質において記述するのに対して，神学はそうした現実や性質があることの最終的な根拠を問いかけるという[10]。つまり物や事の性質や現実を，自然哲学は先の三つの学問的「基準」によって探究し解明しようとするが[11]，それでもこうした事物や事象（res）があることの意味——存在理由——は明らかにはならない。これを問うのが，まさに神学である。アニマ概念についても同様である。そこで真理探究のための第四番目の手立てとして「啓示」（Offenbarung）が加わる[12]。

　自然学的にアニマの作用や活動を明らかにしようとする——以下の理性的魂による——学的努力は人間にとって高貴かつ有用であるが，しかしそれだけでは不十分である。メランヒトンは，ルター神学から見られた人間のアニマについて，それがこのようにして「あること」の意味と役割とを追究せざるをえなかった。その最終的な成果が『魂についての書』である。

　すると人間のアニマを（キリスト教信仰から照射して）もっとも人間にふさわしいものとする「理性的魂」（anima rationalis）について，こう述べられることになる。

　　理性的魂は知性的精気〔霊〕であり，人間の本質のもうひとつの部分であり，身体から分離した場合，決して消し去られることはなく，不死である。この定義は自然学的な根拠を有してはいない[13]。

7　拙著前掲『近代教育思想の源流』，201 頁以下，参照。

8　たとえば本書第 II 部翻訳編 13 参照。

9　Cf. CR13, 172ff.

10　Frank, op. cit., S. 92.

11　拙著前掲『ルターとメランヒトンの教育思想研究序説』，116 頁以下，参照。

12　同上書，119 頁以下，参照。

13　CR13, 16.

60 　第I部　研究編

　「知性的精気〔霊〕」(spiritus intelligens) でもある理性的魂は，まさに理知的霊魂としてメランヒトンにおいて不死 (immortalis) と捉えられていて，これは自然学による説明を有しないが (Haec definitio non habet physicas rationes)，創造に関して神学の見地からすれば，次のように作られている。

　　　人間の魂には外から吹き込まれるのだが，このような通気孔があって，そこに神は自身の光を，すでに述べたように，光線を注ぎ移す。つまり自身の知恵，数の知識，高潔なものと醜悪なものとの区別，その他の知識である。確かに，これらはこの身体の塊から生じてきたものではなく，あるいは自然の構成要素から生じてきたものでもない[14]。

人間の（とりわけキリスト者の）アニマは不死であり，かつ創造に際して神からの「光」(lux) や「光線」(radius) が——この点では物理的に記述される——「通気孔」(spiraculum) を通じて，このなかに神によって吹き込まれる (adflatur)。あるいは神がこれらを人間のアニマの内に通気孔を通して注ぎ移す (transfundo)。ゆえにメランヒトンによれば，人間の魂には神の「知恵」(sapientia)，数も含めたさまざまな「知識」(notitiae)，そして「高潔なものと醜悪なものとの区別」(discrimen honestorum et turpium) が，生まれつきすでに備わっていることになる。とりわけ「高潔なものと醜悪なものとの区別」は，もちろん善と悪との識別とも連動し，人間の内なる道徳法の根拠ともなっている。ともかく私たちのアニマという自然本性に吹き込まれ，注ぎ移された生得的な知恵や自然の知識は，神が存在し，この自分の魂が神によって作られたことを証言するのだ，とメランヒトンはいう[15]。

　こうしたアニマ観によりメランヒトンは，魂を伝統的な三つの位階 (gradus) に分ける[16]。植物的 (vegitativa)，感覚的 (sentiens)，そして理性的 (rationalis) な魂である。

14　CR13, 16f.
15　CR13, 18.
16　CR13, 19f.

第3章 メランヒトンの教育原理と実践　61

動物には三つの位階がある。植物においては，ただ植物的な〔栄養を摂取するだけの〕もの。獣においては，植物的なものと感覚的なもの。人間においては，植物的なもの，感覚的なもの，そして理性的なものである[17]。

ここには魂が持つ五種類の能力（potentia）がある。植物的（vegetativa），感覚的（sentiens），欲求的（adpetitiva），駆動的（loco motiva），そして理性的（rationalis）な能力である。

したがって人間には五つの能力がある。植物的，感覚的，欲求的，駆動的，理性的なものである[18]。

そこでアニマの第五番目「理性的能力」（potentia rationalis）が，メランヒトンにおいては人間の「精神」（mens）と同一視されていて，この理性もしくは精神の能力に対して『魂についての書』ではとくに紙幅が割かれている。フランクもいうように，これはまさにメランヒトンにおける人間学の中心に位置するといえよう[19]。この能力（potentia rationalis sive mens）は「人間の魂の最高の力」（summa vis humanae animae）[20]なのである。

　神の光は私たちの内に――アニマのなかに――挿入されていて（insita est lux），これによって私たちは神を認識することができると同時に，この光とともに数々の知識もまた挿入されている（insitae sunt notitiae）。これらは「自然の知識」（notitiae naturales）である。そして周知のように[21]，たとえ堕罪によってこの光は暗くなっているにしても，それにもかかわらず（tamen）その「火花」（scintillae）は残存している，とメランヒトンはいう。

17　CR13, 19.
18　CR13, 20.
19　Frank, op. cit., S. 93.
20　CR13, 139.
21　拙著前掲『ルターとメランヒトンの教育思想研究序説』，125頁以下，参照。

62　第Ⅰ部　研究編

　しかし人間の自然本性が〔罪によって〕不活発でなかったら，この光は
私たちの内でより明るかったであろう。だが，それにもかかわらずその
火花は，ちょうど数に関して疑いないように，それほど今でもなお〔私
たちの魂の内に〕残存しているのである[22]。

　メランヒトンは著作のなかで tamen という副詞をしばしば用いる。これ
は「しかし」，「にもかかわらず」，「それでも」，「やはり」などと訳され，
「たとえそうであるにしても，それでもやはり」といった意味を持つ。数多
くのネガティヴな前提を重々承知したうえで，それでもその後に，たとえ僅
かであるにせよポジティヴな可能性を見出そうとするとき，メランヒトンが
よく用いる重要な言葉遣いといえよう。現実のさまざまな困難を十分認識し
たうえで，にもかかわらずよりよき未来に向かう可能性を否定せず，それで
もやはりこの一途の可能性に積極的意味や意義を見出そうとするのが，メラ
ンヒトン人間学の基本姿勢である。人間の罪の自覚という，ルター神学によ
る強力な自己否定を踏まえつつ，しかしそこに止まらず，前向きに教育とい
う活動を通じて，よりよき人間と社会とを形成しようと努力したのが，メラ
ンヒトンである。「ドイツの教師」とされる最大の所以である。この点でメ
ランヒトンは，人間および社会の改善を願望しつつ行動した「近代人」だと
いえよう[23]。その教育原理の内的動力になっているのは，こうした「にもか
かわらず」という可能性に賭ける意志的態度である。すべて教育という行為
の根底には，こうした人間の改善可能性に賭するアニマの姿勢，すなわち希
望が必要不可欠である。むろんメランヒトンにおいて希望は，神の前での信
仰からもたらされるのであり，同時にそれは愛の実践，つまり教育となって
人々の前へと流出した。こうして私たちは「それゆえ，信仰と，希望と，
愛，この三つは，いつまでも残る。そのなかでもっとも大いなるものは，愛
である」〔一コリ 13:13〕との言葉通り，キリスト者メランヒトンの教育原
理の根幹に，やはり信仰，希望，愛を見出すことになる。なかでも愛の実践

22　CR13, 138.
23　ユング『宗教改革を生きた人々——神学者から芸術家まで——』菱刈晃夫・木村あす
　か訳，知泉書館，2017 年，8 頁，参照。

としての教育は，メランヒトンによって次章で見るように，私塾や大学など，さまざまな場所と機会に応じて具体的かつ活発に実行されていく。

　さてアニマの理性的能力もしくは精神の機能，そして生得的な数々の自然的知識の存在はメランヒトンの人間学において中心的な意味を持つ，とフランクは指摘した[24]。つまり人間は，こうしたアニマの働きと知識を持つがゆえに，神的なものに参与できるからである。「要するに，彼の人間学の哲学的な核心は，神の精神と人間の精神とのあいだの本質的類似性の確信にある」[25]。神の像としての人間には，とくにそのアニマにおいて，神から分与された機能と知識が予め備えられている。ゆえに，この人間の精神は神の精神と本質において類似もしくは類縁の関係（Wesensverwandtschaft）にある。たとえイマゴ・デイとしてのこれらの働きや知識の確かさは堕罪によって衰弱させられているとはいえ，それにもかかわらず，まだその名残としての火花は残されているのである。

　そこで教育の課題は，この火花を手がかりにして，神の像としての人間を力強く再生させていくことにある。第一の鍵は，もちろんアニマの理性的能力あるいは精神の働きと知識にある。なかでも，これら notitiae の一種である「高潔なものと醜悪なものとの区別」すなわち discrimen は，とくに道徳あるいは倫理教育において重要である。この区別は，人間の自然本性に備わる「法」（lex, Gesetz）すなわち自然法を明示する。

　このようにメランヒトンにおける教育の原理は，まずアニマの理性的能力すなわち精神の力に基づくが，これは私たちのアニマの内に植え付けられている「自然の知識」によって可能となる。それは「学芸の種子」（semina artium）——学問や学科の根源——ともいわれるが，それはさらに大きく理論的な知識と実践的な知識の二つに分岐している。

　　自然の知識に関しては，再度これらが神によって人間の精神に植え付けられているのを知っているわけであるが，それ自体については証拠もあり，生活を抑制させ，学芸の種子となるものであり，人生にとって不可

24　Cf. Frank, op. cit., S. 94.

25　Ibid., S. 94.

64 第Ⅰ部 研究編

欠なものとなっている。こうして魂を認識することから学芸が始まる。しかし他にも自然の理論的な（θεωρητικαὶ）知識がある。これは認知を支配していて，そこから算術，幾何学そして他の学問（doctrinae）が生じてくる。他には実践的な（πρακτικαὶ）知識がある。これは活動を支配していて，そこから習俗に関する法や臣民の統治が生じてくる。ちょうど弁証家のなかで豊富な原理が語られているように[26]。

　私たち人間の精神には自然のさまざまな知識が植え付けられているが，そのベースは学芸の萌芽(セミナ)となる知識であり，これはさらに理論的，実践的な知識へとリンクしていく。諸学芸の根拠となる知識は，すでに見たように①自由学芸の基となる。理論的知識は認知的領域を包含し，算術や幾何学などの学問・学科へと発展するが，これには②自然哲学も含まれる[27]。実践的知識は活動的領域を包含するが，これは③道徳哲学に発展していく。要するに，人間のアニマの内に挿入されて精神のなかにセットされてある自然の知識には，①学問・学科の基本となる学芸の知識を土台に，その上に大きく②理論的認知に関わるものと，③実践的活動に関わるものとの三つが展開されることになる。これも先に見た哲学の三つの領域と重なり合っている。

　メランヒトンにおける教育の最終目的としての神の像の再生は，私たちの内に「火花」として残存するこれらの「知識」を拠り所としている。この知識の貴重な火花——もしくは「炎」ともいわれた——を消すことなく，むしろ大切に大きく育てていくことが教育の課題であり，これは理性という人間の魂の最高の力によって遂行される。スカトラが指摘するように「これより理性の課題とは人間の知識の純化と改善であり，それによって神の戒めは根源的な明白さを取り戻す」[28]のである。

---

26 CR13, 167.

27 Cf. De Angelis, Simone: Bildungsdenken und Seelenlehre bei Philipp Melanchthon. Die Lektüre des *Liber de anima*（1553）im Kontext von Medizintheorie und reformatorischer Theologie. S. 101. In: Musolff, Hans-Ulrich / Göing, Anja-Silvia (Hg.): Anfänge und Grundlegungen moderner Pädagogik im 16. und 17. Jahrhundert. Köln 2003.

28 Scattola, Merio: Das Naturrecht vor dem Naturrecht. Zur Geschichte des ›ius naturae‹ im 16. Jahrhundert. Tübingen 1999. S. 45.

第3章　メランヒトンの教育原理と実践　　65

　メランヒトンは，この全世界および宇宙が，人間も含めて全て「神の法」
(lex Dei) に従っているのだと見ていた。とくに人間は「神の法」に従って
——つまり神に従って——生きるべきである。が，そのためにはまずこの
「法」を知らなければならない。法を知るには教育が必要である。それを可
能にするために，今まで見てきたように，すでに私たちのアニマの内には，
神より教育の原理ともなる種子的根拠が与えられていた。また同時に，教育
を遂行するための理性的能力も備え付けられていた。しかし，あらためてメ
ランヒトンにおける教育や学問の最大目標とされる「法」の認識であるが，
彼はこれをどのように理解していたのか，簡単に見ておこう[29]。
　初版『ロキ』の草稿ともいえる『灯火の著作』(Lucubratiuncula, 1520) で
メランヒトンは法を三つに分類していた。

　　　第一：法とは，それによって善が命令され悪が禁止される判決文であ
　　　　　る。
　　　第二：ひとつは自然の法であり，他に神の，その他に人間の法があ
　　　　　る[30]。

ここでは「自然法」(lex naturalis)，「神の法」(lex divina)，「人間の法」(lex
humana) の三つが，「善」(bona) を命じ「悪」(mala) を禁じる判決文
(sententia) としてあげられている。これは 1534 年版『ロキ』になると，さ
らに四つに分類される。「神の法」(lex Dei)，やはり「神の法」(lex divina)，
「自然法」(lex naturae)，「人間の法」(lex humana) である。問題は，同じく
「神の法」と訳される lex Dei と lex divina の意味内容である。
　スカトラによれば，この両者は一見すると同義語のように思われるが，実
際には二つの異なる対象を意味しているという。

　　　神の法 (lex divina) としてメランヒトンは，神によってモーセの書物の
　　　なかに，そして福音書に明言された法と定義している。ゆえに lex

29　拙著前掲『ルターとメランヒトンの教育思想研究序説』，175 頁以下，参照。
30　CR21, 24.

66 第Ⅰ部 研究編

divina は神自身によって公布された神の法（lex Dei）である。しかし lex
Dei もまた人間の心の内に記入された法として述べられていて，これは
モーセの時代以来のイスラエル人やキリスト者だけに該当するのではな
く，すべての人間において永遠に，啓示とは独立して作用する[31]。

そこでスカトラに従い，ここでもメランヒトンにおける法を次のように理
解しておこう。

神の法（lex Dei）とは，それが創造を通じて自然法（lex naturae）とな
り，あるいは啓示を通じて〔聖書に記された〕神の法（lex divina）とな
る前に，神によって与えられた法である。この両者〔lex Dei と divina〕
は容易に交換可能である。というのも両者は同じ内容を有しているか
ら[32]。

つまるところレックス・デイはスコラ学的な伝統からすれば「永遠法」（lex
aeterna）に相当し，神の内に創造に先立って（vor der Schöpfung）すでに存
在している法である[33]。そして，この「神の法」はレックス・ディーヴィー
ナ，レックス・ナートゥーラエ，レックス・フーマーナとして現実化され
る。つまり①神の法（lex Dei）は，すでに創造に先行して神のなかにある
法。②神の法（lex divina）は，啓示によって聖書のなかに記されてある法。
③自然法（lex naturae, natulalis）は，キリスト者のみならず，すべての人間
の内に記されてある法。④人間の法（lex humana）は，これまでの法に基づ
くべく人間によって作られた法。いずれにせよ①から，とくに②と③の法は
生じてきているが，ここから神からの戒めもしくは律法（Gebot）は，さま
ざまな形をとって繰り返されることになる[34]。lex Dei はすべての法を包括

---

31 Scattola, Merio: Notitia natulalis de Deo et de morum gubernatione: die Naturrechtslehre
Philipp Melanchthons und ihre Wirkung im 16. Jahrhundert. S. 871. In: Bauer, Barbara
(Hg.): Melanchthon und die Marburger Professoren (1527-1627). 2Bde. Marburg ²2000.
Bd. 2.

32 Ibid., S. 872.

33 Cf. Scattola, op. cit. Das Naturrecht vor dem Naturrecht, S. 38.

34 Cf. Ibid., S. 40f.

し，かつすべての法に先立つ永遠法であるがゆえに，メランヒトンにおいて聖書に記された神の法およびすべての人間の心の内に記されてある自然法を，総じて「神の法」と呼ぶことには内容的に何ら問題はないといえよう。よって lex Dei も lex divina も同じく神の法であり，lex naturae も然りである。「神の法」はすべての法を包蔵している。
レックス・ダイ

　いずれにせよ，こうした法の認識と探究，そして神の戒めと律法を知り，これに従って生きることがメランヒトンにおける神の像としての人間の第一の目的と約言できよう。この神の像の再生の過程に教育は参与しなければならない。ここに教育の課題と究極の目標がある。神の像としての人間の再生は，教育の最大の目標であると同時に人生の究極の目的でもある。そして，これを可能とする原理は，メランヒトンによれば，すでに創造の際，私たち皆の内に付与され装備されているのであった。

2節　教育の目標と言語

　これまで見てきたように，メランヒトンは単なるプラエケプトル・ゲルマニアエの範疇に収まらず，その学問的な業績や活動は多岐多様に及んでいる。そこで，さまざまな角度からメランヒトンの思想と人物に迫ることが可能である[35]。しかし，その人間学に注目してみれば，彼の全学問的努力および人生そのものは，次の二点を目標に収斂しているといえるだろう。それは「敬虔」（pietas）と「学識」（eruditio）である。とくに一番の目標とされるのは敬虔であるが，メランヒトンにおいて教育による学識を抜きにした敬虔はありえない。敬虔と学識とは深く結び合っている。

　たとえ16世紀よりメランヒトンはドイツの教師といわれてきたにせよ，その教育における業績をメランヒトン研究でとくに強調したのは，主にハートフェルダーやシュテンペルそしてシュミットである[36]。なかでもシュテン

---

[35] Cf. Bauer, op. cit.

[36] Hartfelder, Karl: Philipp Melanchthon. Praeceptor Germaniae. Berlin 1889. Stempel, Hermann-Adolf: Melanchthons pädagogisches Wirken. Bielefeld 1979. Schmidt, Günter R. (Hg. Übers.): Philipp Melanchthon. Glaube und Bildung. Texte zum christlichen Humanismus. Lateinisch / Deutsch. Stuttgart 1989.

68 第Ⅰ部 研究編

ペルはメランヒトンのキャリアを追いながら彼の教育的活動と成果とを，当時の歴史的社会的文脈のなかに的確に位置づけて詳細に記述している。そのまとめで，彼はこう述べる。

> すでにメランヒトンは，すなわち1521年以来，神学と教育〔教育学〕とを互いに結び付けよう（Theologie und Pädagogik miteinander zu verbinden）と努力していた。彼にとってはヴィッテンベルク宗教改革の思想を教育的に〔教育によって〕伝達することが問題であった。この思想を保持し現実のものとするためである[37]。

　メランヒトンの人生をはじめから辿っていくと，以下に見るように，早くも学生時代より自由学芸について講演し，数々の教科書を執筆し，物事をまとめて分かりやすく他者に伝えようとする志向性が極めて濃厚であるし，自身も教師としてこれを生涯に渡って実践していった。そして1521年以後，繰り返すまでもなくルターとの出逢いによってメランヒトンには宗教改革──ルター神学──が刻印されるが，シュテンペルによれば，以降この思想を教育によって保ち伝えていくことが彼の中心的なライフワークとなった。むろんメランヒトンは今日でいう「教育学」（Pädagogik）[38]を著しているわけではないが，教育の方法や内容や課程に関して数多くの業績を残している[39]。シュテンペルもいうように「彼は教育学を著しはしなかったが教育者であった」（er keine Pädagogik schreibt, sondern ein Pädagoge ist）[40]ので，自らの教育活動を支える原理や原則については──すでに1521年ヴィッテンベルク大学就任演説でも表明されているように──十分に意識的であった。「彼は〔教育〕理論を作り出しはしない。しかし自らの行動の理論を基礎づける」[41]。そこで彼の教育の目標は敬虔と学識にあるとシュテンペルは端的

---

37 Stempel, op. cit., S. 214.

38 Pädagogik の概念については，次を参照。Böhm, Winfried: Geschichte der Pädagogik. München ⁴2013. S. 7ff.

39 Cf. Hartfelder, op. cit. さらに Hartfelder, Karl (Hg.): Melanchthoniana Paedagogica. Eine Ergänzung zu den Werken Melanchthons im Corpus Reformatorum. Leipzig 1892.

40 Stempel, op. cit., S. 217.

第3章　メランヒトンの教育原理と実践　　69

に述べ[42]，またユングもこれに従っている[43]。メランヒトンは，すでに20歳代のとき pietas と eruditio について，こう記していた。

　そこに向かい，いわばそこを標的〔目標〕として生のすべては導かれるべきであるが，それには二つある。敬虔と学識である[44]。

　全人生の目標（scopus）となるのは敬虔と学識である。またユングによれば，後年メランヒトンは「祈り」（invocatio）をさらに強調するようになるという[45]。メランヒトンの人間学において，祈りによる人間の生成や変化は自然学的にも理解されていた。
　メランヒトンにおいて敬虔が人生の第一の目標とされるのは，敬虔な人生を送ることこそが神の像の再生の過程に他ならないからである。つまり，これがキリスト者としての生そのものであり，人生の究極の目的であるからである。もちろん最終的な再生そのものはこの世の生において成就しえないが，メランヒトンにおいて再生のプロセスはすでにこの世の生から開始されていて，まさに教育がこの生成の過程に参与する。つまりメランヒトンにとって人生とは，そのすべてが神の像の再生に向けた教育の過程なのである[46]。人生そのものが，神の像の再生を目的とした教育課程（カリキュラム）でもあるといえよう。それは信仰によって導かれていくが，しかし生そのものは敬虔を目標とした生活のなかで具体的に展開されていく。敬虔とは実人生における信仰の具体的表現である。ユングも指摘するようにメランヒトンの時代，敬虔は

41　Ibid., S. 218.

42　Ibid., S. 214.

43　Jung, Martin H.: Frömmigkeit und Bildung. Melanchthon als religiöser Erzieher seiner Studenten. S. 135ff. In: Frank, Günter / Lalla, Sebastian (Hg.): Fragmenta Melanchthoniana. Zur Geistesgeschichte des Mittelarters und der frühen Neuzeit. Bd. 1. Heidelberg 2003.

44　Ibid., S. 136.

45　Ibid. 祈りと教え（doctrina），敬虔と学識は対概念であるとユングはいう。

46　あるいはキリスト者の全人生は，罪という病気からの癒しと救いの過程とも捉えられる。Cf. Hofheinz, Ralf-Dieter / Bröer, Ralf: Zwischen Gesundheitspädagogik und Kausalitätstheolie. Melanchthons "Theologie der Krankheit". In: Frank / Lalla, op. cit., S. 69-86.

70　第Ⅰ部　研究編

信仰と同義ではなく，神への深い畏れや熱心な信仰とも異なっていた。「敬虔には，宗教的な知識，宗教的な行為，道徳的な振る舞い，いわば外的な誠実さといったものも含まれていた」[47]のであり，それらは生活のなかに現れ出る人間のあり方や生き方，要するにモラルなのであった。ゆえにメランヒトンは「敬虔は敬虔によって学ばれる」(Pietas pietate discitur)[48]という。つまり敬虔とはその人のあり方・生き方であり，これは実践することによって学ばれるのである (*Pietas* lernt man, indem man sie praktiziert)[49]。道徳的な振る舞いや外的な誠実さといったモラルは，これを実人生のなかで行動に移してみて初めて学びうる。次節で見るように，これはメランヒトン自身の教師人生にもそのまま当てはまることであり，彼は生徒や学生たちが敬虔な生活へと導かれるよう，さまざまな教育計画や教材を考案した。が，すでに『ロキ』そのものが，「信仰のみ」によるルターの宗教改革思想を人々にできるだけ分かりやすく伝えるための，叙述の方法においても工夫された教育的著作であったともいえるであろう[50]。キリスト者としての敬虔な人生を目的とした教育的努力は，やはりメランヒトンの人と思想とを根本的に貫いている。

　ただしメランヒトンの反心霊主義的態度にも如実に表れていたように，彼は学識を欠いた敬虔を教育の目標とはしていない[51]。教育は，あくまでもアニマの理性的能力によって実践される。その種子は私たちの内なる知識や法にある。教育の原理となる理性の最大の課題および目標とは，人間の知識の純化と改善，そして神の法の明確化にあった。その成果が自然哲学や道徳哲学などの学識であるが，何よりもメランヒトンにおいて学識への端緒はこれら学問・学科の土台となる自由学芸にある。つまり自由学芸というカリキュラムによって，まず精神の基本たるアニマの理性的能力が修練され，この力によって自然の知識や神の法はさらに明瞭となり，自然学や倫理学もより確

47　Jung, op. cit., S. 136.
48　Ibid., S. 136.
49　Ibid.
50　Cf. Stempel, op. cit., S. 37f.
51　たとえば本書第Ⅱ部翻訳編 4 参照。

実なものになっていくのである。

　加えて宗教改革の原点にあるルター神学は「聖書のみ」を拠り所にしているため，そもそも聖書の文字——テキスト——の読解が各自には求められる。すなわち一定のリテラシーが，すべてのキリスト者に要求されるのである。読み書きを起点とした初等教育が重要となる所以であり，この点ではルターが大きく尽力した[52]。ルターによる宗教改革はキリスト教の本質を聖書のみに求めるがゆえに（Buchreligion）[53]，ドイツではかつてないほどにまでに普通教育の必要性を高めるという結果をもたらした。そこで読み書きはまさに学識の第一歩であり，聖書のみによる信仰へと人々が導かれる第一歩でもあった。しかも，それは敬虔な生活への第一歩でもあった。

　ゆえに「文字なくしては敬虔には至れない」（Ad pietatem sine litteris perveniri possit）[54]とメランヒトンは述べる。ここで「文字」（litterae）には，むろん人文学者メランヒトンによれば，ギリシア・ローマ以来のさまざまな古典——よき文芸（bonae litterae）やそのなかに記されてある教養——も含まれている。私たちは，まずは聖書というテキストおよび古典というテキストを読解することを通じて，敬虔へと開かれていく。その初歩は，文字通り「文字」の学習にある。リテラエすなわちリテラシーは学識の始まりであり，信仰と敬虔への始まりである。しかも，それは教育の始まりでもある。これは文法（grammatica）から開始される。文法は自由学芸の始まりである。いずれにせよ自由学芸は，メランヒトンにとって，すべての教育の基礎となっている。

　そこでメランヒトンにおける教育は，文字の学習あるいは言語の学習から始められるが，これは読解の基礎であると同時に，まさに読んで解する，つまり理性によって解読するという思考の訓練とも直結している。思考は精神によって行われる。よって言語教育は精神および思考をトレーニングする形式陶冶としても有効であり，かつ精選されたテキストの読解を通じて学習さ

52　拙稿「学校教育」，金子晴勇・江口再起編『ルターを学ぶ人のために』世界思想社，2008 年，206 頁以下，参照。

53　Cf. Jung, op. cit., S. 138.

54　Ibid., S. 137.

72　第Ⅰ部　研究編

れた内容は実質陶冶も兼ねている[55]。文法には，弁証法（dialectica）と修辞学（rhetorica）が続く。

　こうした言語に関する三学科（trivium）と，数学的かつ自然学的な四学科（quadrivium）に詩と歴史が加わり，合計九つの学科がメランヒトンにおける自由学芸を構成している。そして，とりわけ大学で神学や法学や医学に進もうとする者は，これらの内容を必ずマスターしておかなければならない[56]。諸学芸はメランヒトンによって，やはり論理学，自然学，倫理学の三つに大別されているが[57]，とくに論理学に属するのは言語に関する三学科であり，これらは思考力や判断力を鍛錬する。フランクは，こうまとめている。

　　メランヒトンは論理学のなかに言語，文法，弁証法，そしてとくに修辞学を数えている。論理的な学問は言語一般および言語によるさまざまな要素を扱う。そのなかには読むこと，書くこと，さらに文法によって導かれるすべてが含まれる。しかし論理学は判断力の発達にも役立つ。人文主義者すべてにおけるのと同様に論理学は弁証法でもあって，メランヒトンは同時にこれをとりわけ修辞学と近い位置に置いている[58]。

文法，弁証法，修辞学によって言語能力を鍛えることは同時に思考能力を鍛えることにも繋がり，なおかつそれはアニマの理性的能力すなわち精神を鍛えることでもある。言語能力つまり判断力や思考力を修得することが，これら言語に関する三学科の学習目標である。ここでメランヒトンにおいて言語とは，まずラテン語とギリシア語であり，さらにヘブライ語も神学研究では必須とされている。

　このようにメランヒトンは言語の修得を教育の基礎的な内容もしくは科目とするが，それは私たち人間の認識が言語によって初めて成り立ち，言語に

55　一般に実質陶冶（materiale Bildung）は精神内容，文化内容の習得，形式陶冶（formale Bildung）は精神的能力，態度の習得を指す。

56　Cf. Frank, op. cit., S. 61. 学芸学部はドイツでは後に哲学部といわれるようになるように，自由学芸とは哲学でもある。

57　Ibid., S. 62.

58　Ibid.

第3章　メランヒトンの教育原理と実践　　73

よって世界や物事は明らかとなり，言語によって私たちは思考するからである。自分自身を含め世界と宇宙を認識できるのは言語によるのであり，メランヒトンにおいて言語はすべてに先立つ重要性を持つ。言語として表現されることがなければ，すべての現実は認識されることもなく隠されたままである。「雄弁」(eloquentia) と「分別」(prudentia)，言語と思考はメランヒトンにとって「互いに密接に結合していて，これらは分離できないない」[59]一体のものである。言語と思考が結合 (coharere) しているということは，「よく語ることの知識」(bene dicendi scientia) と「アニマの判断力」(animi iudicium) が元なる自然本性より結び合っているからである。つまり言語という言葉を用いて語ることは，いわば公に「展開された思考方法」(entfaltete Denkweise) の開示であり，アニマの理性的能力の開陳 (explicata animi ratio) でもある[60]。そこで「よく語ることの知識」は「語ることの術」である弁証法と修辞学によって修得される。同時に「アニマの判断力」を修練する論理学ともなる。

　さらにメランヒトンにおける言語および言語教育の重要性は，人文主義の伝統にも深く根差している。

　　すべての学問・学科は事や物あるいは言語の認識を含んでいるが，事物の記号は言語であるがゆえに，まずは言語〔言葉〕の認識が先立つのである[61]。

すべて事物 (res) の認識は言語〔言葉〕(verbum) という枠内で行われる。よって思考における言語やその能力は，事物そのものに接近するための前提となる[62]。言語によって人間は事物からなる現実の世界へとアプローチするが，しかし「世界は事物の世界ではなく，言葉となった事物の世界として」(die Welt nicht als eine Welt von Sachen (res), sondern als eine Welt zu Wort

---

59　Ibid., S. 73.
60　Ibid.
61　Ibid., S. 74.
62　Cf. Ibid.

74 第 I 部 研究編

gewordenen Sachen)[63] 私たちには理解される。事物による現実世界には，常に言語という主観的メディアを通して接近可能である。つまり私たちが認識しているのは，あくまでも私たち自身によって言語化された事物世界であり，言語という媒体を介さずして人間が現実に迫ることはできない。言語なくして認識はありえない。言語なくして現実世界はレースとして私たち人間の前に姿を現すことすらできない。やはり「言語の認識が先立つ」(prior est verborum cognitio) わけである。

こうした言語観に基づいてメランヒトンは，文法，弁証法，修辞学，そして詩と歴史とを言語に関する最重要な教育科目とし，その内容について，とくに文法，弁証法，修辞学に関しては自ら教科書を作成し，数多くの詩も残している[64]。

振り返れば 1518 年ヴィッテンベルク大学のギリシア語教授として学芸学部に着任したメランヒトンは，すでにギリシア語文法テキストを著していた (Institutiones graecae grammaticae)[65]。ラテン語文法のテキストは 1525 年に著されている (Grammatica latina)[66]。「文法は正しく話し書くことの規則」(Grammatica est certa loquendi et scribendi ratio)[67] であり，言語教育の基本である。文法を学んでいない者は，その後に続く学芸や学問の基礎を欠いていることになり先には進めない。もし進んだとしてもすべてを台無しにしてしまう[68]。

そしてメランヒトンは 1520 年に弁証法に関する最初のテキストを著している (Compendiaria dialectices ratio)[69]。弁証法は言葉による概念を事物に即

---

63 Ibid.

64 Cf. Weng, Gerhart: Philipp Melanchthons Gedichte zum akademischen Leben an der Leucorea zu Wittenberg. In: Frank / Lalla, op. cit., S. 179–241.

65 Cf. Scheible, Heinz: Melanchthon. Vermittler der Reformation. Eine Biographie. München 2016. S. 105. これは 1520 年に改訂された。その後は他者の手に渡された。というのも初歩者のためにギリシア語を教える必要がメランヒトンにはなくなったからである。

66 Cf. Ibid., S. 106. その後これはしばしば増刷されたわけではなかったが，やはり他者の手によって拡張されたり縮小されたりしている。

67 CR20, 245.

68 Cf. Hartfelder, op. cit. Philipp Melanchthon, S. 176.

して正しく用い，論理的に議論を展開する方法である[70]。

　さらに 1519 年にメランヒトンは修辞学に関する最初のテキストを著している（De rhetorica libri tres）[71]。修辞学は思考過程に様式を整えて彫琢を施し，形態と構造を与える[72]。ゆえにメランヒトンにおいて弁証法と修辞学は極めて密接な関係にある[73]。

　メランヒトンにおける教育の目標を達成するうえで，このように言語とその教育は，まさに基本中の基本であり，必須の学科を構成していたことが分かるであろう。

3節　メランヒトンの教育実践

　メランヒトンが言語の重要性を最大限に強調する理由は他にも，これが人間同士のコミュニケーションを成り立たせ，市民としての社会生活を可能にするツールであるとの認識がある[74]。また弁証法は修辞学によってさらに補完され強力なものとなるが，これは道徳や倫理の教育においても重要である。なぜなら，ここでは説明ではなく，むしろ人々によきモラルに向けて教示し，動機づけをし，確信させるような「説得」が求められているからである[75]。これはメランヒトンが次章で見る大学での教育課程で，討論とともに演説を積極的に取り入れた理由でもある。

　さてメランヒトンの教育者としての本質的な性格は学生時代より顕著であるが，ヴィッテンベルク大学に着任してからも，彼は自宅で私塾（schola privata, domestica）を営んでいた。つまり大学という公の制度の枠を超えて，

69　Cf. Weng, op. cit., S. 191.

70　Cf. Kuropka, Nicole: Melanchthon. Tübingen 2010. S. 27. より詳しくは，Cf. Kuropka, Nicole: Philipp Melanchthon. Wissenschaft und Gesellschaft. Tübingen 2002. S. 11ff.

71　Cf. Scheible, op. cit., S. 106. Weng, op. cit., S. 189.

72　Cf. Kuropka, op. cit. Melanchthon, S. 24.

73　Cf. Scheible, op. cit., S. 106. 弁証法と修辞学は同時に学ばれるべきもので，弁証法を抜きにして語り手は確かな言説を述べることはできない。

74　拙著前掲『ルターとメランヒトンの教育思想研究序説』，186 頁以下，参照。

75　Cf. Kuropka, op. cit. Melanchthon, S. 34.

76 第 I 部 研究編

自宅を私塾にして生徒たちの面倒も見ていたのである。以下，そこでの教育実践について簡単に取り上げておきたい。

これは 1530 年頃までの約 10 年間続けられたが，ここでの教育実践はメランヒトンの教育学的思考を形成し，理論と経験に基づく多くの学習計画や学校計画，さらにカテキズムや教科書など教育的業績が誕生してくる基底となった[76]。私塾を始めたそもそもの理由としては経済的な困難等が考えられるが[77]，その目的は若者たちをよりよく大学へと準備することにあった。というのも当時そのための学校は少なく，ヴィッテンベルクにおいてもギムナジウムはまだ存在していなかったからである。生徒たちは修道院学校やラテン語学校に通うか，メランヒトンもそうであったように個人的に有名な教師に師事するしか手はなかったのである[78]。よって，ここではとくに専門的な学科が学ばれるわけではなかったが，しかし先の言語観に基づいた基礎教育と，さらに詩作と祈りが積極的に実践されていた。メランヒトンによる学習計画の一例をあげておこう[79]。

　二人の子どもの学識（doctrina）は同等ではないと思われます。と申しますのも，もし私が誤っていないとすれば，ひとりはすでにもう文法の規則をしっかり掴んでいますが，もうひとりはまだだからです。そのような状況なら一方には習得すべき文法の規則が提供されなければならないでしょう。こちらは午前中朝早くにこれを学び，そのあと計画的に選ばれた著作を与えます。一方の文法に習熟した子にはさらに著作を与えます。格変化と活用を訓練し，もし学識が十分にしっかりとしたものでないなら，そのような子どもには，そうした訓練は必要ではないことを忘れないでください。

　どのような方法によっても教えが授けられる前に文法が前提とされま

---

76 Cf. Stempel, op. cit., S. 39f. Koch, Ludwig: Philipp Melanchthon's Schola privata. Ein historischer Beitrag zum Ehrengedächtniss des Präzeptor Germaniae. Gotha 1859.

77 Cf. Stempel, op. cit., S. 40.

78 メランヒトンは生まれ故郷のブレッテンで家庭教師のヨハンネス・ウンガーから厳しい訓練によってラテン語を叩き込まれている。Cf. Scheible, op. cit., S. 13f.

79 『二人の子どもの教育について』（De instituendis duobus puerlis）（CR 10, 100-101）。

す。それから著作が説明されますが，まずはテレンティウスを習います。しかし，あまりにも詰め込み過ぎないように用心しなければなりません。毎日テレンティウスの詩を十行習得するだけで十分です。テレンティウスに精通したらプラウトゥスの黄金の壺に移ることが可能になります。

　昼頃にはウェルギリウスの詩が少し説明されます。そこで統語〔構文〕法が教えられますが，もしそれ以前に語源が正確に記憶されて学習されていない場合には，これをしてはなりません。構文において，どのようにその発言が調和しているのかなど，その規則が探究されます。同じく話や表現の秩序についても深められます。

　各週金曜日と土曜日の昼頃にはキケローの書簡を読解しますが，より簡単で面白いものが選ばれなければなりません。未熟な子どもにはカトーを先に与えると役立ちます。そのあとエラスムスの対話集から何かを与えます。すべての配慮は全体として次のことに集中されねばなりません。それは文法を完全にマスターすることです。このことをほとんどの教師は疎かにしています。数週間してより学識あるほうの子どもは二通の手紙を書きます。もうひとりは一通で十分です。それに慣れてきたように見えたら，さらに詩を作成させるようにしなければなりません。

このように文法および言語に関する学習は，すべての教育の基礎とされている。少し上級者向けには，次のような学習計画も記している[80]。

旧約聖書から一章を読むことで始まる月曜日と火曜日の早朝。話の繋がりを正しく学び，テキストの言葉そのものがあなたにとって親しいものとなるように，あなたはテキストの秩序に従って読んでいきます。月曜日，続く一時間はキケローの書簡と演説。火曜日，テレンティウスもしくはその他の著作家による心地よい作品を，雄弁（eloquentia）に役立つ

80　『フィリップ・メランヒトンからポーランドのアドリアン・ケルミキに示す学習計画』（Ratio studiorum praescripta Andreae Polono a Philippo Melanthone, 1554）（CR 10, 99-100）。

ように読みます。午前中残り時間，ヴァイト・ヴィンスハイムを読み，弁証法に当てます。午後，〔アリストテレスの〕魂についてとヘブライ語文法を学ぶようにします。残りの時間は，一部は文体スタイルの訓練に，一部は新しいものでも古いものでもどのようなものであれ，心地よい読書に当てます。

水曜日は全日ギリシア語文法と倫理学に当てます。この文法の秩序は杓子定規に理解されてはなりません。そうではなく快い読書あるいは，ある確かな目的のための勉学に導かれるように，文体スタイルの訓練と混ぜ合わされます。こうしてあなたは何を学ぼうと欲しているのかを考えることになります。すなわち教会の教え，弁証法とラテン語での作文の仕方，ギリシア語，ヘブライ語の基礎，倫理学と自然学の基礎です。

すでに述べたような仕方で，木曜日と金曜日の早朝は新約聖書の一章を読むことで始まります。次の時間はリウィウスを読むのに当てます。木曜日もしくは金曜日はウェルギリウスかオウィディウスと取り組みます。続いてヴァイト・ヴィンスハイムとパウロの書簡，午後はヘブライ語文法。残りの時間は心地よい著作の読書あるいは文体スタイルの訓練に当てます。さらに，あなたが算術と天文学の基礎を個人的にもしくは公に学ぶ状態にあるとなれば，私には喜ばしい限りです。学習においては確かな目的が置かれるように。ただ遊びのなかで精神を彷徨わせるだけではなく，学芸の種類が考慮されるように。そして人生にふさわしいものなかから選ばれた学芸だけが教授されるのを許されるのです。

土曜日と日曜日はローマの信徒への手紙とロキに当てます。しかし毎晩就寝前，新約聖書からラテン語でもギリシア語でも一章を読み，語の正確な意味をほどよく熱心に考察します。こうすることで教会の教えについても多くのものを得ることができますし，ギリシア語においてもこれを知るようになります。

手紙を書くに際しては古いラテン語の習慣を模倣します。ただし教会の説教に似たような手紙は常に書いてはいけません。むしろ，ある程度キケローの書簡に似たような演説や，親しみのある会話，私的な好意を思い出させるような，真の手紙を書くように。

第3章 メランヒトンの教育原理と実践　79

　さらに詩作は，メランヒトンにとって文体や表現形式を鍛錬するのに不可
欠の要素であった。とりわけ敬虔な教えを含んだ詩は，祈りとも深く繋がっ
ている。ユングが指摘するように「詩が作られ語られることによって，敬虔
な教えと文体の習練とを結び付けることが可能となる」[81] のである。すでに
述べたようにメランヒトン自身も数多くの詩を残している。
　そしてメランヒトンの家庭でのテーブルマナー（mores mensae）について
は，こう伝えられている[82]。

　　食事の後メランヒトンの15歳の息子フィリップはカテキズムを唱えて
　　祈りを捧げた。そして9歳の娘マグダレーナがルターのドイツ語のカテ
　　キズムから一節を読んで，食卓の参加者に順が回ってくる。ひとりが知
　　恵の格言を説明し，二人目が聖書から歴史を読み，三人目が福音書の一
　　節から読み，四人目がリウィウス，五人目はギリシア語で，もし間違い
　　でなければ，トゥキディデスを，六人目は詩編を読む。

この後にメランヒトンは自身の考えを述べたり，参加者に質問したりしたと
いう。こうした毎日の食卓習慣のなかでも，メランヒトンが祈りと詩，そし
て聖書と古典，さらにカテキズムなどをうまく組み合わせ，教育を実践して
いた様子がうかがえる。メランヒトンにおいて教育思想と教育実践とは分か
ちがたく結び合っていたのである。ユングが述べるように，メランヒトンは
理論と実践，神学と敬虔とを仲介しようと尽力し，教育もしくは教育学的な
指導原理を明らかにしたが，それだけではない。メランヒトン自身が教育的
日常において（im Erziehungsalltag），これらを現実に実践していたのであ
る[83]。

＊

81　Jung, op. cit., S. 141.
82　Ibid., S. 141.
83　Cf. Ibid., S. 146. WA TR5, Nr. 5257. S. 32.

80　第I部　研究編

　以上，メランヒトンにおける教育の原理と実践，その目標，なかでも言語の重要性に依拠した教育活動の一端を明らかにした。これらはすべて彼の人間学と有機的に関連していて，そのいずれもがメランヒトンのなかで敬虔と信仰に向けて統合されている。これで敬虔と学識，信仰と教育とはメランヒトンの実人生を通じて不可分だったことが明らかになったであろう。その素顔のディテールをさらに明らかにするのは今後の課題としたい。

第4章
メランヒトンのヴィッテンベルク大学教育改革

　ドイツの教師と尊称されるメランヒトンがヴィッテンベルク大学のギリシア語教授として着任したのは1518年。すでに1517年頃より宗教改革者ルターの発案によるヴィッテンベルク大学学芸学部のカリキュラム改革が行われようとしていた[1]。改革の中心は，スコラ神学の根幹にあるアリストテレスを学則から削除することにあった。ルターにとってアリストテレスは，正しい行いによって正しい人間——義人——となると説く行為義認論の元凶とされた。これは信仰のみ（sola fide）を通じた恩恵による救い，すなわち信仰義認論と決して相容れない説としてルターによる攻撃の最大の的となる[2]。

---

[1]　以下，本章でのヴィッテンベルク大学史に関する記述には，主に次の資料を参照した。Friedensburg, Walter: Urkundenbuch der Universität Wittenberg. T. 1. Magdeburg 1926. Friedensburg, Walter: Geschichte der Universität Wittenberg. Halle 1917. Paulsen, Friedlich: Geschichte des gelehrten Unterrichts. Bd. 1. Leipzig 1919. Muther, Theodor: Zur Geschichte der Rechtswissenschaft und der Universitäten in Deutschland. Jena 1876. Mertz, Georg: Das Schulwesen der deutschen Reformation. Heidelberg 1902. 邦語でヴィッテンベルク大学改革について述べた主なものとしては，次を参照されたい。石原謙『石原謙著作集9』岩波書店，1979年，294-307頁。梅根悟監修『世界教育史大系26　大学史I』講談社，1974年，377-386頁。別府昭郎『ドイツにおける大学教授の誕生——職階制の成立を中心に——』創文社，1998年，152-172頁。ディルセー『大学史（上）——その起源から現代まで——』池端次郎訳，東洋館出版社，1988年，463-488頁。ちなみに「宗教改革」と今日訳されるレフォルマチオ（reformatio）には16世紀当時三つの用法があり，ルターがもっとも一般的な意味で用いていたのは「大学の勉学カリキュラムの再編成」であった。スクリブナー／ディクスン『ドイツ宗教改革』森田安一訳，岩波書店，2009年，5-6頁を参照されたい。歴史年代や教会史上の一時期を指す「宗教改革」という用語が現れるのは17世紀である。こうした原義に従うとすれば，本章は，まさに「メランヒトンのレフォルマチオ」に関する考察といえよう。

[2]　ルターとアリストテレスに関しては，次が優れているので参照されたい。ゲリッシュ

82　第Ⅰ部　研究編

『スコラ神学に対する討論』（Disputatio contra scholasticam theologiam, 1517）
では，こう述べられる[3]。

43　「アリストテレスなしには神学者になれない」というのは誤りである。

44　それどころかアリストテレスなしに神学者なるのでなければ，だれも神学者にはなれない。

50　要するに，神学に対するアリストテレスは光に対する暗黒なのである。

こうしたアリストテレスに対する攻撃はその後も続けられるが，代わってルターが主張したのは，神学が依り立つべき唯一の根拠としての聖書のみ（sola scriptura）に立ち還ることであった。すなわちルター神学においては聖書が最高の価値を持つ。が，これはスコラ神学によって汚された従来の注解や釈義などによるものではない。ギリシア語やヘブライ語そしてラテン語によって記された原典類を直に，しかも正確に読むことで獲得される経験こそが神学者を作るとされるのであった[4]。よって，こうした神学者や聖職者を養成する機関である大学にはギリシア語やヘブライ語の講座が必要不可欠となる。ここに紆余曲折を経て1518年に赴任したのがメランヒトンである。

『恩寵と理性――ルター神学の研究――』倉松功・茂泉昭男訳，聖文舎，1974年，36-47頁。

3　WA1. 226.

4　すでに本書第1章で見たように「源泉へ還れ」（ad fontes）つまり原典に向かうというヒューマニズムの伝統のなかにもルターは位置づけている。金子晴勇・江口再起編『ルターを学ぶ人のために』世界思想社，2008年，54-65頁も参照されたい。ちなみに何が神学者（Theologe）を作るのか，という問いについてバイヤーは，端的に次の六点をルター神学から抽出している（Bayer, Oswald: Martin Luthers Theologie. Eine Vergegenwärtigung. Tübingen 2003. S. 15-26）。1. 聖霊という恩恵（gratia Spiritus），2. 試練（Tentatio），3. 経験（experientia），4. 機会（occasio），5. 勤勉な読書（sedula lectio），6. よき学芸の知識（bonarum artium cognitio）。これらがルター神学の真髄である信仰，すなわち神からの「受動的生」（vita passiva）を準備するとされる。むろん恩恵を授かるには祈り（oratio）も欠かせない。

当時まだ若干21歳のメランヒトンは，ルターらの不安をよそに，その就任演説『青年の学習改善について』(De corrigendis adolescentiae studiis, 1518)のなかで，哲学や歴史そして神学などあらゆる学問の基礎としてギリシア語がいかに重要であるかを唱え，喝采をもって迎え入れられたのであった[5]。以後ヴィッテンベルク大学はルターとメランヒトンの教育思想に基づいて改革が進められることになる。とくにメランヒトンは最後まで学芸学部と関わることで，ルター神学を中心にした大学教育改革を推進しつつも，その根底として古来より自由学芸 (artes liberales) と呼ばれてきた教養教育や原典に即したアリストテレス哲学の重要性を[6]，ますます訴えるようになる。その背景には宗教改革による社会的秩序の混乱や学校教育そのものの衰退などがあげられるが[7]，とりわけ再洗礼派 (Anabaptist) との対決という，メランヒトンの個人的体験からの影響が大きいと考えられる[8]。それは，どのような内容であったのか。

　本章では，ヴィッテンベルク大学教育改革の変遷とその内実を，メランヒトンの着任前から大きく三つの時期に分けて跡づける。その際，再洗礼派と

---

5 シュトゥッペリッヒ『メランヒトン——宗教改革とフマニスムス——』倉塚平訳，聖文舎，1971年，32頁以下，参照。

6 メランヒトンによる宗教改革へのアリストテレス哲学の新たな導入に関しては，次を参照されたい。Petersen, Peter: Geschichte der aristotelischen Philosophie im protestantischen Deutschland. Leipzig 1921. Grell, Ole Peter / Cunningham, Andrew (eds.): Medicine and the Reformation. London 1993. Di Liscia, Daniel A / Kessler, Eckhart / Methuen, Charlotte (eds.): Method and Order in Renaissance Philosophy of Nature. The Aristotle Commentary Tradition. Aldershot 1997. Blackwell, Constance / Kusukawa, Sachiko (eds.): Philosophy in the Sixteenth and Seventeenth Centuries. Conversations with Aristotle. Aldershot 1999.

7 梅根悟監修『世界教育史大系11　ドイツ教育史Ⅰ』講談社，1976年，69-73頁，参照。

8 Cf. Kusukawa, Sachiko: The Transformation of Natural Philosophy. The Case of Philip Melanchthon. Cambridge 1995. S. 63. メランヒトンが再洗礼派と遭遇した際の経験について詳しくは，次を参照。Oyer, John S.: Lutheran Reformers against Anabaptists. Luther, Melanchthon and Menius and the Anabaptists of Central Germany. The Hague 1964. また同時代メランヒトンは律法や道徳を無用と唱える反律法主義者 (antinomian) とも戦わなければならなかった。結果として，ますますカテキズムによる教育を重視するようになる。拙著『近代教育思想の源流——スピリチュアリティと教育——』成文堂，2005年，165-184頁，参照。

84　第Ⅰ部　研究編

の対決がどのように反響しているのかについて言及する。考察を通じて，宗教改革という時代と社会の急激な変化に直面しつつ，当時もっとも必要かつ重要と見なされた大学教育カリキュラムは，メランヒトンのいかなる教育思想に基づいて編み出されたのか，明らかにしたい。

1節　メランヒトン着任前から1523年までのカリキュラム

　ヴィッテンベルク大学はザクセン選帝侯・フリードリヒ賢公（Friedrich der Weise, 1463-1525）によって1502年に創立された。ルターがヴィッテンベルク大学で最初の講義（アリストテレス『ニコマコス倫理学』）を担当したのは25歳の1508年。エアフルトのアウグスティヌス隠修士会修道院から師であるシュタウピッツ（Johann von Staupitz, 1470-1524）により派遣されたのだ[9]。29歳になる1512年より死に至るまで，彼はヴィッテンベルク大学神学部で聖書講座を担当し，聖書博士としての生涯を送る。先述したようにメランヒトンが着任したのは21歳になる1518年。1523年には学長を務め，メランヒトンによる大学教育改革が本格化する。まずはメランヒトンが学長になるまでのカリキュラムの変遷と内実を見ておこう。

　もともとヴィッテンベルク大学は伯父のゲオルク侯が自慢とするライプツィヒ大学に対抗して，通例となるローマ教皇からの許可ではなく，ヴィーンにいた皇帝マクシミリアン一世の特許状により設立された[10]。ライプツィヒ大学は人文主義（ヒューマニズム）を排し，トマスやスコトゥスなどスコラ神学の「古い方法」（via antiqua）に固執する伝統主義の牙城であった[11]。比するにルターはドイツにおける人文主義およびオッカムによる「新しい方法」（via moderna）の牙城であるエアフルト大学に学び，その後のアウグスティヌス隠修士会修道院でもオッカム主義の教育を受けた。よってヒューマニズムと新しい方法とがルター神学と宗教改革とを準備することになる[12]。ヴィッテンベルク大学

9　今井晋『人間の知的遺産26　ルター』講談社，1982年，70-71頁，金子・江口編前掲書，24頁以下，参照。

10　Cf. Muther, op. cit., S. 252-298.

11　梅根前掲『世界教育史体系26』，378-379頁，参照。

12　永田諒一『ドイツ近世の社会と教会──宗教改革と信仰派対立の時代──』ミネルヴ

第4章　メランヒトンのヴィッテンベルク大学教育改革　85

は創立当初よりライプツィヒ大学にヒューマニズムと新しい方法の導入を推進しようとした神学者メルラーシュタット（Martin Polich von Mellerstadt, ca. 1450-1513）を神学部教授として迎え[13]，後にエアフルトの修道院長となるシュタウピッツも中心的に関わるなどして[14]，そもそもこれらの新しい潮流に対して開かれていた。そこに後にルターとメランヒトンもまた加わることになる。

　創立より間もない1504年の学芸学部のカリキュラム（記録のある最古のもの）を概観しよう[15]。この頃のヴィッテンベルク大学の教育形式は「テュービンゲンの直の娘」といわれるほどテュービンゲン大学のそれにそっくりであるが，これはこの大学出身のシュタウピッツによるところが大きい[16]。すでに見たようにメランヒトンもまたテュービンゲン大学の出身である。

　　学芸学士の学位を取得しようとする者は，論理学に関する講義を聴講しなければならない。ポルピュリオス（Porphyrios）の『イサゴーゲー〔入門〕』（Isagoge），『プレディカメンタ〔範疇論〕』（Predicamenta）[17]，アリストテレスの『分析論前書』（Priora analytica），『分析論後書』(Posteriora analytica)，『詭弁論駁論』（Sophistici elenchi），『トピカ』（Topica）。さらにアリストテレスの『自然学』（Physica），『弁論術』（Parva logicalia）の演習に出席し，討論に参加すること。修士の学位を取得しようとする者はアリストテレスの『自然学』，『天体論』（De caelo et mundo），『生成消滅論』（De generatione et corruptione），『霊魂論』（De anima），『形而上学』（Metaphysica），『倫理学』（Ethica），『自然学小論集』（Parva naturalia）を聴講しなければならない。加えて『倫理学』と『自然学小

ァ書房，2000年，295-301頁，金子・江口編前掲書，54-65頁，参照。ただしヒューマニズムと宗教改革との緊張関係についてはマクグラス『宗教改革の思想』高柳俊一訳，教文館，2000年，64頁以下，参照。

13　ディルセー前掲書，473頁，参照。ただし彼は神学上の立場としては「古い方法」に立っていた。Cf. Kusukawa, op. cit., S. 21., 梅根前掲『世界教育史体系26』，381頁。

14　Cf. Kusukawa, op. cit., S. 13. 梅根同上書，382頁。

15　Ibid., S. 14.

16　Ibid., S. 13.

86　第I部　研究編

論集』の演習に出席し，討論に参加すること。論理学をマスターすることが学士学位には必要不可欠であり，修士学位にはアリストテレス哲学の全知識が必須である。

このように草創期のヴィッテンベルク大学の学芸学部カリキュラムは，アリストテレスを中心とした中世大学のものと似通っている[18]。ただし神学部には「新しい方法」による教師も採用されていた[19]。とはいうものの，いまだ中世のスコラ学の延長にあって，彼らは「『エルサレム〔神とその創造に関する知〕』には人間の理性による知識によって到達可能である」との確信があった[20]。1507年の学芸学部のカリキュラムには，伝統的なアリストテレスに加えて，人文主義的教科内容と見なしうるウェルギリウス，マルクス・アウレリウス，スエトニウス，サルスティウスといった古代ローマ作家による作品が加わっている[21]。まさにフマニタス研究（studia humanitatis），つまり勝義のヒューマニズムの導入である。

　さて1508年には一学期のみヴィッテンベルク大学にて『（ニコマコス）倫理学』の講義を担当したルターではあるが，1512年来神学部教授として着任し，1517年にいわゆる「95箇条の提題」を発表した前後より，先のスコラ学的確信に対して真正面から異を唱えはじめる。そして，その根幹にある

17　『世界の名著15　プロティノス・ポルピュリオス・プロクロス』中央公論社，1980年，を参照されたい。『イサゴーゲー』の邦訳が収められている。

18　中世大学は権威ある「教科書」の講義や注解を中心に進められたが，ここにはその伝統的なものが並んでいる。中世以来の大学教育に関する研究は数多いが，先のディルセーを含めて次を参照されたい。ハスキンズ『大学の起源』青木靖三・三浦常司訳，八坂書房，2009年，ラシュドール『大学の起源（上・中・下）——ヨーロッパ中世大学史——』横尾壮英訳，東洋館出版社，1966-1968年，ヴェルジェ『ヨーロッパ中世末期の学識者』野口洋二訳，創文社，2004年，グラント『中世における科学の基礎づけ——その宗教的，制度的，知的背景——』小林剛訳，知泉書館，2007年など。ハスキンズ前掲書，198頁以下には学位取得の際に求められた「テキスト」，つまり講義に用いられた教科書一覧の一部が資料として付加されているので，あわせて参照されたい。

19　Cf. Kusukawa, op. cit., S. 14.

20　Ibid., S. 26.

21　Friedensburg, op. cit. Urkundenbuch der Universität Wittenberg. T. 1., S. 14-17. 別府前掲書，156-157頁。

第4章　メランヒトンのヴィッテンベルク大学教育改革　　87

と見なされたアリストテレスをカリキュラムから排除しようと試みる。宗教改革直前1516年の学芸学部カリキュラムから概観しよう。資料には時間割や担当したマギステルらの俸給まで記されている[22]。

> アムスドルフは，冬学期は6時より，夏学期は5時より，アリストテレスの論理学をスコトゥスの道〔新しい方法〕によって（secundum viam Scoti）担当。
> 同時間，ブルックもアリストテレスを担当するが，トマスの道〔古い方法〕によって（secundum viam Thome）。
> フェルトキルヒェンは，7時より自然学をスコトゥスの道によって担当。
> 同時間，グンケレはトマスの道によって自然学を担当。
> パッハは，8時より詩学を，午後4時より修辞学を担当。
> 午後12時，セバスティアヌスはペトルス・ヒスパヌスをスコトゥスの道によって担当。
> 同時間，シュタッフェルシュタインはペトルス・ヒスパヌスをトマスの道によって担当。
> 3時，オットーは文法学を担当。
> 3時，プレムゼル・フォン・トルガウは形而上学を担当。
> 午後12時，修道院にてアウグスティヌス修道士が倫理学を担当。
> 午後2時，ショルビッヒは天文学と数学を担当。

このように，学士もしくは修士によって学芸学部のカリキュラムは運営されていたが，アリストテレスの論理学に関する講義は，やはり第一位を占めている。ところが先に見たルターによる新しい信仰と神学の成果により，アリストテレスは激しい攻撃の的となる。そこで1518年よりヴィッテンベルク大学の改革が始まる[23]。

---

22 Ibid., S. 76-81. Muther, op. cit., S. 289-292. 同上書，157-161頁。

23 Cf. Paulsen, op. cit., S. 115ff. Brecht, Martin: Martin Luther. Bd. 1. Stuttgart 1981. S. 264-271. ルターの信仰の下，中世以来のスコラ的哲学は排除されることになるが，代わりにメランヒトンの下，ルターの信仰を守るために哲学に新しい意味と価値が見出されるよ

88　第Ⅰ部　研究編

　ルターが望むようにアリストテレスのすべてが駆逐されたわけではなかった
たが，1518 年の学芸学部のカリキュラム改革のポイントは次にある[24]。ギ
リシア語とヘブライ語の教師が新しく任命されること，二人の教師がペダゴ
ギウム（大学の予備学校）でより若年の学生の言語教育を監督すること，そ
してアリストテレスの『論理学』，『自然学』，『形而上学』等が，いよいよ新
訳によって（secundum novam translationem）によって教えられることであ
る[25]。聖書を最高の権威と見なすルター神学においては，聖書を原語で正確
に読解することが求められる。結果としてヴィッテンベルク大学の学芸学部
における言語（ヘブライ語・ギリシア語・ラテン語）教育，そのトレーニング
のための人文主義的教科内容や古典作家の読解には，必然的に特別の位置づ
けが与えられることになった。そこにギリシア語教授として来ったのがメラ
ンヒトンであった。

　就任演説『青年の学習改善について』のなかでメランヒトンは，ギリシア
語の学習を蔑ろにすることで，どれほど学問とキリスト教とが衰退してしま
ったか，とその過程を描き出す。そして正当な学習課程は文法学，弁証法，
修辞学，歴史学[26]，そして哲学によって始められるべきであると主張した。

　うになった，と楠川は指摘している（Kusukawa, op. cit., S. 27）。

24　Kusukawa, op. cit., S. 34.

25　Friedensburg, op. cit. Urkundenbuch der Universität Wittenberg, T. 1., S. 85f.

26　MSA3, 38f. これをメランヒトンは古代ギリシアをまねてプロギュムナスマタ（準備教
育）とも呼んでいる。ここではギリシア語の学習，アリストテレスの倫理学，プラトン
の法律，ホメロス，ウェルギリウス，ホラティウスといった詩人から学ぶことの必要性
と意義を説いている。ちなみに，いうまでもなく当時の民衆の識字率は低く，ルターや
メランヒトンによる宗教改革の進展に伴って学校教育は徐々に普及していった。Cf.
Mertz, op. cit., S. 192ff. ここには 1518 年から 1596 年までのラテン語学校の設立の推移があ
る。また，この時代の教育の方法や内容等についても重要な記述と資料を含んでいる。
他にもブラシュケ『ルター時代のザクセン──宗教改革の社会・経済・文化史──』寺
尾誠訳，ヨルダン社，1981 年，171-199 頁，浅野啓子・佐久間弘展編『教育の社会史
──ヨーロッパ中・近世──』知泉書館，2006 年，101-124 頁，シュプランガー『ドイツ
教育史──就学義務制への歩み──』長尾十三二訳，明治図書，1977 年，ルントグレー
ン『ドイツ学校社会史概観』望田幸男監訳，1995 年，藤枝静正『ドイツ語学校の研究
──宗教改革期を中心とする民衆教育機関の形成──』風間書房，1976 年，永田諒一
『宗教改革の真実──カトリックとプロテスタントの社会史──』講談社現代新書，2004
年などを参照。

第 4 章　メランヒトンのヴィッテンベルク大学教育改革　　89

哲学とは「自然の知識」(scientia naturae) と「行動の根拠と実例」(morum rationes et exempla) を意味する，とメランヒトンは述べる[27]。後に彼はこれを端的に自然哲学 (philosophia naturalis) と道徳哲学 (philosophia moralis) に分類する[28]。ともかくギリシア語の学習を通じてのみ野蛮な教えは追放され純粋な学習が回復されるのだ，とメランヒトンは語り，そのために自らが来ったことを強調している。ここには古代の作家や哲学，とくにアリストテレスに対する批判などは全く見当たらない。1518 年の学芸学部カリキュラム改革およびメランヒトンの着任によって，ヴィッテンベルク大学の入学者は1517 年 242 人，1518 年 274 人，1519 年 459 人，1520 年 579 人と人気を博するようになる[29]。

　比するに，前述したようにルターはギリシア語学習の必要性は大いに認めるものの，信仰義認論とは相容れないスコラ神学の背骨であるアリストテレスに対して，攻撃をさらにエスカレートさせていく。『キリスト教界の改善に関してドイツのキリスト教貴族に宛てて』(An den Christlichen Adel deutscher Nation von des Christlichen Standes Besserung, 1520) のなかでルターは初めて自らの大学教育改革プログラムを公に著した。大学では聖書もキリスト教の信仰もほとんど教えられず，盲目の教師たるアリストテレスのみが支配しているという。

　　ここで今や私は，従来最善のものと考えられていたアリストテレスの
　　書，自然学，形而上学，霊魂論，倫理学は，…全く除かれねばならない
　　ということを忠告する[30]。

　アリストテレスの著書である倫理学は，それ以上に不愉快な本は他にな

27　Ibid., S. 39.

28　拙著『ルターとメランヒトンの教育思想研究序説』渓水社，2001 年，132 頁以下，参照。

29　Friedensburg, op. cit. Geschichte der Universität Wittenberg, S. 147. メランヒトンの講義の聴講者数は 500-600 人，ルターの 400 人よりも多かったと伝えられている (Paulsen, op. cit., S. 119)。

30　ルター研究所編『ルター著作選集』教文館，2005 年，199 頁。

90 第Ⅰ部 研究編

いほどで，全く神の恩恵とキリスト教的道徳とに対立しているのである[31]。

このように，行為義認論に繋がるとされるアリストテレスは，ルターによって激しく攻撃される。しかし聖書研究に役立つ道具として，アリストテレスのすべてを排除しようとはしていない点に注意しなければならない。

> 私は論理学や修辞学や詩学に関するアリストテレスの書物が，若い人々の雄弁や説教の練習になるため，保存されるということを，あるいはそれが別の短い形にされて，有効に読まれることを喜んで認めたい。しかし注釈書や学派は取り除かれるべきである。キケローの修辞学が注釈書や学派のたすけなしに読まれるように，アリストテレスの論理学もまた，大きな注釈書が読まれることなく直接読まれねばならないのだ[32]。

ルター神学に大きく共鳴していたメランヒトンは，こうしたルターの提案に従って，彼とともに大学教育改革に着手しようとするも，その矢先ルターは，1521年ヴォルムスでの帝国会議後，ヴァルトブルク城にかくまわれることになり，ヴィッテンベルクを不在にしてしまう。改革の主導権を握ったメランヒトンは旧来の自然学の講義を廃止しようとするも，その存続を認める[33]。ただしルターが批判するような，これまでの注解に基づくアリストテレスの自然哲学ではなく，あくまでもリベラル・アーツの一環としての自然哲学，つまり「自然認識の学問」（studium cognoscendae naturae）としての自然学である[34]。しかもルターもメランヒトンも医学利用のための自然研究を推奨していた。1521年のカリキュラム改革により，自然学はメランヒトンの意図した規定に従って教えられることとなり，ここにプリニウスも加えられた[35]。

---

31 同上書，200頁。
32 同上書，200-201頁。
33 Kusukawa, op. cit., S. 49.
34 Ibid., S. 50.
35 Ibid., S. 51.

ところが，こうしたプログラムに沿って大学教育が始まろうとするとき，ルター不在のところに，いわゆる「ヴィッテンベルク騒乱」が1521年暮れに勃発した[36]。この混乱はルターの代理としてのメランヒトンの，改革のリーダーとしての能力を検証するものとなった。結果としてメランヒトンは強力な指導力を発揮できず，ルターの帰還を待つことになる。メランヒトンは，いわゆる実存の危機（identity crisis）に陥る[37]。以後メランヒトンはルターと志は同じくするも[38]，神学者ルターとは異なる，あくまでもギリシア語教師メランヒトン，あるいはキリスト教的ヒューマニスト（人文主義者）としてのアイデンティティを再確認しつつ[39]，大学教育改革に関与することになる。

2節　再洗礼派との全面対決（1527年）までのカリキュラム

ルター不在のヴィッテンベルクで，大学の同僚であるカールシュタット（Andreas Bodenstein 通称 Karlstadt, ca. 1480-1541）とツヴィリンク（Gabriel Zwilling, ca. 1487-1558）は急進的に宗教改革を実現しようとし，礼拝を廃止して聖像を破壊するなど，過激な行動に走った。さらに人々に対して大学教育を廃止しようとまで訴えた[40]。つまり，これら熱狂主義者（Schwärmer）たちは心霊主義者（スピリチュアリスト）として，文字や学芸，すなわち学校や教育を介さずして，霊による直接の導きの下での宗教改革および社会変革を唱えたのであった。ここにツヴィッカウからの予言者も加わる。再洗礼派との対決の前触れである。1522年にルターがヴィッテンベルクに帰還するや否や，この騒動は鎮静化されるがそれも束の間，さらに1524年からは，ミュンツァー（Thomas Müntzer, 1490-1525）らを中心にした農民戦争が起こる。翌年に一応の鎮圧を見るまで，1520年から1526年までは，宗教改革の疾風怒濤期といえよ

---

36 シュトゥッペリッヒ『ドイツ宗教改革史研究』森田安一訳，ヨルダン社，1984年，73頁以下，参照。

37 Ibid., S. 53.

38 Ibid., S. 53-54.

39 Cf. Ibid., S. 58.

40 Cf. Mertz, op. cit., S. 6ff.

92 第Ⅰ部 研究編

う[41]。ヴィッテンベルク大学の学生は激減し，残った者たちの多くも暴徒と化し，学芸に対しては全く関心が払われなくなってしまった[42]。まるで，これまでの大学教育改革が水泡に帰したかのようであった。聖書の読解を介さずして神との直接的霊的合一を説くツヴィッカウの予言者は，メランヒトンに深刻な悪い印象を残した[43]。ルター不在のなか彼らを指導することに失敗した後，メランヒトンは神学から距離を置き，ギリシア語教師として古典に回帰しようとする[44]。そして聖書研究および信仰に欠かすことのできない学芸教育をこれまで以上に推進することで，ルターの宗教改革をより着実に進展させようと試みるようになる。学芸もしくは教養教育こそ，メランヒトンにとっては性来もっとも心地よい領域なのであった。

1523 年『雄弁への賛辞』（Encomion eloquentiae, 1523）のなかでメランヒトンは，衰退した学芸学部再建の決意を語る。その際，すべての知識の基本として必須とされたのが修辞学であった[45]。メランヒトンにおいて言葉による会話や対話は，人間と他の動物とを区別する本質的違いであるが，なかでも「雄弁」（eloquentia）には，古代ギリシア・ローマ以来の伝統を引き継いで，特別の価値が見出されている[46]。雄弁な人とは，とくにキケロー以来のフマニタスを体現する理想的人間像でもあり[47]，むろんメランヒトンはキケロー

---

41 倉塚平他編訳『宗教改革急進派——ラディカル・リフォーメーションの思想と行動——』ヨルダン社，1972 年，中村賢二郎他編訳『原典宗教改革史』ヨルダン社，1976 年，コーン『千年王国の追求』江河徹訳，紀伊國屋書店，2008 年，262 頁以下などを参照。ともにドイツ神秘主義の影響を受けている。ルター，ミュンツァー，カールシュタットの神学思想の連関については，倉松功『ルター，ミュンツァー，カールシュタット——その生涯と神学思想の比較——』聖文舎，1973 年を参照。

42 Friedensburg, op. cit. Geschichte der Universität Wittenberg, S. 158.

43 Kusukawa, op. cit., S. 52.「覆水盆に返らず」（Ich kahn aber das wasser nicht halden.）とお手上げ状態のメランヒトンに比して，ルターは彼らを「いかさま」（bogus）と断じて駆逐した（Ibid., S. 53.）。

44 Ibid., S. 54.

45 Ibid., S. 58.

46 拙著前掲『ルターとメランヒトンの教育思想研究序説』，186 頁以下，参照。

47 「私的な閑暇にあっていかなる点でも粗雑さのない聡明な談話ほど，心地よいもの，いや，真の人間性（humanitas）に固有のものが他にあるだろうか。というのも，互いに言葉を交わし，感じたこと，思ったことを言論によって表現できるという，まさにこの一点にこそ，われわれ人間が獣にまさる最大の点だからである」（『キケロー選集 7』

を賛美し，その作品をテキストとしても取り入れているが，彼は雄弁をキリスト教的敬虔（pietas）と結合したのであった。雄弁に会話したり対話したりするということは，ともに人間として敬虔な在り方・生き方（これが「キリスト教的フマニタス」）を目指し，争いごとを言論の力で解決していくことにも繋がる。よって有意義な雄弁は修辞学を抜きにしてありえない。修辞学を通じて精神のなかにある思想には色が与えられ，初めて他者の目前にいきいきと提示されるのである。「修辞学は正確に美しく話すための方法と規則を教える学問である」[48]と後にメランヒトンは端的に述べている。したがって，ただ考えをきれいに飾って話すのではなく，まず事柄を正しく話すため

岩波書店，1999年，18-19頁）。『弁論家について』（De Oratore）のなかでキケローはこう語るが，メランヒトンはじめ多くの人文主義者がこのテキストにヒューマニズムの源泉のひとつを見出してきたのは，周知の通りである。このような言葉による会話は，また心地よいものとされる点にも注意を向けなければならない。つまりフマニタスには温和や親切，節度や礼儀作法，思いやりといった意味も本来含意されているのである。こうしてキケローおよびメランヒトンは，真の人間性へと生の人間を形成するためにも学芸教育の重要性を説き続ける。というのも「子供たちの精神を人間的教養（humanitas）と徳（virtus）に向かって形成するためにそうして発見された学術（artes）」（同上書，362頁）が学芸だから。キケローは「ほかの人々は人間と呼ばれているが，ほんとうに人間であるのは人間性に固有の学術によって磨かれた人々だけであると確信している」（『キケロー選集8』岩波書店，1999年，28頁）と述べる。よって，「あらゆる良き学芸の著作家や学者たちの著作を熟読，精読し，訓練のためにこれを賞賛し，解釈し，正し，批判し，反駁してみなければならない。また，すべての事柄について常に賛否両論を論ずるようにし，いかなる事案においても蓋然的と思われる主張を導き出すようにし，語るようにしなければならない」（『キケロー選集7』岩波書店，1999年，74頁）。「良き学芸」とは，すなわち bonae artea = artes liberales = humanae artes である。ここには書物を読解するうえで欠かすことのできない文法学，そしてことの「蓋然的」真理に至る上で必要な弁証法，つまり後の七自由学芸（septem artes liberales）の原型が，すでに提示されている。また人間によってなされる行為には絶対的真理はありえないとするアリストテレス（『弁論術』戸塚七郎訳，岩波文庫，1992年，38-39頁）を踏まえて，ここでは「蓋然的」といわれているが，メランヒトンもまた対話による「蓋然的」真理を，神に関わる信仰上の真理とは区別して，市民社会での生活のなかで重要と見なすのは，こうしたヒューマニズムの伝統に位置するからである。ゆえにメランヒトンは弁証法さらに修辞学を大切にしたのである。しかるに心霊主義は，こうしたフマニタスを根底から台無しにしてしまう。メランヒトンが熱狂主義に反対する所以である。

48 Mertz, op. cit., S. 259.

94　第Ⅰ部　研究編

に模倣（imitatio）と練習（exercitium）を通じて判断力が磨かれる必要がある。ホメロスやウェルギリウスといった詩人，トゥキディデスやクセノフォンといった歴史家は，言論の力を学ぶよい手本（exemplum）である。これら古典作家から，私たちは話の構造や形式を大いに学ぶことができる。こうした理由により，メランヒトンは上級学部（神学部・法学部・医学部）に進む以前に，これら学芸を徹底して学ぶことを提案する。1523年暮れ，メランヒトンは学長として，学生の行動および学習課程について新しい規定を設けた。ポイントを見ておこう[49]。

　学生としての行動に関しては，かつての騒動に対する反省から，街での暴動に対して明確な罰則が決められた[50]。学習課程に関しては，学長による強力な監督が及ぶことになる。学習開始の際，学生は学長に名前を申し出なければならない。彼らに学長は教育係（paedagogus）を割り当てる。すると教育係はおのおのの学生に学習計画を示し，彼らの読解力と言語学習を監督する[51]。これらの学習課程を怠る者は処罰される。修辞学の練習は演説（declamatio）として月二回行われる。一回は文法学か修辞学の教師により，一回は学生によって。ただし，これは修辞学の教師によって企画され審査される。加えて討論（disputatio）が，自然学か数学か，あるいは他の教師によって月二回行われる。これは自然あるいは数学の知識をめぐる討論である。先に医学利用のための自然研究が1521年に導入されたのを見たが，これはその延長線上にある。「人間の事柄」（res humanae）のために，これらの知見は必要不可欠である。この規定は，さらに1526年の改革で，より明確かつ厳格なものとなる[52]。

　学生はラテン語の文法学，弁証法，修辞学と数学の基本から学習を開始しなければならない。この課程でテレンティウス，キケローの書簡，ウェルギ

49　Cf. Kusukawa, op. cit., S. 60.

50　Friedensburg, op. cit. Urkundenbuch der Universität Wittenberg. T. 1., S. 128-130. ちなみに中世大学以来，学生の品行には粗暴なものが多々見られるのは当たり前であった。たとえばハスキンズ前掲書，107頁以下，ラシュドール前掲書（下），255頁以下などを参照。

51　Cf. Ibid.

52　Cf. Ibid., S. 146f. Kusukawa, op. cit., S. 61.

リウス，エラスムスの『コピア・ウェルボルム〔ラテン語教本〕』（Copia verborum），プロクロスの『天球論』（Sphaera）が学ばれねばならない。教育係の許可なくしてどの学生も次の科目に進むことはできない。これらの科目を完全にマスターし，より上級の講義に進むことを許された学生には，学士（Baccalaureus）の学位が授与される。その後，あらゆる自然と〔人間の〕行動について正しく明確に判断するための知識を（scientiam de tota natura et moribus recte et certi judicandi）学ぶことになる。数学と自然学の講義は自然についての知識を教える。さまざまな作家や詩人による作品が，的確な行動を学ぶために教えられなければならない。とりわけギリシア語の知識は必須である。というのも古来ギリシア人により自然および人間の行動は探究されてきたのだから。これらの科目をマスターした学生には修士（Magister）の学位が授与される。

　このように言語や修辞学や弁証法はすべて，神学上の問題を扱うのにも必要不可欠な知識とされ，自然に関する知識も，医学研究にとって重要とされた。メランヒトンは学芸学部における教育をリベラル・アーツとギリシア・ローマの古典の上に，強固に基礎づけ直したのであった。教育の方法についても演説と討論の導入など工夫をし，自らも教科書を著し，私塾では大学教育以前の予備教育にも携わった。これらはすべて彼がさまざまな混乱と直面させられた成果である。が，メランヒトンが再洗礼派をさらに目の当たりにするのは，翌年 1527 年であった。

3節　再洗礼派との対決後のカリキュラム

　国中の混乱の状況を把握し鎮静するために，フリードリヒの後を継いだヨハン堅忍侯によって，テューリンゲン地方への巡察が実施されることになった。ヴィッテンベルク大学の代表団として中心になったのはメランヒトンで，ミュンツァーによる農民戦争後の無秩序の実態と，宗教改革の教義がどの程度まで教えられているか等について査察が行われた。結果は惨憺たるものであった。

96　第Ⅰ部　研究編

困苦に満ちた巡察旅行は，彼にとって大きな意味があった。彼はそこで
教会の現実を知った。彼の目にした無知は驚くほどであった。彼はつぎ
つぎと出喰わした誤謬を暴露し批判しなければならなかった。ここでは
論争というより，積極的な教育が重要だった[53]。

牧師は悔い改めを説くことなく罪の赦しを唱え，十戒や使徒信条や主の祈り
の他には何も知らない者も多くいるありさまで，人々は全くの不道徳な状態
に置かれていた。まるで無知と不道徳が同居したかのようなカオスの現実で
あった[54]。熱狂主義者で再洗礼派のカールシュタットの姿も見え隠れしてい
た。テューリンゲンでのこの体験はメランヒトンに非常に大きなショックを
与えた。これ以降，メランヒトンにとって再洗礼派と社会秩序の崩壊は不可
分のものと確信される。1530 年までにメランヒトンは，再洗礼派は市民政
府の最大の敵であると見なすようになった[55]。彼は徐々に，（エラスムスとの
「自由意志」をめぐる論争におけるルターとは対照的に）人間の意志の力の重要
性，さらにすべての人間の自然本性に道徳法（lex moralis）として刻印され
ているはずのものとしての自然法（lex naturalis）の存在意義，そして積極的
教育（とくに人々の道徳化）について強調し始める。

人が心の中で神についてなにもまだ経験せず，悔改めの成果がなんにも
ない場合，はじめに福音や恩恵の言葉が説かれるわけにはいかないとい
うことが，巡察を通じて彼には明らかになった。また義認の教義をしば
しば誤解する人々の無理解にも，対応していかなければならなかった。
それで彼は，今や次のようにいいはじめた。悔改めは信仰に先だたねば
ならない。律法は最初人間の中で恐怖と悔恨をひきおこさなければなら
ない。以前彼は自らひとりで作用する恩恵をまっ先に掲げていたが，今
や人間の意志に固有の余地を残す必要性を認めることになったのであ
る[56]。

53　シュトゥッペリッヒ前掲『メランヒトン』，88 頁。
54　Cf. Kusukawa, op. cit., S. 63-65.
55　Ibid., S. 65.

第4章　メランヒトンのヴィッテンベルク大学教育改革　　97

以後，メランヒトンは数多くのカテキズムを執筆することになる[57]。

　メランヒトンは人間の意志に固有の能力と役割とを確保した。換言すれば，人間の意志や理性による哲学の領域と，義認や信仰に関わる福音の領域とのあいだには明確な境界線を引いた。哲学の領域と神学の領域との区別である。まず人間は理性と意志の力によって市民社会を形成し，このなかで生きていくために必要不可欠な道徳的事柄さらに自然の事柄について判断し探究しなければならい，と説き始めたのである。たとえ信仰を持たない者であっても，まずは自然法としてすべての人間の心に刻み込まれているとされる道徳法に従い，市民的秩序を維持すべきことを強調したのである。1527年以降メランヒトンは哲学が持つ積極的な意義への確信をより強力なものとし，道徳哲学に関する講義も開始するようになる。道徳哲学の講義として最初にまとめられた『倫理学概要』(Epitome ethices, 1532) では，こう記されている。はじまりにある重要な二項目を引用しておこう[58]。

1　道徳哲学とは何か

　それは，すべての徳に属する義務について教えてくれる完全なる知識である。これを理性は人間の自然本性と一致するものとして理解する。しかも，これは現在の市民生活上の習慣においても必要である。

2　哲学と福音はどう違うのか

　まず，ここで律法と福音とは遥かに別のものであると心得ておく必要がある。というのも神の法（lex dei）は私たちがどのようでなければならないかを教え，神と人間とに関してどのような行いが優れているかを教えてくれるからである。しかし福音は私たちにキリストによる恩恵によって神に喜ばれることを教えてくれるからである。これは律法の業で

56　シュトゥッペリッヒ前掲『メランヒトン』，88-89頁。

57　拙著前掲『近代教育思想の源流』，165頁以下，参照。自然法の強調と教育に関しては，次を参照されたい。Liedtke, Helmut: Theologie und Pädagogik der Deutschen Evangelischen Schule im 16. Jahrhundert. Wuppertal 1970. S. 144ff.

58　本書第Ⅱ部翻訳編5より。

98　第Ⅰ部　研究編

はない。どのようなことで神が私たちから宥められるのか。いわばその原因や法の規定を付加するものではないのである。哲学は福音でも福音のある部分でもなく，神の法の一部分（pars divinae legis）である。というのも自然法（lex naturae）それ自体は神によって人間の心のなかに記されてあり，この自然法は理性が認識し市民生活にとって必要な徳に関する神の法であることは，まさに真実であるから。すなわち哲学はもともと自然法を解明したもの以外の何ものでもない。しかし私は哲学がすべて人間の見解だと述べたいのではない。それは確実な知識であり論証を伴っている。この他にも神の法と哲学とのあいだには違いがある。というのも神の法は神に関する霊的な慣習について教え，哲学は理性によって判断される行いについて教えてくれるから。あるいはごく単純にいえば，哲学とは理性が認識する限りでの法であり神の法である。ともかく，もしだれかが〔神の法である律法・十戒の〕第一の板を廃棄しようとするなら，そのとき哲学は神の意志については何も確言しないことになってしまう。哲学は理性が認識する限りでの法であり神の法の第二の板なのである。

　このようにメランヒトンは自然法を神の法とも同義とし，とくに十戒の第一の板にも大きなウエイトを置いていることを読み取ることができる。彼は時代状況との具体的葛藤の過程で，以降再び古典哲学へも回帰していく。そこでは弁証法と修辞学が学問の基本となり，道徳哲学や自然法の再確認が主要となるが，こうした動きは，まさに再洗礼派との対決とこれへの応答の結果といえよう[59]。ルターは神学者として福音の確立に尽力したが，メランヒトンはギリシア語の教師として，人文主義者として古典的道徳哲学を神の法の部分として基礎づけ直し，市民社会における法と秩序を第一に確立しようと尽力した。それぞれが神学と哲学の領域で互いに必要としあう関係にあったといえよう。もちろん究極の向かうところにルターの信仰が共有されていたことは，いうまでもない。

---

[59]　Cf. Kusukawa, op. cit., S. 71.

第4章　メランヒトンのヴィッテンベルク大学教育改革　99

　こうしたプロセスを経て1536年に一応の完成を見るヴィッテンベルク大学のカリキュラムを一瞥すると[60]，学芸学部では十の講義が開設されている。すなわちヘブライ語，ギリシア語，詩学，テレンティウス，文法，（初等・高等）数学，弁証法，修辞学，自然学，道徳哲学が，ほぼ毎日講義されている。神学部では旧約聖書，新約聖書，パウロの手紙，ヨハネの手紙，マタイによる福音書などが講義されている。中世以来，神学部での学習のテキストとされてきたペトルス・ロンバルドゥスによる『神学命題集』は姿を消している。また聖書を原典で読むための語学は，学芸学部やペダゴギウム（かつてメランヒトンはが私塾として開いていた機関）で鍛えられることになっている。討論と演説は毎週土曜日に交替で行われることになっている。また奨学生制度も設けられた[61]。このなかでメランヒトン自身が担当した科目も多岐にわたっている。修辞学，弁証法，自然学，倫理学，歴史，ギリシア語文法，ギリシア・ローマ作家の解説，ホメロス，デモステネス，ソフォクレス，エウリピデス，トゥキディデス，旧約聖書や新約聖書など，彼はまさに万能学者であった。彼の死後に編成された学芸学部のある日の時間割を見て締め括ろう[62]。

　　　6時：M.A. レマイガー，修辞学，4時間。月曜日と火曜日は，修辞学
　　　　　原理（praecepta rhetorices）。木曜日と金曜日は，キケローの書簡
　　　　　と演説の解説。
　　　7時：M. セバスティアヌス，ユークリッドとプトレマイオスによる幾
　　　　　何学と天文学，4時間。
　　　8時：Dr. ウィトゥス・ウィンスヘミウス，ギリシア語作家，4時間。
　　　9時：M.P. ウィンケンティウス，弁証法，月曜日と火曜日。
　　　　　Dr.V. ウィンスヘミウス，ギリシア語文法，水曜日。
　　　　　Dr.C. ポイカー，歴史，土曜日。

60　Friedensburg. op. cit. Urkundenbuch der Universität Wittenberg. T. 1., S. 172-184.
　　Paulsen, op. cit., S. 222ff.
61　Paulsen, op. cit., S. 225.
62　Ibid., S. 232-233.

100　第Ⅰ部　研究編

　12 時：M.B. シェーンボルン，土地測量論（de dimensione terrae），4 時
　　　　　間。さらに，プリニウス，メテオラ・ポンターニと，その類。

　　1 時：M.M. プロヒンガー，球体と算術の初歩（Elementa sphaerica et
　　　　　arithmetica），4 時間，若年向け。

　　2 時：M. エスロムス，自然学，4 時間。M.E. メニウス，ラテン語文法
　　　　　を，テレンティウス，プラウトゥス，ウェルギリウス，オウィ
　　　　　ディウスの講義とともに，4 時間。M.P. ウィンケンティウス，
　　　　　倫理学，水曜日。

　　3 時：Dr.J. マイオル，詩学をラテン語詩人の解説とともに，とくにウ
　　　　　ェルギリウス，4 時間。

　　4 時：M.P. ウィンケンティウス，キケローの雄弁家について(de oratore)，
　　　　　またはリウィウスあるいはホメロスを，木曜日と金曜日。

ちなみにヘブライ語の授業は神学部に割り当てられた。1588 年にはラテン語文法の授業が歴史学にとって代わられる。1614 年には次のような科目が開設されていた。1. ヘブライ語，2. ギリシア語，3. 詩学，4. 修辞学，5. 論理学，実践哲学と組み合わされたものとして 6. 自然学，7. 数学，8. 歴史学の八つである。

　1518 年にギリシア語教師としてメランヒトンがヴィッテンベルク大学に着任し，1560 年にその生涯を閉じるまで，彼は首尾一貫して教養教育に携わってきた。もちろん，その活動の範囲は，これまでに見てきたように学芸だけの領域を遥かに超え出るものであるが，彼の原点は，やはりギリシア・ローマ以来の教養すなわちパイデイアもしくはフマニタスにある。ただしルターとの出会いによって堅固なものとされたルター的福音主義の信仰，つまり敬虔へとこのフマニタスは照準されていたことを忘れてはならない。ゆえにメランヒトンのフマニタスとはキリスト教的フマニタスに他ならないのである[63]。

63　この教育機関として大学のみならずラテン語学校，後のギムナジウム，ペダゴギウムの設立や教育にもメランヒトンは多く携わった。Cf. Hartfelder, Karl: Philipp Melanchthon als Praeceptor Germaniae. Berlin 1889. S. 417ff. 拙著前掲『ルターとメランヒトンの教育思

第4章　メランヒトンのヴィッテンベルク大学教育改革　　101

　宗教改革が運動としてドイツ全土へと広がる過程で，メランヒトンはさま
ざまな困難に直面した。その最大のものが学芸や教養，つまり信仰以前の人
間性に関わる学問（studia humanitatis）を蔑ろにする再洗礼派たちや熱狂主
義者たちとの対決であった。市民社会や道徳を軽視し，世の中を混乱に貶め
る彼らのような危険で急進的な心霊主義に転落しないためにも，「神の賜物」
としての学芸や教養をまず学ぶことが必要不可欠である，とメランヒトンは
ますます確信を深めたであった。しかも，これはメランヒトンにとって，宗
教（キリスト教）以前の自然法として，人々の心のなかに自然本性として刻
み込まれている道徳法の再認識とその実現（秩序ある市民社会の構築）と同義
であり，この自然法は神の法でもあったのである。

*

　メランヒトンの大学教育改革やカリキュラムには，こうした認識が如実に
表れているといえよう。メランヒトンは罪の自覚と信仰のみによる救いをル
ターとともに実感していたからこそ，罪の認識に至るまでの律法の役割を重
視し，安易な罪の赦しによる暴徒へと走らないためにも，まずは人間として
の教養（とくにモラル）を身につけることが重要であると考えたのであった。
　そこで，すべては言葉から始まる。そしてフマニタスの言葉は，神の言葉
である聖書へと繋がる。聖書を正確に読解するには，まずはそれが記された
フマニタスの言葉を練磨しなければならない。聖書の「真の」読解は，こう
したトレーニングを経た後に聖霊の助けによって可能となる[64]。
　畢竟するに，メランヒトンによる大学教育改革の究極目的は，人間が自ら

───────────
　想研究序説』，207 頁以下，別府前掲書，261 頁以下，参照。
64　関連して拙著前掲『近代教育思想の源流』，201 頁以下，参照。神学のための道具あ
　　るいは準備（Theologiae organa et praeludia）としての自由学芸について分かりやすく
　　図式化したものとして，次も参照されたい。Melanchthon-Komitee: Philipp
　　Melanchthon. Humanist, Reformator, Praeceptor Germaniae. Berlin 1963. S. 99.

102　第Ⅰ部　研究編

の意志と理性の力によってできる限りのことをすること——人間の業——に
よって，聖書のみに通じるルター的キリスト教信仰——神の業——を準備す
ることにあったといえよう。それは同時に自然学を含めてすべての学問が，
このキリスト教信仰の道，つまり「神」へと通じることを証するのであっ
た[65]。

65　ちなみにメランヒトンを含め多くの人文主義者たちが，どのように敬虔であったかに
ついては次を参照。Hamm, Berndt／Kaufmann, Thomas : Wie fromm waren die
Humanisten? Wiesbaden 2016.

第 5 章
ルター主義キリスト教倫理の展開

　本章ではメランヒトンから派生し発展して，彼と密接に関連する重要人物の思想を簡単に取り上げておこう。カメラリウス，ルター，ブーゲンハーゲンの三人である。

1節　カメラリウスの教育論

　ヨアヒム・カメラリウス（Joachim Camerarius, 1500-1574）はメランヒトンの3歳年下であるが，ヴィッテンベルク大学で彼の薫陶を受け，ドイツの人文主義者および大学改革者として活躍した人物である。またメランヒトンの死後，親友として彼の初めての伝記を1566年に書いている[1]。

　カメラリウスはメランヒトンが育てた教師のひとりであり，やはりメランヒトンと同様，当時のドイツ教育に多大な業績を残した。しかし，その教育論はわが国では紹介されておらず，その名前すら無名に近い。

　本節では，こうしたカメラリウスの教育論に迫る第一歩として，ごく簡単に彼の生涯をたどり，その教育思想の要点を確認しておきたい[2]。

1　Cf. Werner, Volker（Übers.）: Joachim Camerarius. Das Leben Philipp Melanchthons. Leipzig 2010.

2　以下を参照した。Stählin, Friedlich: Humanismus und Reformation im bürgerlichen Raum. Eine Untersuchung der biographischen Schriften des Joachim Camerarius. Leipzig 1936. Kunkler, Stephan: Zwischen Humanismus und Reformation. Der Humanist Joachim Camerarius（1500-1574）im Wechselspiel von pädagogischem Pathos und theologischem Ethos. Hildesheim 2000.

104　第Ⅰ部　研究編

（1）　カメラリウス略歴

　カメラリウスは，1500 年 4 月 12 日バンベルクで生まれた。ドイツ語名は
カンマーマイスター（Kammermeister）。元はリープハルト（Liebhard）であ
ったが，司教の財宝管理官（Kämmerer）という世襲の職務を担う家系にち
なんで，ケンメラーとかカンマーマイスターとか呼ばれるようになった。

　12 歳のとき両親は彼をライプツィヒの人文主義者ゲオルク・ヘルト
（Georg Helt, ca. 1485-1545）の許に送る。ライプツィヒ大学でギリシア語の知
識を獲得した後，1518 年にはエアフルトに移り，そこでエアフルトの人文
主義者たちに接する。

　その後 1521 年頃にはヴィッテンベルクに移り，メランヒトンと親しくし，
その教えを受ける。またルターの考えを支持し擁護する。

　1526 年にはニュルンベルクの新しいギムナジウムの校長として，メラン
ヒトンの推薦によって赴任し，1535 年までその職にあった。そこでは歴史
とギリシア語を教えた。

　1530 年にはメランヒトンがアウグスブルク信仰告白を起草するのに重要
なアシスタントとなって活躍した。

　1535 年から 1541 年まではテュービンゲン大学でギリシア文学の教授。

　1541 年から死の年 1574 年まではライプツィヒ大学でラテン語とギリシア
語の教授を務めた。ここではヘロドトス，デモステネス，クセノフォン，ホ
メロス，テオクリトス，ソフォクレス，ルキアノスなどのギリシア文学をラ
テン語に翻訳した。

（2）　教育論の構造概略

　以下シュテーリンの記述に従って，カメラリウスの教育論の構造概略を押
さえておきたい。

　北方ヒューマニズムの際立つ特徴としては道徳的・教育的な価値や意図へ
の大きな傾斜があげられるが，カメラリウスの場合もそうである。

　カメラリウスは決して体系的な思想家ではない。しかし彼の教育論につい
ては，三つの特徴があげられるという。敬虔（pietas），徳（virtus），教え
（doctrina）である。

第5章　ルター主義キリスト教倫理の展開　105

　これらは互いに結び合っていて三位一体となり，人間としての価値を形成する。つまり敬虔は宗教と，徳は倫理と，そして教えは学問として結実し，人間と社会をよりよくしていくとされる。

　カメラリウスは常に敬虔と結び付いた教えについて語り，それは教養（eruditio）とも呼ばれる。生徒は教養を追求すべきであって単なる知識（sapientia）であってはならない。この知識は称賛を求め，世間知や人生経験として，無学なものに固有のものとされる。

　敬虔と結び付いた教えが教養であって，それはまたキリスト者としての徳を形作る。

　徳とは理性に適った行動である。いつでも正しい判断に従って意志を行使している状態である。正しい判断を常に下すには教えと敬虔が必要である。

　このように敬虔と徳と教えは三位一体となっている。

　メランヒトンと同様，カメラリウスにおいても宗教は道徳と緊密な関係にある。教養や知を抜きにした敬虔に対して，とりわけ再洗礼派の人たちに対して，彼らは大きな疑問を投げかけた。つまり教養と知を欠いた敬虔が陥る過ちに対してである。

　ゆえに彼らは学校の担うべき課題を，徳へと，人間性へと，敬虔へと，生徒を訓練し形成することとした。そのためには studia humanitatis が不可欠とされる。

　カメラリウスが教師としてのキャリアをスタートさせる 1526 年，ニュルンベルクのギムナジウムの学校規則の概略を見ておこう[3]。

　第一に，ある一定期間，文法を学習すること。次に読解。そして，ラテン語で話す訓練。同時に，カトーやエラスムス，テレンティウス，ウェルギリウス，プラウトゥスの作品を読み，ある部分は暗記しなければならない。

　日に１時間は音楽の時間。

　週に一日は宗教の時間。そこでカテキズムを用いて，十戒，主の祈り，使徒信条について教え込まれる。詩編はキリスト教の要とされる。

3　拙著『ルターとメランヒトンの教育思想研究序説』渓水社，2001 年，230-232 頁，参照。

106　第Ⅰ部　研究編

文法の課程を修了した後，次の課程に進む。

ここではクラスに分けられ，あるクラスでは弁証法と修辞学の基礎が教えられる。エラスムスやキケローが文体規則の実例として学ばれる。その後クインティリアヌスが教材とされる。また定められた日には討論（disputatio）演習が行われる。

これは一人の教師によって行われるが，詩，数学，ギリシア文学を教える三人の教師が他にも必要とされる。

生徒が書いたり話したりする際の模範となるように，キケローの義務論やリウィウスの歴史などが読まれなければならない。

文体スタイルの修練は，よき内容という実りをもたらすための前提である。詩や散文を通じて，生徒たちは日々この訓練にいそしまねばならない。

こうした学校の校長として，カメラリウスはここで歴史とギリシア文学を教えたのであった。これはプロテスタント圏ヒューマニズムの典型的なギムナジウムとして誕生し，そして現在にまで至っている[4]。

あるいはクンクラーは，カメラリウスにおける教育の課題を，若者のなかに真の教養へ向かう心情を覚醒させることとしている。それは生まれつきの無知の状態から生徒を開放することでもある。こうした教養はよりよき社会を作り出すとする。こうした図式について整理しておこう[5]。

教育には二つの領域がある。個人に関わる領域と社会に関わる領域である。その二つの領域において教えが施される。それは生徒に生まれつきの無知な状態からの解放となる。ひとつは学問によって，もうひとつは自身の生活経験によって，社会のための規範が作られる。それが個人の，そして社会の徳となって結実する。そこに理想の個人と社会が誕生するのである。

(3)　教師と生徒との関係

ではカメラリウスの教育実践において教師と生徒との関係は，どのように

4　「メランヒトン・ギムナジウム」http://www.melanchthon-gymnasium.de/（2017 年 11 月 11 日）。

5　Cf. Kunkler, op. cit., S. 151.

第 5 章　ルター主義キリスト教倫理の展開　　107

捉えられていたのか。クンクラーの論考に従って[6]，まとめておこう。

　カメラリウスは教育の理論的側面への言及に限ることなく，自らも教師と
して日々活躍するなかで獲得した豊富な経験から，教育の実践的側面につい
てもいろいろと言及している。そのひとつが教師と生徒との関わりをめぐる
ものである。

　まず生徒の教えに対する要求を正当に評価しようとするなら，教師はその
学科について確かな知識を得ていなければならないとされる。次に教師は生
徒の本性について明瞭でなければならない。つまり生徒のことをよく知ると
いうことである。そして生徒の前には，自ずと尊敬されるような態度で現れ
るべきで，決して不機嫌で怒ったような態度をとってはならない。

　カメラリウスはよき教師の特徴を次のようにあげている。思慮深さ，注意
深さ，おおらかさ，人好きのする感じ，である。よい教師はこうした特徴に
磨きをかけるという。

　加えて教師は日々の学問的努力（studium）によって生き生きとしていな
ければならない。しかも生徒と交わる際には十分な粘り強さや忍耐を持ち合
わせていなければならない。要するに授業をするに際しては，教師のものご
とに対する積極的なよき性情（affectio bona）が重要とされる。この性情もし
くは性格から，その教師のスタイルが生まれてくる。それは粗野でも暴力的
でもなく，逆に人のいいなりなるものでもない優れたスタイルである。

　教師は生徒に対して堅苦しく接するべきではなく，むしろ生徒からの要求
に対しては，いつも開かれていて親切でなければならない。カメラリウスは
当時の多くのヒューマニストと同様に，殴打や暴力による教育を無意味だと
して強く戒めている。

　ところでカメラリウスは人間の生涯を三段階に分けている。青年期，壮年
期，老年期である。それぞれの年代には，それぞれに固有な重要な特徴があ
るという。青年期は礼儀正しさ（verecundia）と慎み深さ（pudor）。壮年期は
安定した継続性（constantia）。老年期は威厳（gravitas）。とりわけ青年期にお
ける「礼儀正しさ」と「慎み深さ」は徳の基礎を形成し，生徒の教師に対す

6　Cf. Ibid., S. 156-161.

る必要不可欠な尊敬と紐帯を保証するという。さらに信仰心，敬虔，中庸，正義が理想的な生徒像を形作るとされる。

　カメラリウスはこうした求められるべき特徴を，じつは生徒だけに求めたのではなく，教師に対しても同様に要求した。しかも，まだ子どもの生徒に対しても，学生に対しても，こうした特徴は求められた。ゆえに小学校教師と大学教師のあいだにも本質的な違いはない。19世紀においてですらまだ見受けられた村の教養のない教師など，カメラリウスにとってはとても容認できるものではなかった。

　さて家庭では敬虔の基礎（elementa pietatis）が学ばれるべきだとするが，家庭教育については別に譲りたい。

　つまるところカメラリウスは教師と生徒との関係を，君主と臣民との関係にたとえて理解しているという。君主は国をよく運営していくよう求められた課題を，民衆からの信頼を勝ち得たときにおいてのみ，成し遂げることができる。教師もまた同様である。

＊

　以上カメラリウスの教育論については，管見する限りメランヒトンのそれと基本的な構造において大差は認められない。

　キリスト教とヒューマニズムという規範を前提として，教育の目標や目的，そして内容を，このように定めることのできた時代である。

　取り急ぎカメラリウスの教育論について簡単にスケッチしてみた。教師と生徒との関係にしても，心構えとして，今日ですらなおも参考とすべきものが含まれているといえるのではなかろうか。ここには，さまざまな教訓があるように思われる。カメラリウス教育論の詳細な紹介と考察は今後の課題としたい。

2節　ルターの大教理問答書

　ルターによる教理問答書すなわちカテキズムは，ルター自身が『奴隷意志論』とならんで真正の書物と呼んだほど[7]，とりわけ思い入れの強い作品であったといわれている。この教理問答書については，これまでも繰り返し取り上げられてきているが[8]，本節ではとくに大教理問答書を中心に，その最

---

[7]　WA Br8, 99. ルターからシュトラスブルクのヴォルフガング・カピトに宛てた手紙（1537年7月9日）。Nullum enim agnosco meum iustum librum, nisi forte de Servo arbitrio et Catechismum.

[8]　邦訳としては，まず『手引き書　小教理問答書　一般の牧師，説教者のために』（Enchiridion. Der kleine Catechismus für die gemeine Pfarher und Prediger, 1529 (1531)）がルター著作集委員会編『ルター著作集1-8』聖文舎，1983年に，次に『大教理問答書』（Deudsch Catechismus. Der Grosse Katechismus, 1529）も同上に収められている。それぞれ翻訳の冒頭には詳しい解説が付されている。またエンキリディオンについてはルター研究所所訳『エンキリディオン　小教理問答書』リトン，2014年でも新訳で読むことができる。同じく詳しい解説が付されている。むろん信条集専門委員会訳『一致信条書』聖文舎，1982年には両教理問答が収録されている。ルターのカテキズムに関する研究では，まず日本で主なものとして小林政吉『宗教改革の教育史的意義』創文社，1960年，87-158頁が詳しい。1529年の大小カテキズムが成立してくるまでの経緯について，またこのカテキズムの内容と構造について詳述している。金子晴勇『教育改革者ルター』教文館，2006年，131-165頁，また日本ルター学会編『ルターと宗教改革――日本ルター学会研究年報――』第7号，2017年，150-163頁の高井保雄「ルターの小教理問答書」も参照されたい。邦訳ではクライン／ポルケ／ヴェンテ編『キリスト教神学の主要著作――オリゲネスからモルトマンまで――』佐々木勝彦他訳，教文館，2013年，115-133頁を参照されたい。欧米では主なものとして次があげられる。Wengert, Timothy J.: Martin Luther's Catechisms. Forming the Faith. Minneapolis 2009. Peters, Albrecht: Kommentar zu Luthers Katechismen. 5Bde. hrsg. v. Gottfried Seebass. Göttingen 1990-1994. Schilling, Johannes: Katechismen. In: Beutel, Albrecht (Hg.): Luther Handbuch Tübingen ²2010. S. 305-312. Haemig, Mary Jane: The Influence of the Genre of Exegetical Instruction, Preaching, and Catechesis on Luther. In: Kolb, Robert / Dingel, Irene / Batka, Ľubomir: The Oxford Handbook of Martin Luther's Theology. Oxford 2016. S. 449-461. 後者二つからはカテキズムについての概説を得ることができる。あわせて次も参照。Haemig, Mary Jane (ed.): The Annotated Luther, Vol. 4. Pastoral Writings. Minneapolis 2016. ルターのカテキズムに至るまでの歴史的な流れについては，古典的なテキスト資料としても次が重要である。Cohrs, Ferdinand: Die Evangelischen Katechismusversuche vor Luthers Enchiridion. 5Bde. Berlin 1900-1902.

110 第Ⅰ部 研究編

大の特徴を簡単に紹介しておきたい。その前に成立に至るまでの歴史的，社
会的，個人的背景についても触れておこう。

（1）カテキズム成立に至る歴史的背景

　宗教改革時代は他に類例を見ないカテキズムの時代と呼ばれるほどである
が[9]，そもそもカテキズムとは何か。

　カテキスムス（catechismus）は4世紀の北アフリカにて口伝えによる洗礼
者教育を指すものとして登場する。もちろんアウグスティヌスよる『教えの
手ほどき』（De catechizandis rudibus, ca. 400）は，その代表的な著作である[10]。
シリングによれば，こうした入門者教育といった根源的性格はルターにも受
け継がれている[11]。『ドイツミサと礼拝の順序』（Deutsche Messe und Ordnung
Gottesdiensts, 1526）の序言より。

　　　教理問答というのは，それによってキリスト者になろうと欲する異教徒
　　　が，キリスト教について信じ，行い，控え，知らなければならないこと
　　　を，教え導く教育のことである[12]。

　さてカテキスムス（Katechismus）という書名は，まず1528年ヨハンネ
ス・ブレンツとアンドレアス・アルトハーマーのものに見出されるが[13]，ル
ターによるカテキズムは他のどのカテキズムに比べても計り知れない影響を
及ぼした。1529年に大小カテキズムが出版されて以来，とくにエンキリディ
オン（必携）のほうはルターの死に至るまで60版以上を重ねたといわれ
る。これらはすぐにラテン語にも翻訳され，また数多くの他言語にも訳され
て何世紀にも渡って用いられた[14]。ルターがこうしたカテキズムを執筆する

9　Cf. Schilling, op. cit., S. 305. 拙著『近代教育思想の源流――スピリチュアリティと教育
　　――』成文堂，2005年，165頁以下，参照。

10　Cf. Peters, op. cit. Bd. 1., S. 15ff.

11　Schilling, op. cit., S. 306.

12　WA 19, 76. ルター著作集委員会編『ルター著作集 1-6』聖文舎，1963年，424頁。

13　Schilling, op. cit., S. 306.

14　Cf. Schlling, Heinz: Martin Luther. Rebell in einer Zeit des Umbruchs. München 2016. S. 445.

第5章　ルター主義キリスト教倫理の展開　　111

に至る背景については歴史的にも社会的にも，またルターの結婚生活という個人的な事情からもさまざまな要因があげられるが，まずは歴史的な視点から見ておこう。

　すでに 1525 年の農民戦争以来，荒れた領内の状況を把握するためにルターやメランヒトンなどの神学者，法律家，市参事会員らを含めてグループでの巡察（Visitation）が繰り返されることになるが，そのレポートの結果がメランヒトンによる『巡察指導書』（Unterricht der Visitatoren, 1528）としてまとめられた。このなかで彼は積極的な教育——とくに学校教育——の必要性を説いているが[15]，そのひとつの形態がカテキズムによるキリスト者教育として具体化する。この点については後に触れるとして，ここでは意外に看過されがちな危急の事態から，その成立に至る経緯について述べておきたい。

　カウフマンはルターがまずエンキリディオンを執筆しようとする動機として，オスマントルコによる外圧的な脅威をあげている[16]。トルコの半月旗のしるしの下，イスラム教への集団改宗が強制される知らせをルターは驚愕して受け止めていた。1529 年にはヴィーンが包囲された。そこで一般民衆へのカテキズムによる教育こそが，キリスト教を根本的に生き残らせる術として浮上することになる。そこでルターは，カテキズムによってキリスト教信仰の基本的なものに留意するよう，十戒，主の祈り，信仰告白の三つをあげた[17]。巡察によって明らかになった一般民衆の状況もさることながら，歴史的にマクロな観点からすれば，トルコによる現実的な脅威もまたルターによるカテキズム成立の大きな要因になっていると指摘するのがカウフマンである。この点で，逆にトルコ人は領邦君主による宗教改革を安定して「キリスト教的に」進めていくうえでも，大きな役割を果たすことになる。まさにルターと選帝侯の権威は互いにうまく結び合っていたのである。

　無知な牧師を通じて指導されて，つまり教育を欠いたまま福音を受け取ると，民衆はこれをすぐに現実の身体的社会的自由だと誤解するという教訓を，農民戦争および巡察を通じて痛感させられたルター。信仰そのものは教

15　WA26, 265ff.『宗教改革著作集 15』教文館，1998 年，41 頁以下，参照。

16　Cf. Kaufmann, Thomas: Geschichte der Reformation in Deutschland. Berlin 2016. S. 513.

17　Ibid.

112　第Ⅰ部　研究編

育できないとエンキリディオンでも述べているにもかかわらず[18]，それでも
政治的にはこれを外的に強制せざるをえない理由は，オスマントルコによる
暴力的脅かしと，ルター神学におけるキリスト者の自由の，一般民衆による
素朴な受容形態に由来していたといえよう。いずれにせよカテキズムによる
積極的教育の必要性は，これらによってより一層高まったといえる。

(2)　社会的背景と個人的背景

　既述されているように[19]，わざわざルターがカテキズムを執筆しなくと
も，当時すでに数多くの小祈祷書（Betbüchlein）や平信徒や子どものための
小冊子（Buchlyn fur die Laien und Kinder）が流布していたが，なぜルターは
それでもカテキズムを記したのか。そのひとつの答えが上に述べられたが，
巡察も含めてヴェンガートは三つの理由をあげている[20]。

　第一は，とくに1527年のザクセン侯国領内における教会巡察である。そ
れはエンキリディオンの序文に記されている。

　　この教理問答，すなわちキリスト教の教えをこのように小さく簡単で単
　　純な形にまとめようとしたのは，私もひとりの教会巡察者として最近見
　　聞きしてきたとおりの，嘆かわしい悲惨な窮状が私に強制し，迫ってい
　　るからです。助けてください，愛する神よ。私はどれほど多くの悩みを
　　見たことでしょうか。一般の人がキリスト教の教えについて全くなにも
　　知らないのです。特に村々において，残念ながら牧師たちは教えること
　　がほとんどできず，熱心でもありませんし，みながキリスト者と呼ばれ
　　ており，洗礼を受け，聖なる（聖餐の）サクラメントにも与っているの
　　ですが，今や福音が来たというのに，あらゆる自由を立派に用いなが
　　ら，愛する家畜たちやなにもわからない豚のように，主の祈りも，使徒
　　信条あるいは十戒も知らずにいるのです[21]。

18　WA30Ⅰ, 349, 367. ルター研究所訳前掲書，20．34頁，参照。
19　Cf. Cohrs, op. cit.
20　Wengert, op. cit., S. 13-16.
21　WA30Ⅰ, 346-347. ルター研究所訳前掲書，17-18頁。

第5章　ルター主義キリスト教倫理の展開　　113

　第二は，ヴィッテンベルクの街教会にて主任牧師を務めていたブーゲンハーゲンが，1528年ブラウンシュヴァイク市の改革のため教会を留守にしたことがあげられる。ルターはその代わりをしなければならず，その仕事のなかには年に四回のカテキズム説教も含まれていた。これらは1529年のカテキズムの土台になっている[22]。

　第三は，メランヒトンと同じく巡察に参加していたヨハンネス・アグリコラとのあいだの律法論争である。メランヒトンは罪の嘆きと悔い改めは律法と恐れから生じるとしたが，アグリコラは，律法は私たちを絶望に導くだけであり，罪の嘆きや悔い改めは神の愛と福音から生じなければならないと主張した。両者の対立した意見は1527年11月終わりトルガウ城でルターによって調整された。福音なしに律法を説けば絶望に至り，律法なしに福音を説けば誤った安心感とキリスト者の自由の濫用となる，と。しかしアグリコラは1528年自身のカテキズムのなかで，やはり悔い改めは福音から生じるとして，律法を軽視する見解を示す[23]。こうしたアグリコラによる反律法主義に対抗するため，ルターは大カテキズムのおよそ半分を十戒の記述に費やしたとヴェンガートは指摘する。メランヒトンによるカテキズムも同じく律法を第一にあげているのは当然であるが[24]，アグリコラにおいて十戒は短く後回しにされている[25]。

　こうした三つの要因も重なってルターはカテキズムのペンを執ることになるとされるが，ヴェンガートはそのさらに前提として，1525年に結婚したルターの個人的もしくは家庭的状況をあげている[26]。つまり1529年とは1526年に生まれたルターの長男ハンスが3歳の時期に当たるからである。ヴェンガートがいみじくも述べるように，ルターは千年に渡る教会の歴史のなかで自分自身の子どもの成長を見守った最初の神学者である[27]。カテキズ

22　小林前掲書，90頁以下，参照。

23　Cf. Wengert, Timothy J.: Law and Gospel. Philip Melanchthon's Debete with John Agricola of Eisleben over Poenitentia. Grand Rapids 1997. S. 139ff.

24　拙著前掲『近代教育思想の源流』，171頁以下，参照。

25　Cohrs, op. cit. Bd.2., S. 293ff.

26　Wengert, op. cit. Martin Luther's Catechisms, S. 11-13.

27　Ibid., S. 12.

114　第Ⅰ部　研究編

ムの神学的内容ばかりに気が向いていてはなかなか気づきにくいが，この事実は大きいであろう。想像してみよう[28]。小さなハンスは元修道院——今日のルターハウス——のなかを駆け回り，きっとこう尋ねていたに違いない。修道院内で幼い子どもが走り回り遊んでいる風景など前代未聞である。

> パパ，これ何？　これは椅子だよ。あれは何？　あれは机だよ。じゃ，これは何？　ちょっとハンス，静かにしてくれないか。ママに聞きなさい。ひとりにしてくれ。行ってママに聞きなさい[29]。

こうした幼い子どもとの生き生きした対話からカテキズム，とくに小教理問答書（エンキリディオン）は誕生してきたのだとヴェンガートは指摘する。つまりルターのカテキズムは，たとえばアグリコラによる130の問いの数と比べても40とはるかに少なく，しかも答えもシンプルである。それはハンスからの問いかけとマルティンによる答えが念頭に置かれているからである。しかも，これは単なる答えではなく，ハンスやマルガレーテに対する父親マルティンの個人的で直接的な信仰告白であり，それは今日の読者に対する告白でもある。

　以上，歴史的な背景も含めて，これらの要因からルターのカテキズムは成立してきたと考えられる。とくに家庭はルターにとってもっとも重要であり，父親像のなかに彼は家のなかの牧師もしくは司祭の役割を見出していた。まさに家族教会である[30]。そのための手引きとして，とりわけエンキリディオンは編まれたと考えれば，歴史的宗教改革者によるカテキズムが，現代の私たちにとっても一挙に身近なものと感じられるであろう。

（3）　内容と特徴
　周知のように，ルターは体系的かつ包括的な組織神学を記したわけではないが，ヘミッグによれば[31]，カテキズムは彼の神学の重要ポイントを明示し

28　Cf. Leppin, Volker: Luther Privat. Sohn, Vater, Ehemann. Darmstadt 2006.

29　Ibid.

30　Cf. Schilling, op. cit. Martin Luther, S. 446.

てくれている。それは①何がもっとも重要であるかに焦点づけられ，②過去との繋がりのなかでそれまでの伝統とどこが異なるかを示し，③単純かつ明快を基本とし，④構造を与え，⑤最重要点を形式化する。ルターによればキリスト教信仰は，十戒，使徒信条，主の祈りの三つからなることが，すでにカテキズムに先立つ『祈りのための小冊子』(Betbüchlein, 1522) でも述べられているが[32]，十戒，使徒信条，主の祈りを三主要部分として，洗礼，聖餐のあわせて五つの内容から大教理問答書は成り立っている（告解を付加すると六つ）。これは小林も究明しているように[33]，先立つ一連のカテキズム説教を土台としている。そこで序文も「この説教は子供たちや単純な人たちのための教育となるように順序だてて着手されたものである」[34]と始められる。原題は「ドイツ教理問答」(Deutsch Catechismus) であった[35]。エンキリディオンの序文にもあるように，この「短い教理問答を教えたならば，次に，大きな教理問答を取り上げて，彼らに豊かな，これまで以上の知識を与えなさい」[36]とあるように，この大教理問答書は小教理問答書の内容についての「説教集」の役割も果たしていたのである[37]。

　そこでルターの大教理問答書の最大の特徴は[38]，やはり人間を常に神との関係において捉えようとする点に求められよう。すでに金子はこの点とその教育上の意義を強調し[39]，またヴェンテもこれを『大教理問答』の人間学的側面として指摘しているが[40]，それは人間が絶えず神との関係にある存在であること——関係存在——の確認に立ち還らせようとする。これは父と子と

31　Cf. Haemig, op. cit., S. 456.

32　WA10Ⅱ, 376.

33　小林前掲書，110 頁以下，参照。

34　WA30Ⅰ, 129. ルター著作集委員会編前掲『ルター著作集 1-8』，381 頁。

35　信条集専門委員会訳前掲書，526，1067 頁以下，参照。

36　ルター研究所訳前掲書，21 頁。

37　信条集専門委員会訳前掲書，1069 頁，参照。

38　ルターのカテキズムが持つその他の特徴については，拙著前掲書 135 頁以下を参照されたい。また政治を含めたマクロな視点からは，次も参照。岩倉依子「ルターの教育論と 16 世紀ドイツの教育改革——信仰と政治のはざまで——」，『思想』1122 号，2017 年，7-23 頁。

39　金子前掲書，78 頁以下，参照。

40　クライン他編前掲書，121 頁以下，参照。

116　第Ⅰ部　研究編

の関係であり，いわゆる近代以降の教育が目指すような知識や教養の蓄積や
成長，いわゆる人間の「発達」が，カテキズムを通じて求められているわけ
ではない。むしろ，それは神と自己と絶えざる関係のなかで，その瞬間ごと
に生起してくる人間の「生成」もしくは「再生」を企図している[41]。1530
年に付けられた大教理問答書への序文より。

　　私自身について言えば，私もまたひとりの博士であり，説教者であっ
　　て，実際のところ，かの自負自信の強い人々と同じくらいには学問もあ
　　り，経験も積んでいるつもりである。それにもかかわらず私のしている
　　ことは教理問答書を教わっている子供と同じで，朝ごとに，そして時間
　　があるごとに，主の祈り，十戒，使徒信条，詩篇などを一語一語読み，
　　また唱えているのである。そしてなおも続けて毎日読み，研究していか
　　ねばならない。それでもなお私が望んでいるような状態に達することは
　　なかなかできない。したがって，いつまでも教理問答書の子供であり，
　　生徒でいなければならないのである。が私は喜んでその子供であり，生
　　徒であろうと思う[42]。

すでに述べたが[43]，近代以降現代に至るまでの教育学では形成や教育といっ
た場合，一般に人間の段階的かつ連続的な「発達」が目論まれてきた。それ
を「発達としての教育」と捉えるならば，ルターがここで語っているのは
「生成としての教育」である。ふだん私たちが馴染んできた現代の学校教育
ならば，人格の完成とか，大人になるとか，つまりある理想的な人間像に向
けた成長や発達が語られるのが普通であり，ルターがいうように，子どもや
生徒のままでいつまでもいたいし，またそうあらねばならないと語られるこ
とはない。要するに大教理問答書のなかでルターが展開しているキリスト教
的教育思想とは[44]，第一に「生成としての教育」であり，私たち現代人に習

41　拙著前掲『近代教育思想の源流』，126頁以下，参照。
42　WA30Ⅰ, 126. ルター著作集委員会編前掲『ルター著作集1-8』，375頁。
43　拙著前掲『近代教育思想の源流』，142頁以下，参照。
44　詳しくは拙著前掲『ルターとメランヒトンの教育思想研究序説』，参照。

第5章　ルター主義キリスト教倫理の展開　　117

慣化されている「発達としての教育」ではないのである。そこでルターのいう理想的な人間像が「博士」（Doctor）であるとするならば，すぐにこう続けて語られる。

　　彼らにとって必要なことは，この際彼らが《すっかり》子供になって，彼らがもうとっくの昔に卒業してしまったと思っている初歩から学び始めることであろう[45]。

現代ならばドクターとは知識と教養の証であり，皆がここを目指すべきであるかのように見受けられるであろうが，意外にも——あるいは当然のことながら——ルターにとってはそうではない。むしろ彼は博士に対しても絶えず「子どもとなること」（kinder wurden），初歩（ABC）から学び直すことを求める。

　　自分たちが実際自分たちで思っているほどには学識があるわけでもなければ，また偉い博士でも決してないということを信じ，たといどんなによく教理問答書に通じていると思われても，それを学びつくしたとか，どんなことでも十分に知っているなどとは決して考えないようにしてもらいたい[46]。

ルターが大教理問答書においてもっとも重視しているのは，常に神と自己との，父と子との関係と，この関係における私たちの生きる態度であり，彼は人間を絶えずこの原点に還帰させようと意図している。それは神への，父への信仰すなわち信頼を，各自の「心」（hertz）において，生のあらゆる瞬間に回復させ，常にここに立ち還らせる「霊性」を育もうとすることに他ならない[47]。

45　WA30 I , 126. ルター著作集委員会編前掲『ルター著作集 1-8』，375 頁。
46　Ibid. 同上。
47　金子前掲書，291 頁以下，参照。

118　第Ⅰ部　研究編

　　あなたの心をつなぎ，信頼を寄せているもの，それがほんとうのあなた
　　の神なのである[48]。

　ルターの人間学によれば，私たちはすべて例外なく「悪魔」，「この世」，「肉
とすべての悪しき思い」の三つの誘惑から絶え間なく脅かされていて[49]，な
かなか父なる神への根源的信仰もしくは信頼の関係に還帰することは難し
い。そして「博士」になろうものなら，ますます自惚れていつしか自己にの
み依り頼み，自己中心的な自己神格化へと傾いてしまう。

　　どうかあまりに早く博士になろうと思ったり，自分はどんなことでもみ
　　な知っているのだ，などとうぬぼれないように（自負と張りきった布は
　　縮みやすい）[50]。

　ここでルターの神学的人間学が常に問題にしているのは，あくまでも神と自
己との「心」における関係であり，そこで教理問答を通じて父と子との関係
の原点に立ち還るならば「いよいよ自分の知識が乏しく，学ばねばならない
ことがいよいよ多くあることを，時とともに心から告白するようになるであ
ろう」[51]。
　ルターの教理問答書はいずれも，十戒の第1戒「あなたは，他の神々をも
ってはならない」から始まる。それは，まず父と子とのあいだの正しい関係
と，神に対する人間の正しい態度とが，人間のすべての生の根源かつ原点で
あることの確認であり，私たち一人ひとりを絶えずこの「実存のゼロ地点」
へと立ち還らせようとする。ここに還帰しようとする人間が「義人」であ
る。生涯に渡って教理問答を学び続けることで私たちは絶えずこの実存のゼ
ロ地点へと子どもとなって立ち還り，その都度ごとに私たちは子どもとして
生まれ直し「再生」する。ここに「生成としての教育」が神の教育として

48　WA30Ⅰ,133.ルター著作集委員会編前掲『ルター著作集1-8』，386頁。
49　WA30Ⅰ,208.同上書，505頁以下，参照。
50　WA30Ⅰ,128.同上書，379頁。
51　WA30Ⅰ,129.同上書，379-380頁。

第5章　ルター主義キリスト教倫理の展開　119

「聖霊」を通じて行われる[52]。むろん先の三つのものから自由な人間はこの世にはだれ一人としていない。だから私たちは皆「罪人」である。が，その罪人であることを自覚する者は，すでに神との正しい関係および態度へと開かれ，「祈り」を通じて生成し再生する可能性を秘めている[53]。それゆえにルター，さらにメランヒトンもまた罪の認識をもたらす十戒あるいは律法を，教理問答の最初に置いた。逆説的ではあるが，まずは罪人とならなければ義人とはならず，むしろ罪あるがゆえに人はキリストによって救われるのである。

　ともかく大教理問答書においてルターは，人間を神との正しい関係に立ち還らせ，神に対する人間の正しい態度を神への礼拝とし，これを神への奉仕（Gottesdienst）とも呼んだ。すなわち金子もいうように「『神への奉仕』としての『礼拝』は神と霊との義しい間柄を指し示している」[54]のである。この正しい間柄つまり関係と態度こそが，道徳や倫理も含めて人間のあらゆる教養や文化の根源であらねばならない。

　　心が神に対して正しい関係にたって，この戒めが守られるならば，他の戒めはすべてこれに従っておのずと満たされるからである[55]。

信仰のみ（sola fide）を生涯に渡って一点突破し続けることで，人間にとって最重要な原点に私たちは絶えず引き戻される。「実存のゼロ地点」に常に還帰すること。これがキリスト教的人間のすべての始まりであり，また終わりでもある。

＊

---

[52]　金子前掲書，153頁以下，参照。
[53]　同上書，157頁以下，参照。
[54]　同上書，292頁。
[55]　WA30Ⅰ, 139. ルター著作集委員会編前掲『ルター著作集1-8』，396頁。

120　第Ⅰ部　研究編

　本節では大教理問答書の最大の特徴を近代教育学とは全く異なる点，すなわち「子どもとなる」こと，「実存のゼロ地点」への還帰に見出した[56]。金子はこれをルターにおける教育の基本姿勢として，次のようにまとめている。

　　　教育の基本は真理に対して全面的に受容する子どもになることである。そのためには教育者が自らすすんで真理に対して子どもとならなければ，子どもに真理を伝達することは不可能である。神の子キリストの受肉が教えていることは実にこのことの真理にほかならない[57]。

　ここで真理とは神との正しい関わりのなかで永遠者によって私たちの内に伝えられるものである。この真理を人間は自らの力によって自己の内に形成することはできず，ましてや他者の内にも作り出すことなどできない。主体はあくまでも神である。すると大教理問答書の持つ，もうひとつの特徴が浮かび上がる。それは，これが私たち罪人たる人間を導き慰める書でもあるという性格である。私たちは死に至るまでこの世の生において常に試練にさらされている。できれば苦難や試練はないにこしたことはない。が，それはだれにとっても，最終的には死を自覚する人間において形や質は異なるとはいえ，避けることはできない。いつの時代どの場所においても人間として生きざるをえないとき，試練のないことが最大の試練である，といったルターの言葉は私たちにとって大いなる慰めであり，救いともなる。このとき私たちは人間の可能性を超えた神の教育に与っていることになる。大教理問答書を時代も場所も異なる現代日本の私たちが読むとき，それでも一人ひとりの心に語りかける言葉の魅力と力強さは，いつの世でも共通する人間同士の問題に尽きるともいえよう。人間にとって最大の問題は，やはり人間であり自分自身であることをルターはいまでも教えると同時に，その慰めと解決策をも示してくれている。たとえば第5戒「あなたは，殺してはならない」についてルターはこう語る。

56　金子前掲書，226頁以下，参照。
57　同上書，79頁。

第5章　ルター主義キリスト教倫理の展開　121

他人から害を受けたくないというのは，人なみの生まれつきの性情であり，共通の習性である。だから神は隣人に対して怒りの情がきざす，その根源を除かんとしたもうとともに，私たちが常時，この戒めから目を離さず，この戒めを鏡として自己をうつし，神のみこころに注目し，私たちの受ける不正を，心からの信頼と御名への呼びかけをもって神にゆだね，あとは相手をして敵意に燃えて，たけり狂うにまかせ，思うままにふるまわせておくという，そうした態度に慣れさせようとしたもうのである[58]。

　ここでも信仰によって神を信頼し，すべてを神にゆだねること。すると，この試練がキリスト者としての態度形成にも役立つ「神による教育」であるとの見方が示されている。絶えず「実存のゼロ地点」に還ることができれば，生きるなかで避けがたい——できれば避けたい——人間関係においても，そこを無難にすり抜けることが可能になる。これは一例にすぎないが，ルターの教理問答書は現代人にとっても試練にさらされた際の心の糧ともなり，ヒントともなり，救いともなる。

　いつの時代，どれほど外的に科学技術が進歩したとしても，私たちはルターのいうように日々内的に「子ども」となり，カテキズムを学び続けなければならない。常に「実存のゼロ地点」に立ち還って「再生」しつつ，そのうえで教養や人間形成について再考し，これを「発達」させるよう努力しなければならないのである。やはり敬虔と学識の両者が求められているといえよう。

3節　格差社会とルター

　ウィルキンソンは『格差社会の衝撃——不健康な格差社会を健康にする法——』の日本語版への序文で，こう述べている。

58　WA30Ⅰ, 158. ルター著作集委員会編前掲『ルター著作集1-8』，428頁。

122 第Ⅰ部 研究編

〔1993年当時〕日本は先進国の中で最も平等であっただけでなく，その他のほとんどの指標でも最も良いか，あるいはそれに次ぐ成果を上げていた（例えば，健康状態が良く，ほとんどの社会問題は深刻ではなかった）。しかし，その後，日本の所得格差は他の国々よりも急速に拡大し，日本はもはやOECD諸国の中で平等な国とは言えなくなったようである。（中略）特に関心を引くのは，相対的貧困の中で暮らす子供たちの数が増え続けている兆候である。最も問題なのは，親が（例えば，低い地位や相対的貧困の中で生きることから）ストレスや困難を感じることが，家族関係にも影響を与えるということである。家族関係の質は，子供の感情的・認知的発達に影響を与え，大きくなってからは社会的行動や健康に長期的な影響を与える[59]。

イギリスでのサッチャーやメイジャーの政府（1979-97），アメリカでのレーガンやブッシュ・シニア（1980-92），そしてブッシュ・ジュニア（2000-08）の政府は，個人と法人の税率を削減すれば高水準の経済成長を引き起こし，その成果が貧しい人々にも「浸透していく」とした政策をとり続けてきた。日本もまた，とくに小泉政権以降ではこうした新自由主義の流れに従ってきた。が，この「浸透効果」理論を裏づける証拠は見出されることはなかった。

しかし，結果は，貧しい人たちと裕福な人たちの格差を拡大し，貧困生活を送る人たちの数を増大させる傾向にあった。所得にもとづいて測定される貧困状態も，生活必需品の剥奪状態で測定される貧困状態も，1970年末から著しく増加していった[60]。

ギデンズは上のように指摘している。

---

59 ウィルキンソン『格差社会の衝撃──不健康な格差社会を健康にする法──』池本幸生他訳，書籍工房早山，2009年，4頁。より詳しい現状については，橘木俊詔『日本の教育格差』岩波新書，2010年，参照。
60 ギデンズ『社会学　第5版』松尾精文他訳，而立書房，2009年，399頁。

第5章　ルター主義キリスト教倫理の展開　123

　日本もまた例外ではない。不平等度の高い国へ仲間入りした日本について，橘木が『格差社会——何が問題なのか——』のなかで指摘している。ここでは先進国の所得分配の現状が三つのグループに分類されている[61]。

　　①平等性の高い国……デンマーク，スウェーデン，オランダ，オーストリア，フィンランド，ノルウェーなど，北欧諸国
　　②中程度の国……フランスやドイツなどヨーロッパの大国
　　③不平等性の高い国……ポルトガル，イタリア，アメリカ，ニュージーランド，イギリス，そして日本

③の国に注目すると，ポルトガルやイタリアは南ヨーロッパという，ヨーロッパのなかでは，いわば後進国ないしは中進国に位置づけられる。そしてイギリスやアメリカは，これまでも常に不平等度の高いグループに位置してきた。これらの国は新自由主義思想を基本とし，市場原理主義に基づいて競争を促進する経済体制をとり，「自己責任」が貫かれている。日本もまた，こうした新自由主義への信奉を強める傾向があると橘木は指摘する[62]。

　ところで，『プロテスタンティズムの倫理と資本主義の精神』を想起するまでもなく，不平等性の高い，こうしたイギリスやアメリカは，もともとカルヴィニズムを中心とした禁欲的プロテスタンティズム——ピューリタニズム——という世俗内的禁欲の宗教的基盤の上に成り立っている[63]。比するに①の平等性の高い国に注目するとルター派が主流である。中間のフランスやドイツ，ポルトガルやイタリアに至ってはカトリシズムも有力である[64]。キ

61　橘木俊詔『格差社会——何が問題なのか——』岩波新書，2006年，12頁以下，参照。
62　同上書，13頁（表1-2）。
63　ヴェーバーは，ここでの禁欲的プロテスタンティズムを四つに大別している。1. カルヴィニズム（とくに17世紀に西ヨーロッパの主要な伝播地域でとった形態），2. 敬虔派，3. メソジスト派，4. 洗礼派運動から派生した諸信団。ヴェーバー『プロテスタンティズムの倫理と資本主義の精神』大塚久雄，岩波文庫，1989年，138頁以下，参照。ピューリタニズムと資本主義に関するヴェーバーの所説については，梅津順一『ヴェーバーとピューリタニズム——神と富との間——』新教出版社，2010年でも再検討がなされているが，とりわけ禁欲的生活態度の形成過程が克明に描かれているので参照されたい。

124　第Ⅰ部　研究編

リスト教の宗派の違いによって，なぜこのような結果が見出されるのであろうか。とりわけ平等性の高い福祉国家といわれる国においては，なぜルター派がメインなのであろうか。格差社会と宗教的基盤とのあいだには，何らかの関連性があるのだろうか。

　本節では，この関連性を究明する前段階として宗教改革者・ルターが[65]，貧困や社会福祉の問題とどう取り組んだのか，ルター神学の特質と関連させつつ，その一端を明らかにしてみたい。

（1）　神の「容器」と「道具」

　まずはルター神学の特質を浮き彫りにする準備として，ヴェーバーのいうところに再び耳を傾けてみよう。

　　　世俗の職業生活にこのような道徳的性格をあたえたことが宗教改革の，したがってとくにルターの業績のうちで，後代への影響がもっとも大きかったものの一つだということは，実際疑問の余地がなく，もはや常識だと言ってよい[66]。

職業もしくは天職（Beruf）という概念の確立とその歴史的意義をルターに見出したヴェーバーは，修道院を否定したルターが世俗内的義務としての職業の遂行こそが神に喜ばれる唯一の道であることを以後ますます強調するに至った，と述べている。これ〔職業の遂行〕のみが神の意志であり，許される限りの世俗的職業は，すべて神の前では全く等しい価値を持つ[67]。

64　トッド『新ヨーロッパ大全Ⅰ』石崎晴己訳，藤原書店，1992年，152頁（地図24　プロテスタントの最終的勢力），171頁（地図25　1900年における識字化）。

65　ルターは当時の初等教育改革にも大きな役割を果たした。詳しくは拙著『ルターとメランヒトンの教育思想研究序説』溪水社，2001年や拙稿「学校教育」（金子晴勇・江口再起編『ルターを学ぶ人のために』世界思想社，2008年，204-214頁）などを参照されたい。この点で彼を「教育改革者・ルター」と呼ぶことも可能である（金子晴勇『教育改革者ルター』教文館，2006年）。

66　ヴェーバー前掲書，114頁。

67　同上書，110-111頁。

第5章　ルター主義キリスト教倫理の展開　125

　ところがルターの場合は，結局「宗教的原理と職業労働との結合を根本的に新しい，あるいはなんらかの原理的な基礎の上にうちたてるにはいたらなかった」[68]。ルターが現世の紛争に巻き込まれることがより激しくなるにつれて，彼は「ますます，各人の具体的な職業は神の導きによって与えられたものであり，この具体的な地位を充たせというのが神の特別の命令だ，と考えるようになってきた」[69]。つまり「聖慮」》Schickung《という伝統主義的な色彩がより濃厚になった，とヴェーバーは指摘する。さらに摂理の信仰も度を増し，神への無条件的服従と所与の環境への無条件的適応とが同一視されるようになる，と[70]。比するに「キリスト者の救いをその職業労働と日常生活のなかで確証するというカルヴィニズムの中心思想は，ルターの場合ははるか背景に退いている」[71]。

　カトリシズムはいうまでもなく，ルター派が最終的には伝統主義を脱しきれなかったのに対して，カルヴィニズムは宗教生活と現世的行為の関係を全く異なるものにした，というのがヴェーバー説である。世俗内的生活を甘受すべき摂理としてではなく，各人に与えられた使命（Aufgabe）として受け止め，このなかに各自が救いの確証を見出し，そして世界をよりよいものに変革していこうとする積極的態度。ここにルター派とカルヴィニズムの大きな違いがあるという。たとえばミルトンの『失楽園』には，人間が楽園から出て行くことでかえって大きな幸福にあずかる可能性が歌われている。これこそ「ピューリタニズムの神曲」である。

　ところで当時のキリスト者にとって「救いの確信」は大問題であった。その際これを獲得するに当たって，自分を神の力の「容器」（Gefäß）と感じるか，あるいは「道具」（Werkzeug）と感じるかによって，当人の生活態度に大きな違いが生じる，とヴェーバーはいう。前者の場合，人は神秘的な感情の涵養へと傾き，後者の場合，禁欲的な行為へと傾く。ルターは前者の類型に属し，カルヴァンは後者の類型に属する。よってカルヴィニズムにおいて

68　同上書，122頁。
69　同上書，122頁。
70　同上書，122頁。
71　同上書，124頁。

126　第Ⅰ部　研究編

救いの確かさは，具体的な行為や働きによって確証されなければならなくなる。信仰はカルヴァンにおいて「有効な信仰」（fides efficax）でなければならない。善行は救いを得るための手段としてはどこまでも無力ではあるが，選びを見分ける「しるし」としては必要不可欠である。このしるしは，救いについての不安を取り除くための技術的手段ではあるが，しかし，やがて善行に励む人々すなわち「神は自ら助ける者を助けるということを意味する」ようになっていくのである。

> つまり，往々言われるように，カルヴァン派の信徒は自分で自分の救いを——正確には救いの確信を，と言わねばなるまい——「造り出す」のであり，しかも，それはカトリックのように個々の功績を徐々に積みあげることによってではありえず，どんな時にも選ばれているか，捨てられているか，という二者択一のまえに立つ組織的な自己審査によって造り出すのだ[72]。

　要するにカルヴィニズムにおいて神は自ら助ける者を助ける。逆に，こうした自助努力を怠る者には救いの確信は得られるはずもなく，むろん神の「道具」としての努力を怠るという点で選びのしるしすらも消え，見捨てられた者へと転落していく。が，これは当然の成り行きであり，自己責任と見なされる。ここからの格差は必然である。比するにルターの場合には，自分を神の「容器」と感じる受動性のほうが主であるため，カルヴィニズムのごとき行為へ向けた積極性や，そのしるしから測られる厳しい自己責任への要請は，成立しにくい。ゆえに，ここではスタティックな消極性が目立つものの，逆に幸いにも，すべての結果を自己責任に帰せられた末の格差もまた，減少するのではなかろうか。

(2)　貧困とルター神学
　中世ヨーロッパに目を向けると，貧困あるいは乞食は一般的であった[73]。

72　同上書，185頁。
73　Cf. Jütte, Robert: Poverty and Deviance in Early Modern Europe. Cambridge 1994. フィ

第5章　ルター主義キリスト教倫理の展開　127

ル・ゴフによれば[74]，むしろ乞食（托鉢）は数が多いほど，物乞いへの軽蔑が和らぎ，それどころか乞食だったかもしれないイエスのイメージは，中世にあっては非常に存在感のあるものであった。さらに13世紀になってドミニコ会とフランシスコ会が都市に出現したとき，人々はこれらを「托鉢修道会」と名づけたが，その名はたいてい称賛として受け取られていた。ベネディクトゥスの『戒律』にも「修道院を訪ねてくる来客はすべて，キリストとして迎え入れなければなりません」[75]とあり，12世紀のシトー会士フライジングのオットーは『年代記』のなかでこう記した。

　　門の傍らに敬神の念の篤い敬虔な修道士がいつも座っており，やって来る客，巡礼者，貧者は誰でもキリストご自身を迎えるように親切に迎え入れ，まず足を洗ってやり……それから共に礼拝室に向かい，その後で客房へと案内した[76]。

祈る人・戦う人・働く人に三分された中世ヨーロッパにおいて，修道院は貧者救済や社会福祉の重要な機関であり，とりわけ貧者を救済する点に，キリストの後継者としての修道士の姿が表現された[77]。

　さらにマタイによる福音書第19章23-24節にもあるように，金持ちが天の国に入るのは難しい，金持ちが神の国に入るよりもらくだが針の穴を通るほうがまだ易しい，という教えからも，今度は富める者も自らの救いのために貧民救済に取り組んだ。そこで慈善行為（charity）の第一の目的とは，施しを受ける者たちの苦境を軽減することではなく，救いと永遠の命に与るために，神の前で自らの功績を積むことにあった。リンドバーグによると[78]，神

────────────

　　ッシャー『貧者の社会経済史――中世以降のヨーロッパに現われた「社会問題」の諸相とその解決の試み――』高橋秀行訳，晃洋書房，1993年。

74　ル・ゴフ『子どもたちに語るヨーロッパ史』前田耕作監訳，ちくま学芸文庫，2009年，211頁。

75　『聖ベネディクトの戒律』古田暁訳，すえもりブックス，2000年，212頁。

76　ゲッツ『中世の聖と俗――信仰と日常の交錯する空間――』津山拓也訳，八坂書房，2004年，102頁。

77　同上書，99頁以下，参照。

78　Lindberg, Carter: The European Reformations. Malden 1996. S. 113.

128　第Ⅰ部　研究編

の仲介者としての貧者の伝統は古来，貧者を善行の対象とする神学によって補強され，彼らは救いのための手段とされたのである。宗教改革前夜には，こうした「功績による敬虔」（piety of achievement）は，礼拝と福祉のすべての側面にまで浸み渡っていたという。

　ところが15世紀までには，もはや貧困は神学上の徳でも金持ちが救われるための善行の機会でもなくなり，貨幣経済の進展とともに大きな社会問題となりつつあった。日雇労働で，しかもいわゆる一文無しの人々の数は急上昇するとともに，彼らは利益経済を拡張するための安価な労働力として位置づけられるようになった[79]。

　そこに現われたのが宗教改革者ルターである。彼は，こうした中世的な礼拝と福祉の在り方を根底から一新した。貧者になることにおいても，慈善を施すことにおいても，そこに救いのための価値は一切ない。ルター神学の要ともいえる義認論は，貧困への中世的アプローチを骨抜きにした。リンドバーグは，こう指摘する。

　　　ルターの義認の教理は，貧困に関する中世的イデオロギーの神経を断ち切った。救済は神の自由な贈与であるため，貧困も施しも救済の意義を失っている。貧困の脱霊化は，貧困を，対抗すべき個人的かつ社会的悪として認めることを可能にした。恵みのみによる義認は，貧困の理解におけるパラダイム転換を引き起こした。貧困はもはやキリスト教徒の望ましい地位ではなく，むしろ対抗すべき社会的害悪となった。貧しい者たちはもはや称賛に値する慈善の対象ではなく，正義と公正を通して仕えられるべき隣人である。隣人への正義と愛という典礼法規の下で，ルターと彼の仲間たちは地方の自治体と連合して，政府による福祉政策を確立するように提議した[80]。

---

[79]　Ibid., S. 113-114.

[80]　リンドバーグ『愛の思想史』佐々木勝彦・濱崎雅孝訳，教文館，2011年，200頁。Cf. Lindberg, Carter: Beyond Charity. Reformation Initiatives for the Poor. Minneapolis 1993. S. 95ff.

第5章　ルター主義キリスト教倫理の展開　　129

ルターの主張と，その制度化の具体例を次に見てみよう。

(3)　社会福祉の具体化に向けて

1517 年いわゆる「95 箇条の提題」の冒頭でルターはこう宣言した。

　　1　私たちの主であり師であるイエス・キリストが，「悔い改めなさい……」
　　〔マタイ 4 章 17〕と言われたとき，彼は信じる者の全生涯が悔い改めで
　　あることをお望みになったのである[81]。

司祭によって赦しの秘跡や悔い改めのステップや条件が事細かに定められて
いた当時のカトリック教会の中心を，この言葉は直撃した。死と神の裁きを
前にした不安は，（教会によって制度化された）善行——貧民救済や慈善行為
もそのひとつ——や贖宥によって償われるとされていたが，これ以降そうし
た安心は得られなくなる。ルターの義認論からすれば，救いの約束と引き換
えの善行や贖宥が救いのための手段には決してなりえない。が，ルターは貧
しい人々を助けることを無価値としたのではなく，これに新しい基礎づけを
施した。

　　43　貧しい者に与えたり，困窮している者に貸している人は，贖宥を買
　　　っったりするよりも，よりよいことをしているのだと，キリスト者は教
　　　えられなければならない。
　　44　なぜなら，愛の行いによって愛は成長し，人間はよりよくなるから
　　　であるが，贖宥によっては人間はよりよくならず，ただ罰からより自
　　　由となるに過ぎないからである。
　　45　困窮している者を見て，彼を無視して贖宥に金銭を払う人は，教皇
　　　の贖宥ではなく，神の怒りを自分に招いているのだと，キリスト者は
　　　教えられねばならない[82]。

---

[81]　ルター研究所編『ルター著作選集』教文館，2005 年，9 頁。
[82]　同上書，15 頁。

130　第Ⅰ部　研究編

このようにルターは貧民に対する慈善行為を人々に対して積極的に勧めている。むしろこれ〔隣人への愛の行い〕こそが真の神礼拝であり賛美であり，信仰の具体的あらわれである。リンドバーグによれば『キリストの聖なる真のからだの尊いサクラメントについて，及び兄弟団についての説教』(1519)のなかで，ルターは礼拝（ミサ）改革を社会倫理と明確に関連づけたという。

　　このサクラメントの意義ないしわざは，すべての聖徒との交わりである。（中略）したがって，キリストがすべての聖徒と一つの霊のからだとなること，ちょうど，一つの町の住民が一つの共同体であり一体をなすものであり，どの市民も他の市民と一体であり，全市の一員であることと同じである[83]。

私たちは皆キリストと霊において結び合わされたひとつのからだである。ところが現実にはミサによってこの交わりが壊され，一切が逆さまにされているとルターはいう。その責任は司祭たちにある。

　　しかしながら，昔は，このサクラメントをりっぱに行い，この交わりを十分に理解するように民衆に教えたので，人々は外的な食物や資産をも，ともに教会の中に持ち込み，そしてそこで，必要とする者たちに分け与えたほどであった。（中略）それゆえに，今日，ミサにはコレクタ(collecta)ということばが残っているのである。それは，共同に集めるという意味であって，ちょうど，貧しい人々に与えるために，共同金を集めるのと同じである。（中略）当時は，ひとりのキリスト者が他のキリスト者の世話をし，互いに援助し，互いに同情し，互いに重荷や災難を負ったのであるが，今日では，これが消滅してしまって，ただ多くのミサがあり，サクラメントを多く受け取るばかりで，その意義の理解も実施も全く欠いているのである[84]。

83　同上書，98-99頁。
84　同上書，106頁。

第5章　ルター主義キリスト教倫理の展開　131

ルターは当時の兄弟団の悪習について，これがビールのための金庫になっているとして，痛烈に批判している。豚でさえ，このような兄弟団の守護者になりたがらないだろう。もし存続を望むのなら，貧しい人々に食事をさせて神に奉仕せよ，そして飲酒に使う金があるなら，困窮する隣人にとって役立つ共同金庫を作れ，とルターは訴える[85]。

　こうしてルターは義認論の下，社会福祉を神礼拝と直結させ，その具体化を図った。ただミサを数多く行いサクラメントを受け取るばかりが，真のキリスト者の「悔い改め」の生涯では決してない。彼は信仰のみを通じて，実際に隣人への愛の行いを実現しなければならないし，またそうした信仰があれば，自ずとそうならざるをえないはずである。

　ところで，そうした社会福祉の最初の制度化がルター自身の手による1520/21 年の「家々や他の貧しい，助けを必要とする人の維持のために，われわれのところ，ヴィッテンベルクで定められた共同財庫の規定」，すなわち『ヴィッテンベルク共同財庫規定』（Beutelordnung）である。

　　金庫は三つの鍵をもち，教区教会の定められた場所にきちんと置かれるべきであり，そこには，遺言によって遺贈され，あるいは喜捨を受けた金銭が入れられるものとする[86]。

ここに蓄えられた資金をすべてのひどく困窮した貧者に用いるべく 12 の規定が記されている。またルターの協力の下で市参事会が作成した 1522 年の『ヴィッテンベルク教会規定』では，こう定められている。いくつか抜き出してみよう。

　（3）　年齢や病気のために労働できない者であっても，われわれの町ではいかなる乞食も認められない。乞食は労働を求められるか，町から追い出されるべきである。病気とかその他さまざまな事情で貧しい者は，定められた適切な仕方で共同財庫の世話を受けるものとす

85　同上書，118-119 頁。
86　『宗教改革著作集 15』教文館，1998 年，9 頁。

132 第Ⅰ部 研究編

る。

（4） どのような修道会であっても，われわれのもとでは，いかなる托鉢も行ってはならない。

（9） それなしにはその手工業を毎日なしえない貧しい手工業者にも，自らを養うことができるよう，共同財庫から貸与すべきである。彼は，利息なしで，定められた時にこれを返済すべきである。これを返済することが不可能な者には，神のためにこれを免除すべきである。

（10） 貧しい孤児もとくに少女にも，またそのほか貧しい者の子どもにも，適当な仕方で共同財庫から手交し，支出すべきである。

（17） また，貧しい者の子どもが，学校に行き，学ぶに相応しいものでありながら，貧しさのために学校にとどまりえない場合には，とくに注意すべきであり，聖なる福音と聖書を説く学識ある人々をいつも持つため，また，世俗の統治に相応しい人々を欠くことがないために，彼らのために立替えるようにするとよい。しかし，学ぶに相応しくない者は，手工業か労働に向けるべきである。これはこのようにとくに注意する場合に必要不可欠のことである[87]。

ここには現代社会においてもますますリアリティを伴って響く規定が数多く記されている（とくに教育に対する支援の意義は大きい）。そして，さらにこうした共同財庫もしくは基金の制定を明確にしたのが1523年のライスニク教会教区における『共同金庫の規定』である。そこには虚弱で歳をとった貧乏人のための支出，孤児や貧乏な子どもたちに給与する支出，貧困家庭の人々を助けるための支出などが，もっとも整備された形で規定されている[88]。

　さて，こうした福音的社会福祉は，その後ブーゲンハーゲンを中心として拡大していくが，これについては次節で取り上げることにしたい。

---

87 同上書，15-17頁。

88 ルター著作集委員会編『ルター著作集1-5』聖文舎，1967年，227頁以降，参照。

第 5 章　ルター主義キリスト教倫理の展開　　133

＊

ジュッテは，こう指摘している。

　16 世紀におけるルターの救済原理とその成果に関する議論が，近代初
期ドイツのみならずヨーロッパ全土にわたって，中央集権化された貧者
救済のシステムを形作ったことには疑問の余地がない。貧者救済の世俗
的システムを裏づける新しい社会政策の発達のための道を，宗教改革は
地ならししたのだ[89]。

　以上よりルターがその神学の中心にある義認論に基づいて，社会福祉や格
差の問題に取り組んだパイオニアであることが明らかとなったであろう。先
に見たサクラメントの理解も含め，ルター神学の真髄にはキリスト者として
すべての者に「仕える」奉仕の精神が，キリスト者の「自由」として，しっ
かりと根づいているのではあるまいか。ここに格差社会と取り組む基本的態
度の違いも由来するのではなかろうか。
　比するにカルヴィニズムにおいては「事業の成功は，『選ばれた』者であ
ることの明確な証であった。それに加えて，プロテスタントは，救済への道
としての善行を否定することで，貧困と伝統的なキリスト教道徳の間の最後
の結びつきを事実上断ち切った」[90]のだ。しかしながらルターにおいては，
その神学に基づく「社会福祉の精神」により，貧困および格差に対して
（「資本主義の精神」に抗して）新たな救済の愛の手が差し伸べられるように
なったことを看過してはなるまい。ルターの精神から資本主義や商業主義や消
費主義等に毒された私たちが学ぶものは，今日でも大きいといえよう。

89　Jütte, op. cit., S. 108.
90　ボードイン『貧困の救い方――貧しさと救済をめぐる世界史――』伊藤茂訳，青土
　　社，2009 年，108 頁。

4節　格差社会とブーゲンハーゲン

　ルターによる福音的「社会福祉の精神」は 1523 年のライスニク教会教区
『共同金庫の規定』（Ordenung eyns gemeyen kastens）において史上もっとも
整備された形で公にされたことをすでに前節で確認したが，しかしルター自
身も残念がったように，これは実際には成功を収められなかった[91]。とはい
うもののルター神学を基礎としたこの規定を基としてその後さまざまな「教
会規定」（Kirchenordnung）が著され[92]，これらのなかでキリスト教的愛に根
差した学校教育の普及や貧困者救済の具体策が示され実行されることにな
る。この実現にとくに尽力したのが「北の宗教改革者」と呼ばれるブーゲン
ハーゲン（Johannes Bugenhagen, 1485-1558）であった。彼はルターに次ぐ神
学者メランヒトンに続く教育者ともいわれ，宗教改革の精神を制度化・具体
化するのに大いなる才能を発揮した[93]。また最近では「公的社会福祉の改革
者」（Reformator der öffentlichen Fürsorge）と名づける研究者もいる[94]。

　本節では，ルターに引き続き「格差社会」の是正に努め，信仰によっての
み働くキリスト教的愛もしくは愛において働く信仰（Faith Active in Love）[95]
に発して活躍したブーゲンハーゲンについて，簡単に触れておきたい。まず

91　ルター著作集編集委員会編『ルター著作集 1-5』聖文舎，1967 年，231 頁以下，参
照。

92　Cf. Sehling, Emil (Hg.): Die Evangelischen Kirchenordnungen des XVI. Jahrhunderts.
5Bde. Leipzig 1902-1913.

93　Cf. Lindberg, Cater: The European Reformation. MA 1996. S. 123.　学校教育について
邦語では，藤枝静正『ドイツ語学校の研究──宗教改革期を中心とする民衆教育機関の
形成──』風間書房，1976 年を参照されたい。

94　Cf. Lorentzen, Tim: Johannes Bugenhagen als Reformator der öffentlichen Fürsorge.
Tübingen 2008. また「公共神学」（Public Theology）の観点からブーゲンハーゲンを取
り上げる研究もある。Cf. Lohrmann, Martin J. : Bugenhagen's Jonah. Biblical Interpretation
as Public Theology. Minneapolis 2012. ここには付録として「ブーゲンハーゲンからアル
ブレヒト公への手紙」（1549 年 5 月）と「デンマーク王クリスチャン 3 世への献呈書
簡」（1550 年 10 月）の英訳も収められている。

95　Cf. Lindberg, Cater: Love. A Brief History Through Western Christianity. Malden 2008.
S. 118. リンドバーグ前掲書，185 頁以下。

は先の『共同金庫の規定』から貧困者救済に関する箇所を確認したうえで，ブーゲンハーゲンにおける社会福祉の原理や動機に迫っていこう。

(1) ライスニク『共同金庫の規定』からブーゲンハーゲンへ

すでに前節で瞥見した『ヴィッテンベルク共同財庫規定』(1520/21 年) および『ヴィッテンベルク教会規定』(1522 年) に続き，ライスニク『共同金庫の規定』(1523 年) にはルターの序言が付されている。『ヴィッテンベルク教会規定』はカールシュタットの手によるものであるが，『共同金庫の規定』はルターの直接のアドバイスによって成立した[96]。序言では，こう述べられている。

> ところで，困っている人々を助け，彼らに奉仕するキリスト教的愛 (Christlich liebe) より以上に大いなる神奉仕 (gottis dienst) はない。それはキリストご自身が終末の日に認め，判定しようとされるとおりである，マタイ二五章〔三一-四六節〕。こういうわけで，教会の財産はかつて〈bona ecclesiae〉すなわち共同財産と呼ばれた。ちょうど，キリスト者の中で困窮しているすべての人々のための共同基金のように[97]。

こうして規定では男女の乞食が完全に禁止された。老齢や病気でもない限り人は働くべきであり，さもなければ追放されるべきである。ただし不運や病気や老齢によって働くことのできない人々に対しては，共同金庫から適切な方法で支えられるべきである[98]。共同金庫からの支出には牧師職，会堂守，学校などさまざまあるが，貧困者救済に関しては①虚弱で歳をとった貧乏人のための支出，②孤児や貧乏な子どもたちに対する支出，③貧困家庭の人々を助けるための支出，が当てられている。順次ポイントのみ確認してお

---

96 『宗教改革著作集 15』教文館，1998 年，162-163 頁，参照。ルター著作集編集委員会編前掲『ルター著作集 1-5』，230-231 頁，参照。カールシュタットについてより詳しくは，倉松功『ルター，ミュンツァー，カールシュタット』聖文舎，1981 年，参照。

97 ルター著作集編集委員会編前掲『ルター著作集 1-5』，239 頁。WA12, 13.

98 同上書，251-252 頁。

136　第Ⅰ部　研究編

こう。

　ルターによる規定が強調するのは，本人の怠惰や意志によってではなく，あくまでも偶然の不運や不可抗力によって貧乏であったり，病気であったり，身体が不自由であったり，老齢であったりして労働することができない人々に，扶助の手を差し伸べようとする点である。したがって共同金庫を管理運営する 10 人の執事は，対象となる人々について詳しく調べたうえで，正しく徹底した知識を持っていなければならない（warhafftig gruntlich wissen haben aller solcher armen）[99]。「貧困の脱霊化」（de-spiritualization of poverty）[100] の後，本人の怠惰によって働かず，結果として困窮する者に対する扶助は，規定のなかには含まれていない。そこで初めて①虚弱で歳をとった貧乏人のためには「神に栄光を帰し，また称えるために（gotte zu ehre und lobe），キリスト教的愛から（aus Christlicher liebe）」彼らの衣食住を含めた生活を扶助すべきとされる[101]。そして②孤児や貧乏な子どもたちに対しては「教育と身体的な必要」（zucht und leibs notturfft）を確保すべきであるとされる。さらに③貧困家庭の人々については，住む家はあるものの仕事がなくて働くことができないような場合，共同金庫からの融資があってしかるべきであり，場合によっては負債の免除もありうるとされる。しかし「そういう事情は，執事によって注意深く調査されなければならない」（solche gelegenheit / sall durch die fursteher eigentlich erkundet werden）[102] ことはいうまでもない。

　先にも触れたように，ありとあらゆる支出を共同金庫に含めるライスニクのやり方は財政上もうまくはいかなかったが，後に教会規則の偉大な組織者であるブーゲンハーゲンは，教会維持および教育のための基金を共同基金とは切り離す[103]。ともかく神奉仕と社会福祉の改革を伴う，こうした貧困者あるいは困窮者の救済は，1520 年から 1523 年という極めて短い期間での試みにもかかわらず，帝国中の類似した企てのモデルとなった[104]。当初はル

99　同上書，254-255 頁。WA12, 26.
100　Lindberg, op. cit. Love, S. 128. リンドバーグ前掲書，200 頁。
101　ルター著作集編集委員会編前掲『ルター著作集 1-5』，254 頁。WA12, 26.
102　同上書，255 頁。WA12, 27.
103　Cf. Lindberg, op. cit. The European Reformation, S. 120.
104　Ibid., S. 121.

第5章　ルター主義キリスト教倫理の展開　　137

ターのみならずカールシュタットもまた，信仰に基づく宗教改革の精神を愛による社会福祉の実践へと転換すべく努力していたのだが[105]，しかし彼らによる神学を社会制度へと翻訳する役割を主に果たしたのはブーゲンハーゲンであった。次にブーゲンハーゲンの略歴とその神学的根幹について見ておこう。

(2)　社会福祉の精神の真髄にあるブーゲンハーゲン神学

ポメルンのヴォリンで市参事会員の子として生まれたブーゲンハーゲンは[106]，その出生の地にちなんで後にポメラーヌスとかポンマー博士とか呼ばれるようになるが，ルターの著作に触れて 1521 年 4 月ヴィッテンベルク大学に学籍登録する[107]。すでに 30 代半ばであった。すぐに彼はルターとメランヒトンの友人そして同僚となる。彼の聖書釈義は高く評価されるものの，ヴィッテンベルク大学にはふさわしいポストがなく，そのため 1523 年に彼は市教会の牧師に選ばれる。以後，彼はルターの牧会者および霊的な助言者としての役割を果たすことになる。

1521 年に記されたといわれる書簡では，すでにブーゲンハーゲン神学を

105　倉松前掲書，134 頁，参照。

106　ブーゲンハーゲンについては，倉松功『ルターとバルト』ヨルダン社，1988 年，136-225 頁，参照。Cf. Hendel, Kurt K.: Johannes Bugenhagen. Selected Writings, Vol. I and II. Minneapolis 2015. 序文ではブーゲンハーゲンに関する簡潔な解説がなされている。ルターの WA やメランヒトンの CR のような現代版ブーゲンハーゲン全集は未だない。ただし現存する数々の原テキストにはインターネットを通じたデジタルライブラリから閲覧できるが，原本そのものに当たるには当地の図書館にまで出向いて閲覧申請しなければならない。ここにはヴォルフェンビュッテルのアウグスト公図書館にヘンデルが出向いて訳したとされるブーゲンハーゲン原典からの翻訳が，ブラウンシュヴァイク教会規定を除いて数多く収録されていて便利である。同じくヘンデルはウェブサイトでもブーゲンハーゲンによるルターの告別説教（1546 年）の英訳を公開しているので参照されたい。「Facsimile and English translation of the first edition of Johann Bugenhagen's funeral sermon for Martin Luther」http://luther.digitalscholarship.emory.edu/luther/luther_site/luther_frame.html（2018 年 4 月 3 日）しかしブーゲンハーゲン著作集もようやく出版が開始された。Cf. Bieber-Wallmann, Anneliese (Hg.): Reformatorische Schriften (1515/16-1524). Johannes Bugenhagen, Werke. Bd. 1-1. Göttingen 2013. 以下続刊予定。

107　Cf. Lindberg, op. cit. The European Reformation, S. 122f.

138 第Ⅰ部 研究編

貫く根幹である「キリストのみ」(solus Christus)[108]が明確にされている。彼によれば律法の充足は人間には不可能である。ゆえに聖書において働くキリストの霊を通して「信仰によって伝達される神の義としてのキリストの重大さが増大する」[109]ことになる。キリストのみを通じた義認と律法の充足は，人間がこの世で生きる限り絶えず更新され続けなければならないが，しかしブーゲンハーゲンはその成果としての愛の倫理および実践を重視する。「ブーゲンハーゲンの神学的基調に神の愛——神が人間にもたらす愛であると共に人間を愛へと促す愛——を指摘することができるであろう」[110]。ゆえに彼は恩寵のみ，信仰のみ，キリストのみによって，と同時に聖化を強調する。

> 古いアダムを殺すことで新しい生に取りかかりなさい。誰も突然完全になるのではない（Nemo repente fit summus）。それゆえ，日々少しでも悪徳から離れ，諸徳において成長するように（virtutibus accrescat）心懸けなさい。再び悪に陥ることがあっても，キリストによる回復を疑わず，やがて再び立ち上がれるように祈りなさい。（中略）
>
> すなわち，わたしたちがキリストによって信仰者となることを始めた後でも，わたしたちの全生活は罪である。しかしわたしたちは義と知恵と聖を欠かない。というのは，これらのものはわたしたちの中に見出せないが，キリストがわたしのために，神によって，義，知恵，聖，贖いとなられたからである[111]。

このようにキリスト者は日々の義認と再生を通じて聖化されていくのだが，

---

108 Cf. Holfelder, Hans Hermann: Solus Christus. Die Ausbildung von Bugenhagens Rechtfertigungslehre in der Paulusauslegung (1524/25) und ihre Bedeutung für die theologische Argumentation im Sendbrief "Von dem christlichen Glauben" (1526). Eine Untersuchung zur Genese von Bugenhagens Theologie. Tübingen 1981.

109 倉松前掲『ルターとバルト』，151頁。

110 同上。

111 同上書，152頁。Rogge, Joachim: Johannes Bugenhagen / ausgewählt und übersetzt von Joachim Rogge. Berlin 1962. S. 40-41.

その結果は徳における成長，すなわちキリスト教的愛による倫理の実践となって現れ出ることとなる。とりわけ施しの大切さ，隣人への憐れみとしての施しは霊的な断食であるとして勧められている[112]。ブーゲンハーゲンにおいて義認という宗教的な内的体験は，常に愛の行い――善き業――という倫理的な現実となって発現する。ただし，いうまでもなく愛の行いによる義認すなわち行為義認論ではない点に注意しなければならない。あくまでもキリストのみによる救いの現れとして，私たちは愛の行い，つまり社会福祉を自ら進んでなしているというだけである。私たちは義認のために聖化を目指すのではない。あくまでも義認の結果が聖化として現れるのである。

さて1533年ブーゲンハーゲンは神学博士となり，1535年にはヴィッテンベルク大学教授となる。彼はルターやメランヒトンの存在に比して影の薄い人物として捉えられがちであるが，同時代人たちからはすでにその組織者としての才能が高く評価されていた。1522年ヴィッテンベルクでの騒動の後には教会を再建し，北ヨーロッパ中の都市，地区，国々は宗教改革を制度化するため，彼に競って助言を求めた。彼はブラウンシュヴァイク（1528年），ハンブルク（1529年），リューベック（1531年），ポメルン（1535年），デンマーク（1537年），シュレスヴィヒ-ホルシュタイン（1542年），ブラウンシュヴァイク-ヴォルフェンビュッテル（1543年），そしてヒルデスハイム（1544年）の教会規則を著したり編集したりした。よって「北の宗教改革者」と呼ばれたりもするのだが，「彼の特別な才能は，神学を釈義と，教会の実践を聖書の応用と連結するところにあった」[113]。そのオリジナリティや歴史的な影響は，偉大な南の宗教改革者，ツヴィングリ，ブツァー，オジアンダー，そしてブレンツと並ぶものである。

ブーゲンハーゲンは，その神学を制度へと翻訳した点で極めて大きな影響力を発揮したが，しかし近年に至るまでの研究では彼の神学上の土台についてあまり顧みられてこなかった。貧者救済やその現実化である社会福祉に果たした彼の役割が，じつはルターから学んだ教え（神学）に根差している点は，非常に重要である。「ブーゲンハーゲンにとって，宗教改革の教えとそ

---

112 Cf. Ibid., S. 44-45.

113 Lindberg, op. cit. The European Reformation, S. 123.

140　第Ⅰ部　研究編

の制度化は，宗教改革の発展と不可分の構成要素」[114] であった。次にブーゲンハーゲン神学の根幹もしくは基礎がもっとも明確に記されたハンブルクに宛てた公開書簡からその本質的特徴をさらに抽出し，これがブラウンシュヴァイクの教会規定でどのように制度化されたのか，一瞥しておくことにしよう。

（3）　ハンブルクに宛てた手紙からブラウンシュヴァイク教会規定へ

　ハンブルクの聖ニコラス教会がブーゲンハーゲンを牧師として招きたいとした申し出にブーゲンハーゲンは応えることができず，ここにハンブルク市参事会に対して公開の書簡を著すことになる[115]。1525 年に書かれ翌 26 年に公にされたこの書簡は，ブーゲンハーゲンの教会規則の「原細胞」（Urzelle）に値するという[116]。倉松も指摘するように，この書の神学的中心あるいは根底は極めて明瞭であり，それはやはり solus Christus キリストのみが私たちの救いの唯一の仲保者（solus mediator）である，という一点に表現されている[117]。とりわけ今ここで問題としなければならないのは，この書簡に見られる「善き業」としての社会福祉を駆動させる原理であり動機（Motivation）である。ブーゲンハーゲンは信仰によらないすべての行いが罪であると断言する。

　　　私たちの生ならびに行いは善く，そして神に喜ばれるものであるべきであるが，しかし，それは信仰によってもたらされるのであって，これなくしてはすべての行いは罪（alle Werke Sünde sein）なのである[118]。

　リンドバーグも認めるように[119]，ブーゲンハーゲンの社会福祉は「愛に

114　Ibid.
115　倉松前掲『ルターとバルト』，163 頁，参照。
116　Lorentzen, op. cit., S. 146.
117　同上書，166 頁。
118　Vogt, Karl August Traugott: Johannes Bugenhagen, Pommeranus. Leben und ausgewählte Schriften. Elberfeld 1867. S. 170.
119　Lindberg, op. cit. Beyond Charity, S. 141.

第5章　ルター主義キリスト教倫理の展開　141

おいて働く信仰」（Faith active in love）に神学的土台があり，あくまでもブー
ゲンハーゲンの神学そのものが困窮者救済のための実践的な動機を形成して
いるといえよう。彼は貧困や格差の問題に，まずは神学的なパースペクティ
ヴからアプローチしているのであって，決して経済的なそれからではない。
ブーゲンハーゲンにとってキリストへの信仰のみに発して愛の行いは自然に
流出してくるはずのものであって，この信仰を持つキリスト者にとっては，
たとえ善い行いをしたにせよ，これが逆流して救いに繋がる功績と捉えられ
る通路は完全に遮断されることになる。

> 確かにキリスト者は多くの善き行いをするが，しかし，この行いに信頼
> するのではなく，キリストのみ唯一の仲保者に信頼するのである
> （verlassen sich allein auf Christum Jesum den einigen Mittler）。キリストを通
> じてのみ私たちは父の元に至れるのであり，他にはない[120]。

あるいは，こうも述べている。

> 彼らは行いによって義となろうとは考えない（fromm zu werden）。とい
> うのも彼らはそうした善い行いをする以前に，すでに義でありキリスト
> 者であるからだ。キリストがいうように彼らは天の神から祝福され，そ
> の断罪から救われているから（このなかに他のすべての人間は生まれ，生
> 活し，そして死ぬ）。そして彼らの功績や行いを通じてではなく（nicht
> durch ihre Verdienste und Werke），天の父を通じて，彼らは祝福される。
> 天の父は彼らを子どもとされ，主なるキリストの兄弟とされた。キリス
> トがいうように，私の兄弟であるこのもっとも小さい者のひとりにした
> ことは，私にしてくれたことなのである，など[121]。

要するにブーゲンハーゲンによれば，キリストのみが私たちの仲保者であ
り，ここに信頼する信仰を通じて私たちは先に（zuvor）救われている。永

120　Vogt, op. cit., S. 175.
121　Ibid., S. 172.

142 第Ⅰ部 研究編

遠の王国は前もって私たちのために父なる神が用意してくれている。もはや私たちは，何も行いや功績を通じて今更このための準備をする必要もない。信仰による恩恵によって功績なしに私たちには永遠の王国が用意されているのである。

> 彼らは神の永遠の王国を受けるにふさわしくなるために行いをするのではない。これは功績なしに恩恵によって彼らに贈られている（ohne Verdienst aus Gnade geschenkt ist）。そうではなくキリストのみを讃え隣人に奉仕するために（allein Christo zu Ehren und dem Nächsten zu Dienst）行いをするのである。キリストがいわれたように。私の兄弟であるこのもっとも小さい者のひとりにしたことは，私自身にしてくれたことなのである[122]。

ここにブーゲンハーゲンにおける社会福祉を駆動させる原理があるといえよう。彼において「隣人へ奉仕すること」（dem Nächsten zu Dienst）すなわち愛の行いとは，あくまでもキリストのみを通じた恩恵としての救い，すなわち贈与（Gabe）として与えられた（geschenkt）ものに対する応答であり，使命（Aufgabe）であったといえよう。贈与としての救いは神のみがなしうる純粋贈与であり，ここに行いや功績という見返りは一切求められていない。この純粋贈与の結果として，キリスト者はアウフガーベとして「善き行い」に自ずと向かうのである。

　このようにブーゲンハーゲンの社会福祉の精神は，人間の義認に際するキリストの役割の理解に深く根差していることは明らかであろう[123]。ブーゲンハーゲン神学の根幹は「キリストのみ」であり，ただこれのみによって彼は社会福祉の実践へと歩んだのであった。

　さて，こうしたハンブルクに宛てた書簡に見られる神学的原理もしくは動機をベースとして，その後の彼の教会規則の原型ともなった1528年のブラウンシュヴァイク教会規則が著されることになる[124]。これは主に三つの部

122　Ibid., S. 173.

123　Cf. Lindberg, op. cit. Beyond Charity, S. 142.

第5章　ルター主義キリスト教倫理の展開　　143

分から成り立っている。①子どものためのよい学校の設立，②宣教と牧会，③学校および教会，さらに貧困者救済のための共同基金の設立について。ちなみに 1529 年のハンブルク教会規則でも，①学校を含めた教育，②教会，③社会福祉（貧民救済）の順で構成されている。ブーゲンハーゲンが，まずは学校教育制度の確立に力点を置き[125]，ここから教会を改善し，さらに社会福祉の実現に向かう姿が見出される。が，その詳しい実態については[126]，機会を改めて取り上げることにしたい。

＊

　以上，ブーゲンハーゲンにおける社会福祉の精神が根差す神学的基礎について簡単に顧みた。ブーゲンハーゲンの思想および実践の全容解明は今後の課題としたい。

　ところで今日においても福祉国家としての位置を保つルター派の多いデンマークは，ブーゲンハーゲンとも関係が深い[127]。その源泉となる「社会福祉の精神」が究極のところルター神学から学んだ義認論に由来し，神とキリストへの喜びと感謝の念に起源していたことを私たちも覚えておきたい。社会福祉という愛の実践を駆動させていたのは，信仰のみ，キリストのみであった。それは，かつて神への奉仕（Gottesdienst）であり，礼拝であり，聖なる仕事だったのである。

　蛇足ながら，現代では末人たち（letzte Menschen）の「資本主義の精神」[128] に組み込まれた社会保険の一部として機能するケアや福祉など，そ

124　倉松前掲書，196 頁以下，参照。

125　藤枝前掲書，146 頁以下，参照。

126　Cf. Lorentzen, op. cit.　ブーゲンハーゲンの幅広い活躍ぶりについては，次の論集も参照されたい。Garbe, Irmfried / Kröger, Heinrich（Hg.）: Johannes Bugenhagen（1485-1558）. Der Bischof der Reformation. Leipzig 2010.

127　Cf. Lindberg, op. cit. The European Reformation, S. 123.

128　ヴェーバー前掲書，366 頁，参照。

の制度的破綻が迫りつつある。格差社会の未来はグローバルな規模で，果たしてどこに行き着くことになるのであろうか。

第Ⅱ部　翻訳編

1 聖書学士提題（1519年）

Baccalaureatsthesen[1]

　1519年9月9日，メランヒトンの聖書学士（Baccalaureus Biblicus）の学位取得のために神学部で討論（disputatio）が行われた[2]。彼が論証した提題が以下である[3]。これに合格すればメランヒトンは神学部での教授活動に講師として従事することができるようになる。中世の大学の伝統に従い，この時代の教授資格は学位に基づいていた[4]。ゆえに聖書学士となれば同時に講師として聖書の講義ができるようになる。ただし中世以来の大学における講義とは権威あるとされるテキストの購読であり注解である。聖書のバカラウレウスあるいはバカラリウスは，神学の入門者に対して最低限の速習講義をする義務を負う。速習とは「駆け足で・速く」（cursorie）されるもので，博士らによってなされる「正式な」（ordinarie）講義とは別の初心者向けの簡略な講義である[5]。以後メランヒトンもまた神学部に属してバカラウレウスか

1　MSA 1, 23-25. 現代ドイツ語訳として以下も参照した。Beyer, Michael u. a. (Hg.): Melanchthon deutsch. Bd.2. Leipzig 1997. S. 9-11.

2　学位や資格取得のために当時さかんに学問的討論が行われていた。「この討論を大学で公に開くためには一連の『提題』ないし『論題』を肯定的にせよ否定的にせよ提示して，それに対決する反対者の批判を反駁しなければならない」（『ルター神学討論集』金子晴勇訳，2010年，26頁）。

3　シュトゥッペリッヒ『メランヒトン—宗教改革とフマニスムス—』倉塚平訳，聖文舎，1971年，41-43頁，参照。

4　別府昭郎『ドイツにおける大学教授の誕生——職階制の成立を中心に——』創文社，1998年，256頁，参照。

5　マレンボン『後期中世の哲学 1150-1350』加藤雅人訳，勁草書房，1989年，18頁および8頁以下，参照。プラール『大学制度の社会史』山本尤訳，法政大学出版局，1988年，80頁以下，ハスキンズ『大学の起源』青木靖三・三浦常司訳，八坂書房，2009年，85頁，あわせて拙著『習慣の教育学——思想・歴史・実践——』知泉書館，2013年，

148　第Ⅱ部　翻訳編

らセンテンティアリウス，リケンティアトゥス，最終的にはドクトルへと昇進することが期待されたが，あえてその道は辿らず修士^{マギステル}のまま留まった[6]。学芸学部でもさまざまな教授科目を担当しながら，神学部では速習講義を行うクルソール（Cursor）として活躍し，『ロキ』を代表として神学上でも数多くの業績を残したことはいうまでもない[7]。

　さて，この学位取得のための討論にルターも同席していて，彼はそのときの感想を1519年10月3日付でレーゲンスブルクにいたシュタウピッツ宛に記している。ルターはメランヒトンを「驚嘆・奇跡」（miraculum）と表現し，悪魔やすべてのスコラ神学に対する恐るべき対抗者となるだろうと述べている[8]。とりわけ16から18までの提題はカトリック側から，とりわけヨハンネス・エックからの批判に晒される[9]。

　メランヒトンのこの提題は長らく失われていたが，ミュンツァーの手元にその写しが発見される。この提題のすべてがメランヒトンのものかどうかは疑わしいが，少なくとも12から最後までの後半には言語的にも内容的にもメランヒトンの特色が見出される[10]。ヴィッテンベルクに着任して間もないメランヒトン。ルターおよびその神学から大きな影響を受けた様子が，これらの提題から端的に読み取れる。

　106-108頁，参照。

6　バカラウレウスから次のセンテンティアリウスの学位に至るには，ヴィッテンベルク大学の1508年の学則によれば，当時スコラ神学の標準教科書であったペトルス・ロンバルドゥスの『神学命題集』すなわちSententiaeを取り扱わねばならなかったが，メランヒトンのこれへの反抗心は大きかった。この代わりに誕生したのが自身の手による『ロキ』である。『ロキ』はメランヒトンによるローマ人への手紙に関する講義が元になっている。Cf. Scheible, Heinz: Melanchthon. Vermittler der Reformation. Eine Biographie. München 2016. S. 41f.

7　Cf. Maurer, Wilhelm: Der junge Melanchthon zwischen Humanismus und Reformation. Bd.2. Der Theologe. Göttingen 1969. S. 102-103.

8　MSA 1, 23.

9　Cf. Maurer, op.cit., S. 103. なおマウラーは12までの提題がルターによって作成されたのではと推測している。Cf. Ibid., S. 102-104.

10　Cf. Ibid., S. 102.

1 聖書学士提題 149

　　　　＊　　　　＊　　　　＊

　尊敬すべき神父・神学部長ペトルス・フォンティヌスが提示された提題を読み上げる。フィリップ・メランヒトンが答える。

1　人間の自然本性は自らを自分のためにとくに愛する。

2　それは神を自ら愛する能力を持たない。

3　神の法のみならず自然の法もまた，自ら進んで神は愛されねばならないとする。

4　というのも私たちが奴隷のように神を恐れる原因が法にあるとは思えないから。

5　人間が自らを脅かすものを憎むのは当然である。

6　したがって法は私たちにもまた神を嫌うようにさせる。

7　憎しみが愛の始まりではないのと同様に，奴隷的恐れが幼子のごとき畏敬の始まりではない。

8　よって奴隷的恐れが悔い改めの始まりではない。

9　ゆえに義とはキリストの恩恵である。

10　私たちのすべての義は神から無償で贈られたものに帰する。

11　ゆえに善い行いが罪であるというのも真実に近い。

12　知性が理性あるいは経験を超えて提題に賛同することは不可能である。

13　意志もまた自ら確たる根拠なしに知性を提題に賛同させることはできない。

14　愛によって対象に結び付けられた意志は知性に対して提題に賛同するよう信頼に足る指示を与える。

15　この賛同（assensus）が信仰あるいは知恵である。

16　キリスト者にとっては聖書という証人以外のものをさらに信じる必要はない。

17　公会議の権威は聖書の権威よりも下である。

18　ゆえに聖別された聖職者の失われることのない性格や聖体変化やそれに

150　第 II 部　翻訳編

類したことを信じなくても，とうてい異端とはならない。

19　獲得された信仰（fides acquisita）とは思い込みである。

20　ある一点において罪を犯す者はすべての点において罪人である。

21　敵を愛し，復讐をせず，誓わず，すべてのものを共有するのが戒めである。

22　自然法は魂に生まれつきの情態〔性質〕（habitus）である。

23　自然はただあるよりも，よりよくあるように努力する。

24　神とはひとつであり，神の範疇においてすべての総体である。

2 現世の義とキリストによる義の違い（1522年）

Unterschidt zwischen weltlicher und Christlicher Fromkeyt[1]

　ルターの二国論（Zwei-Reiche-Lehre）もしくは二統治論（Zwei-Regimente-Lehre）[2] と重なる内容のパンフレットである。神によるこの世の統治と霊的な統治との区別は，次の3に収められた哲学と福音との違いとも重なり合っている。こうした領域や機能の区別をメランヒトンはさまざまなところで強調している。人間の自然本性に備わる理性の力が及ぶ範囲とその役割。神およびキリストによる聖霊の力が作用する部分とその変容。この二つについて，メランヒトンはその両者が必要不可欠であることを，ここでも分かりやすく語りかけている[3]。また教育すなわちパイデイアについても触れられている。

　おそらく1522年にハーゲナウ，シュトラスブルク，そしてツヴィカウで現れた本書は[4]，匿名でラテン語にも翻訳され，後にブーゲンハーゲン（1529年）やブレンツ（1538年）の書物のなかにも導入として取り入れられている[5]。

1　MSA 1, 171-175. 現代ドイツ語訳として以下も参照した。Beyer, Michael u. a.（Hg.）: Melanchthon deutsch. Bd.2. Leipzig 1997. S. 12-16.

2　拙著『ルターとメランヒトンの教育思想研究序説』渓水社，2001年，65頁以下，参照。

3　これはおそらくメランヒトンの私塾で用いられていたとシュテンペルは述べている。Cf. Stempel, Hermann-Adolf: Melanchthons pädagogisches Wirken. Bielefeld 1979. S. 44.

4　当時の印刷技術の飛躍的発展に伴うパンフレットやビラなどが果たした役割と意義に関しては，次を参照。森田安一『ルターの首引き猫——木版画で読む宗教改革——』山川出版社，1993年，33頁以下。

5　Cf. MSA 1, 171. Beyer, op. cit., S. 12.

152　第II部　翻訳編

*　　　　　*　　　　　*

　聖書には二種類の義〔正しさ〕が記されている。ひとつは神による義，もうひとつは現世における義である。パウロはコロサイの信徒への手紙で，この世の正しさを現世の秩序と呼んでいる[6]。これは外的な規律，立派さ，振る舞い，しきたりや慣習のなかにあって，理性はこれらを理解することができる。まさに現世の秩序は木に植え付けられているかのように，神によって理性のなかに植え付けられているのである。そこにいろいろな成果が実る。ゆえに人間にはだれも傷つけるべきではないとか，皆と平和を保つべきであるとか，だれに対しても礼儀を弁えねばならないとかいった分別が植え付けられていることになる。よって人間の理性が自ら見渡せる範囲が人間の義の及ぶ範囲となる。

　しかし人間の理性は自ら進んで神に関して確実な推論をすることはできない。というのも，たとえ理性が神の存在を認め，神は裁き，神を敬う者たちを安らかにしようと欲しているのだと認めるにしても，理性はその裁きに慄然とするようには動かされえないからである。そして理性は，地獄はそれほど苛酷ではないとか，神はそれほど無慈悲ではないとか思い込む。なぜなら非常に大きな不正が──理性がそう思い描くように──罰せられないままにしてあるのを，理性は見てきているからである。

　理性は神が罪を赦すということをほとんど理解できない。理性は神が私たちのことを深く心にかけていて，それほどまでに好意的で善き方であるとは思わない。神が私たちの大変近くにともにいて，あらゆる窮状のなかでもその目を私たちに向けておられるといった印象を理性は持つようにはならない。むしろ理性は，天国にいて私たちができることをそのままに放置しているような神を捏造するのである。ちょうど詩人がゼウスを描写するように。つまりゼウスをテティスが探したとき，彼は家にはおらずアイティオペスの宿屋にいたように[7]。そしてクレタ島の住人たちはゼウスが自分たちのこと

6　コロ 2:8。

7　ホメロス『イリアス（上）』松平千秋訳，岩波文庫，1992 年，31-32 頁，参照。

2 現世の義とキリストによる義の違い 153

を聞き取れないようにするために耳のないゼウスを描いたのである[8]。これらはじつに賢い人々であった。自然本性に備わる人間の理性は正しく見て神を描いたのである。まさに理性が神を思い描いたように描いたのである。そこで詩編のなかで神もこう語る。「異邦人の神々は目を持てども見ず，耳を持てども聞かない」[9]。これに対して私たちのことを見て聞いてくれる神を持つことが私たちには必要である。

というのも理性は神がその息子を肉とされ，そのことによって神の意志をはっきりと示し[10]，神についての私たちの盲目とでっちあげの想像を，そうした盲目に従うすべての罪とともに拭い去り，真の神認識に至るために聖霊を注ぎ込まれたということを理解する能力を持たないからである。これに対しては，私たち自らの業も功績も何ひとつ助けにはならない。

だから，これらはキリストが聖霊とともに私たちのなかで作用する神的な義である。私たちの心は聖霊によって動かされるのだ。その結果，私たちは罪のゆえに神の大きな怒りを前にして震撼し，そしてキリストを通じて恩恵と罪の赦しが得られるようになるのである。すると心は慰めを受け取り，神に対する確かな喜ばしい心底からの期待を抱くようになる。心はあらゆる試練のなかでも進んで神を甘受し，彼から善きものを待ち望むようになる。それは神がいついかなるときも私たちのことを気にかけておられること，私たちの周りのすべての被造物に働きかけておられること，すべてのものを養い，守り，保たれていることに気づかせてくれる。聖霊がそこにいる場合には，心は神に関してこうしたことを確かに結論するに至る。聖霊はこうしてヨハネによる福音書第16章やローマの信徒への手紙第8章にあるように[11]，私たちのなかに神からの証を与えるのである。こうした確実な帰結を，パウロはコロサイの信徒への手紙第2章で確信と呼んでいる[12]。

---

8 プルタルコス『エジプト神イシスとオシリスの伝説について』柳沼重剛訳，岩波文庫，1996年，132頁。ただし「支配者は民の声を聞かない方が正しいという奇妙な節を支持するために，プルタルコスはクレタのゼウス像を引証しているが，このゼウス像に耳がないのが本来の姿であるのかどうかは疑わしい」（200頁）。

9 詩115:4以下，135:13以下，参照。

10 ヨハ1:14。

11 ヨハ16:13。ロマ8:16。

12 コロ2:2。

154 第Ⅱ部 翻訳編

このような神認識ならびに信仰こそ，神がすべてに先立って求める，私た
ちのなかの神的な義〔神と人間との正しい関係〕である。ちょうどヨハネに
よる福音書第17章でいわれているように「永遠の命とは，唯一のまことの
神であられるあなたと，あなたのお遣わしになったイエス・キリストを知る
ことです」[13]。そしてハバククはいう。「神に従う人は信仰によって生き
る」[14]。そうした信仰は私たちのなかの謙遜な心に働きかける。この心はイ
ザヤ書第53章にあるように[15]，キリストがすべての人間の最底辺となった
ように，私たちがすべての被造物にいかに服すべきであるかを感じ取る。と
いうのも何が神の前で義に値するか，さらにその心が恩恵によって贈られた
ものであることを心が見るとき，私たちはもはや自分を抑えきれなくなるか
らである。心は自身を責めなければならず，だれかに従い，だれかに仕えざ
るをえなくなる。そして聖霊が清いものであるのと同様に心もまた汚れのな
い純粋なものとなる。この心は〔自身の〕汚れた欲望と情欲に驚愕する。そ
こで神はエレミヤ書第31章で新しい契約をしようと語る[16]。神の戒めは板
にではなく，私たちがそれを知るように私たちの心のなかに記してあるの
だ。神はイザヤ書第45章で神を教える子どもたちを作ろうとも語ってい
る[17]。

ここにあなたはどのような仕方でキリスト教的な心が優れているかを見出
す。キリスト教による心のあるところに神も存在するのである。その傍らに
外的な正しさ〔規律〕があるが，しかしそれらが私たちを神の前で義とする
わけではない。というのも真の義しさとは生命であるはずであるから。よっ
てキリストの霊だけが私たちのなかの生きた義しさとなる。外的な秩序は身
体とともに溶け去り，生命を持つことはない。ゆえにそれはコロサイの信徒
への手紙第2章にあるように[18]，生命をも義をも与えることはできない。し
たがって，そうした外的な義しさだけがあるところには偽りしかないのであ

13　ヨハ 17:3。
14　ハバ 2:4。
15　イザ 53:3。
16　エレ 31:31-33。
17　イザ 44:3-5，参照。
18　コロ 2:23。

る。

外的な義とは，ひとつは権力のなかに見出される。それを聖書は剣と呼んでいる。神が私たちに剣を与えられたように，神はまた外的な規律と礼儀作法をも求めている。それは平和を維持するために，この世の権力に埋め込まれているものである。そしてだれしもそれらが神に対して敵対することを命じない限り，たとえそれが暴力を伴う行動に出るとしてもこの世の当局には従わなければならない。というのもキリストがいうように「だれかが，1ミリオン行くように強いるなら，一緒に2ミリオン行きなさい」[19]とあるからである。

外的な義のもうひとつのものとは神から命じられた子どもの教育でありパイデイアと呼ばれている。これは決して神的な義というわけではないが外的な訓練であって，子どもたちを大きな罪から守るために両親に対して神が命じているものである。ガラテヤの信徒への手紙第4章にあるように[20]，子どもや愚かな人々を断食や祈り，教会にきちんとした服装をして出かけるように習慣づけることである。剣が命じていないことを神は自由としている。しかし人はそこでなおも愛に仕えるべきである。たとえば子どもや弱い良心のところでは，彼らの弱さに〔彼らのためになるように〕奉仕すべきである。

しかし今や説教者が来て神的な義が断食やそうした外的な事柄のなかにあるなどと偽りをいう場合には，あるいはあたかもそうした事柄に全キリスト教徒の存立がかかっているかのようにこの世の当局が強制する場合には，私たちは抵抗し，そして何がキリスト教的な義しさであるかを告白し，そのために自らの生命を投げ出さねばならない。なぜなら私たちは暴力でもって逆らうべきではないからである。

十戒にはこうしたすべてのことが含まれている。というのも第一は信仰を要請し，そのなかで神が語る。「私は主，あなたの神」[21]。神が私たちの主であるというのであるから神は私たちと関わるのを欲しているのである。同様に「私は熱情の神である。私を否む者には，父祖の罪を子孫に三代，四代ま

---

19 マタ 5:41。
20 ガラ 4:3。
21 出 20:2。

でも問うが，私を愛し，私の戒めを守る者には，幾千代にも及ぶ慈しみを与える」[22]。そして神は罰しようが助けようが，私たちが自ら神の方に向かうことを望んでいるのである。

二つ目の戒めは人が神の名を神が援助者であり裁き主であるように用い，これを称賛するように命じている。それはヨエル書第2章に「神の名を呼び求める者は救われる」と記されてある通りである[23]

第3の戒めは神のみが私たちの内で働くよう命じている。

第4の戒めは私たちを両親とその力の下に投げ入れている。

第5の戒めは愛を命じ，

第6の戒めは純潔を[24]，

第8の戒めは愛を。

第9と10の戒めはすべての肉的情欲から離れた純粋な心を求めている。そうした純粋さを聖霊は自らとともに私たちの心にもたらすのである。

---

22 出 20:5 以下。

23 ヨエ 2:12-27，参照。

24 第7の戒めについての言及が欠けている。

3 福音と哲学の違いについて (1527 年)

De discrimine Evangelii et Philosophiae[1]

　これは演説や講演というよりも，むしろ討論の記録である。1527 年に行われたコロサイの信徒への手紙第 2 章 8 節「人間の言い伝えにすぎない哲学，つまり，むなしいだまし事によって人のとりこにされないように気をつけなさい。それは，世を支配する霊に従っており，キリストに従うものではありません」に関する一連の討論の一部である。同年には『コロサイの信徒への手紙注解』(Scholia in epistolam Pauli ad Colossenses) も出版された[2]。これ以降，哲学と福音との明確な区別に基づきながら哲学にも積極的な意義を見出す姿勢はメランヒトンに一貫し続けることになる[3]。ここで弁証法や修辞学，自然哲学，道徳哲学の三部門に類型化された哲学の価値は教育においてもさらに強力に探究されるし，またされるべきであるといわれるが，しかし福音や神学の意義や機能についても決して蔑ろにされるわけではない。メランヒトンにとって大切なのは，あくまでもその領域や役割の区別にある。

＊　　　　　＊　　　　　＊

1　CR 12, 689-691. 英語訳として以下も参照した。Kusukawa Sachiko (ed.) / Salazar, Christine F. (trans.): Philip Melanchthon. Orations on Philosophy and Education. Cambridge 1999. S. 23-25.

2　同年アグリコラによりドイツ語訳 (Auslegung der Epistel an die Kolosser) でも出版された。Cf. Hartfelder, Karl: Philipp Melanchthon als Praeceptor Germaniae. Berlin 1889. S. 586.

3　Cf. Kusukawa Sachiko: The Transformation of Natural Philosophy. The Case of Philip Melanchthon. Cambridge 1995. S. 65-69.

パウロが「哲学によってだまされないようにしなさい」[4]というとき，彼は哲学を否認したのではなく，その濫用に注意を促したのである。ちょうどだれかが「葡萄酒によって誘惑されないよう注意しなさい」といったのと同様に，ワインがだめだというのではなく，その飲みすぎを注意したようなものである。

ところでパウロは教会でもっとも有害となる種類の濫用について述べている。すなわち人間の理性による教え以外のものを教えていないかのように聖書を受け入れる場合である。というのも狡猾な人々がずる賢い解釈によって福音を哲学や人間の理性による教えに変えてしまうのは簡単であるから。聖書の文字の悪しき解釈が不条理な教えを生み出しているという理由で，背教者ユリアヌスがキリスト者の愚かさを責めたように。

哲学は語ることの術（artes dicendi）〔弁証法・修辞学〕，自然学（physiologia）〔自然哲学〕そして市民の道徳に関する教え（praecepta de civilibus moribus）〔道徳哲学〕を内容としている。こうした学問〔学科〕は神による善き創造であり，自然のすべての贈り物のなかでも卓越している。しかも哲学は現世の身体的ならびに市民的生活にとって，食べ物や飲み物や公の法とかいったものと同様に必要である。

道徳に関する哲学は市民道徳に関する，まさに神の法（lex Dei）である。

もっとも愚かな人々は哲学と福音が異なっているにもかかわらず，両方の教えとも道徳に関する法であり，福音はさらに復讐してはならないなど，それに似たような外的な行いに関する若干の法を付加すると見なす。

それどころか，もしだれかが福音から哲学や皇帝の法と相争う市民生活に関する法のようなものをもたらすなら，直ちに福音は投げ捨てられてしまうであろう。

ちょうどヤコブの手とエサウの手が似ているように，〔これでは〕一言でいえば福音は，哲学や法そのものが教えているような市民生活に関することを教えているのと全く同じになってしまう。

ポンポニウス・アッティクスと使徒パウロとは異なっているが，それは神

---

4 コロ 2:8。

について一致していないからである。一方は神が人間の事柄について世話を
してくれるかどうかと疑って神なしで生きているのに対して，他方は神が確
かに罰するのだと宣言している。同様に神はキリストのゆえに赦し，私たち
のことを気遣い，私たちのいうことを聞かれる，と宣言する。どちらとも市
民道徳の種類については相違してはいない。

　ヨセフもダビデもイザヤもダニエルも，ちょうどファビウスやスキピオや
テミストクレスのように政治家であった。彼らはその市民的な生活形態につ
いては相違しないが，しかし神への信仰においては違っていた。

　福音は哲学でも法でもなく罪の赦しであり，キリストによる和解と永遠の
生命の約束である。人間の理性は自らこのことを理解できない。

　したがって福音は私たちに対して神の意志を教え，哲学は理性に属する事
柄を教えるのである。哲学は神の意志について何かを主張することはないの
であり，福音が哲学ではないということは極めて明らかである。

　そしてどれほど理性が神の意志について判断しようとも，神がキリストの
ゆえに恩恵によって私たちを赦すことを，いずれにしても理性が自ら推論し
たり主張したりすることはないのである。

　しかし福音は善き道徳に関する法をよしとし，これに従うことを命じる。

　ちょうどキリスト者が神の法を敬虔に用いるように，哲学をもキリスト者
は敬虔に用いることができるのである。そして哲学が神の法であることをキ
リスト者は知っているので，ますます哲学者による教えと善き著作家による
正しい考えを尊重するようになるのである。

　ところで哲学が神の法であることはそれが自然による原因と結果の知識で
あって，しかも神によって秩序づけられている事柄であることから理解され
る。よって哲学は神の法であり，そうした神による秩序に関する教えであ
る。

　天文学がちょうど天の動きに関する知識であるのと同じように，それは神
によって整えられているのだが，道徳哲学は行為に関する知識である。つま
り神が人間の精神のなかに秩序づけた原因と結果についての知識である。

　ゆえに私たちは哲学をすべての人々の見解とは呼ばずに，論証を伴った教
えと呼ぶことにする。

哲学者たちがいうように，真理は唯一であり，論証からほぼ外れることのない哲学だけが真実である。

ストア哲学はアパテイア〔情念からの自由〕について正しく判定していないし，プロエーグメノン〔望ましいもの〕やアポプロエーグメノン〔望ましくないもの〕について奇妙な哲学的思索を行っている[5]。そしてストア派の教えほど福音に似ている哲学はないというが，これほど馬鹿げたことはない。

「言は肉となって，私たちのあいだに宿られた」[6]というこのひとつの句を除いて，キリスト教の教えはプラトン学派のなかに見出されると述べるアウグスティヌスさえも，それはやはり愚かであった。

そうした道徳に関する法が哲学者の著作のなかに見出され，それはキリスト者の著作のなかでも読み知られるとアウグスティヌスがいうのなら，彼は正しく語ったことになる。というのも哲学者は福音については完全に無知だからである。彼らはキリストゆえの信仰を通じて和解に至ることを認識しない。それ以外においてはキリスト者とともに哲学者もまた市民道徳についての法を共有している。

キリストは道徳に関して新しい法をもたらすために現われたのではない。というのも，それ以前にも理性はそうした法を知っていたからである。さらに法を提案するのは当局に属することであり，これらの法を打ち立てるのに新しい啓示など必要ではない。これらは理性の判断に属する事柄である。

エピクロス派の哲学も善の目的について正しく判断していない。そしてヴァッラがすべての哲学者よりもエピクロス派を優先するのは愚かである。

アリストテレス哲学は非常に熱心に論証を求める。ゆえにこれは他の学派を遥かに凌駕している。しかも，これは善の目的ならびに徳の本性について正しく判断している。ただし少なくとも市民的な生活や市民的な徳について理解される限りにおいてである。

しかしながら哲学とは私たちに受け継がれているものであるが，その要素

---

5 ディオゲネス・ラエルティオス『ギリシア哲学者列伝（中）』加来彰俊訳，岩波文庫，1989 年，286 頁以下，参照。

6 ヨハ 1:14。

は確かにアリストテレスのなかにあるように，アリストテレスによって記された書物のなかにすべてが含まれていると考えなければならない，といった狭い範囲に飲み込まれてしまうものではない。だが端緒はアリストテレスの著作のなかにある。数学者や医者や法学者はこうしたものをいわば基礎として，この上に〔知見を〕積み重ねていくのである。

　以上，私たちは福音と哲学との違いについて語ってきた。しかし神の法と哲学との違いについて語るのはまた別である。これら神の法と哲学はちょうど十戒と自然法が一致するように調和している。というのも哲学は論証を有するという点において自然法そのものだからである。ところで十戒は神へと向かう私たちの心の動き〔運動〕について，より明確な指示を与えてくれる。

4 学習の規則について（1531 年）

De ordine discendi[1]

　メランヒトンによって大学カリキュラムのなかで積極的な教育的価値を持つものとして位置づけられたのが演説（declamatio）であった。メランヒトンは数多くの演説原稿を執筆した。当時の習慣によって，それらはしばしば機会あるごとに他者によっても披露された[2]。アリストテレスの『弁論術』によれば演説は，審議的（助言的）なもの，法廷用のもの，演説的（演示的）なものの三種類に分けられるが[3]，メランヒトンによる演説や序文のほとんどは演説的なもの—演説的弁論もしくは講演—である[4]。その目的は，現在におけるある事柄の称賛もしくは非難にあり，聴衆を知性的にも感情的にも説得し，彼らを価値ある行動や振る舞いといった実践へと鼓舞すること，すなわち教育もしくは教導にある。ゆえに彼は修辞学と弁論術に基づく演説を重視したのである。ここでは専門科目や専門家を支える基礎として，さまざまな学芸を踏まえることの必要性と重要性が説かれている。学習には常に規則あるいは順序や秩序が必要とされる。

＊　　　　　＊　　　　　＊

1　CR 11, 209-214. 英語訳として以下も参照した。Kusukawa Sachiko（ed.）/ Salazar, Christine F.（trans.）: Philip Melanchthon. Orations on Philosophy and Education. Cambridge 1999. S. 3-8.

2　Cf. Ibid., S.xiii.

3　アリストテレス『弁論術』戸塚七郎訳，岩波文庫，1992 年，45 頁，参照。

4　Cf. Ibid., S. xxx.

カスパー・クルーツィガーによる学習の規則に関する演説。1531 年に修士学位取得の際に行われたもの。

　この場所からしばしば哲学全般について，さらにこうしたすべての学芸の価値について語られる場合，これらは学校で教えられてきているものですが，それは私たちがよく幸せに生きるために必要であると判断されているからです。私は生まれつき凡庸であるため，より高等の学問を称賛するのを疎かにしてきましたが，これらは明らかに有用であるがゆえに，すべての者に推奨されるべきだと思われます。これによって若者がより偉大な学芸を理解すべく準備されるようになるからです。しかし，この学問の種類については いわば僅かしか語られていません。このことを私たちは公言します。確かに，これら学芸の有用性について，学校で教師たちは毎日あなた方に対して繰り返し語っているとはいえ，それでもここでは何かが語られなければなりません。こうして私たちは公の伝統に従うことになります。

　私が公の名において演説を行うのですから，あなた方はそれに相応の権威を帰することになるでしょう。若者諸君。あなた方は皆さんの教師であり，この最上でもっとも学識ある人々の集まりにおいて，それがどれほどの価値を持つか，評価することになるでしょう。彼らは私にこの役を負わせました。というのも彼らのすべての思想は，私の声によってあなた方に伝えられるからです。彼らはあなた方に最上の計画を望んでいて，あなた方がこの場所でこうした勉学を尊重するように駆り立てられるのを止めたりはしません。これは皆さん個人にとっても名誉となり有用であるだけでなく，国家の存続にとっても必要であると判断されます。しかし，もしだれかがこうした秩序の重要性を拒絶し，熟練することだけではなく国家全体に対して最上のものを望んでいる人々の判断を無視してしまったら，当然のことながら人間性〔人間らしさ・教養〕(humanitas) は失われてしまうことになるでしょう。

　ところで私はあなた方が，より下位にある学芸の勉学を蔑ろにしないよう駆り立てられるように，と考えています。これらはたとえ世間の人々に見せるところが少なくとも，より上位の学芸を知るための道を舗装してくれます

し，国家の業務を維持してくれます。したがって学習の規則に関して僅かなものを私たちは付け足したいと思います。これはすべての物事において大抵当てはまることです。クセノフォンがもっとも甘美に語ったように。秩序ほど人々にとって有用で美しいものはないのです[5]。

ここから開始するとすれば，学芸のあいだにはある密接な繋がりがあることをあなた方は知ることになります。というわけで，たとえあるものが人生において卓越し突出しているように見えるにしても，それでも他者の助けは必要なのです。こうして野心や利益を得ようとする期待に駆り立てられて，あのより高度な学芸へと急ぐ者は愚かに振る舞うことになります。やがてこれらによる成果は未経験な者の目にさえ見えるものとなり，残りの学問をまるで人生にとっては無用であるかのようにして，これらを無視し蔑ろにしてしまうのです。

さらに私にはときどきこうした密接な繋がりが，文字の要素そのものにおいても似たように存在するように思われます。そこではたとえ声〔母音〕がその価値を示すにしても，それにもかかわらず調和を欠いて話は生じてはこないからです。文字からすべての学芸が生じてくる限り，私たちはこうした要素のなかに，ちょうど根源において，学芸の違いのなかにある跡に気づくことができます。自らに生命と精気とを持つ声〔母音〕はすべてに勝っています。なぜなら，それは完璧な音を他者からの助けなしに発するからです。残りの文字は，まるで笛のように，これらに吹かれて音を受け取ります。

したがって声〔母音〕はすべての学芸のなかでもっとも優れたものを意味しますが，それは宗教の教えです。これは他の学芸よりも遥か上位に置かれていて，人生のすべての計画，仕事や勉学を統率しています。じつに市民的な規律は宗教を抜きにしては保持されえません。また法の知識は宗教の教えから非常に多くのものを採り入れています。それゆえに，ちょうど半母音〔半分しか声にならない声〕のように，たとえばある曖昧な声であるなら，その務めは声〔母音〕なしには果たされえません。そのようにして政治的規律においては宗教が市民的な慣習〔掟〕に対して声〔母音〕を付加するので

---

5 「整理整頓ほど有用で美しいものはない」（クセノフォン『オイコノミコス―家政について―』越前谷悦子訳，リーベル出版，2010年，71頁）。

あり，こうして自身の人間による法を権威によって保護し，必要なときには改善するのです。

　無言の文字は，いわば私的な生活を意味します。これはまさに無言であり，宗教や市民的な習慣をなくしては粗野で野獣のままです。したがって話が異なる文字から組み立てられるように，さまざまな学芸の種類や活動が人生においては必要となります。

　ところで私はずっと以前から，ここにお集まりの学識ある方々がこうした無分別を平静な心で耐えているのでは，と恐れています。それでもこの演説は若者のためになされているのですから，善良な人々はこの催しに配慮してくれるだろうと希望を持っています。このなかで私たちは学芸の結び付きと段階とを描こうとしているのです。しかも文字の要素そのもののなかに描いてあることは見えるのであり，その結果ずっと以前よりこれは毎日目の前にあったように，しばしば学者たちの精神には到来していたのです。こうしたことを考えることで，私たちには確かに学芸の有用性についての判断が研ぎ澄まされ，そしてそれが形成されるように思われます。そこでこの大学で文法の教授をしている私は喜んで，私が実践しているこの職業から，演説を引き受けたのでした。

　ところで若い皆さん，もし子音が無視されてしまったらどのようなことになるか考えてみてください。会話のなかでただ母音だけを用いようとしたら。そうすれば疑いなく自然にある現実のすべてと戦うことになるでしょう。そういうわけで文字は構成要素と呼ばれるのですが，それは自然のなかで必要なものなのです。ここから身体は構成されているのであり，したがって文字は会話を構成するのに必要なのです。こうして普遍的な事物における神的な系統はひとつの構成要素を取り除かれてしまうことで崩壊させられてしまいます。同じように子音がなくされてしまえば，はっきり発音された声は存立しえなくなってしまうのです。同じようにさまざまな文字は自然にそのあいだで密接に結び付いているのであり，さまざまな学芸もまたそのあいだで結び合わされたり，または解かれたりしているのです。しかしより下位の学科が，その成果が未熟な者にとっては見えてこないという理由で人生には無用だと感じる者は，この学芸の合唱を混乱させてしまうことでしょう。

もし天や星の感嘆者であるなら（というのもこれらはこの身体よりももっと美しいと考えられるのですが），水や事物を星の明るさには及ばないとして自然からなくしてしまおうと欲するでしょうか。こうした者がいるとすれば，それは狂人だといえるでしょう。もし宗教の教えを称賛するがゆえに生活からすべての法や市民的な慣習，すべての家政上の束縛をなくしてしまえと命じるなら，これをすべての正気の人々は，力と武器とによって抑え込むべきだと判断しないことがあるでしょうか。

さらに近頃では自らの誤りによって懲罰を及ぼすような類の，正気を失った狂気の見解によって神学を実践するような者どもを私たちは見かけます。たとえばあなた方はミュンツァーや再洗礼派，そして他にもこうした種類の怪物を想い起すことでしょう。次のように彼らを狂人と判断しなさい。彼らは諸学芸の合唱と調和を崩壊させ，下位の学芸を無視し蔑ろにするのですから。というわけで文字の構成要素に関してすべての個々の文字体系は言葉による議論にとって必要であると考えなさい。同じく学校で教えられているすべての学問学科は人生にとって必要であると見なしなさい。

なぜなら学芸に関して正しい感覚を持つ者だけがこの段階に注意を向けたときに，それぞれ個々の学芸が確かな有用性を持つがゆえに作り出されていることを理解するからです。

こうしたことを私は若い人々に思い出させるように話をしましたが，その多くは自分自身に対してだけではなく，国家に対しても害を及ぼしているように見受けられます。それは時機を見ずしてより高度の学科へと急ぐからです。なぜなら，あなた方の勉学はあなた方だけではなく国家にも関係してくるからです。

さらに，あなた方はあなた方の勉学の目的を覚えておかなくてはなりません。それは国家に対して助言を与えたり，教会に教えを与えたり，宗教の教えを保持したりするためにあることを覚えておいてください。これは完全な教えなくしては示すことができません。しかし，完全な教えには〔それを支える〕より下位の学科なしにはだれも達することはできないのです。

こうした考えによって精神が形成されるとき，次に学習の規則についての熟考が必要になります。私はこの場所で秩序の持つ力が一般にどれほどのも

4 学習の規則について 167

のであるかを語ろうとは思っていません。それは事実かつ既知であり，ここ
で説明されうるよりもより広く知られていることですから。もし農夫が初め
に種を蒔こうとし後で耕そうとするなら，あるいは盛夏の下で種まきをしよ
うとし冬の寒さのなかで耕そうとするなら，そうした労力は無駄になってし
まうでしょう。同じように学問学科を理解するにおいて正しい規則〔順序〕
が保たれないなら，成功は全く見込めないことになってしまうでしょう。

　適当な時機に与えられることがなければ善は悪をもたらすといわれていま
す。それゆえに最善で最高の事柄についての勉学でさえ，もしそれが適切な
時期に受け取られることがないなら害となってしまうのです。そういうわけ
で私たちの祖先は学習の規則を構成したように，いわば等級〔クラス〕のよ
うな確かな段階を考案したのでした。この規則によって若者はより下位の学
芸からより高位の学芸へと向かわされたのです。今ではそうした制約が粉砕
されてしまったかのようであり，無秩序に事柄が処理されています。すると
突然まるでキノコのように私たちの前に神学者，法律家や医者が，文法も知
らず，弁証法も知らず，学習計画もなしに自然哲学や道徳哲学という揺りか
ごなしに現われ出てくる，という事態となります。こうしたことを知るの
は，ただそれらが非常に上品な〔教育的な〕ものであるからというだけでは
なく，かつては判断力の訓練となり，より高次の事柄を受け入れる準備とな
るがゆえに，より高次の学科へと進むことが許可される前に共通にすべての
者に教えられていたからなのです。さて少なくとも今はこうしたもっとも重
要な学科には大きな〔解放された奴隷がかぶった〕フェルト帽をかぶせ，人
間に関するすべての学問学科には明白な軽蔑が示されていることを明らかに
すれば十分です。

　もし法律家や当局がこうした無謀を抑えなければ，すぐに国家において教
養は無となってしまい，物事に関するどのような教えもなくなってしまいま
す。なぜなら，そこに突然〔キノコのように生え出て〕現われた神学者，法律
家や医者は，何ら自由な学問〔自由学芸〕を携えてはおらず，単に他の諸学
芸が消滅するのを放置しておくだけではなく，自身の職業〔専門〕をも保持
することができないからです。このような教養を保護するという配慮は，ま
さに当局の問題であるのです。それゆえに，こうした学芸は神にも似たもの

168 第II部 翻訳編

と聖霊によって呼ばれているのであり，こうして地上における神からの贈り物，宗教，市民的な態度や，すべての品位ある学芸が保護され保持されることになるのです。神的な事柄に対してこのように配慮するがゆえに，彼らは荘厳な称号を携えているのであり，これ以上に大きく尊ぶべき装飾は当局にはないのです。

　それゆえに学習の秩序が崩壊しないように注目しておくことは当局にとってふさわしいのであり，さもなければ品位ある学問学科は滅茶苦茶にされてしまいます。プラトンは『国家』のなかで「およそどのような場合にも，国家社会のもっとも重要な習わしや法にまで影響を与えることなしには，音楽・文芸の諸様式を変え動かすことはできない」[6]と述べています。これは無駄にいわれているのではありません。しかし，このことはより真実です。勉学が変わることで国家は変わるのです。ところで国家のあらゆる変化は当局の配慮と関係しています。そして歪んだ学習規則は最高かつ最善の事柄を崩壊へと引き入れてしまいます。したがって，とくにこうした事柄について当局は警戒しておかなければなりません。私はいつか将来こうした事柄については新しい法が制定されて，そのとき優勢であった国家の混乱や動乱は沈静化されるだろうと信じています。願えるものなら，容易かつ柔軟な崩壊が神の恩恵によって許されますように。

　当分それでも私たちは権力，熱意と勤勉によって達しうる限り，若者が規則に則って学習するように骨折ることにしましょう。

　しかし，この大部分はじつのところあなた方にかかっているのです。なぜなら私たちは熱心にこのことに関してあなた方に勧めているからであり，すべての学問学科における最善の講義を提供しているからです。最上の信仰によって，語ることの規則を含んだ学芸が伝えられます。哲学と数学の基礎がもっとも明快に提供されるのです。どのような学校でプリニウスの第2巻がここ〔ヴィッテンベルク大学〕で説明されているほどに明確に説明されているでしょうか[7]。したがって，あなた方自身にはこれらを等閑にするのを欲

6　プラトン『国家（上）』藤沢令夫訳，岩波文庫，2009年，304-305頁。

7　1531年までにプリニウスの『自然誌』第2巻はヴィッテンベルク大学の天動説による宇宙誌と天文学の基本教科書となっている。Kusukawa Sachiko: The Transformation of

することなく，今の有利な点を利用するということが残されているというわけです。

　確かに知ることそのものの甘美さだけではなく，その有用性にもあなた方は引き入れられねばなりません。そうなりますように。なぜなら，信じられないほどの喜びを雄弁はもたらしてくれるからです。過去の功績の歴史は驚くほど人間を喜ばせてくれるものです。歴史それ自体が語りの実例を提供してくれるので，これによって〔私たちは〕教育されることになります。そして哲学において私たちに伝えられているところの事柄を，精神によって考察することほど甘美なことはありません。天や地の身体の大きさについて，天体のさまざまな運動について，どれほど天の光がそれらのなかでさまざまに混合されて調合されるかについて，それがこうしたより下位にある自然に異なる影響を及ぼすかについて，ちょうどある時とまたある時に混合された声が異なる歌を作り出すように〔こうした事柄について考察することはこの上なく甘美なことです〕。自然本性の内に神によって記されている市民の義務の原因を，学識ある人々によって注目されてきた驚くべき知恵を見ることも，私たちを喜ばせてくれます。

　これらの勉学からもたらされる有用性についてはすでに最大限に理解されたことでしょう。というのもギリシア人がいうように，より高次の学芸に至る中途〔道程〕[8]にこれらはあるからです。これらは確かに語ることの知識〔弁証法・修辞学〕を必要とします。なぜなら，もし話の種類を判断できないのなら，何がだれかを前進させることができるのでしょうか。そして多くの事柄が至るところで自然哲学や道徳哲学から採り入れられていますが，その源泉を見ない者はときどき不恰好にくだらないことをしゃべることになります。

　さらに国家にとっては善き学芸を保持することは重要であるがゆえに，このことがあなた方の国家からすべての者に要請されていること考えるべきです。こうして尽力することで，あなた方がこれを放棄してなくしてしまわないように。さて，より大きな恩恵を私たちはすべて，私的なだれかとか，両

Natural Philosophy. The Case of Philip Melanchthon. Cambridge 1995. S. 136f.

8　『アリストテレス全集4』岩波書店，1968年，84頁。

親とか，友人とかから受け取るよりも，むしろ国家から受け取っているのですから，反対に今度は国家に対して感謝を返し，私たちの骨折りによって諸学芸を保ち守ることは当然です。

というわけで若者諸君，私はあなた方に，より高位の学問学科へと進むよりも，その前にまず哲学の基礎が認識されるように，そう決心するように勧めたいと思います。そして，このなかで熱意と労力が費やされるように。

始まりは全体の半ば，といわれます。よきスタートを切った者は，〔もうすでに〕半分の成果をあげているのです[9]。したがって他の学科においても正しく始める者はより容易にすべてのものを成就するのであり，この人々はその学芸の知識を他の者にももたらすのです。これを欠いていては，それらは理解されことも考察されることも把握されることもありません。

私のことを考えて，公の権威によってこの演説が設けられたことをだれかが軽蔑するとすれば，その者は，神がこの軽蔑の復讐者となるであろうということを知るでしょう。国家は私たちの熱意を特典と栄誉によって飾ったのです。今ではこれを私たちは若者たちに喜んで授けます。なぜなら今はそうした議論の混迷のなかで，こうした哲学の一般的な勉学に従事するといったことは，並外れた称賛に値するからです。以上。

---

9 「はじめて見れば，半分は済んだと同じことなのです」(『ホラティウス全集』鈴木一郎訳，玉川大学出版部，2001 年，555 頁)。「キリシアの諺『はじめよければ，すべてよし』のラテン語訳」(689 頁)。

5 倫理学概要 (1532 年)

Epitome ethices[1]

「宗教改革の倫理学者」(Ethiker der Reformation) とディルタイによって呼ばれたメランヒトンは[2]，ルター神学の観点からアリストテレスの著作内容を変容させ受容した[3]。その一連のプロセスは，『ロキ』やアリストテレスの『ニコマコス倫理学』への注解，およびここに訳出した倫理学や道徳学に関する書物の改訂版を追うことで跡付けられる[4]。

1532 年にはヴィッテンベルクで『ニコマコス倫理学』第 1 から 3 巻そして 5 巻についての詳しい注解が出版された。しかも同年，大学ではこの倫理学に関するメランヒトンの講義も行われた。この講義の手稿は学生たちのあいだでは当初より出回っていた。1538 年に『道徳哲学概要』(Philosophiae moralis epitome) としてシュトラスブルクで出版される以前である。これは 1546 年まで度々改訂され，1550 年『倫理学の基礎および倫理学第 5 巻の釈義』(Ethicae doctrinae elementa et enarratio libri quinti Ethicorum) とタイトルも新たに公にされた[5]。

1　Heineck, Hermann : Die aelteste Fassung von Melanchthons Ethik. Berlin 1893. 英語訳として次も参照した。Keen, Ralph (ed.): A Melanchthon Reader. New York 1988. S. 203-238.

2　Cf. Frank, Günter/Mundt, Felix (Hg.): Der Philosoph Melanchthon. Berlin 2012. S. 45.

3　拙著『近代教育思想の源流——スピリチュアリティと教育——』成文堂，2005 年，185 頁，参照。

4　Cf. Petersen, Peter : Geschichte der aristotelischen Philosophie im protestantischen Deutschland. Leipzig 1921. とくに自由意志観の変化については次を参照。Graybill, Gregory B.: Evangelical Free Will. Philipp Melanchthon's Doctrinal Journey on the Origins of Faith. Oxford 2010.『倫理学概要』については同書 S. 199-203. 参照。

5　Cf. Melanchthon, Philipp: Ethicae Doctrinae Elementa et Enarratio Libri quinti

172　第II部　翻訳編

　ここに訳出したのは，ノルトハウゼンの図書館に保存されていた手稿をヘルマン・ハイネックが1893年に初めて活字として出版したものである。講義に臨席する学生のために作成された手稿であるが，メランヒトンのその後の倫理学もしくは道徳哲学の基本型が素描されている。ペーターゼンは「メランヒトンの体系にとってニコマコス倫理学の意義は，道徳の領域で自身の理念を発展させるための建築の基礎および足場となるところにある」[6] と述べている。ルター神学の信仰の立場からアリストテレス哲学の枠組みを利用し，ときにこれを修正・変容させながら，哲学の領域と神学の領域，道徳や倫理の及ぶ領域と福音が作用する領域，意志が自由である領域とそうではない領域を区別し，そのおのおのの活動を最大限に発揮させようとする点など，メランヒトン思想の根本的特徴が至る所に見出される。

＊　　　　　＊　　　　　＊

善と悪の究極について

1　道徳哲学とは何か

　それは，すべての徳に属する義務について教えてくれる完全なる知識である。これを理性は人間の自然本性と一致するものとして理解する。しかも，これは現在の市民生活上の習慣においても必要である。

2　哲学と福音はどう違うのか

　まず，ここで律法と福音とは遥かに別のものであると心得ておく必要がある。というのも神の法（lex dei）は私たちがどのようでなければならないかを教え，神と人間とに関してどのような行いが優れているかを教えてくれるからである。しかし福音は私たちにキリストによる恩恵によって神に喜ばれ

　Ethicorum. hrsg. u. eingel. v. Günter Frank. Stuttgart 2008.

6　Petersen, op. cit., S. 86.

ることを教えてくれるからである。これは律法の業ではない。どのようなことで神が私たちから宥められるのか。いわばその原因や法の規定を付加するものではないのである。哲学は福音でも福音のある部分でもなく，神の法の一部分（pars divinae legis）である。というのも自然法（lex naturae）それ自体は神によって人間の心のなかに記されてあり，この自然法は理性が認識し市民生活にとって必要な徳に関する神の法であることは，まさに真実であるから。すなわち哲学はもともと自然法を解明したもの以外の何ものでもない。しかし私は哲学がすべて人間の見解だと述べたいのではない。それは確実な知識であり論証を伴っている。この他にも神の法と哲学とのあいだには違いがある。というのも神の法は神に関する霊的な慣習について教え，哲学は理性によって判断される行いについて教えてくれるから。あるいはごく単純にいえば，哲学とは理性が認識する限りでの法であり神の法である。ともかく，もしだれかが〔神の法である律法・十戒の〕第一の板を廃棄しようとするなら，そのとき哲学は神の意志については何も確言しないことになってしまう。哲学は理性が認識する限りでの法であり神の法の第二の板なのである。

3　キリスト教の教えに哲学を用いることは許されるか

　もちろん許される。というのもキリスト者には神の法と自然法とを用いることが許されているのと同じように，哲学を用いることも許されているから。哲学は神の法の一部分と呼ばれ自然法の解明だからである。それにもかかわらずキリスト者は法や哲学によってではなく，やはりキリストの恩恵によって義が獲得されることを心に留めておかねばならない。またキリスト者には市民的秩序や公的な事柄に関して法を用いることが許されているのと同じように，哲学を用いることも許されている。すなわち統治者の法は暴力を禁止するために必要な，いわば公的規律であるように，哲学は欲望を抑制するのに必要な，いわば個人の規律であり，徳の理解と勉学に向けて人々を習慣づけるのである。

174 第Ⅱ部 翻訳編

4 これは何に役立つか

第一に欲望を抑制する規律を手に入れるために神の法は必要であり，同様に統治者の法を知ることも必要である。哲学が有益であることを理解するのは簡単である。これは個人の規律であり，その原因と源泉を示しながら私たちに徳の力と本性とを明らかにしてくれるし，徳を愛するように駆り立ててもくれるからである。というのも，このように高潔な事柄について考えること自体が，魂に対して徳を耕すよう刺激するからである。勉学は性格に変わるからである〔習いは性となり〕[7]。同様に宝石の本性を探究することがだれかを喜ばせるとき，どうして人間本性の内にあるすべての最高の事柄を見つけることが，つまり自然本性そのものはどのようにして私たちを徳ある魂へと呼びかけているのか，どのようにしてすべての徳の原因は私たちの魂のなかに書き込まれたのか，と考察することが多くの者を喜ばせないでいることがあろうか。こうした学問探究による贈り物の他に，すべての自然においてこれ以上に優れたものはないのである。というのも，こうした知識はたとえ自然本性の欠陥もしくは病〔原罪〕によって私たちが損なわれ，ある程度は曇らされているにせよ，人間における神的なるものの痕跡であり像であるから。

5 道徳哲学と統治者の法または訓戒との違いは何か

統治者の法や訓戒の通達には原因や理由を持たない単なる規則が含まれている。これに対して，哲学は自然それ自体のなかにある規則の源泉と，その必然的な理由を探究する。

6 人間の目的とは何か

原因が探し当てられたとき事柄はついに解明されるのであるから，今度はどのようなことについてでも，その目的が探究されなければならない。した

---

7 勉学〔熱意〕が習性に変わる，熱心に学んだことが性質となる。Abeunt studia in mores. 野津寛編『ラテン語名句小辞典』研究社，2010年，1-2頁，参照。あるいは「性格」に変わるといってもよい。オウィディウス『名婦の書簡』のなかの一節。とくに『世界文学大系67 ローマ文学集』筑摩書房，1966年，347頁，参照。

がって聡明かつ学識ある人々は人間の目的について探究する。とくに哲学の
他の部分は別の原因について語るが，道徳哲学は人間の目的の探究に全力で
取り組む。このようにして自由な認識がもたらされることになる。というの
も人間が自らの自然本性の目的について理解することは，もっとも価値ある
ことだから。アリストテレスが初めて幸福が人間の目的であると定義し，あ
るいは幸福という言葉を用いてこれに〔初めて〕答えた。私たちは彼の定義
に従って主張しよう。理性は徳の行い〔徳ある振る舞い〕が人間の目的であ
ることを示している。つまり理性は徳の行いが善のすべてであると判断する
のである。そして，それはそれ自体が持つ価値のゆえに追求されるべきすべ
てである，と理解される。多くの者は徳が人間の自然本性のなかに記されて
いて，人間はとりわけ徳に向けて作られており，人間の自然本性は徳に向か
って呼び寄せられているなどという。私は先に哲学は神の法の一部分である
と述べた。ここから人間の目的について判断することができるであろう。ま
さに神の法は，人間の目的が理性によって理解される限りでの法に従うこと
にある，と述べるのである。もちろん神の意志について理性は確かめること
はできないが，しかし外的および市民的な生活に関する法を理性は理解す
る。そして福音の判断によれば，人間の目的とはキリストによって与えられ
た憐れみを認識して受容し，反対にその好意に感謝をし，神に従うことにあ
る。しかし私たちは今，理性が与えてくれる目的について話をしている。そ
れはすでに述べたように徳の行いについてである。が，これに続いて他の外
的な目的が付随する。神は法に従うことによる報酬を約束する。「私の掟と
法とを守りなさい。これらを行う人はそれによって命を得ることができ
る」[8]。「あなたの父母を敬え。そうすればあなたは，あなたの神，主が与え
られる土地に長く生きることができる」[9]。しかし哲学は神の法の一部分で
あるから，こうした報酬はもちろん哲学に与えられた徳に属することにな
る。したがって，こうした市民的な徳に対しても神は報酬を与えてくれるこ
とを入念に心に留めておくようにしよう。

---

8 レビ 18:5。
9 出 20:12。

176 第Ⅱ部 翻訳編

7 人間の目的は徳の行いにあることの証拠

それぞれの自然本性に適った固有の行いが，その行いの目的である。
徳の行いは人間〔の自然本性〕にもっとも適った固有の行いである。
したがって徳の行いは人間の目的である。

この証明は私たちの内にある自然本性の原理から引き出されたものである。賢人たちが自然のなかに隠された原理をどのようにして発掘し明示するのかを見るのは，非常に愉快なことである。なお，こうした証明は自然の法によって判定されねばならない。

8 目的に関するこうした教えはどのように用いられるのか

最初にして最高の自然法は快楽でもその他の何ものでもなく，徳が人間の目的であるということを聞いた後，続いてこの法がどのようにして用いられるようになるのかを私たちは見なければならない。というのも，あらゆる計画とすべての生活に関わる事柄を司るのにこの自然法は役立ち，それは利益や快楽が私たちを徳から遠ざけてしまわないようにしてくれるからである。究極の目的はすべての計画のなかで追求され目指され，あらゆる事柄においても優先されねばならない。よって信念に反して証言をするよりも，本性に従って死刑に至ったレグルスは非常に優れていることになる[10]。そして極めて不道徳なものと結び付いた奴隷状態がいくら有益であるとしても，誠実で必要な戦いよりも奴隷状態を好んだキュルシロスは不正ということになる[11]。自然に反して彼らは私的な利益のためにトルコ人たちと違法な協定を結び，祖国およびキリスト教界全体の名に対して危害を及ぼしたのであるから。彼らは誠実な僅かな努力の代わりに自然に反して振る舞い，私的な利益に資する道を好み，あたかも自分が一人でいるかのようにして最高の事柄を

---

10 『ホラティウス全集』鈴木一郎訳，玉川大学出版部，2001年，397-400頁，『キケロー選集9』岩波書店，1999年，152，336頁以下，参照。

11 デモステネス『弁論集2』木曽明子訳，京都大学学術出版会，2010年，116頁，参照。

押し潰し破滅させてしまったのである。とりわけそれらは善く，しかも幸せに生きるのに必要なものであったにもかかわらず。このように教えは実例に適用され，一般生活の事柄を明瞭にしてくれるが，そこには明快な教訓が含まれている。確かに哲学者の仕事によって伝えられる簡明さや味気なさが，これら教訓の重大性と可能性の認識を妨げてしまうけれども。

9 エピクロス派の見解はどう考えられるか

たとえヴァッラは他の哲学者たちとともに〔次に述べることを〕狂ったように非難するとしても，ここでエピクロスを取り上げてみよう。彼のいっていること，つまり快楽が人間の目的であると判断することはすべて誤りではあるが，しかし彼は表面的には強力なひとつの推論を行っている。

　　強制なしに自発的に自然本性が駆り立てる行いには目的がある。
　　快楽へと私たちは驚くほど自発的に駆り立てられている。
　　徳へはほとんど駆り立てられない。
　　したがって快楽が人間の目的である。

自然本性が堕落しており邪悪であると見なすことのできない者には，こうした哲学者の見解を覆すことは困難である。しかも，どこから人間のなかにこの不調和がもたらされたのか，悪徳への情欲がかくも激しくどこから来るのかについても，こうした者は容易には驚かない。これはキリスト教の教えによって判定される。しかし哲学者はエピクロスの見解に対して次のように年少者に答えることができる。自然本性のすべてが悪徳へと駆り立てられるのではなく，部分的に，すなわち下位の愚かな部分が駆り立てられているのである，と。そして上位の部分すなわち知性はこれに同意しない，と。したがって，すべての自然本性が悪徳へと駆り立てられるのではなく，上位の部分が抗議する場合，上位の部分や知性が自然本性そのものに一致するものと判断したり見出したりすることは，確かにより善いのであり素晴らしいことなのである。最後に，たとえ快楽が徳に続いて来るとしても理性は第一に徳が勝っており，たとえ快楽が付随しなくとも徳は追求されるべきものと認識

する。

10　徳の他に善はないと強く主張するストア派について私たちはどう考えるべきか

　まさにあるひとつの真の哲学があるのと同じように，ある仕方においてあるひとつの真理が存在する。それが理解されない場合には，事実から外れた間違いが語られることになる。さらに確かな論証を伴い，共通感覚ならびに自然の理性による判断から離れていないのが真の哲学である。しかも自然の理性は自然本性と一致することが善であると教える。そして誠実，有用さ，快さ，というように善には段階がある。同様に自然には他にも善がある。これは生き物が使用し機能するために作られたものである。あらゆる種類の生命，身体と自然の能力，食べ物，飲み物，富，支配といったものがそれである。道徳においては他の善についても確かに語られる。すなわち徳の行いについてである。したがって生き物が機能するために用いる有用で自然なものに対して善の名を与えようとしないストア派の詭弁は退けられねばならない。より正しくもアリストテレスは，たとえそのなかに善の段階を区別するにしても，有用性は自然の善であると語っている。これに対して有用性が善であることを否定する者は喜びを除き去ることになる。もし生きることが善でも，死は悪でもないとするなら，私たちがそれを求めるか避けるかは，もうどうでもよいことになってしまう。生活を混乱させ，多くの徳の行いを台無しにしてしまうものとして，これ以外のものがあるだろうか。なぜなら多くの徳はこうした事柄の周辺で，求められるべきか避けられるべきか，ころころと変転してしまうことになるからである。こうして，このような推論はストア派に自らのパラドックスを修正させるように考えさせるよう強いる。さらに彼らは有用性がたとえ善きものではなくとも，それにもかかわらず，それは運ばれるべき〔前に進められた〕もの（προηγμένα），すなわちより好ましいものという。このようにして彼らはアリストテレスが考えていたことを違う言葉で述べているか，あるいは間違いを述べているか，あるいは事柄の識別を台無しにしているか，そのいずれかとなる。なぜなら近頃の若い者たちは年長者とは反対のことを熱心に主張したがり，そのことでしばしば生

5 倫理学概要 179

活全体が狂ってしまうからである。こうしたことはホメロスが述べているように，まさに哲学者たちに次のような結果をもたらすことになる。自分たちの親に似ている者は少なく，多くの者たちはそれより実際に劣ってしまう[12]。

11 徳とは何か

もし，これをもっとも正確かつ明確に定義したいなら，徳とは正しい理性に従おうとして，これに傾斜する〔心を向ける〕習慣（habitus）であるといえる。もちろん，この法は自然本性のなかに元から置かれていなければならない。正しい理性には従うべきである。しかも，この最高法はほとんどすべての徳を支配し統治している。すなわち徳とは正しい理性に従うことであり，理性への服従である。しかも私たちのこの定義は，本質的にアリストテレスが定義する見解と完全に一致している。その言葉とは次である。徳とは中庸〔節制〕における選択の習慣であり，理性はあたかも賢者がそう判断するように，その選択を命じるのだ。さらに原因に関する定義もある。アリストテレスが選択的というとき，徳の動因となる原因について述べている。というのも徳は正しい理性の判断によって支配されているから。〔徳の〕究極の原因とは正しい理性に従おうと心を向けることにある。中庸は正しい理性から成り立っているというとき，アリストテレスは同じことを考えていた。どのように徳は実現されるのかということに関して，彼は作用因を追加している。それは情念における中庸や事柄における確実さといったことである。その結果，徳は恐怖と大胆とを中庸にし，私たちを適度なものへと呼び戻してくれるのである。

12 アリストテレスは何を選択的と呼んだのか

ラテン語では熟考あるいは判断することで何か考えを抱いたり行動したりすると翻訳される。というのも「選択」（προαίρεσις）には次の二つのものが含まれるからである。行動における熟慮と意志の自由である。アリストテ

---

12 「確かに，父と比べて遜色のない子供は少ない，多くは父に劣り，父に勝る例しは少ない」（ホメロス『オデュッセイア（上）』松平千秋訳，岩波文庫，1994 年，48 頁）。

レスはこうした小さな違いを，徳と徳に似通った見せかけのものを区別するために導入した。というのも外見的にはよく似たもののなかにも人間の行動にはさまざまな原因があるから。意志はあるときには他の仕方で動かされる。判断なしに自然の働きによって動かされるか，あるいは過失によって動かされるか，というように。そして，その結果はさまざまである。こうしてアリストテレスは（徳の像と称して）三つの段階を唱えた。「自然」（φύσις）は，だれかが自然本性のままで激しかったり静かだったりというように，判断を抜きにした自然〔生まれつき〕の気質（dispositio）である。よってカトーは生まれつき強靭であったので，首尾一貫していることは彼にとっては〔それほど大した〕徳ではなかった。というのも，それは理性によって支配されたものではなかったからである。しかし，それはある者にとっては無思慮な激情にもなる。「思い込み」（δόξα）は，人々が判断を抜きにしてある意見に同意させられたり，それに似たものによって動かされたりするときのような見解を意味する。ちょうどブルートゥスは自ら自分はストア派であってカトーの模倣者であるがゆえに自由で忍耐強いはずだと思ったように。「見せかけ」（βούλησις）は〔テレンティウスの喜劇に登場するほら吹き兵士〕トラソーのような虚偽を意味する。これらは彼らの意見や忠告に賛同する振りをしてそれに取り入るという能力にある。ゆえに，こうした段階が徳とは区別されねばならないとうのは容易に理解できる。というのも，これらは表面的には何か徳に似たものを持っているが，しかし徳に固有の確たる原因を備えてはいないからである。かくして選択という第四の段階が来ることになる。それは熟考や判断によって何かを行い，しかも自発的に行うことである。すなわち，これには二つのことが含まれていて，それは理性による判断あるいは熟慮と，自由な意志による決定である。このようにしてアッティクスは冷静であって，彼は判断によって首尾一貫性を保ち，公の利益の場に従ったのだ。もし，だれかが人間の問題についてこれらのことを考えれば，ここでの段階は容易に理解できる。生まれつきの性質から敬虔に駆り立てられる者は「自然において」〔自然本性から〕宗教的である，というように。「思い込みにおいて」人は何らかの見解や衝動へと動かされる。「見せかけにおいて」人はある振りをする。「選択において」人は堅固な正しい理性によ

って動かされる。このように徳が自然によるのか，思い込みによるのか，意志かあるいは選択によるのかを探究する場合，アリストテレスの見解は市民的に（civiliter）〔市民生活に関わることとして〕理解されなければならない。以上，私がなぜ選択的なものを徳の定義のなかに含み入れたのか，理解できるようにように語った。

13　徳はどのように分類されるか

　ちょうど学芸と同じように，徳は対象と目的によって区別される。たとえば医術は音楽と区別される。医術は病んだ身体の癒しに関わり，これに従事するが，音楽は響きに関する学芸である。このように徳がさまざまな種類に分類される場合には，対象と目的が問われねばならない。それが一般で慣習的な分類となる。が，哲学者たちが徳の種類をどのように分類したかについては後に語ることにしよう。まず律法の教えの段階に従って徳を分類してみよう。というのも律法より他に，さらに適切な徳の分類方法はないからである。この教えの秩序からもっとも適切で正確な徳の種類を抽出することができる。そして確かにこの秩序は徳を対象によって区別するという道理とも合致する。第一の板（PRIMA TABVLA）は，神に関することを固有に扱う徳を内容としている。というのも神は善い行いの最初の対象でなければならないからである。私たちは徳の分類を神に適合するように，神と関連して扱うように正しく秩序づけたいと思う。たとえ神と関連して取り扱う徳について哲学が正しく教えないとしても，それは外的な規律を含む事柄について列挙してくれる。というのも経験は共通感覚に対して一般に，破廉恥なことは神により罰せられることを教えるからである。そして〔経験は〕神に関して法の知識は，たとえ曇っているとはいえ人間の精神にいわば自然に根差していることを教えてくれる。それゆえに哲学は宗教を徳のなかに数え入れる。ここには神を恐れること，神に関するある外的な崇敬がある。その他として第一の板の真の徳には，神を愛すること，神の憐れみへの真の信頼，服従，感謝の行い，祈り，規律と儀式とを遵奉することがあげられている。

　第二の板（SECVNDA TABVLA）は，人間に関して実行される徳を内容としている。このなかで第一のものは上位のものに対する服従である。これは一

般に正義（IVSTITIA）といわれている。その種類は次である。親への愛，服従者への支配者の正義と支配者への服従者の正義である。というのも人間の社会にとってこれは第一に必要なものだからである。その結果として彼らのあいだには人間におけるある種の秩序が存在することになる。第二の板の最初の教えは人間の秩序に関連して展開している。次は身体の健康について教えている。殺してはならない。これは従順と関わる。三番目は結婚について。これは貞節に当てはまる。四番目は財産について。これは寛大さに当てはまる。五番目は真理について。ここで私たちが今まで吟味してきた徳の位階は残りすべての徳を包括することになる。というのも，これらを教えるにはきちんとした範疇にまとめることが必要であり，ゆえに哲学者たちはこれをしたのであった。ちょうど私たちが見たようにキケローはこれらを四つのカテゴリーにまとめたし，アリストテレスはそれより多くの種類を数えた。しかし，すべては十戒によってもっとも適切に把握される。この点で十戒は対象に従って分類される位階によって，適切にほぼ哲学的に探究される（philosophatur）ということを入念に考えなければならない。哲学者たちは実際にあるときは対象に従って，あるときは目的に従って分類する。というのも，ある徳は共通の社会を統治し，ある徳は個人を自然本性と品位を保つために独自に統治するからである。しかも徳の目的は人間自然の目的から定められる。そこから自然法も形成されてくる。しかし私はこうした徳一般の目的は自然を保つためにあり，社会とその他にも関連する目的を保つことにあるといおう。人間は社会のために作られており（Homo conditus est ad societatem）それゆえに社会を治めるためにそのための知識や徳が必要なのである。したがって自然法はある人々を導き，ある人々を従わせるためにある。同様に相互のコミュニケーションということもある。これは確かにある程度の理性が平等に保たれていないと成り立ちえない。ここから正義が生じてくる。それに加えて契約やすべての話し合いにおいては交渉に当たる者の一致が必要である。ここから真実（VERITAS）が生じてくる。また社会のためにはある責任を伴った自由なコミュニケーションが必要である。というのも人間は人間のために生れついているのだから。というわけで，その自由にさえも人間は責任を持たなければならない。ここに親切（LIBERALITAS）が

生じてくる。これに相互の感謝（GRATITVDO）が応える。というのも相互に好意を表現することがなければ等しく自然を守ることはできないからである。そして自然を守るには力に抗する防衛を必要とする。ここに勇敢（FORTITVDO）が生じてくる。ある知識や節制（MODESTIA）とか自制（TEMPERANTIA）とか，こうした類の徳はもともと個人を支配する。これらは快楽や苦痛の限界を命じるものであり，その結果として私たちは自然を守ることができるようになる。というのも人間には神に関する知識が神によって植え付けられているので，人間は神に対する義務に従わなければならない。ここに宗教（RELIGIO）が生じてくる。あるいは何か他の名称でこの徳を呼んでも構わない。こうして人間の自然本性の目的から自然法ならびに自然の知識が集積されてくるわけである。その後，知識は徳を生み支配するようになる。これがもっとも十全な徳の分類であり，これらは自然のなかに埋め込まれている徳の源と原因に向かって私たちを事実上導いてくれる。というのも，これらははっきりと考えられ知ることのできる自然の目的を示してくれるからである。そして，もしこの分類を先に十戒から借用したものと比較するなら，おのおのの分類の段階はそれぞれ互いに完全には違わないということが，容易に理解されるであろう。

14 だれが神にもっとも愛しく，とくに幸せか

ところで正しく働き，気遣い，さらに最善の状態に精神が秩序づけられている者が神にはもっとも愛しいように思われる。なぜなら，もし神が人間性を気遣うとするならば，人間のなかにある最高のもの，ならびに人間によって最大限に知られるものにおいて神が愛されるということに同意しなければならないように見えるからである。その最高のものとは精神である。そして，これは神にはもっともそうありそうなことである。神はお返しにこうした精神を愛する者には親切にし，誉を与える。この者たちは神を喜ばせるものを気遣い，正しくかつ非常に立派に行う。しかし，これをとくに賢者が行うことはよく認められている。ゆえに彼らは神にとってもっとも愛しく，それゆえもっとも幸福である。その結果として各人は賢さの度合いに応じて幸福となるのである。

15 学問はどれほど役に立つか

しかし徳，友情，快楽に関して十分に語られたとしても，（議論が完全であるためには）どれほど多くのものがこの小論にまだ必要かが分かる。あるいは，それには助言が付加されなければならない。というのも行動に関するこの種の学問については，よくいわれているように，知るのに限りがないからである。しかし私たちはこうした教えを，徳を比較するのに用いたり，できれば少しでも善い人間を作ったりすることができるように保持しておく必要がある。というのも，もし教えに善い人間を作る力があるのなら，神学者たちがいうように，これに大きな報酬が保証されねばならないし，価値が帰せられねばならないからである。これは自由な自然本性を戒め駆り立てるように見えるし，高邁な素質を備えた者を作り出すように見えるし，自然本性から品格を愛する者は風が吹くように自らを徳へともたらすようにも見えるのだが，しかし一方で群衆を徳へと促すことはできない。というのも彼らの自然本性は徳への敬意によってこれに従うのではなく，恐れによるからである。卑しさへの憎悪から悪事を避けるのではなく，罰によるからである。というのも彼らの生活のすべてが情念によって支配されるとき，彼らは快楽と快楽をもたらしてくれるものとを追求し，反対にあらゆる苦痛を避けようとするからである。なぜなら彼らはこうした素晴らしいものを味わったことがないために，善き言葉にも真に甘美なことにも配慮しないからである。学問〔教え〕がこれを正すことは不可能である（Nulla doctrina corrigere potest）。習慣によって（consuetudine）強固に身に付いてしまったこれらのものを学問によって変えることは至難の業である。そして，じつに自然本性と意志とがいかにもっとも敵対することがなくとも，やはり徳に従うことは困難である。ところで，ある者は自然本性によって，ある者は習慣によって，そしてある者は学問によって徳に従っているように判断できる。しかも生まれつきの自然本性は私たちの力の内にはなく，ある理由によって格別な幸福を与えられた者にあることが知られている。そして学問はすべての者のなかで等しく有効ではない。まずは凶暴な魂を制御し習慣を教え込むことが必要である。すると彼らは正しく喜んだり悲しんだりすることを学ぶであろう。ちょうど土地が種子を育み養うためには，まず耕されなければならないように。

5　倫理学概要　　185

というのも欲に捉えられた魂は制止する者の話を聞くことも理解することも
しないからである。ゆえに彼らを説得することはできない。確かに情念は言
葉ではなく力によって抑制されなければならないのである。よって徳に適合
するように，品位によって喜ぶように，醜いことを憎むように，まずこうし
た規則の樹立が最善となる。しかし幼い頃の教育が法によって形成されてい
ない限り，青年になってから徳へと向きを変えるのは困難である。というの
も節制して生きることや労働に耐えることは民衆にとっては，とくに青年時
代には，決して快くないからである。

16　徳の外的原因つまり習慣（adsuefactio）と規律について

それゆえ教育（educatio）と訓練（exercitatio）について述べなければなら
ない。というのも習慣（consuetudo）は苦痛を除去するからである。青年期
においては（in adolescentia）正しく教えられる（recte institui）だけでは真に
十分ではない。というのも，そのように品位あるように作られていない者た
ちを習慣づけること（consuefacere）が必要なのであって，彼らの年頃にお
いてはすべての生活において法が必要不可欠である。なぜなら民衆は言葉に
は従わないので強制されなければならず，むしろ品位そのものよりも罰の恐
怖によって動かされるからである。そのために，ある立法者は徳へと促さな
ければならないと判断し，品位のゆえにそれが追求されるようにしなければ
ならないとする。というのも，こうした善い素質（bona ingenia）はただこの
ような習慣にのみ従うからである。悪しき素質に対しては（contra malis
ingeniis）罰が与えられるべきである。最低の段階は回復の余地のない人々
である。これらは完全に撃退され根絶されねばならない。これに対して善い
素質は理性に従うことをさらに評価する。しかし怠惰な者は苦痛の恐怖によ
って抑えられなければならならない（necesse）。というのも彼らは獣のよう
に快楽を欲しがるからである。よって民衆が求めるこの快楽にもともと反対
する者は，彼らに最大の苦しみが加えられるべきだと見なす。そのうえ確実
な訓練のなかで正しく躾けられ慣れさせられ抑えられた善き人にとって，こ
れは当然であり快いことであり，強制によるとはいうものの醜いことをして
いることになはならない。これ〔善い素質〕は彼が精神によって確固たる規

186 第Ⅱ部 翻訳編

定に従う生活をしなければ保持されえないものである。

17 公的規律（publica disciplina）について

というのも父の規則〔キリスト教の教え〕は青年を強制したり，王を持たない者をだれかひとりでも教育したりするには十分な効力を有しないからである。しかし法は強制する力を持つ。そして，それはある賢明な精神から生ずる言葉である。他人の欲望を抑える人間は，たとえ正しく抑えるにせよ相手からは憎まれることになる。しかし法は正しく教えられたなら，相手をこのような憎しみに陥らせることはない。さらにスパルタの立法者は選ばれた少数の者たちのあいだで教育と訓練とを十分に支配していた。それに対して多くの他の都市ではこれは顧みられなかった。各人は〔一つ目の巨人族〕キュクロプスのように自らの判断に従って妻や子どもを支配して生きていたのである。

18 公的規律と私的〔個人的〕規律（disciplina privata）に関する結論

したがって法によってある確実なものが構築され，それによって公的規律が保持できるというのが最善ということになろう。その後，公然とこれが蔑ろにされるなら，各人は自分の子どもや友人が徳に向けて慣れるように，あるいは確かにそれを実行するように，努力してもらいたい。しかし法は子どもたちに示されなければならないという，この私たちの教えを学んだ者がこれらを私的に教えることは，もっとも適切であろう。いうまでもなく法は教授〔教育〕（institutio）が公的で共通のもの（publica et communis）であるべきことを付言している。しかし，これが正しくあるためには書かれたものであろうと書かれていないものであろうと，もちろんそれはどうでもよいのだが，ともかく教育は学問に由来しなければならない。この点に関してはだれひとりとして，または多くの者たちも教えようとはしてこなかった。音楽においても体育においても他の訓練についても同様である。ちょうど都市では法や道徳が影響力を持つように，家庭では父親の話や実例が役立つのであり，これらはさらに血縁や慈愛〔を深めること〕にとっても，より有効である。というのも子どもたちは親に対して自然と好意を寄せるものだから。

19 公的規律の他に私的規律は何を示すのか

さらに私的〔個人的〕な教育（privata institutio）は公的なものとは異なる。ちょうど医術の分野では，熱がある者にとっては断食と静養が役立つが他の者には役立たないように，格闘訓練場の教師は同じ種類の拳闘をすべての者に示すことはしない。というのも個別の事柄には私的な配慮が適用されることで〔効果は〕確実なものとなり，正しく統制されるからである。とくに個別にふさわしいことにとっては，それがよりうまくいくものである。

20 経験と知識について

しかしながら全体のこと，あるいはそれに類似する事柄について教えてくれる普遍的学問を理解しておく必要はある。それを知る者は単独のものを知る者よりも，あるときは医者，あるときは格闘訓練場の教師，あるときは何か他の種類の職人といったように，よりよく配慮するであろう。すなわち学識（scientia）は普遍的であるといわれ，またそうである。しかし，だれか無学な者でも個別のものに起こることを巧みな手段を用いて経験から知っていたという事態もありえるし，そうした彼らには他者を正しく教える才能があるといえるだろう。ちょうど他人を癒すことはできないが自分自身なら何とか癒すことができるようなものである。しかし，もし完璧に熟練した者（perfectus artifex）でありたいと望むなら普遍的学問に注目し，それができるだけ可能なだけ認識されねばならない。それゆえ学識は普遍の周囲をめぐるといわれた。そこで，もしだれかが他者を多くにせよ少なくにせよ，訓練〔教授や学識〕（disciplina）によってよりよく形成しようと欲するなら，このことを理解しなければならない。学問の法則（lex）によって人間の生き方（mores）は支配されているのである。ただし法によって人間がよりよく形成されるとする限りでの話である。しかし，もしだれかがそれをできるのなら，その人は医術や他の学芸におけるように熟達者や学者として認められるべきである。それには研究と学問といったものが必要となる。

21 徳の原因とは何か

徳の行いの原因（causae actionum virtutis）は自然法にせよ他の法にせよ，

188 第Ⅱ部 翻訳編

これらによって指示された精神による判断（iudicium mentis）およびその知識（notitiae）もしくは判断に従う意志（voluntas）にある。しかし確実で完璧な態度〔習慣〕（habitus）は行いだけからは生じてこない。むしろ確たる様式の行いに向かう衝動〔力〕（impetus）と呼ぶものは自然本性におけるある特異な傾向（inclinatio）に存しなければならない。この自然の傾向に訓練と習慣（disciplina et consuefactio）が付け加わるとき，これらは繰り返された行動となり，そのときようやく完璧な振る舞い〔態度・習慣〕（perfecti habitus）となるのである。自然本性によって助けられない限り完璧な音楽家にも詩人にもなれないように，徳に関してもクインティリアヌスは次のように述べている。徳は自然本性から衝動を得て教えによって完成される[13]，と。しかるにホラティウスはこういう。ミネルヴァの意に反してまでものをいい，身を処することはできない[14]。彼らはこれら自然の傾向を神からの贈り物と正当に呼んだ。ある神的なインスピレーションなしに（sine afflatu aliquo divino）偉大なものが存在することはない[15]，とキケローが正しく厳密に述べたように。哲学者たちはこれらの傾向の原因を，大方どこか天体の方角から推論された自然の適切な配置のなかに求めている。しかし自然本性によって助けられない者でも何とかある程度は歌うことができるようなるように，あるいは詩を作ることができるようなるように，あるいは慣れることができるように，たとえ遅くて粗野なものであるとはいえ，徳についても同じように判断されねばならない。人間の大多数はたとえ自然本性によって助けられてはいないとしても（etiamsi non adiuvatur a natura），それでも（tamen）徳の行いをある程度は行うことができる。そのために彼らは法によって規定され抑制されねばならない。しかし確固不動の習慣（firmi habitus）が個人の

---

13 「徳というものはある衝動傾向を自然から受けとるとはいえ，学問によって完成されるべきものである」（クインティリアヌス『弁論家の教育2』小林博英訳，明治図書，1981年，112頁）。

14 「そうはいっても，ミネルウァの意に反してまで物をいい，身を処することは出来ません」（前掲『世界文学大系67 ローマ文学集』，210頁）。つまり「天賦の才なくして」という意味。

15 「いかなる英雄も，神の啓示がなければ，偉大にはなりえなかったのである」（『キケロー選集11』岩波書店，2000年，196頁）。

5 倫理学概要　　189

流儀や自然の傾向から生じることはありえない。キケローはこの種の行いを見せかけの徳〔徳の似姿〕（simulacra virtutum）と呼んだ[16]。したがって徳の行いの根本となる原因とは理性の判断，意志，そしてそうした自然の傾向にあると私たちは主張する。それが徹底して駆り立てるものであるなら，それは特別な徳となり英雄的とも呼ばれる。ちょうど自然の特別な力が〔フランドルの作曲家〕ジョスカン・デ・プレを音楽へと駆り立てたことにより彼が素晴らしい芸術家となったように，そのように私は彼をあたかも音楽的英雄と呼びたいと思う。同じように他の優れた人物や巨匠についても判断されねばならない。たとえばテミストクレス，アレクサンドロス，スキピオ，カエサル，ホメロス，アルキメデス，オウィディウスである。彼らは自然の偉大な力によってそれぞれの学芸や徳へと駆り立てられたので，それぞれ自身のやり方で英雄となった。しかし哲学においては，私たちはもともと市民の徳について語っていることを認識しておかねばならない。たとえ確かに英雄的な徳は神からの贈り物であることが真実であるにせよ，この哲学においては市民の徳のなかに数え入れられるべきである。というのも不信心な者のなかにさえありえるようなこうした徳と，福音と神への信頼に固有な徳とのあいだには，確かにいくらか違う徳が存在するからである。これについてはここでは述べない。私たちは徳の原因が精神の判断および意志にあると決定したのであるから，ここで選択意志〔判断〕の自由あるいは人間の意志の自由について問われるのが普通である。これについて読者は少し注意を向けなければならない。

22　人間の意志は自由か

人間の意志は外的な行いを企てることにおいては，ある程度自由（aliquo modo libera）である。つまり人間の意志は目前のものごとを求めるか，避けるか，あるいは外的な行いにおいて理性の判断に服従するよう下位の四肢や力に対して命令を下し，これらはそうした理性の判断に従うことができる。聖なる書物〔学問〕（sacrae litterae）も人間が自らの力によって作り出した幾

---

[16] 「人生でつき合う相手は完璧な人間や無欠の賢人ではない。優れた行動をとる人々でも，備わっているのは徳の似姿にすぎない」（前掲『キケロー選集9』，156頁）。

らかの正義や法的正義があることを教えている。したがって人間のなかには
幾らかの選択〔の余地〕と自由がなければならない。これによって私たちは
自らに対して命令された法の責任を果たすことができるし，同時にそうでな
ければ反対の行いをすることができることに〔皆は〕同意するであろう。同
様に人間がその意欲をさまざまな学芸に傾け，さまざまな学芸に熟達するこ
とができるのも明らかである。したがって人間自然のなかには幾らかの自由
が存する必要があり，それによって私たちはある様式の行いへと自らを向け
ていくことができるし，さらにこのように向けられて，よりよくより確かに
働くことができるように熟達し，自然本性を援助することができるのであ
る。すなわち学芸における行いと徳の行いとのあいだには一致と類似があ
る。そこで，これら二つの理由によって，そのひとつは聖なる書物〔聖書〕
から得られるもので，他のひとつは経験から明らかになるのだが，人間の意
志には自由があることが証明されるわけである。しかし人間の自由を二重に
引き下げる者もいることを私たちは知らねばならない。私たちの自然本性を
注意深く見ない若干の者たちは神的な支配に注目し，神の計画によって支配
されているすべてのものが必然的に生じると教える。こうした理由から彼ら
は意志の自由をも引き下げてしまう。しかし，こうした理屈は哲学と混同さ
れてはならない。というのも哲学は神的支配について判断するのではなく，
私たちの自然本性を観察するからである。しかし，もちろん神学者には神的
支配のゆえに自由を取り除いてしまわないように，この点についての知恵が
必要である。というのも聖書は自然本性の内にある程度の自由が存している
ことを証しているからである。だが神は自然をそれら自体に固有の状況に従
って支配している。理性的なものはそれにふさわしい方法で，また獣的なも
のは他の方法で，というように。自由をなくしてしまう他の理由は人間の自
然本性そのものの弱さにある。自然本性は罪によって損なわれてしまったの
で私たちは悪い情念で溢れている。もちろん，たとえ人間のなかに善い情念
が生じ，それが若干でも残っていて誤りなしに留まるとしても，今や神への
恐れや神への疑念など，神に対する邪悪な情念は人間から離れることがな
い。しかし，たとえ意志は自らすべての邪悪な情念を取り除くことができな
いのが真実であるにせよ，それにもかかわらず外的に品位ある行いを私たち

に命じてこれを行うことは可能である。たとえ人間があるときには自然の弱さによって，あるときには悪魔によって，ある程度この自由が妨害されるとしても，それは可能である。もちろん自然本性の弱さによって人間は正しい理性よりも邪悪な情念により多く従うようなことがしばしばである。相変わらず悪魔は頻繁に人間たちを外的に恥ずべきことへと駆り立て，その力のなかに不敬虔な者たちを保持しようとしている。それにもかかわらず人間の内には外的に品位ある行いを選択することの自由が，ある程度は残っているのである。たとえ自然本性の弱さが困難なくして克服されることはないにせよ，残っているのである。だが神による加護は悪魔の陰謀や衝動を抑えようとする人間の勤勉さよりも偉大である。そこで，この外的に品位ある行いが市民的および道徳的な徳と呼ばれるわけである。

23　規律あるいは習慣について
　たとえ完璧な徳は，いわば衝動あるいは自然本性による運動が魂を勤勉さに向けて刺激しない限り存在しえないにしても，やはり節度をもって行動する習慣あるいはその能力を獲得して繰り返す行いが（激情が理性を支配してほとんどこれに打ち勝つあいだに）付け加わらない限り，衝動は完璧な徳を作り出すことはない。これは従来エトス（ἦθος）〔習慣づけ〕と呼ばれている。つまり，その際に私たちは秩序と慎重さをもって混乱や動揺なく行動するのであり，ここに反抗的で獣的な状態は決して生じてこない。とくに，このように節制を行うことはもともと理性にとって価値のある〔それに似つかわしい〕落ち着きと一貫性であるから，フマニタス〔人間にふさわしい在り方・生き方〕と呼ばれている。そして，よく教育された者は野蛮な者とこの点においてとくに異なっている。確かに野蛮な者のなか（in barbaris）にもときには優秀な才能を持つのもいるが，しかし教養と教育が付け加わっていないので，このような節制と平静には欠けている。しかも彼らの徳は無教育〔無教養〕の詩と大して異なるところはない。たとえ才能に秀でているにせよ，それにもかかわらず彼らは自然本性を支配し構成する技〔学芸〕に欠けているため，未熟で混乱してものを書いてしまう。したがって自然本性を慣れさせ〔馴致し〕，行いにおいて教育する必要がある。それゆえに，よい規律とはこ

192　第Ⅱ部　翻訳編

こでは徳に向けてのあるときは教えであり，ある場合には習慣づけが必要となり，これは学芸におけるそれと違わないものが必要となる。というのも，だれも教えと習慣づけなくしては（sine doctrina et adsuefactione）大家（artifex）とはならないからである。同様に徳も教養〔教化〕なくしては（sine cultura）形成されえない。というのも習慣は繰り返される行いから（habitus ex crebris actionibus）生じるからである。ちょうど蠟は使用することによってやわらかくなるように，才能もまた使用されることである程度の硬さと野蛮さを駆逐する。したがって徳の原因の内には教え〔学問〕あるいは習慣（doctrina seu adsuefactio）が数えられなければならない。そういうわけで，これに関して哲学者のすべての書物が記されてきた。というのも学問か，それとも自然が徳を生むのか，ということが最大の問題であったから。つまり徳は教えられるのか，ということである。この問いには，もし徳が学芸と比較されれば簡単に判断がつけられるであろう。というのも，ちょうど自然の傾向と教育とが一致した場合に詩人が生まれるのと同様に，完全な徳にとっては，これらすべての原因が集合し一致しなければならないからである。すなわち精神の判断，判断に従う意志，自然の傾向，そして学問のすべて〔の調和〕である。プルタルコスはルキュルゴスの例を引きながら学問について巧みに公に語っている。彼は二匹の犬を育てていた。その一匹は下等だったがよく教育されていて，悪く躾けられた血統のよいものに打ち勝ったのだ[17]。そしてエウリピデスは語った。優れた育ちは誠に貴いものを教える[18]，と。またアリストテレスは少年に対して自然本性を馴致すべきことを

17　プルタルコスにおいては「スパルタ人たちの立法者であるリュクルゴスは，同じ親犬から一緒に生まれた二頭の子犬を引き取り，互いにまったく異なる方法で飼育して，その一頭を食い意地の張った悪戯好きの犬にし，もう一頭を臭いの追跡で狩猟ができる犬にしました」とあり，「この二頭はどちらも同じ親犬から生まれたが，異なる飼育を受けた結果，一等は食い意地の張った犬となり，一頭は猟犬となったのだ」として習慣のづけの重要性について述べている（プルタルコス『モラリア1』瀬口昌久訳，京都大学学術出版会，2008 年，8-9 頁）。

18　「妙ではないか，悪い土地も天候に恵まれればよい穂を実らせ，よい土地もうくべきものをうけず，不作となるに，人の子では，卑しい者は常に卑しく，立派な者は立派で，運命の重荷も害することはできず，常に秀れているとは。これは生まれによるのか，それとも育ちか。秀れた育ちはまことに貴いものを教える」（『ギリシア悲劇　Ⅲ

しばしば勧めている。ちょうど種子が保持されるためには，種がまかれる以前に土地が仕込まれ，さらに耕されなければならないのと同じようなものである。学問とは何か。人間にふさわしい在り方・生き方（humanitas）とは何か。こうしたすべてのことを野蛮な人間たちは何も知らない。しかし，それでもよき自由な教育は，できる限り，あるときは学問を守り，あるときは破壊されたものを復活させるために戦わねばならないのである。

24　情念〔感情・情動〕とは何か

　これまでは徳の原因について述べてきた。ところで情念（affectus）はときには徳の対象であり，ときには何かそれに関連したものでもある。よって最初に徳の種類について説明する前に，情念について述べなければならない。とくに情念に関して哲学者たちのあいだでは数多くのさまざまな反対論が存在してきたし，これについては神学者たちが愚かなストア派を称賛するような悪しきことさえあるからである。情念とは，それによって欲求や意志が何かを追い求めるか，これから逃げ去るかする運動〔動き〕（motus）である。ちょうど打たれた皮膚が刺激されるのと同じように，魂は快いかあるいは不快な何かがもたらされると動かされる。苦痛や快楽の外的器官は身体のすべての部分に，そして内的な心臓〔心〕（interiora cor）に，肝臓（iecur）にある。心臓は喜び，悲しみ，望み，恐れによって動かされる。肝臓は欲望（libido）へと駆り立てる。こうしたことから情念とはどのようなもので，その本性はいかなるものかが容易に理解できる。というわけで情念には主に四つの種類がある。喜び（laetitia），悲しみ（dolor），望み（spes），恐れ（metus）である。これらの混合から他のすべての情念が生じる。

25　すべての情念を単純に否定するストア派のアパテイアは称賛されるべきか

　決してされるべきではない。というのも情念には二種類あるから。あるものは理性と調和する。夫婦愛，子どもへの愛，善に値する者への好意，不幸

エウリピデス（上）』ちくま文庫，1986 年，373 頁）。

な者への憐れみ，不正を引き起こす者に対して怒ること。これらの情念は自然の愛と呼ばれる。これらは，たとえ腐敗したものではなくとも人間の自然本性のなかに〔もともと〕あったものである。というのも情念はすべて自然から運動と生命とを引き出しているからである。なぜなら生命とはいわば絶え間ない運動であり動きであるが，情念とはこうした情態にある運動や動きの観念である。たとえば飢え渇きはある種の自然的なものであって，それなくして自然は存在しない。同様にその他の情念も理性と調和し，自然において善きものであり，かつ神のなせる業でもある。眼やその他の部分もそうである。したがってストア派が自然と戦い，すべての情念を否定してアパテイア〔無感動〕（ἀπάθειαν）を求めようとするとき，これは自然から運動と生命とを取り除いてしまうことになる。しかも理性と調和するこうした衝動を聖なる学問〔書物〕も推奨していて，これはすべての情念を取り去ることを命じてなどいない。そのようなことをすれば自然を単に滅ぼしてしまうことになるであろう。そうではなく，これは善き情念を思い浮かべる〔志す〕ように命じている。すなわち隣人，妻，子どもを愛すること，不幸な人々に対する憐れみ〔共苦〕の感情などを志向するように，と。これらの情念は決して徳と葛藤することはなく，むしろ徳〔の働き〕をさらに助長する。ちょうど馬が自ら激しく速ければ容易に駆り立てられるのと同じである。このように，いずれの訓練もこうした傾向と情念〔自然の愛〕（στοργαί）からなり，それによって徳はより堅固なものとなり，正しい理性に容易に従うようになり，意志の選択を助けるようになる。そして，こうした種類の激しい情念〔自然の愛〕がよい優れた人物のなかにあることは，まさに神からの贈り物である。したがって神学者たちがもしストア派を称賛し，自然からすべての情念を取り除くべきだと主張するなら，それは正しい判断ではない。しかしながら区別は尊重されねばならない。自然の愛は束縛されなければならない。つまり理性と調和する情念とそうでない情念である。その他の情念は理性と戦うことになる。そして，こうした〔理性とは調和しない〕者たちを見分けるのは容易である。つまり彼らは自然法や十戒，さらに他の品位ある法と戦い，他者の財産や妻を欲しがるなどする。こうした情念は退けられねばならない。

26 自然におけるこの相違はどこに起源があるのか

もし人間の自然本性が罪に染まっていなければ，すべての情念は神の法や正しい理性の判断に従うであろう。というのも，こうして服従するように自然は作られているからである。つまり鳥は飛ぶために，あるいは魚は泳ぐために，というように。しかし人間の自然本性は神学者たちがいうように原罪によって破壊されてしまっているので，確かな神の知識は失われ，神への無知や，神に関する疑いや，さらに神の法と争う他の欲望が生じてしまった。しかしながら，とかくするあいだにも感覚に属する事柄をめぐっては，ある種の善い情念は残っている。それは，すなわち市民的な交際〔社交〕(conversatio) に関するものである。たとえ人々が悪に感染して汚されてしまっているとしても，それにもかかわらずある種の自然の衝動や神からの贈り物は，理性に従う事柄に関する真の知識と同じく存在している。こうした悪しき情念の原因は哲学者には分からないとキリスト教の教えは説く。彼ら哲学者たちは不思議にもこうした議論にこだわり，どこから人間のなかにこのような情念と理性との不一致が生じたのかと驚嘆する。

27 アリストテレスは情念についてどのように判断しているのか

すべての生き物において感覚と同じく欲求 (appetitio) は必要である。しかし周知のように魂の能力のなかに欲求の能力はあり，それは魂をしてふさわしいと見えるものを求めるように駆り立て，また不快なものを避けるように駆り立てる。すなわち，これを取り除くことは魂そのものおよび事物の運動を自然から取り除くことになる。したがって人間の自然本性から情念を取り除くことを命じるストア派は判断を誤っていることになる。これは，つまり自然の優れた部分とすべての運動とを自然から取り除くことになる。ゆえにアリストテレスは自然から情念が取り除かれるべきではないと考え，これが生き物の自然本性のなかに植え込まれていると判断する。その結果，これは行われるべきことへ駆り立てるように，ある種の刺激となるのである。また，ある情念は腐敗しているので理性によって支配され節制といったものへ連れ戻されるように，と教えている。すなわち限界といったものを突き破って，何か理性に反することをするように私たちを駆り立てないようにするた

196　第Ⅱ部　翻訳編

めである。したがって怒りは兵士として用いられるべきであって，指揮する
ものとしてではないと述べている。同じことは情念について全般的にいえる
ことである。彼が市民的義務について述べるとき，すなわち自然本性は情念
によって行動へと駆り立てられているのだが，しかし，これは理性によって
支配され，ある確かな流儀へと呼び戻されねばならない。というのも欲求を
抜きにしては，自然本性は何も求めたり避けたりしないのだから。

28　プラトンが人間は不本意的に悪であるといったのは正しいか

　この見解はしばしば引用され，多くの者が不合理なところは何もないとい
う理由で，これを称賛する。そこで生徒〔学生〕たちはこのことについて賢
明に判断するようになるために，これに言及する必要があると思われる。最
初に，なぜそうしたことをプラトンはいうのか，そのように彼を動かしたも
のは何か，ここで考える必要がある。人間の自然本性は徳に向けて作られて
いることは事実である，と彼は見た。つまり人間の最高の部分すなわち理性
の判断によって私たちは徳へと呼ばれている，と。その見解は正しく，まさ
にその他の部分は理性の判断に従わねばならない。それゆえに，これらがい
うことをきかない場合，人間は意に反して〔不本意に〕悪であると彼は述べ
る。これは自然本性の他の部分すなわち判断と争うことであり，そのわけは
複数の情念が理性の判断と争い，多くの者たちが正しい判断よりも自らの情
念のいいなりになってしまうことにある。さらに，しばしばいわれているよ
うに，すべての賢明な人々が人間の自然本性のなかにあるこのような多様性
にしばしば驚く。それはキリスト教の教えのみが明示してくれる原因を見な
いからである。したがってプラトンのいうことがそのように受け止められれ
ば，人間は理性の判断を否認することによって不本意的に悪ということにな
る。情念に関して理解されればこれには何も不都合なことはない。というの
も自然本性には邪悪な情念が付着していて，これは自発的に獲得されたので
はなく，私たちとともに生れついているからである。たとえ人間の自然本性
が徳へと向けて作られているように見られるにせよ，生まれつきそうなので
ある。他の残りは外的な行いに関して理解されては決してならない。あたか
もプラトンが人間は必然的に外的な過失を犯さざるをえないとか，または情

念は決して制御できないとか考えるように〔理解されてはならない〕。という
のもプラトンはしばしばいうように，外的な行いを制御するのが意志であ
り，たとえ情念と戦うことになるにせよ，これは人間の四肢に外的な品位あ
る行いを命じることができるからである。ちょうど足を病んでいる者が，た
とえ病気が彼を妨げるにせよ，ある程度歩くように命じることができるよう
なものである。人間はこのように矛盾した要素から作られた，ある種の驚く
べき動物であるとプラトンがいったのは，まさに正しい。したがって意志が
外的な行いにおいて自由を持つ際には，人間は不本意かつ自発的に外的な過
失を犯すことはない。したがって法は自発的になされた過失を罰するのであ
る。

29 正義について

目的について，徳の定義について，情念について語った後，いよいよ〔これ
らの〕種類についての説明を始めよう。というのも徳の種類についての説
明がまだ残っていたので，これに迫っていこうと思う。徳の種類については
正義から取り掛かるのがまさに適切である。これは要となる徳の種類であっ
て，他のすべての徳なかのいわば女王に相当する。というのも社会での生活
にとってこれはとくに必要であって，これを抜きにしてはその他のものは役
立つよりも害をなすことになるからである。したがって，これは他の徳の用
法を支配し，これらを社会的な生活に仕向ける。正義は人間の自然本性と最
大限に一致し，これと市民的社会とを固く結び付けるので，それにふさわし
く最高度の称賛によって称えられるのである。アリストテレスが次のような
ことわざを述べたことは，もっとも真実で心地よい。宵の明星も暁の明星も
正義ほど美しいものはない[19]，と。しかし国や帝国から放逐されてしまった
後，静寂のなかに逃げ込んだ正義を私たちは取り出し，哲学者が書物のなか
で語っているのを聞くとしよう。このなかには正義の形式の最上の表現が見

---

[19] 「正義がしばしば徳のうちの最もすぐれたものと考えられ，『夕星も暁の星も』これほ
どまでに嘆賞に値するものではないと考えられるのもそのゆえであって，私たちはこと
わざに『正義のうちに徳はそっくり全部ある』といっている」（アリストテレス『ニコ
マコス倫理学（上）』高田三郎訳，岩波文庫，2009 年，224 頁）。

出される。

30　正義という言葉を単純に用いることはあるか

　ごく少なくではあるが，ある。というのも，だれにも最大限損害を与えないようにするため，ときどき私たちは法に従わない者について，これを不正義だというからである。そこで正義には二つある。ひとつは普遍的なもの，もうひとつは個別的なものである。普遍的なものとは法への服従である。したがって，これはすべての徳を包括するが，服従に向けてすべての徳をまとめる。こうして残りの徳は正義の呼びかけに従わされることになり，法に服従することになる。そこで確かにこの正義は私的な人間本性においてと同様，社会および統治においても第一の徳となる。すなわち記録された徳は自然法から成り立つべきであるから。ところで人間における第一の自然法とは，人間のその他の部分が理性に従うことを目的としている。こうして統治および社会的共同体における第一の法とは，法に従うことなどを目的とする。聖なる書物〔聖書〕では何度も法の正義について言及されるたびに，この普遍的な正義が理解されているのであって，すなわちそれはすべての法に際しての服従を意味し，よってすべての徳を包括することになる。しかしパウロの議論においては正義〔義〕とは恩恵の賦与を意味している。というのも彼は法の正義と福音の説く正義〔義〕とを区別しているからである。

31　その他の正義の種類とは何か

　特殊的正義（iustitia particularis）はある確かな徳の種類であり，それはすべての徳を包含するわけではないが，しかし，この社会的生活のなかで報酬や懲罰の応酬において実現される。アリストテレスはこれを二種類に分けた。交換的（commutativa）なものと配分的（distributiva）なものである。交換的正義とは品物に応じて正当な報酬を与えることである。そして，これは商売に役立つので生活においてはとくに必要であり，社会生活のなかで使用されるべき私的正義のなかでほぼ第一の段階を占めている。これには日常の定義がまさにぴったりなのだが，それは法律に精通した者がプラトンから引用したもので，プラトンはシモニデスにその著者を帰している。正義とはお

のおのに各自のものを支払うことである[20]。しかし，この定義はもしこれが
繊細に解釈されるなら，他の正義の種類にも応用することがでる。というの
も他の種類はある程度正義という名称を，この段階あるいは交換的なものか
ら借りてきているからである。それゆえ実際に残りの徳は，いわば当然の価
値を妥当な流儀で法に従って支払うがゆえに正義といわれるのである。よっ
て法にそれは帰される。ところで交換的なものはすべての契約を規定する。
というわけで，これは生活にとって必要であって，もっとも遠くまで広がっ
ていることが容易に分かる。そのうえ，これは次の自然法から生じている。
だれも傷つけてはならない。すなわち先に見たように，個々の徳は自然法に
由来することを知るべきである。したがって交換的正義はこの方面から定義
することができる。交換的正義とは物や振る舞いの交換においても，契約に
おいても，だれも傷つけないことを意味する。アリストテレスはこの正義の
効果のみならず定義のなかで，その対象をも把握した。すなわち交換的定義
を契約において算術の調和によって平等を作り出すことと定義したときに
〔算術的比例に基づく矯正的正義〕[21]。

　さらに加えて同じ定義のなかでアリストテレスは，もっとも聡明に正義の
最大の特質は平等を作り出すことであると示した。というのも商売において
はあるいは物そのものによって，あるいは幾何学的あるいは算術的な調和に
よって，あるいは理性によって確たる平等が作り出される必要があるのであ
って，このとき平等が保たれて初めて契約的正義と私たちはいうのだから。
というのも商売はかくして真の平等が保たれない限り広まることはできない
からである。ここに平等や同じく交換について教える格言がある。何かを与
え，何かを得る。私は与え，得る。同じようにエウリピデスも述べる。人々
のあいだに平等法が生じた。これは平等から正義が生じることを示してい

20　「それぞれの人に借りているものを返すのが，正しいことだ」（『プラトン全集11』岩
　　波書店，1976年，34頁）。しかし，実際にシモニデスの現存作品のなかには，この言葉
　　は見出されない（35頁，注1）。

21　アリストテレスにおいては矯正的な正義もしくは是正的正義。アリストテレスの正
　　義については，次を参照。岩田靖夫『アリストテレスの倫理思想』岩波書店，1985年，
　　235-287頁，小沼進一『アリストテレスの正義論――西欧民主制に活きる法理――』勁
　　草書房，2000年。

200　第Ⅱ部　翻訳編

る。さらに，ことわざは平等によって共通の社会が保たれていることを証言している。平等は互いに対して戦争しない。したがって正義に関するすべての議論においては平等といったものが求められることが習わしとなっている。この原則がこの議論すべての，いわば頭であることを覚えておかなくてはならない。平等は正義において生じるべきであるという原則である。

　配分的正義とは二つの交換的正義を正確に組み合わせたもので，そこでは幾何学的な比例に従ってその手段が確立されている。そして，その位置を分配の罰や報酬においてのみならず，どこであろうと個人やより多くの立場で起こる契約においてさえ持つことになる。ちょうど20リットルの葡萄酒が半分しかできないとき，それに値する葡萄は倍の金になるはずである。もし一日の仕事が1デナリウスと評価されれば，二日の仕事は2デナリウスと評価されるべきであろう。罰と報酬においても同じ簡単な理屈となる。もし軍隊の戦友が100金貨で与えられるなら，指導者には10倍以上の1000金貨が与えられてしかるべきであろう。もし不正が10金貨として見積もられるなら，ゆえに，このように不正を二倍する者は20金貨の罰を受けるはずである。こうした例において配分的正義とはまさに単純に二つの交換を組み合わせたものであることがはっきりと認識される。というのも第一に報酬と価値，あるいは物と報酬，あるいは過失と罰の単純な評価がなされなければならないので，そのために立場と人の比較が加わり，その結果まず窃盗においては立場の比較によるよりも算術の比例から構成された罰の評定がなされねばならない。窃盗が大きな罰によって罰せられるように，ゆえに姦通はさらに大きな罰によって罰せられなければならない。ユダヤの盗人には極めて重い罰金が科せられるが，ドイツの盗人にはより大きな罰が科せられるべきである。というのもドイツ人はより野蛮であり，法と罰による恐れから強制されることはさらに少ないからである。

32　もし懲罰と報酬に交換が関係するなら，なぜ配分的と呼ぶのか

　主な理由はこうである。アリストテレスは生活には共同においてか，個人においてか，二つの交換〔やりとり〕（communicatio）があると正しく認識していた。個人におけるやりとりは契約を生み，これは絶え間ないものであ

る。したがって，そのなかで事物と価値が評価され，全体の平等すなわち算術の平等が確立される。もうひとつのやりとりは共同におけるもので，これは公的な報酬から与えるか，私的な資金から施しをするか，というときのものである。この場合，資金は無限ではないから功績の価値は人物の程度ほど高くは評価されない。あたかも，だれかがよき指導者を正しく評価しても，十分に大きな報酬が与えられなく，幸せではないと判断するようなものである。しかし彼に劣る者よりもより多くが彼に与えられる場合，それは彼の持つ徳の状態によるものであることが分かる。この限りで，寛大の義務あるいは段階に応じた感謝の義務において，たとえ好意そのものが徳とは一致していなくとも，私たちの能力ばかりでなく，とりわけ彼らの価値もまた，その親切あるいは恩恵に関して，そうあるように私たちは望むし，そう与えるのを習慣としている。このようにアリストテレスは幾何学的な比例が，もともと共同体からの配分に関わっていると見ていた。したがって彼はこの種の正義を交換的なものと区別したのである。そのうえで公共の事柄においては罰において人の段階を規定することが必要である。したがって，こうした配分や比較が幾何学的な比例によって罰や報酬に的確に向けられることになる。とはいえ，やはり交換的なものが報酬や罰においては有力であるので，そこでは単純な事物と価値が比較されて，やはりこれは配分的と呼ばれることになる。というのも公共的な事柄においては，罰と報酬において人の段階が評価されなければならないからである。共同体からの配分が同じである場合，幾何学的な比例が保持されねばならない。したがって配分的なものは共同体から授けられるべき場合に用いるのであり，交換的なものは自分のもののなかにその場を持つ。キュロスは他人事の場合には正しく判断しなかった。彼は幾何学的比例による配分的な正義に従って判断を下してしまった。交換的で算術的な比例に従って判断が下されるべきであったのに，そうしてしまった。そして人を比較することなしに損害そのものが評価されるべきであったのに[22]。

---

22 クセノポン『キュロスの教育』松本仁助訳，京都大学学術出版会，2004年，23-24頁。ここでこのときキュロスは先生から打たれたと述べている。

202 第Ⅱ部 翻訳編

33 幾何学的比例と算術的比例は，どれほど異なるか

算術的比例とは三つの数字が置かれていて中項にある数字がもっとも近くの数字から等しく上回り下回るもので，1 2 3というようなものである。ここで中項の数字は平等に上回るか下回る。2 5 8のように，ここでは3が中項の数字を上回るか下回るわけである。幾何学的比例とは三つかそれ以上複数の条件があって，たとえ数字が平等に上回ったり下回ったりしなくとも均等な比率が保たれる場合である。2 4 8がそうで，この場合，中項にある数字は平等に上回りも下回りもしていない。しかし関係は二倍の比率である。2×2＝4，同じように4×2＝8。ここでは両方の場合に二倍の比率があることになる。

34 幾何学的比例は，なぜ配分的正義に用いられるのか

簡単に分かることである。というのも数多くの技術と賃金の段階が確定されるところでは，比例に従って対比が行われることがふさわしいからである。ちょうど一日の労働の賃金が1デナリウスなら，二日の労働が2デナリウスとなるように。もし兵卒に10の金が与えられるなら，司令官にはより多く与えられるべきである。

35 なぜ契約においては算術的比例が用いられるのか

というのも，そこでは段階が確定されるのではなく単に商品と代価が比較され，最大の同等性が買い手と売り手とのあいだで求められるからである。アリストテレスは線分で説明している。もし買い手が5ペースの糸〔線分〕を持っていて，売り手が1ペースなら，判定者は線分のあいだで同等性が成り立つように裁量し，お互いが3ペース持つようにするであろう。また買い手が5の金に値する穀物を持っていて，売り手は1の金の代価を持ちあわせているなら，判定者は5と1とを結び付けて同等性が生じるように買い手にもっと多くの穀物を放棄するように命じる。そして同等の分け前がどちらにもあるように解決する。このように同等性は他者の損害が補われるように算術的比例によって求められる。あたかも買い手が7の商品を持っていて売り手が3の代価を持ちあわせているなら，判定者は7と3とを合わせることに

なるわけである。それから買い手はそれだけの値段で手放し、両者とも5を獲得する。というのも5は同等性を作り出す中間だから。このようにすべてのものごとはここに関係し、契約における同等性が生じ、損害は全く同じ価値によって返されるようになる。このように同等性が確立されるように算術的比例が求められることになる。というわけで買い手が5の穀物を持っていて、売り手が1の代価を持っている場合、判定者は同等性が生じるようにすべきであり、算術的中間を求めることになる。つまり3となる。この中間は確実であり、どちらの側にも間違いとなることはない。そこで判定者がそれぞれの側が3を取りなさいと述べて命ずることになる。つまり買い手は3を取り、売り手も3を取るように、と。しかし買い手がさらに穀物を持っているなら、彼は算術的比例が示す残りを付与するか獲得するか、どちらかになる。というのもアリストテレスは次のことをとくに強く述べ教えるから。判定者は最大の同等性が生じるようにすべきである、と。これは、ある算術的中間が確立されるなら実現される。というのも2つのもののあいだの算術的中間は1-3-5といったように、端と端とのあいだに同等性を生じさせるからである。

36　なぜ法律家は正義が常に永遠の意志であると当然のようにいうのか

　なぜなら彼らは人間の精神のなかに神聖なものが刻印されている（impressae sunt）という、ある確かな知識によって支配されているか、あるいは神聖なものが私たちに刻印されているということに同意するからである。これらは他方で法とか律法とか呼ばれている。しかも、これらの知識は正義の原因ともなっている。したがって、その法とはどのようなものであり、その知識とはどのようなものであるか、探究されなければならない。

37　法はどのように複合しているか

　法は自然法と実定法に分けられる。自然法（IVS NATVRAE）は、とくに自然の知識を表わしている。〔自然の知識とは〕つまり、この人類社会のなかで身体や事物を使用することによって生じる原理から帰結して必然的であるような実践の原理であり、確実なる結論である。すなわち、だれも傷つけら

れてはならない，富は人類の平安を保つために分割されなければならない，
各自には各自のものが与えられなければならない，契約は守られなければな
らない，不貞な性交は禁じられなければならない，血の繋がりに対する敬意
は親族に払われなければならない，人類社会をかき乱す者は罰せられなけれ
ばならない，当局は共同社会の平和を守るために立てられなければならな
い，そして私たちはこれに従わなければならない，といった事柄である。こ
うした神聖な知識〔観念〕（notitiae divinitus）は〔私たちの〕魂のなかに刻印
されているのであり，これがまさに本来の自然法である。しかし，この法は
知識を示すのみならず，この知識に続いて行動するための力をも示す。とい
うわけで，これがこの法の本来の意味となる。これらの言葉は弁証法〔論理
学〕と関連づけて考えられるなら容易に理解できる。

　実定法（IVS POSITIVVM）〔人定法 lex humana〕は自然法に対して，ある
状況に応じて理性によって付加された当局の見解（sententia magistratuum）
である。この状況は機会に応じて変化するので，したがって実定法もまた変
化する。つまり自然法は盗みが罰せられなければならないと教えるが，続い
て当局はどれほどの罰かをこれに付加し，これが確立されるなかで蓋然的理
性が行使される。というのも粗野な性質は強固な鎖によって抑制されなけれ
ばならないからである。ドイツ人には軽い罰によっては盗みを止めさせられ
ないので極刑が行使されねばならない。これは誇張的表現ではなく，もっと
も適切な方法である。というのも自然の判断は，より強力な鎖によって粗野
な荒々しさが抑制されるべきであると大多数の人々に教えるからである。ち
ょうど馬の場合に見られるように。しかし常に極刑が用いられるようになっ
てはならないが，重い罰が必要なのは確かである。続いて重い罰が強制され
た場合，国家にとって極刑以上に適切で保安的なものはない。名誉剥奪やそ
の他多くのことが役立たない後にでも，収監所のなかの者たちにおいてはこ
れが破滅であるとは見なされない。というのも，しばしば収監所からは断罪
されるべき大きなことが突然噴出するからである。ちょうど医者が治療のな
かで考慮しなければならない多くの事柄が同時に起こる場合に蓋然的な理由
に従うように，同じく法を作成する場合にも多くの事柄が考慮されねばなら
ない。そして，その比較の際には証明ではなく蓋然的な理由のほうが用いら

れるべきである。それにもかかわらず，これは自然法から分けられるべきものではない。というのも実定法はまずは自然法によって支配され，自然法によるある種の境界がそこにはあるからである。ゆえに自然法と争う法は不正な法である（Quare lex pugnans cum iure naturae iniusta est）。

38　自然法は常に不変か

　何らかの自然の知識は人間のなかに常に同じままで残存している。ちょうど目には常に同じ光が残存しているように。したがって他の学芸の原理も永遠かつ不変（perpetua et immutabilia）であり，よって自然法もまた不変である。自然法とはもともと実践の知識（notitiae practicae）あるいは振る舞いに関する原理（principia de moribus）以外の何ものでもない。それゆえアリストテレスは自然法が不変であり，どこででも同じ力を持つと正しく述べたのである。ちょうど，ここでもペルシアでも火は同じく燃え上がるように。にもかかわらず，そこには何らかの段階がある。確かに何か自然的なものが変えられるなら，それは自然の破壊になってしまう。そこで，これに固有なものは不変なのであり，その原理は正しく判定されなければならない。自然の破壊は激情という欲望に従って他人の生命や子どもや財産を管理することが許されるなら，これに引き続いて生じることになる。他のある自然なものは，変わるとしても自然から完全に離れてしまうわけではないし，それに続いて自然が必然的に破壊されてしまうわけでもない。ちょうど私たちは自然に右手を左手よりも用いるが，これは自然の破壊なしにありうるのであり，ある人々は左手を用いるほうが多い。このようにある種の可変的道徳（moralia quaedam mutabilia）というものがあり，それはたとえ自然法であるとはいわれても第一の階級のものではないが，自然においては必然的なものよりもむしろ蓋然的な理由を持つものである。ちょうど高利貸しは自然に反するが，それにもかかわらず当局は節度ある高利貸しを容認するようなものである。というのも，ほんの僅か自然から逸脱しているとしても，この変化が自然の破壊をもたらすことはないからである。一夫多妻制は自然に反してはいるが，しかし互いに不一致のある場合には自然からそれほど逸脱するわけではない。したがって自然を創造した神は一夫多妻制を容認する。兄弟の妻と結

婚することは自然に反しているが，しかし自然を創造した神はユダヤ人に対しit てはそれを許す。よって，ある種の自然なものは可変的であるということが入念に観察されてしかるべきである。が，その場合には思慮深く判断されるべきであり，変化は実例の賛同なしには許されるべきではない。さらに可変的な事柄について当局の権威は優勢でなければならない。それゆえに，たとえもしその過失が当局に帰せられるとしても，その判断は非難されるべきではない。

39　最高法と公平あるいは寛容との違いは何か

　だれかの状況を少しも顧慮することなく厳格に法が適用される場合，それは最高法（summum ius）と呼ばれる。つまり一般には厳格法（strictum ius）と呼ばれる。寛容（ἐπιείκεια）は，ある種の状況において法を和らげることであり正義と争うことではない。というのも，それは恥ずべき行為を容認するのではなく，むしろその状況に応じてより穏やかに罰するからである。ちょうど裁判官がもともとの素質によると見られるだれかの過失を治癒的に穏やかに罰するようなものである。さらに寛容はすべての法の解釈においても広範囲に行き渡っている。というのも寛容なくしてすべての状況において同じように厳格に守ることのできる法など存在しないからである。したがって解釈はすべての法に対して適用されるべきであり，それによって法はより人間的で穏やかな内容へと変えられる。まさに寛容とは根拠が欠けていることではなく，より下位の法から離れて自然法のようなより高位の法に従うことに他ならない。しかも，さまざまに異なった法が衝突する際にも，たとえ同等には守られないとはいえ原則は保たれねばならない。高位の法は下位の法よりも優先されるべきである。ちょうど，だれか正常な者があなたの前に剣を置き，そして狂乱した者が返せと要求した場合，下位の法は返してやるように命じるが，しかし高位の法はだれをも傷つけることのないように返すことを禁ずる。同様に契約は守られるべきだが，もし悪事なくしては守られない場合には，公平（aequitas）は契約が無効にされることを命じる。このように公平は，より高位の法を保持するために高位の法によって支配される。ちょうどキリストが安息日を破り，法に反してらい病者（leprosos）に触れ

たように。というのも，たとえさまざまに異なった法が衝突し合ったとして
も，それにもかかわらず，より重要なものが優先されてしかるべきであり，
それは教えの証を明らかにし，同様に隣人に対して親切にするよう命じるか
らである。同じく寛容は安息日に関する法によって怒るべきではなく，ひと
つの行いの種類であると理解すべきことを教える。すなわち毎日通常の行
い，畑仕事とか，普通の仕事とかいったものと変わらないことを。人を急に
助けなければならないという突然の責任は法によって妨げられないのであ
り，数え切れないほどの判断の実例があらゆる時代から提供されている。マ
ンリウス・トルクゥアトゥスは最高法を息子に行使した。彼は皇帝の命令に
反して軍隊の規律を解いてしまったので極刑を招くことになってしまったの
である[23]。他方，独裁官パピリウスは寛容を用いた。彼は騎手の長であるフ
ァビウスが命令に反して敵と戦ったことで告発された際，人々の要求にも関
わらず罰を和らげた。それによって，だれもファビウスがパピリウスに対し
て私的な憎悪を抱くことなど想像できなかった。そして再び彼は騎手の長と
なったのである[24]。ローマ法大全では，親殺しに関するポンペイの法によ
り，皇帝ハドリアヌスはその息子を継母と寝たがゆえに殺すこともできたの
だが，国外追放にしただけであった。さらに最高法によって私的な殺人を正
当化することはさらに困難である。ゲッリウスの著作第12巻第7章では，
最高法廷の裁判官がスミュルナの女性を釈放したとある。彼女は夫とその息
子を毒殺したが，その息子は彼女が最初の結婚の際にもうけた息子をかつて
殺したのだ。裁判官は百年経ってその原因が分かるように判決を下した。こ
のように恐ろしい悪行は是認されることはないが，それにもかかわらず罰は
状況によって軽減されたのである。というのも母はもうすでに十分な苦しみ
によって焼かれていたように見受けられたから等々。神々は同様の寛容をマ
ルスとオレステースを赦すのにも用いた。というのもマルスは娘の凌辱の復
讐をし，オレステースは殺された父という十分な悲しみによって罰は和らげ

---

23 リウィウス『ローマ建国以来の歴史3』毛利晶訳，京都大学学術出版会，2008年，
202-205頁，参照。

24 リウィウス『ローマ建国以来の歴史4』毛利晶訳，京都大学学術出版会，2014年，13
-15頁，参照。

208 第Ⅱ部 翻訳編

られたからである。そして，しばしば裁判官は力に対して力によって自分を
守る者たちの罰を和らげるのであり，たとえ申し分のない保護を少しでも超
えている場合においてもそうである。

　寛容はトラシュブロスにとってもアテナイを再建するのに役立った。彼は
祖国を征服し取り戻したとき恩赦の法をもたらした。それによって傷つけら
れ世襲財産を奪われた勝利者たちは，かつて自分たちのものであったものを
取り返すことはなかったのである。その結果，国では新しい動乱が引き起こ
されることはなかった[25]。こうした慎み深さ（moderatio）は公的・私的生活
のすべてにおいて必要である。それによって，すべての事柄に最高法を適用
することはなくなるのだが，しかし最高法の適用はしばしば最高の損害であ
ることを知るようになるのである。そこで召使に関するある女の非常に人間
的な教えがあるが，それは，召使はあまりに甘やかされ過ぎてもいけない
し，あまりに厳しく管理され過ぎてもいけないというものだ。音楽の楽器の
ことを考えてもみよ。それはあまりにも厳しく音をたてると，音が出なくな
ってしまう。そして長く引き延ばせば壊れてしまうだろう。労働者も同様で
ある。不和によって自由だと，今度は服従することにいらだつ。一方で強烈
な説教は彼らの本性を壊してしまう。こうしたことから万事について節制
〔慎み深さ〕を心得る必要があるのだ。このように寛容は神法をさえ和らげ
る。ダビデは彼に差し出されたパンを食べたとき寛容を用いた[26]。というの
も儀式は国家のために制度化されているのであり，義認のためではないこと
を彼は知っていたからである。そして，もし必要とあれば，それがだれかの
躓きの石，つまり儀式が放蕩に変化するのでないなら，ルールが破られるの
も可能なのである。ヨシュアは殺さねばならなかったギブオンの住人に平和
を約束した[27]。しかし約束が守られなかったとき，それは撤回されねばなら
なかった。というのも彼は法を適用するに際して，躓きの石が一方の命令よ
りもさらに害を及ぼすことを知っていたからである。そして，まさに同じ法

25　クセノポン『ギリシア史1』根本英世訳，京都大学学術出版会，1998年，112頁，ネ
　　ポス『英雄伝』山下太郎・上村健二訳，国文社，1995年，58頁，参照。

26　サム上 21:6-8。

27　ヨシュ9:15。

が説明を加える。というのも、だれかが戦争に行かなければならないとき、すべてに平和が差し出されることを命じたから。マカバイ人たちは安息日に戦った。というのも彼らは安息日の法は通常の自発的な仕事を禁じているのであって、国全体やその子どもたちを守る必要を禁じているわけではないことを知っていたからである。それは最高の愛の行いである。そして同様の寛容はすべてのキリスト者が儀式を行うに際して必要である。最後に福音そのものが神の法のある種の寛容に他ならない。というのも、それは法〔律法〕を満たすことがなくとも正しく振る舞うことをよしとするからである。

40　過ちはどのような場合に無知として許されるのか

　自発的に行われた〔自由意志による〕過失が罰せられる場合、非自発的な〔自由意志によらない〕ものは私たちの力の内にはないが、その行いの原因は探究されねばならない。さて原因は判断と意志にある。判断が犯す過失は無知（ignorantia）にある。したがって無知に関してまず語られねばならない。しかし無知には二つの面があり、ひとつは法についての無知、もうひとつは現実〔個別〕状況についての無知である。規則としてはこう述べられる。現実状況についての無知は許されるが法についての無知は許されない、と。しかし、この見解には解釈が付加されねばならない。というのも現実状況についての無知は常に許されるのではなく、法についての無知もまた裁定されなければならないからである。したがって、まず市民的な議論において判断可能な年齢にあって健康な者にとっては、自然法についての無知は許されないことが知られねばならない。アリストテレスは次のようにいう。だれかが法つまり実定法において犯した過ちは許されうるが、しかし第一の法と呼ばれるもの、つまり自然法において犯された過ちは許されえない、と。同様に神の法についての無知も許されえない。というのも、そうした法は私たちの自然本性に植え付けられている（natura nobis indita est）からであり、福音が地上全土に振り撒かれ、これによってすべての人々がキリストに耳を傾けるように命じられているのと同じである。「これは私の子、選ばれた者。これに聞け」[28]。したがって、キリストはルカによる福音書第12章で述べて

28　ルカ9:35。

210 第Ⅱ部 翻訳編

いる（たとえ知っている者と無知な者とのあいだに何らかの区別を立てるにせよ，
それにもかかわらずすべての人々が無知な者から罰を免除するわけではない）。
「主人の思いを知りながら何も準備せず，あるいは主人の思いどおりにしなかった僕は，ひどく鞭打たれる。しかし，知らずにいて鞭打たれるようなことをした者は，打たれても少しで済む」[29]。次に現実状況についての無知ではなく，人間による実定法についての無知を装う者は許されない。というのも法ばかりではなく現実状況についても，有罪とされると知っているのにそれをするということは装われた無知（affectata ignorantia）ということになるからである。この無知についてアリストテレスは洗練された形で述べている。「すなわち，『選択』における『無知』『無識』は不随意的ということの因たるのではなく，それはかえって人間の非徳の因たるのであり」[30]と。しばらく後に自分自身が無知の原因である場合，そうした無知を裁判官は罰しなければならないことを彼は付加している。このように義務によって自ら知らなければならない法についての無知に関して裁判官が許すことはない。自らの現実状況についての装われた無知は許されないのであり，まるでそれはだれかが何かを所有していて，それが彼に預けられたのか与えられたのか知らない場合のようである。法についての無知が訴訟当事者を許すこともなく，こうしたことについてはスカエウォラがセルウィウムに対しておごそかに述べている。高貴で名高い人に無知であるとして法を適用することは恥ずべきことである。しかし兵士と女性の身分の者がここから免除されるのは常であり，その過ちは大目に見られた。第三に，さもありそうな現実状況についての無知は，自分自身のものであれ他人のものであれ弁明の余地がある。それは知らないあいだに娘が婚約者として与えられたヤコブの無知のようなものである[31]。そうしたことについてもまたパウロが語っているが[32]，それは知らずして供え物を食べてしまうような者たちのことである。こうしたさもありそうな差異は装われた無知において広範囲に渡るのであり，しばしば

---

29 ルカ 12:47-48。
30 アリストテレス前掲書，111 頁。
31 創 29:23。
32 一コリ 10:25。

原因において生じてくる。アリストテレスは同じことを少し違う言葉で述べている[33]。彼は知らず知らずに罪を犯すのと無知のゆえに罪を犯すのとでは異なるといい，許されるのはただ過ちの原因にある無知の場合だけである，と。しかし無知ではなく私たちの怠惰もしくは欲望が過ちの原因である場合，そこにおいて無知は許されない。ちょうど酒飲みは無知のゆえに罪を犯すのではなく，無知であるがゆえに酒飲みであることが無知の原因ともなっていて，したがって酒飲みであることは二重に罰せられるべきこととなるように。

41　自発的な〔自由意志による〕過失は何と呼ばれるか

　自発的な過失は思慮と自由意志によるものに当てはまる。非自発的な過失は思慮とは関わりなく，あるいは意志に帰されるものでもなく，その人の力が妨げられていて，あるいは何か逆らうことのできないものに駆られることにある。さらに非自発的なものや暴力はアリストテレスがいうように[34]，外部に原理を持つものとして理解すべきである。あたかも嵐のなかでだれかが岩に向かって投げつけられるようなものである。したがって私たちが愛，憎しみ，怒りといったような情念によって駆られている場合，こうした活動は多くの人々が恐怖についていうように，非自発的であるとか暴力であるとか判断されることはなく，意志が意志を駆り立てているのである。私たちが恐怖に駆られて行動するような場合，アリストテレスはこれを混合した状態という。すなわち自発的なものと非自発的なものとのあいだに立つ種類ということである。しかし実際には，この種類は自発的なものに属する。というのも危険が迫っている際，ある事柄を他の事柄よりも優先して選択することは意志の力の内にあるから。徳はまさに判断と意志において本物であるがゆえに，過失の最高の段階は，思慮と自由意志において罪を犯すことの内にある。他の段階はやや軽いものであり，意志が妨げられるとか判断の内にないとかいった場合における過失である。ここから過失や不正について判断する際に考慮しなければならない五つの段階が生じてくる。策略，大きな過失，

---

[33]　アリストテレス前掲書，111頁。
[34]　同上書，105-106頁。

212 第 II 部　翻訳編

小さな過失，極めて些細な過失，そして事故である。策略（dolus）は決して許されることはない。そして大きな過失（lata culpa）はすべての人々が知っているか，あるいは知るべきことを故意に無視する〔知らない振りをする〕がゆえに策略からそれほど遠くはない。こうした装われた無知はアリストテレスがいうように，非自発的なものがその原因なのではなく意地悪な性向〔悪意〕がその原因である。小さな過失（levis culpa）と極めて些細な（levissima）過失は，より許されるべきものである。というのも，ここでは思いやりが罪人に対して与えられるわけではないが，さらなる細心の注意が熱望されるのであり，こうした過失において装われた無知はない。事故（casus fortuitus）については精神や意志が真に罪を犯すわけではないので許されるべきものである。ちょうどアドラストゥスが野生のイノシシを狩っていたときにクロエススの息子を殺してしまった場合のように。あるいは，だれかが屋根の頂から落ちて，そこに人が歩いているかどうか想像しなかった場合のように。しかし，ここではすべてが判断の過ちからか，あるいは何か意志の障害からか，こうした段階が生じてくるところを観察しなければならない。しかし本来自発的と呼ばれるこうした事柄は，思慮と自由意志のなかで同時に生起する。

多くの事柄がここでは論じられねばならない。キリスト者にとって力を力によって抑えることが可能かどうかとか，さらにそれはどの程度かとか，キリスト者に財産の分配は許されるのかとか，戦争は行いうるのかとか。しかし私たちはこうした事柄についてすでに論じたので，これからは少し他の問題を付加することにする。

42　個人が暴君を殺害することは許されるか

第一に，もし暴君が私人であり，決まりによってではなく暴動によって権力を侵害した場合，正当な官職者たちは彼を盗人として殺すことができる。したがって市民はカティリナを政府転覆の企図により正当に殺すことができた[35]。同様にフルウィウスは逃げ帰ってきた息子を殺したのであった。

35　L. Sergius Catilina, BC. 108?-62: ローマの貴族。政府転覆を企てたが，キケローに陰謀を暴かれ戦死した。

第二に，もし暴君がどこかに権力を保持している場合，もし危害を加える
のに残酷でありそう伝えられている場合，権力に付随する事柄において，私
的に被った危害による場合にも，彼によって危害を被った臣民には防衛が許
されている。ちょうどスイスの歴史のなかで当局が市民に対して息子と槍と
を突き出させて，その息子に槍でもって父を貫けと命じた場合のように。ガ
イウス・マリウスの軍隊で軍団司令官を殺害した青年も同様である。法は執
政官を，姦通を犯した者として殺されるのを許すなど。政務官が他の男の妻
を寝取ろうとする場合にも同様なことが生じる。しかし，そうした法外なこ
とは敵に対してなされたのであり，暴君の命令から救い出したことはまさに
許されることである。ちょうどハルパゴスが自分の息子を食べるようにと差
し出したアステュアゲスに反対してキュロスに近づいたように。あるいはヴ
ェネチアの暴君はある市民に対してその娘を連れてくるように命じ，それか
ら市民を追放した。暴君は護衛兵を送り，力によって強制的に娘を連れて来
させ凌辱した後に，朝になって彼女は切り裂かれて返された。父は友人と慎
重に話し合い，切り裂かれた体をヴェネチアの行政府に送り，彼らに暴君を
都市から追放するように頼んだ。その結果，暴君は追い詰められた。このよ
うに市民が法を行使することは合法であり，確かに暴君の敵となる。
　第三に，もし危害が公然ではない場合，法律家は当局の不正に寛容である
べきだとまさにいえるであろう。これによって裁判に関わる事柄において権
威が保たれることになる。というのも，いわれているように個々の市民が国
家や不法な規則を解消すべきではないからである。権威に逆らう者は神の定
めに背くことになり，背く者は自分の身に裁きを招くであろう[36]。

43　なぜカエサルは合法的に殺されなかったのか

　なぜなら戦争の責任には全く触れないにしても，彼は確かに合法的に支配
を保っていた。国家から法や法廷を取り除くこともせず，最大の公平さでも
って法廷を設けることで帝国の平安を保っていた。さらに彼は都市において
市民たちの戦争による犠牲者を殺すこともなく，無防備な者に対して冷酷で

36　ロマ 13:2。

214 第Ⅱ部 翻訳編

もなかった。むしろ彼は敵に対して元来の尊厳を戻すことさえした。したがって彼は合法的に権力を獲得したのであり，当局の法を保ち，市民に対して公にでたらめにひどい不正を課したことはなかったのであり，よって彼を殺したことは誤りであった。すでに述べたように当局による軽い大きなものでない不正は大目に見られねばならない。ペライ〔テッサリア〕の暴君イアソンが多くの正義を行うためには何がしかの不正も行わねばならぬ，といったのがそれに当たる。そして，そうした不正は最高の原則において大目に見られねばならない。というのも国家の形態を保とうとする者は，その判断と法とを保つからである[37]。エウリピデスは，だれかが指導者の罪を負わなければならない[38]，と述べている。

44 葡萄畑を自分のものにしたいと求める王を拒んだナバトは正しかったのか

国家の形態はさまざまである。というのも臣下が奴隷である場合，たとえばスキタイ人のような場合，自らの杯を飲むように王が彼らの財産を支配することは可能である。

次に法が自らものごとの支配を裁定しているところでは，市民は所有権を確立し彼らには自由が与えられている。しかるに，その国の法や形態に反することを王が命じる場合，彼は罪を犯すことになる。ユダヤ人の王国はそうであった。ギリシアやローマの国家もそうであり，そうした国の法を私たちは今日でも用いている。これらの法はものごとの支配を裁定している。こうして公の理由がないにもかかわらず葡萄畑を奪い取ろうとしたアハブは酷い罪を犯したことになる[39]。とりわけユダヤ人の国家においては，神聖に伝えられてきた法を王が破棄することや，家族の種別や神聖に築かれてきた財産

---

[37] イアソンはテッサリアの都市ペライの僭主（前4世紀初）で，「プルタルコスによると，他人に不正な暴力を加える時にはいつも，『大事において正しく行わん者は，小事において不正でなければならない』といっていたとのことである」（アリストテレス『弁論術』戸塚七郎訳，岩波文庫，1992年，442頁）。

[38] 「権力をもつ人の愚行にも堪えねばなりません」（『ギリシア悲劇　Ⅳ　エウリピデス（下）』ちくま文庫，1986年，277頁）。

[39] 王上21:2。

を変えることは，王には許されていなかった。しかし，あなたたちの領地を奪う，これが王の権利である，などと書かれているが[40]，神聖に受け継がれてきた法を王が廃止することができると人々は思っていない，というようにこの言葉は受け取られねばならない。というのも，とりわけ王自らも法に従った規則によって支配されているからである。すなわち，ここでたびたび述べる自由，支配の区別，財産の所有権は取り去られてはならない。というのも法がそれを定めているからである。しかし支配する主人は，明らかに主人より下の者は頂上から法を受け入れ，もし他に主人がいないのなら，頂上のために事柄を帰さねばならない，と理解されねばならない。法律家たちは皇帝が保護防衛に関する限りで主人であると述べている。そして皇帝は自ら法律によって束縛されていると公言している。ローマ法典集にある法は，こう述べている。支配者の尊厳にふさわしい声は自ら指導者を法に縛り付ける，と公言する。それほど法の権威に私たちの権威は依っているのである。そして事実，指揮者にとっては支配を法に服させることが課題である。ローマ法ではセウェルスとアントニウスの返書が引用されている。私たちは法から逃れて自由であるが，それにもかかわらず法によって生きているのである。

45　王の命令に逆らって兄弟を埋葬したアンティゴネは正しく行動したのか

正しく行動した。というのも神の法そして自然の法に逆らう場合には人間の法に従うべきではないからである。さらに，すべての人々の判断によれば死者に対する宗教的な感情は神聖なものである。というのも，それは人間に共通の条件や死すべき運命を思い起こさせるからである。このことを想起して私たちは刺激され栄誉とともに死に与る。あるいは死者にある種の感覚が残ることを公然と証言することによって，死んだ者に対して何らかの損傷がもたらされることは許されるべきではない。すなわちアウグスティヌスがそうした儀式は高潔さの標（signum honestatis）であると述べたように，アンティゴネは，ソポクレスによれば，こう弁解した。神の法は人間の法よりも優先されねばならない。そして，これを弱めてはならない等々[41]。

40　サム上 8:11。

41　「またあなたのお布令に，そんな力があるとも思えませんでしたもの，書き記されて

216　第Ⅱ部　翻訳編

46　ゾーピュルスは敵が騙されたとき町をその主人に暴いて見せたことは正しかったか

　神の法と自然法は戦争の際にも守られねばならない。それゆえに敵に対しても与えられた信仰は守られるべきである。そこでローマ人はハンニバルを騙した捕虜を正しく処罰した。彼らは見せかけによって陣営に戻ったのである。さらにディオメデスとグラウコスは歓待の伝統が求められているのを知って，そのあいだで決まりを作り，一方が他方に敵対的なことは行わないと定めたとき，彼らは正しく行動したのである[42]。というのも客人に対して互いに武器を取ることは許されてはおらず，神の法によって判断されることが必要だから。ガリアが獲得される前〔ローマ軍がハンニバルに前218年に大敗した〕ティーキーヌムが包囲されるなかで，フレッケンシュタイン家出の二人の兄弟が兵士としての俸給をもらっていた。ひとりはガリアの陣営から，もうひとりは町を防衛していたカエサルの護衛隊から。しかしガリアの側にいたひとりがカエサル側のひとりを挑発したとき，彼らは個々の戦闘によって互いに戦った。両者の法によって責められることは可能であるが，しかし，それでもより残酷なのは挑発した者の方であった。それゆえに，もし兄弟が一方を赦すことがなければ，生き残った方にはその激情による合法的な罰は免除された。したがって神の法と自然法とは戦争の際にも同様に守られるべきであることを学ぼう。もちろん個人の必要性は国家に譲歩しなければならないにしても，それにもかかわらず不正なしに国家が守られうるところはどこででも個人の必要性は守護されるべきである。したがって，もしゾーピュルスがバビロニア人に信頼を委ねたのなら彼は法が命じるままに宗教を冒涜し，町と軍隊とを裏切ったとき非道なことをしたことになる。

47　親切について

　親切〔好意〕（beneficentia）は正義もしくは自由ともっとも近い関係にある。というのも，これもまたある種の交換〔伝達〕（communicatio）のなか

　はいなくても揺るぎない神さま方がお定めの掟を，人間の身で破りすてができようなどと」（『ギリシア悲劇Ⅱ　ソポクレス』ちくま文庫，1986年，172頁）。

42　ホメロス『イリアス（上）』松平千秋訳，岩波文庫，1992年，188頁以下，参照。

で成立するからである。正義は帰すべきものを伝達する。親切は帰すべきものではないが，とりわけ市民法によってあるものを伝達する。しかし人類社会はその上にある種の自由な交換を必要としているので，市民法によって帰されるべきではない多くの義務があることになる。にもかかわらず，この市民法は，ある程度は自然法によって私たちのあいだで伝達しなければならないとしている。このような種類のものは他者の必要性のためにあるすべての義務である。こうした必要性を私たちは不都合なく次の原則に従って果たすことができる。君を傷つけることなく他人に役立つものは親切に与えるべきである。こうもある。流れる水を妨げてはならない。迷う者には道を示しなさい。乞い求める者には助言しなさい。こうした交換をしない者は至極当然のこととして人間嫌いの人と評価され，そう呼ばれねばならない。だれかが私たちを害さないときには教えに従ってある種の交換をすべきである。というのも人類の共同社会は私たちが他者からの不正な危険に影響されることを求めてくるものであり，だれかが私たちに不都合なことをしてきた場合には，力の限りこれを食い止めさせるべきだからである。したがって強い者は弱い者が不正に遭わないように注視して守らねばならないし，富める者は困窮している者に気前よく与えなければならない。なぜならストア派が明確に述べているように，人間は人間のために生まれついている（hominum causa nati）からである。それゆえに私たちは危険のなかにあるそうした者たちと自然の義務によって縛られているのであり，しかも市民の義務によって縛られていないときですらそうである。というのも人間は他の人間をできる限り守り助けるために作られているからである。ここから次のような自然法が成立する。あなたにしてもらいたいとあなたが望むことを他者にもしなさい。教師たちの書物のなかには，こうした数多くの義務について教える無数の文章があるが，次のギリシアの小詩には，いわばもっとも優雅な形でそれが描かれている。

　　人は人を助け町は町を助ける。
　　手は手を洗い指は指を洗う[43]。

43　エラスムス『格言集』1:1:33 より。

218　第Ⅱ部　翻訳編

　しかし親切には二つある。私的〔個人的〕なものと公的なものである
（publica et privata）。もっとも優れているのは公的なものである。つまり，そ
れは国事〔国家〕（res publica）を成り立たせ，守り，保つからである。この
点で，教えを他の人間に伝えることによって助ける教師たちのことも評価さ
れるべきである。そうした種類の親切に勝るものはないからである。という
のも真理，宗教的な知識，そして他の善き学芸ほど，人間の全生に及んで優
れたものはないからである。しかし次のことわざに従って教えるなかで伝達
をすることは，とりわけ親切なこと（liberalis）でなければならない。ムーサ
〔学芸を司る女神〕の扉は開かれている。他には私的な親切があるが，それ
はすなわち個人的に物や蓄えが交換される場合である。しかし私的な蓄えや
物ではすべての者に行き渡らないので，ある何らかの種類の親切が必要とさ
れる。したがって私たちは程よく世襲財産や地所を保護しながらも，気前よ
く与えることを最初の流儀としよう。というのも国家にとって世襲財産が浪
費されるのは好都合なことではないからである。そのゆえに，そうした破産
者は法によって不名誉の印を付けられるのであり，浪費された財産は当局に
よって取り去られる。したがって，これを公的な法による権威が私たち自身
に命じる親切の結末であり，やり方であるとしよう。こうすることで世襲財
産からの収入によって他者を私たちは助け，世襲財産そのものによって私た
ちが丸裸にされることはなくなる。こうしたやり方をソロモンは次のように
述べて[44]，もっとも優美に命じている。あなた自身の井戸から水を汲み，あ
なた自身の泉から湧く水を飲め。その源は溢れ出て広場に幾筋もの流れがで
きるであろう。その水をあなただけのものにせよ。あなたの下にいる他の者
に渡すな。これは次のことを意味している。すなわち泉から流れ出るべき川
は，それによって他の者たちにも享受されるが，これは私たちの財産から弱
い者たちと交換されるべき果実〔収入〕（fructus）である。しかし，そのあ
いだにも私たちは節度を欠いた浪費によって，この財産そのものを失わない
ようにすることが重要である。このように，もっとも甘美なソロモンは多く
の優れた徳についての教えについて描いている。というのも彼は弱者に対す

44　箴 5:15-17。

る親切がどの程度まで実践されるべきか，そしてこうした努力が国家にとっても，私たちの世襲財産を守るのにも必要であることを教えているからである。こうした努力の徳は倹約（parsimonia）と呼ばれている。これは親切に近いものだが世襲財産からの収入を交換し，この倹約は世襲財産を保護する。二つとも善人によってまさに尊重されるが，市民生活を成り立たせるためだけではなく，宗教にとってさえもこれらは大切にされる。しかし他方については少し後でもっと多くのことを話そうと思うので，ここでは気前よく与えることの秩序について教えたい。

48　気前よく与えるべきことの秩序とは

自然法は神聖なものであることを私たちはしばしば想起してきた。それゆえに自然によって立てられている秩序は，神によって承認されたものであることを私たちは知るようにしよう。ところで自然は両親に子どもたちを，続いて親戚を，そして市民を，外国人よりも優先するように教えている。こうした秩序にパウロはテモテへの手紙のなかで賛同している。自分の親族，とくに家族の世話をしない者がいれば，その者は信仰を捨てたことになり，信者でない人にも劣っている[45]。自分の肉を憎しみながら保つ者はいない。そして何度か彼は愛情のない人々を非難している。ところで愛情のない人々（ἄστοργοι）とは両親や子どもや親戚に対する自然の情念を捨て去った者たちのことである。そして，こうした両親や子どもや親戚と関わる種類の親切は情愛（PIETAS）と呼ばれている。ここから自然の権利によって，子どもに対して義務があるといわれる慣習についての法が明らかとなる。というのも親としての愛情（φιλοστοργία）は自然法の一部だからである。外国人のあいだでは第一に見知らぬ者に〔歓待は〕与えられるべきである。それには数多くの理由がある。まずこの世の生活では外国旅行や交換が求められるため，私たちは多くの者に対して歓待の権利を育むことが必要である。さらに万民法によって客人に危害を加えることは常に犯罪であるとされている。さらに自然社会（naturalis societas）は，私たちにこうしたことを少数の者にだ

45　一テモ 5:8。

220　第Ⅱ部　翻訳編

けするのではなく，すべての人類に対してすることを義務づけている。それゆえに見捨てられた者や私たちの信仰の下へ逃げ込んできた者をなおざりにしてはならない。こうした種類の親切は歓待（HOSPITALITAS）と呼ばれ，聖なる書物においてもその他の書物においても，またより優しく生きた人々の習俗においても卓越した教えと見なされている。そこで律法はモーセのなかでこう述べた。寄留者があなたの土地にともに住んでいるなら彼を虐げてはならない。あなたたちの下に寄留する者をあなたたちの内の土地に生まれた者と同様に扱い，自分自身のように愛しなさい。なぜなら，あなたたちもエジプトの国においては寄留者であったからである[46]。他のところではこうある。旅人をもてなすことを忘れてはならない。そうすることで，ある人たちは気づかぬ内に天使たちをもてなした[47]。今後は，とくにキリスト者にとってこの徳を最大の熱心さをもって育むことがふさわしいといえる。というのも教会が，まさにこの世界において客人であり追放されたものであるから。というわけで愛情をもって私たちは客人をあたかも社会から追放された者のように扱おう。そうすることで私たちに神の好意によって平穏な歓待が生じるように祈り，反対に他者に対しても私たちが歓待の手を差し伸べるようにしよう。マタイによる福音書第25章。お前たちは，私が飢えていたときに食べさせ，のどが渇いていたときに飲ませ，旅をしていたときに宿を貸し…[48]。ウェルギリウス，アエネーイス1より。

　　ところでここの人たちは，どんな生まれなのでしょうか。
　　こんな気質を見せるほど，野蛮な国はほかにない。
　　岸辺でとても私たちを，迎えいれてはくれません[49]。

そして神はこの徳を最大限の賛辞でもって称えている。列王記上17より[50]。

46　レビ 19:33-34。
47　ヘブ 13:2。
48　マタ 25:35ff。
49　ウェルギリウス『アエネーイス（上）』泉井久之助訳，岩波文庫，1976年，57頁。
50　王上 17:8-24。

食べ物にもっとも困窮したアレプタの女がエリヤを迎え入れ，彼に食べ物を差し出したとき，それは残る穀物のすべてであり，油は使い果たされんばかりであったが，神は油と穀物を三年間はまかなえるように与えてくれた。次いでエリヤは主人である女の死んだ息子に命を取り戻させてくれた。列王記下4より[51]。エリシャは女主人の子どもを蘇らせた。オバデヤは50人の預言者たちを洞窟のなかに隠した。イゼベルという女の冷酷さから彼らを守るためである。キリストはこういう。私はよそ者であり，あなたは私を迎え入れてくれた[52]。同じくこの小さな者のひとりに冷たい水一杯でも飲ませてくれる人は，必ずその報いを受ける[53]。このような種類の文章や実例は聖書のなかに他にもたくさんある。これらは私たちを歓待へと駆り立て，とりわけ真の宗教に対する熱心さがあるゆえに逃げ回り，不正によって追い立てられている人々を迎え入れて保護するように促している。したがって福音の熱心な信奉者を自らの責任において保護する元首が待ち望まれねばならず，そうした元首は神に対して喜ばれる義務を果たしているのであり，さらにこうした歓待による大きな報酬を善き報いとして受け取るべきである。そして彼らがこうした敬虔な務めに耐えることの危険のなかで，反対にそうした人々を守るようにあってほしいと望まれる。他の場所でも詩人や歴史家の作品には，こうした徳についての記述がある。それはすべての人にとって容易なものである。そこから他者に対して歓待すべき秩序が簡単に判断される。すなわち，その考慮においては必要性が考えられるべきである。しかし，そうした規則はすべての徳において保持されねばならない。何事も正義と争うことなくして正しくはなされない（NIHIL RECTE FIERI QVOD CVM IVSTITIA PVGNAT）。したがってペリクレスの事例が思い出されねばならない。その友人たちは祭壇までは喜んでいるべきである。つまり，そのようにして私たちは正義に背くことはないのだ。それゆえに親切はとりわけそのように，だれにも不正をすることなく制御されねばならない。聖なる書物が教えているように，神は盗まれたものによる供物では喜ばれないのである。

---

51 王下 4:32-35。

52 マタ 25:35。

53 マタ 10:42。

222　第Ⅱ部　翻訳編

49　感謝について

　感謝とは何か。親切に対して応えることが感謝でなければならない。それゆえに，こうした徳〔親切〕の連鎖が，今度は感謝について述べるように要請する。というのも感謝とは善き尽力に対して帰されるべきものであり，魂の親切や愛情によってばかりでなく，他者による務めに対しても返すものだからである。私はこれを負わされているもの〔恩義〕と呼ぶ。というのも，たとえ常に市民的な意味で義務ではないにしても，自然の義務によって善き尽力に対して私たちは感謝しなければならないからである。したがって感謝とはある程度は義務であるため，これと正義もしくはそうしたある種のものとは結び付いていることになる。したがって，すべての不正は人間社会と争うものであるため，忘恩〔感謝をしないこと〕(ingratus) もまた人間社会の敵と判断されねばならない。なぜなら，こうした相互の無償の〔自由な〕義務の交換なくして人間社会は維持されえないからである。というのも，こうした相互の義務がない場合には永続的な好意もありえないから。さらに不平等はそれそのものが不正であり自然の敵である。私たちはみな互いに保護しあうように生まれついているのだから。したがって法律家は正しく私たちは返礼 (ἀντίδωρα) に向けて自然に義務づけられていると述べている。そして法がどのような方法においても忘恩によって行動を指示しないにしても，それにもかかわらず感謝をしない者に対しては，これを激しく罰する。ちょうど感謝しない解放奴隷を奴隷状態に引き戻したり，忘恩のゆえに贈与したものの返還を要求するのを許したり，同じく感謝しない子どもからは相続権を奪ったり，同じく忘恩の封臣から封土を取り上げたりするように。しかしよく教育された魂は忘恩が神に喜ばれず，そうした者はだれでも神の力で罰せられるであろうと感じるものである。ソロモンの箴言 17 の文言のように。悪をもって善に報いるなら家から災難は絶えない[54]。感謝については第四の戒めが教えている。あなたの父母を敬え。そうすればあなたは，あなたの神，主が与えられる土地に長く生きることができる[55]。感謝の理由と忘恩の罰についての忠告はこれで十分である。というのも，すべての書物はこの徳

54　箴 17:13。

55　出 20:12。

の讃美で溢れているからである。神はこれといわば似たようなものを獣のなかにも描いている。獣のなかにもある種の親切の感覚があることを私たちは見分ける。よく知られているのはライオンの話である。コウノトリにおいてもそうした返礼が見出される。ところで人間が義務の徳について獣に劣るなら，これは不名誉な恥辱である。

50 親切に応えるにはどのような方法でなければならないか

心による感謝（gratitudo animi）は他の徳のように永遠でなければならない。そして私たちはそれが徳であるがゆえに感謝を受け入れなければならない。徳そのものが自らを刺激することで親切は容易になり，真の親切も現われてくるようになる。そうしてあるものに貢献する情熱的な熱心さは，ただ報酬のために，つまり報いが目的であることのためだけにではなく，私たちの義務と人間らしさが原因となって（nostri officii atque humanitatis causa）生じるようになる。外的な義務において応えるべき正しい方法は，ヘーシオドスの教えに従って，そこからある種の似たようなものを示すことで求められる。それは私たちはそれと同じ秤でもってか，それ以上で返すということである[56]。というのも，もし可能なら与えられた親切を上回ることを命じるのは，もっとも人間的〔人間らしいこと〕（humanissimum）であるから。しかし外的な義務によっては釣り合わせられない多くのことがある。ここにより大きな心からの好意（maior animi benevolentia）と，さらに大きな熱心さ（maius studium）が生じなければならない。神，両親，教師，教会，祖国，そしてこうした国家に関するものである。これらは私たちのために貢献してくれるのだから。

51 友情とは何か

友情とはもともと正義の一種であり，このなかで親切が親切に対して相互に返されることになる。そして，ある独特の自由な義務の交換がここに成り

---

[56] 「隣人から借りる時には，枡目正しく量ってもらい，返す時も枡目はきっちりと量って返せ，もしできるならそれより多く量るとよい，後々も困った時に，頼れるものがあるようにな」（ヘーシオドス『仕事と日』松平千秋訳，岩波文庫，1986年，53頁）。

立つ。友情とは徳であることを知らなければならない。こうして徳のゆえに私たちは友情を育むのを学ぶようになる。次いで，これは正義であると定められねばならない。その結果，私たちは宗教的に相互の信仰と好意とを保つようになる。

52　友情の原因とは何か

　その起動因（causa efficiens）は人間の自然本性にある傾向（inclinatio naturae humanae），あるいは社会を育むべきことに向けた判断（iudicium ad colendam societatem）にある。これは，たとえ私たちを種族における全体へと導くとはしても，それでも個別には私たちを，私たちが知っていて習慣によって（usu）結び付けられている者を愛し抱きしめるように刺激する。したがって友情は私たちとともにあるすべての人類といった共通の社会ほどまでに，そこまで大きく広がることはできない。次いで友情はある種の正義であるからには，個別に私たちがその人に愛されたなら，逆にその人を愛するように私たちを強いる。

　目的とする実体とは愛すべき人間（homo diligendus）である。しかし，もし何も善いところがないなら何も求められないのだから，愛するべきその人の内に何らかの善きところがあると私たちは見なす必要がある。しかし自然本性や法や習慣によって作られた善き徳，報い，集まりといったものがある。というのも自然本性は私たちを神と結び付け，次いで配偶者と両親と子どもとを結合するから。法は私たちを祖国と結び付ける。つまり教会，国家そして市民と。共同生活の習慣（usus communis vitae）は私たちを近隣の人々や，探求や危険においては仲間と結び付ける。こういった類のものは，それによって友情や絆といったものを構成しなければならないすべての種類を包含している。というのも，ちょうど私たちが自然本性について語るように，アリストテレスは夫婦のあいだには愛だけではなく友情もなければならないと述べているからである。つまり，これはそれによって夫婦が互いに習慣のためではなく，徳と人間らしさとを獲得するような一種の正義だからである。なぜなら自然は私たちを社会へと繋いだのであり，次いで正義にふさわしい平等といったものが形成されるからである。こうして一方の配偶者は

他方を暴政によって押さえつけて留まらせるのではなく，相互の義務と好意とがほぼ同等に生じるようになり，そうした平等性が思慮の能力の共有や家庭のやりくりを生み出すのである。しかしながら平等な友情と不平等な友情とは異なる。後に述べるように，ある種の平等はもたらされねばならない。したがって両親が反対にその子どもに対して責任を負うことを決心し，これらを奴隷的で家畜のような境遇に置かないならば，それ以外に両親と子どもには友情はない。もうひとつの段階は法と関連したものである。私たちを祖国や教会や国家と繋ぎ合わせる結び付きは，あらゆる個人的な友情よりも優先されねばならない。ちょうどソポクレスがもっとも優美に述べているように，友情は祖国よりも大きく評価されてはならず，祖国が安全である場合に友情が作られるのである。

> 国こそ護りの舟であり，それが無事に進むうちこそ，
> 乗り組むわれらとて，本当の味方を見つけられる[57]。

続く段階は習慣によって結び付けられる。したがって，この繋がりについてはテレンティウスが述べている。

> まだあんたとは知り合って間もないんだし，これといって二人の間に問題はなんにもないが，ともかくもあんたはとても実直な人だし，それは隣りにいるだけでも私にゃ身近だと思われるんで…[58]。

友情の共通の対象とは似ていること〔類似〕（similitudo）である。というのも自然は普遍的に自らを次のように保つからである。すなわち空気や水のように似ているものは容易に似たものと結び付けられ混ぜ合わせられる。それゆえ昔はこういわれた。似たものは似たものにとって友である（simile simili amicum）。したがって，いわば自分たち自身やそれによって惹きつけられるものを類似において注視し理解するとき，この類似は好意をもたらす。要す

---

57 前掲『ギリシア悲劇Ⅱ　ソポクレス』，161 頁。
58 『古代ローマ喜劇全集 5　テレンティウス』東京大学出版会，1979 年，105-106 頁。

226 第Ⅱ部 翻訳編

るに，すべての対象において何らかの類似が内になければならないのである。徳は異質の魂によっては真に愛されえないのであり，たとえ何らかの状況によって結ばれるにしても，真の確かな友情は完全に異なる者の意志のあいだでは存在しえない。それゆえにホメロスは，人間とライオン〔野獣〕とのあいだには堅固な絆はありえないという[59]。つまり哲学者と王とのあいだのように，力のない者と力ある者とのあいだには永続的な友情はありえないということである。ホラティウスも述べているように，経験のない者にとって力のある者からの好意的な世話は心地よい[60]。そしてプラトンはもっとも美しく述べている。ディオニュシオスとのあいだに真の友情はなかった。むしろそれはライオンを愛するようなものである，と。プラウトゥスの『黄金の壺』のなかで老人はロバをライオンに正しく繋げることの可能性を否定し，どちらの場所にも安定したねぐらはないと加えている。要するに，友情においてはある種の平等性のようなものがもたらされる必要がある。というのも，これは一種の正義であり，そのあいだの対象においてある程度の類似が必要だからである。この対象の一致が意志の類似を生み出す。

友情の形相因（Causa formalis amicitiae）

　それは友人のあいだにある起動因と，これまで列挙されてきた対象によってもたらされた相互の好意である。そして，この好意は相互的であるがゆえに真のいわば心の絆であり結合である。それによって友は友を，まるで自分自身のように受け入れる。ここから次のようなことがいわれるようになる。友人はもうひとりの自分である，と。そして友情とは平等なものである。それゆえに，たとえ等しくない者のあいだに友情があったとしても，それにもかかわらず友情の本性そのものが，友情の絆そのものが，彼らをある程度平等にするように作用する。友人はまるで劣った者のように軽蔑されるべきで

59　「獅子と人間との間に堅い誓いなどある筈がなく，また狼と仔羊とが心を通わせることなく，常に互いに悪意を抱いているのだ」（ホメロス『イリアス（下）』松平千秋訳，岩波文庫，1992年，319頁）。

60　前掲『ホラティウス全集』，612頁，参照。

はなく，あたかも等しい者のように，私たちの友情にふさわしいように受け入れられるべきである。とりわけそうした相互の好意とは，ある種の正義であるから。というわけで平等は平等のために割り当てられるということが覚えられるべきである。こうした見解は非常に多くの人間的なものを含んでおり，人生において非常に役立つ。というのも友人についての意見による最大の称賛が友情を育むからであり，軽蔑を解消するからである。このように神は私たち自身にとって友人であると公言されるなら，神は私たちについて敬意を表して感じ，私たちを自身にとってある程度等しく，しかも愛するに値するものと見なすことになる。さらに，こうした神に対して信仰と善意とを帰するのは敬虔なことであり，それはすなわち神がいるところで，あたかも他者が自分であるようにあるからである。同じように私たちにとって天使もそう感じられる。こうして夫婦のあいだにも友情が成立していなければならない。等しい好意と他の義務とが共有されなければならないからである。また同じように両親は子どもに対して，元首は市民に対して感じられる。というのも，もし習慣や義務において不平等であったり，私たちの好意に値しなかったり，軽蔑されたりしているなら，友情は存在しないからである。要するに上に述べたように，似た者同士は似たもの〔対象〕について友となるのであり，たとえ多少の相違があるにしてもそうであり，それにもかかわらず友情は類似を生み出さなければならないのであり，その結果として似た者は似た者にとって友人となるわけである。というわけで，このことにはとりわけ友情の自然本性と形相としての理由と呼ばれるものが含まれることになる。

目的因（Causa finalis）

　これは第一に徳そのものによる栄誉ということになる。というのも友情は，たとえ何ら利益〔有用性〕（utilitas）が伴わなくても徳であるがゆえに求められ育まれなければならないからである。なぜなら精神は人間がこの社会に向けて作られており，人間においてこうした相互の好意の絆を育むことは徳に値すると判断するからである。さらに多くの十分に透徹した判断が人

間の自然本性には刻印されているが，それは友情がただ有用性のためだけではなく，徳であるがために育まれるべきであると証言している。なぜなら自然が私たちにこの義務を教えてくれるからである。たとえば両親は子どもを愛するように動かされるが，それは有用性のためではなく，自然本性による判断と傾向のゆえにそうするのである。それどころか，おそらく子どもが災難に遭っている場合に，この〔親の〕愛の力は自らを最大に明らかにすることになる。そのとき両親は有用性も快楽も何も子どもからえることはできないのだから。こうした感情（affectus）は親としての愛情と呼ばれている。そして，これは哲学者たちの書物だけではなく，聖書においてさえ称賛されている。ローマの信徒への手紙第 12 章[61]。したがって，このような類のことにおいては，自然本性による判断によって友情へと私たちは引かれていくが，そのように他の事柄においては，自然本性のほうが理性による判断よりも優勢でなければならない。というのも自然本性による判断にとっては，有用性よりも〔自分たちの〕保護〔保持・保存・維持〕（conservatio）のほうがより可能なのであり，そうであるがゆえにたとえ何ら利益が伴わなくとも自然本性によって私たちは社会へと向けて作られているといわれるのである。つまり友情の目的は家族の結合と必要性にある。こうした結論はエピクロスのいうことを十分明確に反駁する。彼は，私たちのすべての事柄は私たちのために，もしくは私たちの利益のためになされると述べている。これに対しては，いかにも親たちの精神と自然の感情は異議を唱えることになる。

　さらに，ある種の善き男には個人的な有用性によってではなく，それが徳であるがゆえに，国家に対する友情を抱く者がいる。そのため，もしそれが必然であるならば，国家のために死ぬのを避けないほどである。そして，こう彼らが感じるように，キリスト教の書物だけがそう教えるのではなく，自然法そのものさえもがそのように定める。神は国家を愛さず守りもしない者によって怒らせられる。さらに，ここで人間の精神は，たとえ何ら利益が伴わなくとも神には従うべきであることを理解する。したがってプラトンは祖国が尊重されねばならないものであるという[62]。というのも神は私たちに自

61　ロマ 12:10。

62　「そして国土は祖国なのですから，子供が母親に対する以上に，彼はその世話をしな

5 倫理学概要　229

らの利益が守られることを要求し，これはすべて祖国の呼びかけによって保持されるから。そこにはまさに神聖なものが含まれる。すなわち宗教，法，市民の繁栄である。しかし複数の論拠をあげるのは止めよう。なぜなら上でエピクロスのいうことを一般に論駁したのだから。つまり友情はどのような場合においても徳であり，これは他の徳と同じように有用性ため（utilitatis causa）ではなく，それそのもののゆえに（propter se ipsam）いっそう求められる必要があるからである。キリスト者がこのことを判断するのは容易である。キリスト者はこの義務が利益によるよりも（quam fructu）むしろ神の意志によって精神のなかにあることを知っている。

53　友情の効用

　たとえ上に述べてきたように，友情は第一に徳であるがゆえに求められるべきであるにしても，それにもかかわらずこれには非常に多くの利益が伴う。というのも他の徳と同じように，こうした誠実さ（honestas）が利益をもたらすのだから。しかし，どのような徳であれ友情ほど実りをもたらすものは何もない。それゆえ古代のことわざでは友人（AMICOS）は火や水よりもさらに必要であるといわれた。同じく人は人のために仕え，町は町のために尽くすのである。したがって相互の好意は義務や富の交換（communicatio）に現われなければならないのであり，このことは広く行き渡ったことわざが教えてくれている。友人のなかでは，すべてが共有されている。しかし友人のあいだで力〔資産〕（opes）も好機（occasiones）も平等ではない場合，友情に負わされている交換は報酬目当てではなく，自由なものとなる。これは夫婦のあいだや子どもに対する両親の，ほとんど無償の恩恵（gratuita beneficentia）のようなものである。したがって個々の恩恵について厳密に貸借を清算することがほとんどない場合は友情には値しない。そこで詩人は友人についてではなく商人についてこう語った。ここにわれは与え，ここにわれは受け取る〔ギブ・アンド・テイク〕。しかし真の友人によ

ければならず，そのうえ国土は神であって，死すべきものたちの主人なのですから，なおのことそうしなければなりません」（『プラトン全集13』岩波書店，1976年，318頁）。

る相互の意志には，親切に敬意を払う機会が欠けていることはありえないだろう。再度それが友人に対して私たちが恩恵を施す〔喜ばせる〕仕方なのであり，ペリクレスが述べたように，祭壇までずっと，つまり悪事を犯すことなく，それはできるのである。

54　矛盾

　友情とは他の徳と同様に中庸である。したがって，これは両極にある悪徳と戦うことになる。すなわち節度のない〔極端な〕見せかけの好意といったものや人間嫌いと。見せかけの節度のない好意はおべっか〔へつらい・ごますり・お世辞〕(adulatio) と呼ばれる。これにはどれほどの悪が含まれているか，〔「たいていの人間は劣悪である」との格言を残した古代ギリシアの政治家で七賢人の一人〕ビアスの言葉が教えている。彼はすべてのもののなかで何がもっとも有害な獣であるか尋ねられて，こう答えた。野獣のなかでは暴君，飼いならされた動物のなかではおべっか使いである，と。

6 占星学の価値 (1535年)

Dignitas astrologiae[1]

先の4「学習の規則について」と同様にメランヒトンによって著された演説的弁論すなわち講演である。ヤコブ・ミリキウス (Jakob Milichius, 1501-1559) はヴィッテンベルク大学教授として医学，自然学等を教えた。メランヒトンは同僚で友人でもあり，かつて学生でもあったミリキウスのために，こうした原稿を執筆したのである[2]。1535年7月18日にミリキウスは学芸学部長としてこれを語った。

ルターとは極めて対照的に，メランヒトンは占星学をキリスト教的な学問と見なすだけではなく，これを高く評価していた[3]。星の動きを含めたさまざまな自然界の法，つまり法則が自然の一部でもある人間の生にも多大な影響を及ぼすとメランヒトンは考える。そこで，その徴を読み取る学芸としての天文学や占星学の価値と教育意義とを大いに強調することになる。

メランヒトンにおいて天文学 (astronomia) の研究は，じつに私たちに神の摂理を教えてくれるがゆえに価値がある。占星学 (astrologia) もまたそうである。この両者はそれほど厳密には区別できないが，あえていえば天文学は天体の動きについての学であり，占星学はその影響についての学となる。

1　CR 11, 261-266. 英語訳として以下も参照した。Kusukawa Sachiko (ed.) / Salazar, Christine F. (trans.): Philip Melanchthon. Orations on Philosophy and Education. Cambridge 1999. S. 120-125.

2　Cf. Scheible, Heinz: Melanchthon. Vermittler der Reformation. Eine Biographie. München 2016. S. 114ff.

3　ユング『メランヒトンとその時代——ドイツの教師の生涯——』菱刈晃夫訳，知泉書館，2012年，210-217頁，拙著『近代教育思想の源流——スピリチュアリティと教育——』成文堂，2005年，213-226頁，参照。

いずれにせよ神による天上の支配に関する知識として，天文学と占星学の研究はメランヒトンにとって分離しえない重要性を持つ[4]。このように創造者にして支配者である神についての知識として，天文学と占星学はメランヒトンにおいて極めて重要な自然哲学すなわち自然学の一部分を構成しているが，彼はこうした関心をカメラリウスやミリキウスと共有していたのである[5]。

＊　　　　＊　　　　＊

　占星学の価値についての演説。1535年ヤコブ・ミリキウスによって修士学位授与式典の際に語られたもの。

　こうした晴れの場で，学芸の価値や徳の称賛について語られることは最高によい慣習です。こうした講演によって若者の判断力が形成されるだけではなく，彼らの魂を善い事柄を愛するように駆り立てるのにも大きな力を持っているからです。たとえ，この場所で行われている演説が第一に若者の利益のためであるのが習わしであるにせよ，それでも他の人々にとっても，学芸や徳の賛辞以上に快い耳の慰みといったものはありません。各人がそれを理解すればするほど，これはもっとも精力的に称賛されるようになります。というわけで，たとえ私たちの演説が若者の未来によりふさわしいものであるにしても，それでもあなたたちにとっても決して不愉快ではないだろう，と私は確信しています。学識（eruditio）と知恵（prudentia）が増せば増すほど，あなたたちは学芸それ自体を考えることでさらに喜ばれるであろうと私は思うのです。ところで私はそうした学芸の一部である占星学について語りたいと思います。これは地球上の自然のなかの星座の作用について議論しま

4　Kusukawa Sachiko: The Transformation of Natural Philosophy. The Case of Philip Melanchthon. Cambridge 1995. S. 130.

5　Ibid., S. 134ff.

す。しかも私はこのテーマを喜んで取り上げました。なぜなら私には無知な大衆においてではなく教養ある人々や哲学に打ち込む者において，これは議論されるべきであると考えたからです。さてギリシアの雄弁家が最高の知恵として学芸を定義するなかで述べたように，学芸は真の知識であるべきというばかりでなく，生にとってもまた有益であるべきだと付加しました。したがって私は天の作用に関する教えが真実であり，生に対して大きな利益をもたらしてくれるという二つのことを明らかにしたいと思います。さらに最初に私はあなた方にお願いします。学芸に誤った理論〔術策〕（artificium）を負わせないように，と。このことについては，もしもっとも学識ある人々のところで行われている講演でなければ長く語らねばならなかったでしょう。しかし教育を受けた人々のところでさえ学芸の信頼を傷つけるのは，また別の悪事です。すなわち人間界でのこの無限の多様な偶然性において，まさに学芸はすべてを予見しないというものです。したがって明敏な人々が学芸を否定してしまいます。すなわち，あたかもまさに医術がすべての病気を癒し，あるいは政治学の英知がすべての国家の混乱を予見し，すべての不都合が改善されうるように称して，普遍的で永遠の教えが小さな少数の出来事を観察することから成立しうることを否定してしまうのです。それにもかかわらず，どちらにせよ多くの学芸は真実の強固な教え〔原理〕（praecepta）であり，生にとって有用であることは受け入れられなければなりません。同じくこの予言に関する学芸〔占星学〕には，ある真実で永遠の徴〔サイン〕（significatio）があります。ことによると医者によるものよりも少ないのですが，これを私は隠しはしません。なぜなら，この学芸は私たちから見るところより遠く離れたところにある事物に関わっているからです。そして人間の気質（temperamenta）や性向（mores）を決定し，変化する人生の事柄において未来のもっとも大事なことについて予言し，そこに何か神的なものが存在していると考えるのです。というわけで，たとえこの学芸には他のそれほど重要ではない学芸に比べても多くの説明がないにしても，これには大きな敬意が払われることになります。しかも，この学芸に対しては確かにより大きな配慮がどんなに少なくとも，これを天上の神々は人間に明示したのであって，これは保持されねばなりません。より大きな熱心さで〔人間の〕精神は

この徴を見つめて努力すべきですし，この徴は疑問の余地のないものです。もちろん，これは同時に最大の力であり，人生においてもさまざまな有用性を持ちます。誤った信念によって学芸を飾ったり讃えたりする者は，愚かであるのみならず邪悪でもあります。私は誠実に公然と認めますが，すべての出来事の徴が確かめられているわけではありません。しかし少しも間違いではない確かな徴も多くあると断言します。もし，これに注目すれば自然を支配し非常に多くの将来の襲撃を統御するための大きな補助手段を持つことになるのです。ゲッリウスの作品のなかでファボリヌスはこの学芸を軽んじ，よりぼんやりしていて僅かなものが予見されるだけだといいました。私はこれに抗うことはしませんが，しかし彼がよりぼんやりとしていて（παχυμερέστερον）と述べたことは称賛したいと思います。彼は最大の称賛でもって学芸を飾り，たとえぼんやりしていても自然や習慣のなかに顕著なものが観察されると述べています。そして，こうしたことから洞察力ある人間は多くの事柄を後に判断するのです。あなたたちは習慣のなかで，どれほど多くの事柄があるひとつの振る舞いや大笑いするような事柄から推測されるかが分かります。そのように，ある顕著な事柄に関する確かな徴は自然に刻印されていて，ここから後に多くの推論〔解釈・予言〕（conjecturae）が入手されることになります。

　さて，ことによると占星学は，もし占いからなるだけなら学芸とは見なされるべきではないかもしれません。なぜなら学芸は〔人を〕欺くものではないからです。とはいえ，まさにこの学芸は医術や政治学のように，まずは確かな観察（observatio）から成り立ち，その後に，この観察から多くの推論が生じてきます。占星学師はカティリナが生まれる際に惑星の不吉な配置や様子を見ています。それは魂の残忍さ，無謀さ，道徳の転倒，判断の不穏さと邪悪さを意味していました。宿命は確かにカティリナがキケローの統治の下で反乱へと導かれ，次いでアペニン山脈の麓の戦列で殺害されるという未来を予言できませんでした。しかし，そうした不吉な徴に目を向けることで，それは確かに確実なものなのですが，未来の市民たちの混乱，激動そして将来の生活が悲劇的なものになっていくことを推測できたのです。このようにして気質や性向におけるある種の目印（insignia）はぼんやりとでも判断され

るのであり，それは誤ったものではありません。したがって，この学芸はすべての事柄を予見しないという理由で斥けられるべきではないのです。他の最高の学芸においても確実であることはどれほど少ないか。今は医術や政治学についてだけ語っているのではありません。そういうわけで気象学に関するすべての教え（tota doctrina de Meteoris）が，説明が僅かであり，それで後に複数の推測を引き起こすという理由によって無効にされるべきでしょうか。しばしば期待を裏切られる農耕そのものにおいても，だからといって荒れ地が耕されてはならないことになるでしょうか。否，むしろ学芸の恩恵はさらに利用されるのであり，人間の精神はいつまでも前進させられると私たちは考えています。これらの学芸において，確かにその有用性が私を喜ばせるのみならず，治療やその他の事柄においても私はこの効用を注目していますが，しかし，さらに次のことはより大きなことで，つまり身体と天と下方のものとの，こうした驚くべき調和〔合致〕（consensum）を観察して，その秩序と調和そのものが私に，世界は偶然によって駆り立てられるのではなく（non casu ferri），神の力によって支配されたものである（regi divinitus）ことを思い出させてくれるのです。

　この学芸について語る前に，一般のありふれた非難に対して答えておきたいと思いました。ところで最初に占星学のいわば定義のようなものを定めておかなければなりません。私たちがこれをプトレマイオスが何の理由も当てられない（ἀναιτιολογήτους）と呼んだ迷信的な予言と区別するためです。占星学とは自然学の一部（pars est Physices）であり，星の光が身体の要素や混合に与える影響がどのようなものであり，さらにどのような気質を，どのような変質を，どのような傾向をもたらすのかを教えてくれるのです。しばしば性向（mores），趣味（studia），判断（consilia），盛衰（casus）は傾向（inclinatio）と一致するからであり，こういわれている通りです。

　　各人は自分の自然本性である種子に従う（naturae sequitur semina quisque suae）。

したがって占星学は同じく何らかの徴を明示してくれます。もし星座

（sydera）が何らかの影響を持つことが確かなら，この学芸が自然学の一部であることは完全に認められなければなりません。ちょうど医者による予言と同じように。私は今ここで詳細にこの部分について議論はしませんが，このテーマにおいてガレノスによるひとつの教えを引いておきたいと思います。彼は天の光によって下位の身体が影響されることを否定する者たちを非難するのみならず重く叱責したのです。そして疑う余地のない経験を否定するのは詭弁である（sophisticum）と述べました。ゆえに彼は自らの経験によって勝利したと告白します。下位の身体に対する光に大きな力を付与し，それに同意しない者を，もっとも厳しく非難したのでした。

　おそらく夏と冬の交代は太陽の接近と撤退によって引き起こされるのでしょう。太陽の光が温め乾かし，月を湿らせるのです。これらのことがもし二つのもっとも明るい星において明らかであり普遍的であるなら，どうしてその他のものが理由もなく作られていると私たちは考えるでしょうか。明白な結合が明白な結果となることを，じつに普遍的な経験が証言しています。そして，これは天気においてはっきりと明らかになっています。24 年〔1524年〕に湿った徴を示す惑星の集合を私たちは目の当たりにしました。至る所で水量は増し，まる二年間湿った季節となりました。この夏は，魚座の木星，牡牛座の火星ということで，あらゆる人々の意見でも，雨が多くさまざまな天候による不健康を告げていました。もし時間の制限がなければ，他にも数多くの実例をあげることができます。太陽や月のような天の惑星の光が，さまざまな天候，さらに空気や私たちの身体に影響を与えていることは，まさに疑う余地のないことなのです。事実そのものが薬草や，金属や，さらにもっとも取るに足らないもののなかにも最大の効能があることを示しています。古代の詩人による次の言葉が正当にも称賛されるわけです。

　　愚かなる輩じゃ，…ぜにあおいやアスポデロスに，いかに大きな福があるかも判っておらぬ[6]。

6　ヘーシオドス『仕事と日』松平千秋訳，岩波文庫，1986 年，16 頁。

もしこのようであるのなら，なぜ私たちはそうしたもっとも甘美な光が理由もなく作られてあると思う必要があるのでしょうか。この光より優れて効力のある自然は確かにないというのに。天の惑星を見て運動の法そのものが太陽や月の光によって支配されている，とどうして考えられないことがあるでしょうか。火星と水星は太陽から決して遠く離れることはありません。より上位の惑星はそのように離れますが，周転円においては遠地点の中間で太陽と常に合致します。ついにヒポクラテスは天候が星の力によってもたらされ変化させられると証言しました。そして地域の相違だけではなく，さまざまな地域における気質（ingenium）や性向すらも天が原因となって引き起こされると教えました[7]。このことが確かであるなら，この学芸の始原が真実であり確実であることが確定します。すなわち天の光が身体の要素や混合を調合したり変化させたりするのに大きな力を持っているということが。次いでこの明白な調合は惑星の光が異なっていることを証しています。土星は憂鬱な，木星は節制ある，火星は怒りっぽい，太陽は活気ある，水星はドライな，金星と月は湿った性向を作るように作用します。そして，こうした星のさまざまな位置が驚くべき混合を作り出すのです。ちょうど治療薬においてさまざまな薬草が混ぜ合わされたり，歌のなかでさまざまな声が混ぜ合わされたりするように。私はこうしたことを手短に話しましたが，それは季節の法則を持たなければならないからだけではなく，あなた方のようなもっとも学識ある人々にも，十分に評価されてしかるべきだと思われたからです。

　したがって，もうひとつの部分すなわち占星学の有用性について語るところに私たちは来ました。私は治療に際して星座の観察が用いられるのを否定するほど，そこまで杓子定規的であるとは実際には思っていません。このことについてはどんなときでも規則が存在していて，経験からそれは知られるのですが，これより長くは話しません。しかし病んだ身体にとってだけではなく，国家にとってもさらに大きく最大の変化の原因や前兆について考えるのに，どれほど大きな有用性がこの学芸にはあることか。こうして私たちの決定をこれらに合わせることができるのであり，これによって厄介なことを

───────────────
7　ヒポクラテス『古い医術について　他八篇』小川政恭訳，岩波文庫，1963年，7-37頁，参照。

緩和できるのです。というのも，まさにプラトンはこう述べています。星が回ること〔星座の回転〕（syderum circuitus）が人生のさまざまな浮き沈み〔運命〕に影響を与える，と。それは生きた身体だけではなく，自然のすべての事物，人間の生，帝国や国家にも。ちょうど農夫たちが嵐の兆候を観察してそこから教えられるように，国家における偉大な人々は変化する前兆から理解し思考しなければなりません。確かに政治の書物には性向や心情から採られた徴が集められています。ちょうど医者が過度〔極端・バランスの崩れ〕（intemperantia）や，あるいは体液の腐敗から病気をいい当てるように。偉大で賢明な人々にとっては，こうした天の徴に注目することは大いに有益です。その結果，ある程度は運命や荒れ狂う嵐に用心したり，いずれにしてもそれを緩和したりできるのですから。こう正しくいわれているように。

　　　賢者は，その魂〔心〕をすべての運命に向けて準備する。その術でもって予見し，悪を軽減することができるのだ。

というのも，もしそうした徴が考慮されるべきものでないのなら，なぜ神の力によって天にこうした徴が記され描かれているのでしょうか。ところで神はこうした指標〔記号〕（nota）を天に刻印しましたが，それは国家に重大な災難を報せるためです。心をこうした徴の観察からすっかり転じてしまうことは不敬虔であります。日蝕，月食，連結，予兆，横断，彗星，これらは人間の生を多大な災難や変化が脅かしていることの，神による予言以外の何ものでもないといえるでしょう。これをもしだれかが無視するなら，その人は神からの警告を拒否していることになります。ところで，どの程度までこれによって心配させられなければならないか，一体どれほどの量が天の徴に帰されるべきか，聖書のなかの偉大な人物がこれについて教えています[8]。というわけで不敬虔で向う見ずな，あるいは絶望的な判断には近づかないようにしましょう。ちょうど農耕や航海において天候の兆候を観察することが不信心なことではないのと同じように，物事を司るに際して自然の徴を考慮

8　エレ 10:2。

することは敬虔なことであり有益なことなのです。これらの徴を神は私たちがより注意深くなり，私たちの内で注意が研ぎ澄まされるようになるために提供してくれているのです。

　しかし個々人の性向〔品行・生き方〕を見てみましょう。もし，それぞれが自分の自然本性の傾向（inclinatio）を理解するなら，善いところを育て強め（alere bona et cofirmare），入念さと理とによって悪徳を避ける（vitare vitia）ことができるのです。というのもプトレマイオスが述べたことは真実だからです。賢明な魂は天の活動を援助する。最善な農夫が〔畑を〕耕し綺麗にすることで自然〔の営み〕を助けるように。これは健康に気遣う際にも，生き方や勉学の種類を選択する際にも，素質（ingenium）に合ったかもしくは合わない仕事（negotium）を引き受ける際にも，広く明らかなことです。もしクリアティウス兄弟やアントニウスの両親がこれら息子たちの自然本性を十分に理解していたなら，彼らの野獣的な収まるところを知らない素質を，並外れた技によって（singulari arte）節制の方に向け変えることができたかもしれません。もっとも巧みであったマケドニアの王フィリッポスは息子アレクサンドロスのなかの，あまり歪んでいない〔純粋な〕，しかしそれにもかかわらず命令に対してより厳しく我慢できないような自然本性があることに注目したとき，さらに彼は粗野な躾には耐えられないことを見出したとき，学問と哲学によって彼を快く品ある者にしようという判断を下したのでした。まさにこうした手段によって彼は自身の自然本性を入念に耕し〔磨き上げ〕，その結果として彼の経歴において勝利の力は，かつてないほどまでにより人間的で（humanior）より節度を備えた（moderatior）ものになったのでした。このように自然本性は，どこへその人を導いていくかを見ることに役立ちます。こうして，その人はふさわしい教授〔訓練・規律〕によって（disciplina idonea）徳へと向け変えられ，悪徳から引き離されるからです。その他にも家政経済的な有用性を列挙することもできますが，これについて述べていると長くなってしまいます。したがって，あなた方〔学位〕候補者，すでに哲学にその身を公に捧げた皆さんは，哲学のその他のものを精一杯受け入れ，耕し磨き，これに敬意を表しなければならないのです。この部分は他の哲学と同様に愛されるべきであることを，あなたたちは覚えておいてく

240 第II部 翻訳編

ださい。善き学芸を非難しておきながら，そこから天来の称賛を得ようとすることは，愚かであるばかりか理不尽なことであります。なぜなら善き人間には，卓越した学芸と生にとっての有用性とを精一杯称賛することがふさわしいのですから。こうすることで，この学芸の研究にできるだけ多くの人々が誘われるようになるのです。以上。

7 哲学について（1536年）

De philosophia[1]

メランヒトンにとって哲学と神学，理性と信仰の区別とそれぞれに固有の役割は，とりわけ先の3「福音と哲学の違いについて」以降，生涯に渡る重要な問題テーマであり続けた。神学にとって哲学は必要不可欠であり，無学で教養を欠いた神学すなわち哲学なしの神学ほど有害なものはないことを，メランヒトンはここでも再三強調している。

*　　　　*　　　　*

学識と品格ある少数の若者に修士の学位が授与されるに際して行われた，フィリップ・メランヒトンによる講演。1536年。

私の性向については，あなた方すべてご存知だと期待していますので小生が厚かましく，そして才能への自信から，さらに何かおせっかいのようなものから，これについて語る役目を再び担ったわけではないということを，皆さんに容易に確信させることができると思っています。というのも，これを私に命じたのはもっとも優れた人物，私たちの学部長ヤコブ・ミリキウス氏だからです。彼は卓越した徳，そのうえ研究や数々の社会的な公務において

---

1 CR 11, 278-284. 英語訳として以下も参照した。Kusukawa Sachiko (ed.) / Salazar, Christine F. (trans.): Philip Melanchthon. Orations on Philosophy and Education. Cambridge 1999. S. 126-132.

も，私にとってもっとも貴重な人物であります。かくして私はいわば義務的な判断によって，友人の望む意志に合わせて振る舞うよう動かされたというわけです。私は決してサフェーヌスほどでもなく，そのうえまたこの学校には私よりも，語るのに際して素質からしても大いに適した，また学識からしてもずっと訓練された人々が他にも多くいることを知らないまま，ただひとり愚かに喜んでいるわけではありません。私はまさに，これらの人々の才能と学識に対して大いなる称賛を捧げるものであります。しかし，こうした仕事を私からもっとも親しい友人である者が求めるときに，これを拒絶して気難しい人だと見られるのは嫌だったのです。それはさておき，もうこれ以上の言い訳はやめるとしましょう。というのも私の性向はあなた方から十分に認められていると思うからです。こうした種類のことについては，とくに次のような小句〔慣用句〕がふさわしいでしょう。

　　語る者の性向〔人となり・人柄〕が説得するのであり，言葉ではない（mores dicentis persuadere, non orationem）。〔語る人の性行はその人の言葉より説得上有数なり（mores discentis suadent plus quam oratio）〕

　ところで，こうしたお披露目のような場所では最善の判断によって，研究について，あるいは徳の称賛について語られることは，しきたりとなっています。というわけで，この場所にふさわしい話題とするために，そして哲学と称する，この学芸の価値と有用性について何がしかを述べるために，演説を組み立ててみました。このなかで教会には自由学芸が必要であること（Ecclesiae opus esse liberali eruditione）が明示されています。それには単に文法を認識するだけではなく，その他にも数多くの学芸や哲学の学識が必要なのです。というのも私たちは学問を教会に役立つように，またこれを武装するために設けているからです。たとえ，その他の理由によって議論のためにこれを要請するにしても，やはり善き精神は，とくに精力的にこの目的において考察しなければなりません。なぜなら教会という名ほど善くて甘美な，またそれよりも貴重なものはあってはならないからです。こうした理由は，魂の最大限の集中によって私たちが完全な学問を追究するように〔私たち

を〕最大限に促し駆り立てなければなりません。ここから国家にとっても，また教会にとっても何らかの有用性を得ることができるのです。私たち教師にとって，いわばもっとも誠実な経路の終極といった目的に，そこに自身の熱心さを関わらせなければならないこと以上に，こうした事柄に関する演説以上に価値あるものはなく，これよりよく支持されて有益なものはないのであります。

さらに学芸そのものの価値や力は，もし私たちが次のことを見れば大いに認めることができます。それがどれほど教会において必要か，どれほどの暗闇たる無知が宗教を覆い尽くしているか，どれほどの大きな荒廃があるか，教会がいかに酷い状態で分散されているか，全人類にどれほどの野蛮と混乱がもたらされているかを見れば〔一目瞭然です〕。こうしたことを考慮すれば，どれほど学芸と学問には力や勢いがあるか，ようやく判断することができるのです。

ところで，たとえ事柄にふさわしい演説が考案されえないにしても，それでも未経験な者たちから常にこのことに関しては歪んだ見解が撒き散らされるので，若者は警告されて予め準備されねばなりません。たとえ学校では教師によって毎日このことについて話されているとはいえ，やはりこの場所で公の名において行われている講演は，より権威を持たなければなりません。というのも，もっとも傲慢になりそうになるのを軽蔑することが，ここにともに集まったもっとも学識ある皆さん全員の見解だからです。それゆえに私は国家にとって必要な，あなた方にとって有益なことを話したいと思います。さらに私のこの声があなた方すべてに共通の見解を与えるようになれば，と思います。私はあなた方の人間性のゆえに，入念に私の話に耳を傾け，ちょうどオデュッセウスの仲間たちがセイレーンのいるところを耳を塞いで通過したのと同じように，あなた方は愚かな判断には耳を貸さないように，と願います。それは教会には自由学芸が全く必要ではなく，これから逃れるようにと見なす者たち〔の見解〕です。それだけではなく彼らはこれら自由学芸をあたかも汚らわしい疫病や，ぞっとするような怪物であるかのように罵倒したのです。次いで，この声は学習の関心を，それはあなた方の勉学が教会や国家と関わっているのですが，掻きたて駆り立てます。ここから

244 第Ⅱ部 翻訳編

個人的な有益性や欲望だけが追い求められてはなりません。

　というのも，まず同時に起こる大きな危機〔無限の禍害〕とは無学な〔教養を欠いた〕神学（inerudita Theologia）だからです。なぜなら，それは雑多な教えであるからです。そこでは重大な事柄が明瞭に説明されていません。区別されるべき事柄が混同され，反対に自然が結合されることを要求しているものが分解されてしまっています。しばしば矛盾が語られ，類似したものが真実で的確なものとして手っ取り早く利用されます。最終的には，そのすべての教説は奇怪なもの（tota doctrina monstrosa）となり，ホラティウスにある絵に似たようなものとなります。

　　もしある画家が，人間の頭に馬の頸をつけ，そこらじゅうから手や足をかきあつめてきて…[2]。

このなかに首尾一貫しているものは何もなく，開始も，発展も，結果も区別されえません。こうした教えでは無限の誤り，限りなき分散を生じさせないということはありえません[3]。なぜなら，そういう混乱においては，各自がそれぞれの夢想を守る内に，ある者は他のことを理解し，論争と不和が生じてくるからです。そうしているあいだに，良心のためらい（conscientiae ambigentes）は見捨てられてしまいます。そして魂を苦しめる猛烈な復讐の女神としては，宗教に関するこの疑い以上にはありませんから，ついにすべての宗教が憎しみによっていわば投げ捨てられてしまい，その精神は不信心でエピクロス派のようになってしまうのです。

　したがって無学な神学にはそれほど多くの害悪があるのであって，教会は多くの偉大な学芸を必要としていることが容易に判断されるというわけです。なぜなら絡み合って曖昧になった物事を判断して正しく分けて説明するには，こうした一般的な文法や弁証法の規則を知っているだけでは十分ではなく，さまざまな教え〔学問〕（doctrina）が必要だからです。たとえば自然学から多くのものが取り入れられますし，道徳哲学からも多くのものがキリ

─────────

2　『世界文学大系 67　ローマ文学集』筑摩書房，1966 年，204 頁。
3　『キケロー選集 8』岩波書店，1999 年，68 頁。

スト教の教えのために集められます。

　次いで神学を修めようとする者には偉大でさまざまな教えが必要であり，数々の学芸において長年の修練も必要ですが，明らかに方法（methodus）と弁論の形式（forma orationis）の二つが必要です。というのも，もし哲学において善く正しく習慣づけることがなければ，だれも方法の大家とはなれないからです。確かに，この哲学というひとつの様式において，それは詭弁とはかけ離れ，秩序と正しい道〔方法〕によって真理を追究し明白にしてくれるのです。そうした勉学においてよく習慣づけられた者は（assuefacti），すべての事柄を方法に関連づけて考えます。そうした習慣（ἕξιν）を自身に獲得した者は，これらを理解し他者に伝達しようと熱望し，さらに宗教の討論においてさえも方法を心に描くことを知っています。混迷した事柄を解き明かし，ばらばらになった事柄をまとめ，不明瞭で曖昧な事柄に光を当てるのです。

　偉大で豊富な学問は他の事柄のためにも，すなわち弁論を構成するためにも必要です。こうして確かに文芸において程よくこれに携わった者は，すべてのことを知るようになります。しかし方法を形作るというこの習慣を私たちが獲得する〔身に付ける〕には，相当の熱意が必要です。複数の哲学の分野でこれらを習慣づけていない者が，これに到達するのは不可能です。このなかで訓練されていない者は，たとえ弁証法に携わるにしても，それでもいわば方法の影〔見せかけ〕のようなものしか獲得できません。それ以上には，しばしば不完全で詭弁的なものしか獲得されないのです。自らを方法の大家であると見なす者はだれであれ，それでも道を外してしまうものであり，それはホメロスの言葉を用いれば「盲目の見張り」（ἀλαόσκοποι）[4] なのです。さらに方法のためだけではなく，ちょうどプラトンが「作文上の必然性」[5] と呼んでいるように，このためにも哲学は必要とされています。しかし以前に述べたように，神学者によって自然学から多くの事柄が集められるだけでは十分ではありません。自然学では個々の部分の説明が，ちょうど純粋な教えを得ようと努力していて，ある僅かなものを取り出すだけで十分で

4　ホメロス『イリアス（上）』松平千秋訳，岩波文庫，1992 年，326 頁。
5　『プラトン全集 5』岩波書店，1974 年，227 頁。

はないからです。ですから神学者にとっては学芸の全体が，できる限り知られておくべきなのです。こうした魂に関する，感覚に関する，欲求や感情に関する，知識に関する，意志に関する，もっとも学識的な議論を知らない神学者には，大きな道具が欠けていることになります。そこで自然学においてのみ教えられ，自然学をおいて他では理解されえない原因の分割〔区分・分類〕（partitio）をもし知らない者が弁証家を自称する場合には，傲慢に振る舞うということになります。要するに，いわば学芸の円環といったもの（orbis quidam artium）があるのであって，これによってそれぞれのあいだですべてが密接に結合され繋がれているのです[6]。そこで個別のものを掴み取るためには，その他のものから多くの事柄が取り上げられてこなければならないのです。というわけで教会にはこうした全体的な円環的学問が必要となるのです。

　道徳哲学によって教育された者はキリスト教の教えの多くの部分をより容易に解釈できるということに注意を向けないほど，そこまで馬鹿げた人はだれもいないと私は思っています。なぜなら多くの事柄が類似している場合，法律に関して，政治道徳に関して，契約に関して，多くの生活上の事柄に関して，哲学における秩序や方法によってだけではなく，事柄そのものを入念に掴むことによっても私たちは助けられるからです。もし，それらが非類似のものであるなら比較が多くの光をもたらしてくれます。さらに足の不自由な者が球を捕まえるように[7]，自然学を置き去りにしている者は，そのように道徳哲学を扱うことになります。さて歴史，時間の正確な計算には数学を必要とします。しかし，この分野は自然学と結び付けられなければなりません。というのも，そこからちょうど泉から湧き出るように，自然学における大部分が生じているからです。そこで，こうした甘美な学芸，星座の動きに関する，そうした学芸を蔑むこと以外には何もいわないような者は野蛮で

6　「私たちのこうした人間的で立派な学術の教義はすべて，一つの紐帯によって結びつけられたものであり，一体性を有するのだ，と。私たちが万物の因果を認識する理法の意義を明確に把握すれば，あらゆる教義に驚くべき一致と協和があることが分かるはずなのである」（『キケロー選集7』岩波書店，1999年，342頁）。

7　「跛に毬」（『キケロー選集2』岩波書店，2000年，312頁）。

す。こうした学芸は私たちに年と季節の区別をもたらしてくれますし，未来の多くの大きな事柄を告げ知らせてくれますし，私たちにとって有益になるように警告してくれます。

　私は哲学がひとつの学問の種類であり，神学がまた別の種類のものであることを知らないわけではありません。料理人が多くのソースを混ぜ合わせるように，これらを混合させたいと欲してもいませんが[8]，しかし方法の配置〔やりくり〕において神学者が助けられるのを望んでいます。が，哲学からは多くの事柄が神学者に移される必要があるでしょう。もし，この演説に信頼を置かない者なら，彼は無学な神学を熟考していることになるでしょう。さらに，そうした地上すべての詭弁による混合を解き放ったらどうかと内心では考え，曖昧な神学が教会のなかに運び込まれてしまうのを望むことになってしまいます。無学ということで，ちょうど再洗礼派のように，私は学問的な訓練を受けていないということだけをいっているのではなく，立派に〔威張って〕主張してはいるものの，何も確かなことは述べていないような愚か者のことも指しています。なぜなら彼らは方法に向けて習慣づけられておらず，事物の根源を十分に把握していないからです。それゆえ哲学のなかで教育されていない場合には，神学は何を公言しているのかを十分に理解することはありませんし，それどころか，どれほどまで哲学と一致するかも理解することはないのです。

　ここで古代の人々を列挙する必要はありません。彼らはキリスト教の教えをもっとも馬鹿げたお喋りで完全に覆ってしまいました。私は，その下に何も内容のない詭弁ではなく学識ある哲学を求めているのです。それゆえ私はあるひとつの哲学の種類が選択されるべきであると述べたのです。これは詭弁的なものができるだけ少なく，正しい方法を保持しています。アリストテレスの学説がそれに当たります。それでもこれには他の方面から天体の運動に関する，かのもっとも卓越した哲学の部分が付加されなければなりませ

8　「もうその臭さときた日には，コックがソースを間違えて，滅茶苦茶にしたのと同じです。どんなにおいになるものか，わかったもんじゃありません。いえ，ただ一つ，そのにおいは，嫌なにおいになるだけです」（『古代ローマ喜劇全集3　プラウトゥスⅢ』東京大学出版会，1977年，163頁）。

ん。なぜなら，その他の学派は詭弁と馬鹿げた間違いだらけの見解で充満していて，〔人間の〕性格にとっても有害であるからです。たとえばストア派の誇張法はすべてが詭弁です。よき健康，財産やそれに類似したものは善ではないなど〔それに当たります〕。アパテイアも虚偽であり，運命に関する誤った有害な見解です。エピクロスが，すべては偶然に存在していると主張するとき，彼は哲学をしているのではなく道化を演じているのです。彼は第一原因を蔑ろにし，真の自然学の学説とは完全に矛盾しています。プラトンのアカデメイア学派も遠ざけられるべきです。これは方法を保持してはいません。しかも，すべてのものを転倒させる節度のない自由を自身に持っています。これを行おうと熱心に努力する者は，こうした多くの詭弁を集めるしかないことは必然です。とはいうもののアリストテレスの言説にとくに従う者は，あるひとつのいわば単純な，しかもより少なく詭弁的な教えを追求し，そうしているあいだに他の著作者たちから何某かのことを手に入れることができます。というのも，ちょうどムーサが歌でシーレーンと戦って，それらに勝ったとき，その羽から自分たちに花冠を作りましたが，同じことが学派においてもあるのです。もしひとつのものが最高に是認されるべきものであるにしても，それにもかかわらず一方で私たちは他のものから何か真実のものを獲得するのであり，それによって私たちの意見も武装されるというわけです。

　しかし哲学の種類や学派の区別に関しては，他のところでも話されることがあるでしょう。私には論争する熱心さではなく，真理を探究する熱心さを持つ学派を選択することが〔その人の〕性格にも役立つと思われます。次いで，これは節度ある見解を愛し，詐欺的討論や不合理な見解，無学な者の称賛を得ようとはしません。こうした称賛を得ようとする習慣はもっとも有害であり，それを聖書に持ち込む者は，そこでまさに巨大な騒乱を引き起こすことになります。それに対して私が語っているこの簡明な哲学（simplex Philosophia）は，証明なしに何かを断言するような欲求を携えたものではありません。ゆえに不合理な見解からは簡単に逃げ出してしまいます。なぜなら，これらは証明を有してはおらず，ペテンに満ちた詭弁で保護されているからです。最終的に，こうした理由によって教会における学識はすべてにお

いて役立つのです。なぜなら無学は無謀であり雑然としてものですから。学問は馬勒（frenum）を被せるのであり〔私たちを〕注意深さ（diligentia）へと習慣づけます。というのも多くの事柄が教養ある人々の頭には浮かびます。これは次のような原因と関係があるといわれねばなりません。簡単に彼らは〔だれかが〕誤りを犯し騙されるのを見出します。しかも他の学芸においても問題の根源を探究すべく，抵抗すると思われものを説明すべく習慣づけられることになります。そして勉学は性向〔性格・習慣〕に変化します（abeunt studia in mores）。というわけで探究において費やされたこの同じ入念さ（diligentia）が慎み深さ〔規律・自省〕（modestia）を生むことになります。さらに無謀さと無思慮とが結び付いてどれほどの危険をもたらすかは，すべての国家や教会そのものにおいてでも，そこでの昔のあらゆる実例からして明白です。これらは無学によって無分別にかき乱され，それより以前にはしばしば破壊されてきました。しかも今の時代においても〔国家や教会は〕残酷にもずたずたに引き裂かれているのです。

　したがって，あなた方，最高の聴衆である皆さんに，私は第一に次のように勧告します。皆さんの研究によって真に国家や教会に属することを考えるように，と。なぜなら学問の純粋さや調和が，人々の健康や一致，とりわけ教会のそれを保護するからです。次いで私は神の栄光のために，これをすべての事柄よりも優先しなければならず，さらに教会の安全のために，これはもっとも貴重なものでなければならないということを，あなた方に嘆願します。こうして哲学が保持している最高の教えが保護されなければならないとあなた方は決心し，そしてこれらの学問により一層の熱心さをもって専心することになります。このようにしてあなた方は，自分たちにとっても人類の利便にとっても本物の教えを獲得することになるのです。

　エパメイノンダスは人生のなかで生じたもっとも喜ばしかったこととは何かと質問されて，こう答えました。両親が生きているときにスパルタとの戦いで大きな勝利を収め，祖国を奴隷状態から解放し，そこから最大の喜びを得たことだ[9]，と。すなわち彼は両方のものが最大の喜びをもたらしたと明

9　プルタルコス『モラリア14』戸塚七郎訳，京都大学学術出版会，1997年，42頁，参照。

らかにしたのです。祖国の安全と両親の喜びです。これらは勝利した息子の徳と栄光とがもたらしたものでした。願えるものなら教会に対してもそのようになりますように。こうした最高の喜びについて私たちが語ったように教会が栄えて安定しているのが見られますように。これは私たちが生まれたのを受け入れた国や家よりも，より真実の祖国であり，それらに勝るものです。こうして教会は，このように神々しい天使と敬虔な者たちがすべて集まるものとなり，これを真の両親のように愛し敬うのです。私たちの正しい行いから本物の喜びを得るのです。

　反対に教会がばらばらになり，確かに私たちの欲望（cupiditas）によって天使の集まりや敬虔な者たちの集まりが悲嘆と苦痛の内に陥ってしまうほど，これより残酷な苦悩はないということを私たちは確信しましょう。私はここで報酬について語っているのではありません。というのも私たちが徳そのものによって動かされることがふさわしいからです。私たちの内では教会の愛と神によって定められている義務の事柄が勝っていなければならないのです。しかし，それでも報酬について正しく学んだ者はなおざりにされることはないでしょう。なぜなら神はこう述べるからです。私を重んずる者を私は重んじ，私を侮る者を私は軽んずる[10]。そこで，もし私たちがキリスト者であるなら，こうした希望によって自分たちの義務を私たちは果たさなければなりません。そうすれば自分たちに対する神の配慮を私たちは感じ取り，私たちも子どもたちも困窮することはないでしょう。それどころか，こうした自然のすべての事物が神によって保持されているのは私たちのためであって，暴君や，敬虔な者たちの研究を憎む者たちのためではないということをあなた方は知るべきであります。太陽が昇り，季節が移り変わる。こうしたことが生起するのは耕地を豊かに実らせるためなのです。こうした点でストア派の人々は，すべてのものは神に属すると正しく述べました。ところで哲学者は神の友であり，それゆえにすべてのものは哲学者のものでもあります。したがって強力な精神でもって，こうした学芸の研究（studia literarum）を私たちは保護しましょう。そして，この持ち場に私たちは神によって配置

10　サム上 2:30。

されていると判断しましょう。こうした理由により，より大きな配慮をもっ
て私たちは義務を遂行し，私たちの労苦によって神から報酬が与えられるの
を冀うことにしましょう。以上。

8　自然学について（1542 年）

De physica[1]

　メランヒトンは当時の大学で教えられていた自然学もしくは自然哲学を，ルター神学に基づいたキリスト教的自然学へと変容した[2]。ルターは自然学を含め，人間の理性によるさまざまな知識すなわち哲学的知識を神学に援用することを拒絶したが，対照的にメランヒトンはこれらを積極的に利用し，すべてを神の摂理を基礎づける——ルター神学を補強する——ものとして活用した。メランヒトンの自然哲学はルター神学の，当時の科学的変換であり，自然は神による法や法則を顕現しているがゆえに，この原理を探究することには神学的にも意味があるとされる[3]。それは神という原因もしくは起源を求めることに他ならない。このためには，やはり先の6「哲学について」と同様，教育および教養が必要不可欠である。

＊　　　　＊　　　　＊

1　CR 11, 555-560. 英語訳として以下も参照した。Kusukawa Sachiko（ed.）/ Salazar, Christine F.（trans.）: Philip Melanchthon. Orations on Philosophy and Education. Cambridge 1999. S. 133-138.

2　Cf. Kusukawa Sachiko: The Transformation of Natural Philosophy. The Case of Philip Melanchthon. Cambridge 1995. S. 201.

3　Cf. Wels, Volkhard: Manifestationen des Geistes. Frömmigkeit, Spilitualismus und Dichtung in der Frühen Neuzeit. Göttingen 2014. S. 127.

ヴィッテンベルクで行われた自然学についての講演

人間に知るべく与えられたることのなかにて平和は最上のものなり。ひとつの平和は無数の凱旋に勝る[4]。

市民のあいだでもこれが最高の真実であると詩人は語ります。したがって私たちは神から永遠の平和が得られるように翼いましょう。いずれにせよ教会に関しては著しく悪い状態にあり，そのためにはどんなに僅かであっても残されている学問を保持しなければなりません。さらに，ここで父なる神であり，私たちの解放者であるイエス・キリストに感謝しましょう。というのも神は近郊で起こった暴動を鎮圧してくださいました[5]。これについて私は少ししか話しません。なぜなら今ではこのことは永遠に忘れ去られるよう望まれているからです。しかし，この危険によって警戒させられることで，私たちは教会と人類に必要なこうした勉学を準備提供してくれるように，より大きな敬虔と入念さをもって確かに神を崇拝しましょう。もし放縦やみだらな快楽のために余暇を浪費したりせず，目的をしっかり見つめていれば，それは容易に達せられるでしょう。そのために神は国家に対して平和を承認してくれているのです。こうして若者は育てられ教えられ，規律によって管理されるようになります。そして私たちはこの文民としての職務において，より大きく尽力することになるでしょう。

したがって，このような会合のなかでこうした場所で，あなた方にはさまざまな学芸，あるいは徳について語られるのが習慣になっているように，この機会に私もまた自然学という学問について演説を行いたいと思います。これは数学からまずは端緒を得て，至るところで数学によって証明が行われていきます。それゆえに数学に関して，しばしば他の場所で最近も私は話をし

---

[4] Pax optima rerum, quas homini novisse datum est: pax una triumphis innumeris potior. 田中秀央・落合太郎編『ギリシア・ラテン引用語辞典〔新増補版〕』岩波書店，1963 年，553-554 頁，参照。

[5] 1542 年ヴュルツェンの戦いのこと。

ました。ところで，およそちょうど兵士たちのように，彼らは言葉よりも，むしろ自身の自然本性や苦しみや状況の大きさによって駆り立てられるように，そうサルスティウスは語っていますが，言葉が徳を増やすことはありません。同じように魂を鼓舞すべきこの私たちの演説も，そうした大きな影響力をもたらすことはありません。しかし，それにもかかわらず私は善き性向の持ち主には，学芸に関して判断するために目的を明らかにし，学習に際していわばどのように手を取るべきかを教え，どのような主題がとくに選択されるか，そうしたことに関する話は役立つと信じています。こうした忠告は，やはり勉学を駆り立てるのに役立ちます。私は演説だけではなく，〔同じく人々を〕けしかけるラッパによって軍隊を駆り立てる指導者の習慣が全く役立たないとは思いません。この大学では，神の恩恵により自然学を解説するもっとも学識ある講義をあなた方は手にしているのです。これは善き主題によって高潔な性向の持ち主を魅了し，その弁舌によって勉学へと刺激するのを常としています。歪められていない自然が，こうした洞察や権威によって駆り立てられることを私は疑いません。さて大学全体の考えが表されるべき演説である場合には，同じ主題について語られるべきであると私は見なしました。こうして，こうした種類の学問そのものに関する考えについて，すべての方々が同意してくれるでしょう。ウェルギリウスの詩はこのことについて語られていて，よく知られています。

　　幸せなのは，ものごとの原因を知ることのできる者[6]。

ところで，たとえ人間の自然本性が脆弱なものであり，すべての者は死や不運な災難を思慮や入念さによって避けることはできないにしても，それにもかかわらず，すべての学芸が人生に対して無駄なものとして用意されている

6　「宇宙の因果を知りきわめ，すべての恐怖と，冷厳な運命と，飽くことを知らぬ，アケロン川のざわめきを，足下に踏みつけた人は幸いである」（ウェルギリウス『牧歌　農耕詩』小川正廣訳，京都大学学術出版会，2004年，137頁）。「自然研究によって宗教的迷信と死後の世界に対する恐怖を克服しようとした哲学者，とくにエピクロス哲学を当時のローマ人に教えたルクレティウスを暗示している」（同前）。「felix qui potuit rerum cognoscere causas. 事物の原理を知りえたる人は幸福なり」（田中・落合編前掲書，208頁）。

というように私たちは見なさないようにしましょう。これらは確かに，神によって人類に提示されているのですから。

　ときどき航海術は嵐によって打ち負かされます。それにもかかわらず船の建造術や漕ぐ技術は無益なものとして示されるわけではありません。ときどき穀物は時候外れの暑さによって粉々になったり，豪雨によって成長を妨げられたりします。だからといって，それにもかかわらず農業が見捨てられるべきではありません。ことほど左様に他の学芸についてもすべて同じことがいえます。しばしば生命は医術によって救われます。さらに死をもたらす病を追い払います。それでもやはり，ときどき学識を備えた医術よりも病気のほうが，より勝る場合もあります。ところで医術の始まりはこの自然学の教えにあります。自然学はその多くの有用性のゆえに若者たちに教えられることになっていますが，このことについては間もなく話されることになるでしょう。

　医者の教えは人間の生命にとって有益なもっとも素晴らしい学識を含んでいます。しかし，すべての者が同じ術を実践できるわけではありません。ちょうどアリストテレスが述べているように農夫や医者から共同体は成り立っていて[7]，さまざまな学芸が国家にとって必要なのです。ゆえに，こうした自然学の始まりはただ知るためだけとか，楽しみのためだけに教えられているのではなく，数多くの生の部分〔生活〕に役立つために伝えられているのです。たとえすべての者が癒しの術を用いるわけではないにせよ，それにもかかわらずすべての者にとって，野蛮人の習慣に従って生きるわけではない者においては，ある種の共通の教えが必要です。それらは私たちが元素（Elementia）と呼ぶ身体の種子（semen）に関する教え，気質（temperamentum）に関する教え，人間の機能と自然本性における肢体と器官に関する教え，病の原因に関する教え，さらに付け加えれば天体の運動に関する教えと，その動きに付随するさまざまな作用に関する教えであります。私はこれらの教えが婦人にとっての教えですらあることを想起します。なぜなら，これらは健康を維持し養育する（educatio）のに必要だからです。家庭（domestica）は

7　アリストテレス『政治学』山本光雄訳，岩波文庫，1961 年，181-183 頁，参照。

健康を保持し家族全員の暮らしぶりを管理するのに，ある種の学識（scientia）を必要とします。そして教養ある者は，たとえ僅かなもののように見えても，それでもやはり熱心に研究する者には多くのことを気づかせてくれることのできる，こうした議論の源泉を知るようになります。ウァローは専門の医者ではありませんでしたが，それでも理性と入念さ（diligentia）によって，破壊的な疫病により危害を被っていた属州のなかで自分と仲間とを救助したのでした。すべての窓を塞ぐように彼は命令しました。とくに北の窓です。そこから凍った風が吹いて来るからです。皆さんも理解されるように，彼はこうした思慮（consilium）を子どものときの教えから採用したのでした。それは〔子どものとき〕自然学のなかで風の違いについて教えられていたものでした。

　ガレノスは，皇帝アントニウスがいつも胃の消化不良を一日絶食したり，柄杓一杯の葡萄酒を飲みほしたりすることで防いでいたと述べています。このなかに彼はコショウを少し加えました。これは家庭の医学ですが，自然学を知ることなしに正しくこれを用いたり成し遂げたりすることはできません。というのも，なぜアントニウスはほとんど燃え上がっているようなものを摂取するのか，その理由が尋ねられなければなりません。要するに彼は，胃に冷たいものが入ることから消化不良が生じているのに気づいていたのです。どれほど多くの指導者を私はあげることができるでしょう。昔の者も今の者も，彼らはたとえ医術を用いることはなくとも，それにもかかわらずこうした哲学によって自分自身や他の者の健康のために配慮したのです。アレクサンドロスはこの分野においては並外れて熱心でした。ホメロスのなかで私たちが読むように，アレクサンドロスはアキレウスがケイロンから医術を学んでいたことを知っていました[8]。私は今すべての医術という学芸について話しているわけではありませんが，こうした共通の過程での教えについて述べています。もし私たちが獣のような習慣に従って生きようと欲しないのならば，こうしたものをなしで済ますことはできないのです。

　教会の実例を付け加えてみましょう。こうした自然学の教えは，まさにノ

8　ホメロス『イリアス（上）』松平千秋訳，岩波文庫，1992年，369頁，参照。

ア，アブラハム，預言者や使徒たちにとってふさわしいものでした。なぜなら，その権威によって他の人々のあいだで何らかの方法で卓越し，その善行によって多くのものを施すことができるためには，これらの医術による学芸を福音の宣言と結び付けることを神は欲しているのであり，よって神は癒しにおいて人々の手を管理するからです。そうした人々の熱心さに倣うことが，あなた方にはふさわしくないなどと思わないようにしてください。彼らはたとえ他の義務的な困難に耐えたにしても，それにもかかわらず人間の身体の活動と調和，さらに病の癒しを探究したのであり，ことによるとある者は他のある者よりもより熱心でした。しかしながら，こうした一般的な自然学は文字なしには学ばれないことをすべての人々は知っていました。

したがって，これはある種の医術に部分的な第一の有用性でしょう。しかし，なぜ自然学が若者に教えられるのか，その理由には他にも多くのものがあります。そこから倫理に関する多くの部分の議論が生じてきます。なぜなら徳の原因は人間の自然本性のなかに探究されなければならないからです。それゆえに市民的な仕事においてもしばしば自然学から何某かの教えが獲得されることになります。そしてプラトンはこう述べています[9]。それゆえにペリクレスは他の弁論家よりも勝っていた，と。というのも自然学者アナクサゴラスのいうことを熱心に聞いていたからです。学識ある自然学は神と摂理に関する高潔な思想を強化してくれさえするのです。なぜなら原因についての教えから，私たちには永遠の精神，ひとつの無限の力，知恵と最善のものが考察されるからです。自然のなかには善の原因がある，とプラトンが述べているように。弱々しく元気のない魂をこうした議論によって強化することが，教授〔活動〕にとって役立たないことは決してありません。自然学者

---

9 「ペリクレスもまた，そのすぐれた天分に加えて，それらをわがものとしたのであった。思うにそれは，彼が，同じこの精神と力量の所有者であるアナクサゴラスに出あったおかげであろう」（『プラトン全集5』岩波書店，1974年，242頁）。ちなみにプラトンはこの『パイドロス』のなかで，医術は身体の本性を分析しなければならず，弁論術は魂の本性を分析しなければならないと述べる。「医術とは，身体に薬と栄養とをあたえて健康と体力をつくる仕事であり，弁論術とは，魂に言論と，法にかなった訓育とをあたえて，相手の中にこちらがのぞむような確信と徳性とを授ける仕事である」（243頁）。

258　第Ⅱ部　翻訳編

によるあらゆる推論，神に関する推論を私自身のなかで考察することはまれではありませんが，その結果として誤ったペテンの見解を私は明瞭に斥けることができるようになります。それらはエピクロス派やアカデメイア〔プラトン学〕派によって人々の眼前に差し出されたものです。私たちは自然学者から，自然が理性を欠いたものから生じてきたとか，偶然に生成したとか，そのようには考えられないことを学びます。人間の精神は理解力を有する自然本性（intelligens natura）であり，高潔なものと醜悪なものとのあいだの変わることのない区別を，私たちの生まれつきから確かにもたらしてくれています。したがって何か卓越した永遠の精神に〔これらの〕起源が存する必要があります。ところで，これより他の議論の考察に極めて有用性があると見ない者がだれかいるでしょうか。しかし私はこうした考察が天の声によって導かれるべきであることに賛同します。このなかで神は，より明確にその本性と意志とを明示しています。

　それゆえに教会の教えへと私は戻ってきました。たとえ，かつてマニ教徒やその他にも複数の狂乱し熱狂し魔法にかけられたような者たちがいて，教会に大きな混乱をもたらし，自然学者による見解を悪く組み合わせたのを私が知っているにせよ，それにもかかわらず教会が学識ある純粋な自然学を必要としていることは，全く疑いようもありません。そこで，もしだれかが下手に動揺させられないなら，人間の騒動は忌み嫌われるようになり，彼ら自身が歪めてきた学芸は無効にはさせられなくなります。しかも正しい論証の提出により，容易に反駁されることも可能となります。さらに実例が明らかに示しています。古代の注釈家たちも自然学を抜きにしては何もなしえなかったことを。したがってニュッサのグレゴリウスは人間の各部分について長い解説を公にしたのです[10]。そして魂の部分や役割について述べるとき，どれほど多くのものがその他の生理学のなかにあることでしょう。何としばし

10　実際にはエメサのネメシオス（Nemesios）。400 年頃のキリスト教哲学者。エメサの主教。聖書とギリシア科学，新プラトン主義によって最古の人間論を構築し，意志の自由を説いたとされる。主著は『人間の本性について』。次を参照。リアナ・トルファシュ「人間観とその表現―西洋における「小宇宙」の概念をめぐって―」，筑波大学哲学・思想学系『哲学・思想論集』35 号，2010 年，87-110 頁。とくに注 16 を参照。

ば神学者たちによる極めて深刻な論争のなかにおいても，原因について語られなければならなかったことでしょう。この多様性は，これほど多様にも自然学において学識豊かに伝えられてきたものなのです。

　魂の部分のあいだには多くの不和（discordia）があって，そこで魂の部分の区別を保つことは，どれほど重要でしょうか〔極めて重要です〕。精神は刻印された神の法（lex Dei）を保持し，神の恩恵を示し，命令不服従（contumacia）には罰が振り向けられると教えています。しかし欲求するもの（appetens）と呼ばれるその他の魂の部分があって，その座は心臓（cor）にあるのですが，これは恩恵によって神を続けて愛するようには動かされず，神の怒りと処罰を恐れるようにするような，すべての世代に対する恐ろしい実例を思い起こさせることによっても怯むことがありません。感情の源と座に関しては区別されなければなりません。そして学識を十分にもって〔親の子に対する〕愛情と堕落した心の動きは区別される必要があります。学校で教えられている自然学の教えに向けて習慣づけられていない者は，こうした事柄を巧みに説明することは決してありません。

　ときどき庶民ではない古代の著作家においてさえ，こうした事柄に，あたかも泥土に馴染んでしまうかのように自然学を知らないがゆえに止まってしまうのを，私たちは見出します。教会では何度も運命に関する論争が開始されています。自然学に無知な者は，これについてどのように語るのでしょうか。どのようにしてストア派やペリパトス派の見解を揺るがせようというのでしょうか。彼らのことを知らないというのに。私が語ったのは自然学に値打ちがあるという事柄に関してだけではありません。随所で天の教えの説明において自然学的な一節に出合うことになります。こうしたものの構成要素を考えるのに自然学的な知識は大きな補助的解釈者となってくれます。ちょうど建築家や彫刻家にとってほどよく絵を描く能力がそうであるように。言葉の認識だけではなく，あるさまざまな事物をも含み込んだ学識は教会にとっても大きな飾りなのです。なぜなら数多くの事物を考慮したり比較したりすることなしに判断が形成されることはありえませんし，善い事柄から生じてくるのでなければ，発言は力も強さも持たないからです。というのも次の一行はよく知られています。

260　第Ⅱ部　翻訳編

正しい作詩の根底となるべきものは知識です[11]。

したがって私たちが教会を学識のないままにしておくのを欲しないのなら
ば，自然学の教えは歓迎されることになります。そして私たちは多くの事柄
において配慮しなければならないのです。というのも教養を欠いた性質の者
は教えによる学問学科による確かな限界によらず道から簡単に外れてしまい
ますし，彼らが正されるのはさらに困難だからです。なぜなら彼らは教える
に際していわば規則（norma）に従うことが必要なのですが，そうした法
（leges）というものを知りもしないし見もしないからです。次いで彼らは仮
説を正しく捉えることもしません。もし私たちがこうした不都合を避けよう
とするのなら，私たちの素質（ingenia）は真の学識によって，まさに大いに
鍛えられ（excoli）磨かれる（expoliri）必要があります。再洗礼派の人々の
狂乱がどれほどのものか，あなた方はご存知でしょう。これは，どれほどの
ものが無教養に起因し，そこから増殖させられたかを示す確かな証拠であり
ます。したがって，もし学識の光が教会で消えるようなことになれば，かつ
て起こったように，さまざまな種類の狂乱が生じることになってしまうので
す。

　ところで指導者は学問研究（studia literarum）を支援しなければなりませ
ん。しかし少数の者しかこうした配慮によって動かされることはないので，
こうした教会の栄誉（decus）をできる限り保つように，私たちがその努力
をより強力にしていくことにしましょう。これは私たちのような位にある者
たちにとって固有の職務であり，これを確かに神は助け，神は私たちに報酬
を授けてくださることでしょう。たとえ〔野蛮な〕ケンタウルスからは軽ん
じられ，大きな困難がもたらされることになるにせよ。しかし，あなた方は
正しいことを行い，他の者たちのために役立てることが徳の役目であること
をご存知です。たとえ大衆からは歓迎されないにしても。このようにして私
たちは教会のなかで最大限に強められる必要があります。そこでは称賛に値

11　『世界文学大系 67　ローマ文学集』筑摩書房，1966 年，209 頁。「scribendi recte
　sapere est et principium et fons.　賢くあることは名文の根底にして源泉なり」（田中・
　落合編前掲書，695 頁）。

8 自然学について　　261

するものに対して，より鋭く苛酷な憎しみがあります。どれほどの恩恵がイ
ザヤやエレミヤに，その最高に神聖な善行のゆえに帰されたことでしょう。
こうした実例によって私たちは後の世代のために有益な教えを守るべく自身
を駆り立て，神はその子羊の群れをなおざりにすることはないと判断しまし
ょう。そして天の教えが完全に破壊されるようなことは決して許されない，
と。こうした希望によって私たちは自分たちの義務に伴うこの労苦のなか
で，忍耐し奮起していこうではありませんか。以上。

9 ニコマコス倫理学・第1巻について（1546年）
フィリップ・メランヒトンによる注解

In Primum Librum Ethicorum Aristotelis

Enarrationes Philippi Melanthonis[1]

　5「倫理学概要」の導入でも触れたように，メランヒトンはとくにアリストテレス哲学をルター神学の観点から変容・修正しつつ受容した。その際メランヒトンはアリストテレスの原典へと向かい，ルネサンス人文主義の言語学を採用して，中世のスコラ学に毒されたアリストテレスを純化しようとする。ルターの真意が聖書の本来の意味を蘇らせることにあるとするならば，メランヒトンの真意は，そうした聖書の意味と信仰に基づいてギリシアやローマの古典が有する豊富な教養（παιδεία, humanitas）を蘇らせ，しかもこれらを青少年の教育においても有効かつ有用な教材として用いることにあった。そのための翻訳や注解さらには教科書をメランヒトンは数多く執筆した。

　メランヒトンによる『ニコマコス倫理学』への最初の注解は，第1と2巻に関しては1529年，第3と5巻に関しては1532年に，ここで1529年のものと併せて『倫理学第1，2，3，そして5巻への注解』（In Primum, Secundum, Tericum, et Quintum Ethicorum commentarii）として出版された[2]。メランヒトンによる倫理学の組織的な記述の端緒や展開については先の導入を参照されたい。その後も，これら注解や倫理学書は他の版による再版や重版を数多く重ねて用いられた。

1　CR 16, 277-310. 英語訳として次も参照した。Keen, Ralph（ed.）: A Melanchthon Reader. New York 1988. S. 179-201.

2　Cf. Scheible, Heinz: Melanchthon. Vermittler der Reformation. Eine Biographie. München 2016. S. 109ff.

1

　福音と神の法（lex Dei）との比較は有益であり，さらにさまざまな教えの種類を明確にしてくれる。なぜなら法（lex）と福音との違いは保たれるべきであり，倫理の教えは市民道徳に関する神の法（lex divina）の一部であることが知られねばならないからである。

2

　倫理の教えは自然法（lex naturae）の一部であり，神は自然法が認識されることを望んでいる。ゆえに，これについて議論することは確かに有益であり，こうした議論（disputatio）は証拠〔論拠〕（signum）と証明（demonstratio）を通じて自然法を獲得し〔私たち人間に〕秩序を示してくれる。

3

　神は当局（magistratuum）の法によって市民としての振る舞い〔道徳・モラル〕（mores）が統治されることを望んでいるので，この教え〔当局の法〕が法の源であることに賛同する。

4

　人間が教育された理性によって（erudita ratione）義務（officia）を果たすことを学ぶとき，その振る舞いはより落ち着いたものとなる。

5

ここでの議論は，その〔市民たちの振る舞いやモラルを落ち着いたものにするための〕方法の例である。

6

教会においてでさえ，市民としての義務や振る舞いについて議論されるなかで，この教えすなわち自然法から多くのことが取り入れられている。契約について，当局の責任について，さまざまな徳について，人間の法（lex humana）〔人定法・実定法〕について述べられる場合である。そして，この哲学において正しく教育された者たちは，より巧みにこうした事柄について説明することができる。

7

徳，情念，節度，傾向，習慣（habitus）の違いについて知ることは，とても重要である。

8

話したり書いたりするなかで，この教えは多くの卓越した光を与えてくれる。というのも，しばしばこうした学芸の主題に私たちの問題は至るから。

9

私たちに生れつきの知識〔知・観念〕（notitiae nobiscum）を観察することは有益である。ちょうど数，量，秩序といったものだが，さらに注目すべきは道徳の知識（notitiae morales）である。これは神を示し，高潔なもの

（honestum）と醜いもの（turpe）との違いを明らかにする。

10

そして，この知識について考察することは，人間がどれほど大きな尊厳
（dignitas）を失ってしまったかを想起させる。神は自らの像を人間に移し替
えた（transfundere）。つまり神の知識を人間の精神のなかに，高潔なものと
醜いものの違いをちょうど鏡のようにして人間のなかに注ぎ移したのであ
る。そして，もし人間の自然本性が堕落しないままで留まっていたなら，こ
の知識はさらに明るく輝いていただろうし，意志は神の愛によって燃えてい
ただろうし，すべての徳で飾られていただろう。しかし今では，まさにこれ
らは不明瞭な知識（obscurae notitiae）となってしまった。それにもかかわら
ず，これらはまだ残存していて，神，摂理に関する証拠（testimonium）は私
たちのなかにある。たとえ心はこれに従わないにせよ。

11

ゆえに人間の精神における自然法のこうした考察は，神が存在し，摂理が
存在することを示す明白な証拠を明らかにする。ゆえに正しく教育された者
においては，こうしたことは敬虔な考えをより強化することになる。

12

また，さらにこれは宗教の教えについても明らかにする。というのも哲学
は人間の自然本性にある無能を見極め，これほどの大きな不幸の原因が自身
では見えないことを示すからである。したがって聖なる教え（divina
doctrina）が原因を明らかにし，治療法（remedium）を示すとき，これはさ
らに上級の教えの種類であると認識されねばならない。

13

　真の哲学はひとつであり，あたかも証明の円錐体のなかで（intra metas demonstrationum）思考が重ねられる。これは決して詭弁によって遊ぶことはない。とくにアリストテレスは方法を愛していて，その他の哲学者よりも遥かに多く正しく語っている。しかし，どこに道が逸れてしまったのか，それを見ることは大きく有益である。この比較は，さらに自然法を明瞭にし，より明確に人間の病〔欠点・弱点〕（morbus）を示してくれる。要するに，この教えを拒むことは一つ目巨人〔キュクロープス〕の愚鈍と傲慢に相当する。自然法は法と歴史の光であり，しかも雄弁のもっとも光り輝く装飾であり，人生におけるさまざまな行動の原則（regula）なのである。

テキストについて

　始まり〔始原〕（inititum）は目的に関するもっとも共通の見解（sententia）から引き出されている。自然がそれぞれそうであるように，同じように人間にも何かある目的（finis）があるはずである。これが道徳哲学の真の始まりである。というのも自然学は人間の他の原因を追究するが，道徳哲学は目的を追究するのであり，しかもその目的が認識される限りにおいて，これに至る道を示す。このようにして自然学から道徳哲学の議論が始められる。したがって学ぶ者は〔問題が〕提示される秩序に注意するように。最初に，アリストテレスはある目的が存在するという。次いで，そのなかで自然が安らぐ何かある究極的な目的が存在しなければならないことを付け加える。その後，この目的は徳による行い〔その人のもっとも優れた力や才能による活動〕であると教える。最後に，徳を定義し，その種類と関係について列挙する。こうした弁証法的秩序に私たちは注意しなければならない。

第1章

　第1章でアリストテレスは，まず〔この世界には〕ある目的（finis）が存在すると述べる。何らかの活動（actio）がある場合，その活動には区別がある。あるものは活動の結果（effectus）〔が目的〕であり，その後には功績〔業績・作品〕（opus）が残ることになる。ちょうど建築〔という活動〕のように，その活動には家〔という作品〕が帰結する。〔次に〕その他はもともと活動そのものについていわれていて，その後には何の手仕事〔作品〕も残らない。上品に，節度をもって，貞節に生きるような，そうした困難な活動のように〔その後に何か作品が残るというようなことはない〕。第三に，その他の目的と学芸はより困難なものであり，さらに強い者に仕える。ちょうど騎士の学芸が皇帝の学芸に仕えるように。というのも皇帝の学芸は多くの複数の学芸を包括するからである。フォルム〔法廷・弁論〕の学芸は政治に仕える。というのも政治はフォルムを，そして元老院議員を包括するからである。倫理学の目的とは，要するに私たちが善く幸せに生きることにあり，その他のすべての目的を包括する。したがってアリストテレスはこれを棟梁的（architectonica）と呼んだのである。すなわち統治する学芸，そしてもっとも重要な学芸である，と。だれかがいうように，ちょうど宗教は法の棟梁であるのと同様である。これが厳密なる開始点〔始原〕であり，他の問題が付加されてはならない。幾何学において開始点は明白であるように，ここには曖昧なものは何もない。しかし提示の秩序は守られねばならず，学生はまずこうしたアプローチが自然学に由来していることを知らねばならない。これ〔自然学〕は自然の原因には四つあること〔質量因（causa materialis）・形相因（causa formalis）・起動因（causa efficiens）・目的因（causa finalis）〕を教えている。したがって研究する者（studiosi）はこれらの〔原因から繋がる〕目的を追究するのであり，人間はこうした特別の価値のために生れついているのである。

第2章

　第2章の主張は，人間にとって最終の究極的な目的が存在するのは必然であるということである。これはとくに追究されねばならない。これに反対する者で苦しめられないものはない。こうした活動は重んじられねばならず，それは究極の目的にぴったり合致するものである。これは一般に語られるとやや曖昧になる。しかし原因が探究され，共同での生活（communis vita）が考察され，実例が付け加えられると，ある光が差し込んでくる。医者にとっての目的とは人間の身体の健康である。彼はとくにこの目的を追求し，健康を守り，あるいは回復することによって，これを成し遂げる。したがって計画と活動を支配するようになるためには，善の究極的な段階あるいは目的は常に明白でなければならない。後に確かに人間の目的について詳細に語られ，それをアリストテレスは幸福（beatitas）であると結論づけるが，それは徳の行い〔その人の持つ卓越性・能力・才能の十全な発現〕だと見なされている。神の法は，神を認識し，神に服従することが目的であると定めるが，それはまたそれにふさわしい箇所で語ることにしよう。この目的は究極のものであって，行いにおいて離れてはならない地点を示す。そして，これを原則にして行いに関する判断が導き出される。レーグルスは与えられた信仰を捨て去るよりも，むしろ祈りに立ち還るほうを選んだが[3]，それは正しい行いであった。ヨセフは姦通を犯すよりも，むしろ名声と生活を危険にさらすほうを選んだが[4]，それは正しい行いであった。

　これについては豊富に分析され，しばしばこれを源にして卓越した話が引き出されてきている。したがって，この〔目的に関する〕テーマは考察されるべきであるが，ここでは短く簡単に提示する。しかし弁論によって明らかにされるとき，これらはより明確になる。これは後でなされるが，そこではアリストテレスがいうことと人間の目的について天が教えることのあいだの相違点を示すことになるであろう。同じく個々の教えも示し，証明を伴いな

3　第一次ポエニ戦争で捕虜となった将軍で，誓言を破らなかったことで有名。
4　イスラエル民族の祖・ヤコブの息子。

がら，自然かつ神の法があるということを教えることになるであろう。

　次に，ここでアリストテレスが述べているのは，人間の目的は政治的な教え，あるいは政治的な知恵に属するということである。言葉遣いはプラトンから採用されているが[5]，後に「ポリティケース」という名でアリストテレスが『政治学』という書物のなかで用いたように，政治（politica）はただ当局の管理に関することと解されてはならない。ここではまさにプラトン風に語られていて，一般的にある共通の教えのことを政治的と呼ぶのであって，あるいは普通に「実践」（practica）という名称で呼ばれている。これは，すなわち高潔な人〔徳ある人〕，善き市民および指導者を作り出すことを意味する。そしてプラトンはこの仕事を，弁論家もしくは哲学者に任せるかどうかを探究した。

　アリストテレスはこの箇所で，このまさに倫理学が政治的あるいは実践的なものであることに注意を促しているが，これらは主に私的な慣習と公的な義務を規定する。そして，これを教えることをプラトンと同様，哲学者に委ねている。さらに私的な慣習の管理，元老院議員の知恵，フォルムの学芸というように，彼は部分に分けている。

　実際，これらの部分すべての活動は究極的な目的と関係づけられるべきであり，よって徳に反することはなされえない。したがって，この倫理学の教えは共通のものであり，あるいはより上位のものでもあり，しかも個々のものより下位にある学芸の目的を超えて，より優れた目的となる。したがって，この目的について語る学芸はまさにかつての政治的なそれであって，プロディコスやゴルギアスやキケローが弁論家に委ねたものであり，プラトンとその他の哲学者たちが哲学者に要求したものである。こうした論争についてアリストテレスは，ここで簡単に取り扱っている。

第３章

第３章は道徳の教えの確実性に関して途中で添えられた注意である。すな

5　『プラトン全集3』岩波書店，1976年，351頁。

わち〔道徳上の教えについては〕幾何学のように，いつでも証明が求められるべきではないということである。というのも医術の技芸（ars）のように，たとえ何らかの証明の根源があるにせよ，それにもかかわらず後に多くのその教えは，もっともらしい論拠（argumentum）に基づくからである。そして研究する者はすべての学問において，できる限り証明を熱心に探究し，確実なものを不確実なものから区別することが必要である。さらに観察可能な事柄を支配する原理があるように，ちょうど中心から円状に向かって引かれたすべての線はその円周において同じであるように，道徳の原理（principia moralia）もまた存在しており，それは活動の生〔活動的生〕（vita actionis）を支配している。すなわち人間は市民社会に向けて生れついていて（homo nascitur ad civilem societatem），したがってこれは保たれねばならないという原理である。

　しかし道徳よりも観察可能な事柄により大きな確実性があるのはなぜなのかという問題がある。すべての者は次の命題にはより大きく賛同する。2×4＝8である。これは，契約は守られなければならない，嘘は避けなければならない，姦通は避けなければならない，といったものよりもずっと確実である。〔どうしてそうなるのか〕私の答えは，こうである。善き精神は観察可能な事柄の原理の確実性と〔人間の行いや行動といった〕実践の確実性が同じであることを知っている。よって次のような命題にも同意しなければならない。神は畏れられなければならない，姦通は避けなければならないというのは，2×4＝8と同様に確実である。しかし実践的な事柄は元来の病〔原罪〕によって，より曖昧に（flexibiliora）なっているように見受けられてしまう。

　とにかく，できる限り私たちはこの知識を保つようにしよう。しかし心はこれに従わない。それゆえに意志は拡散した情念によって駆り立てられるがゆえに，ちょうど観察可能なもののようには，ここに〔この知識に対する〕確固とした賛同はない。日々私たちは正しい判断が情念によって妨げられるのを経験する通りである。しかし人間の弱さの原因を知らない〔異教徒の〕才能ある人間は，人間の道徳が相違しているのを見出し，至るところで明らかな悪徳を見出す。ちょうどエジプト人には姉妹と結婚することが許されて

いたり，スキタイ人には老いた両親を殺すことが許されていたりというように。同様に多くの人々は徳が壊滅しているのを見て，徳はそれ自体として自然に善であるのか，それとも想像上のものなのか，と探究したのだった。

　しかし前に述べたように観察可能な事柄の原理は確実である。それゆえ実践的な事柄の原理が確実であるのは，まさに真実である。そして実践的な事柄の証明は数多くある。次は古代のエウリピデスの言葉である。

　　恥は恥だ。そう思うと思うまいと[6]。

　しかし，なぜ実践的な事柄はより曖昧なのか。そして精神の判断に反して堕落した道徳は簡単に受け入れられてしまうのか。その特別の原因を残された聖なる教えだけ（sola doctrina divinitus tradita）が明らかにしてくれる。これは元来の病について，人間の心の弱さについて，悪魔の力について明言している。こうした悪が精神を捉えてしまっているため，観察可能な事柄に賛同するようには実践的な事柄に賛同しないのである。そしてアリストテレスのテキストのこの箇所では，こうした問題が入念に考察されることになる。なぜ実践的な事柄は観察可能な事柄よりも曖昧になるのか，さらに実践的な事柄は証明を有するのか，徳はそれ自体によって，さらに自然の秩序によって善なのかどうか，といった問題が考察される。

第4章

　ここで彼は最初の問題に戻る。しかし話を進めてきたように，もっとも共通した見解から始める。さて，そうした人間の目的といったものを探究しているわけであるが，ただ，まだ理由を定義しないまま，これを目的と名づけている。すなわち人間の目的は幸福と呼ばれていると彼はいう。しかし真の幸福をもたらすものとはどのようなものなのか。つまり人間の強い欲求（appetitio）を満足させるような究極のものとは何なのか。これについては常

6　プルタルコス『モラリア1』瀬口昌久訳，京都大学学術出版会，2008年，116頁。

に多くの意見があるし，またこれからもさまざまな意見があるだろう。しかし人間は他の事物の目的を見出すことにかけては驚嘆すべきものがある。ちょうど果物〔や穀物〕，植物，家畜，家庭の目的といったものである。しかし自らの自然本性の真の目的について認識することはない。それどころか実際には，これは真に最大の固有の目的として見えてくるものでなければならない。それにもかかわらず人間の自然本性は他のものの目的を知るようにできているため，自分の目的を知るのは不可能であり，自らを知ることはない。要するに，もし人間の自然本性が元のままであったなら，目的についての知識は明るく輝いていたことであろう。しかし，この知識は，たとえより曖昧にはなっているとはいえ今も同じく存続している。そして頑固な情念が加わり，これはこの知識をより少なく目立たないようにしてしまうが，しかし明らかではあり，その知識はいずれにせよ曖昧であるとはいえ認識されることになる。というのも精神は目的が存在すること，神に従うこと，神を賛美することを明らかにするからである。これについては後に多く語られる。こうした事柄が考察されることは，倫理とキリスト教の教えとを比べることに役立ちうる。というのもキリスト教の教えは，なぜ哲学がこうした主題を十分に説明しないのか，その原因を明らかにするからである。あるいは，なぜ人間の精神は目的について吟味するのかを明らかにするからである。そして，こうした事柄における哲学の曖昧さは，これより他のより完全な種類の教えの必要性を示す。目的に関しては，さらに注目すべき原理が加わる。それは教えの道には二つあるということである。前のものから後のものへという道と，その逆である。

　しかし私たちはしばしばすべての学問〔学科〕（disciplina）において両方の道を用いる。が，後から前へと向かう〔帰納の〕道からは，より頻繁に学科は開始される。というのも，まずは結果と感覚そのものが人間に認識を提供するからである。このことは弁証法〔論理学〕（dialectica）から十分に理解できることである。

　しかし教授の道（docendi via）には二つある。一方は理由なしに，ただ教えが伝えられる場合である。ちょうど医者が熱で苦しんでいる者に葡萄酒を飲んではならないと命令するような場合である。このような裸の〔そのまま

の〕命令（nuda praecepta）は，「それそのもの」（τό ὅτι）つまり「そのように あるがゆえに」〔理由なしに〕（quod ita sit）そうである，と呼ばれる。このように理由なしに命令を与える，十戒，ヘーシオドス，フォキュリデスが[7]，これに含まれる。

　他方は理由が加えられる場合であり，これは「それのために」（δἴ ὅτι）つまり「それゆえに」（propter quod）と呼ばれる。しかしアリストテレスは最初に「それそのもの」が教えられるべきで，これを習慣（assuefactio）によって確実にするべきであると注意する。ちょうど子どもを教育する（institutio）ときのように。というのも，すべて賢人は最初にそのままの共通の原理（nuda et communia praecepta）を伝え，そしてこれに高潔な規則（honesta disciplina）を付加するからである。しかし，この原理を認識すれば，より賢い者はその後に容易に理由を発見するであろう。ちょうど青年が多くの法によって規定されるべきものがあるのを聞いて，あるいは借金をすることは恥ずかしいことであるのを聞いて，したがって「それそのもの」を理解するように。しかし，より経験ある者は理由について考える。真にまだ理由を知らない者はとりあえず魂のなかで原理を見つめ，これらに従う。こうしてヘーシオドスは人間の段階を区別し，未熟な者には法に従うことを命じた。そして，その他の高潔な者には助言を与えた。こうした考えについては次のような詩がふさわしいものとして引用される。これが，その言葉である。

　　行く先々，また結末に至るまで，最善となるべきことごとを思いめぐらし，
　　万事をみずから思慮できる者こそ，類いなく優れた人間であるが，
　　他人の善言に従う者もまた，善き人間じゃ。
　　だが，みずから思わず，他人の言を聞くとも
　　心に留めぬ者は，何の役にも立たぬつまらぬ男じゃ[8]。

7　前6世紀のギリシアの箴言詩人。
8　ヘーシオドス『仕事と日』松平千秋訳，岩波文庫，1986年，46頁。

第5章

　人間の精神において目的に関する知識は最高に輝いていなければならないのに，それにもかかわらず暗闇と強情な〔命令に従わない〕情念によって（propter caliginem et affectuum contumaciam）目的について疑われるようになってしまったことが上に述べられた。したがって彼は今やさまざまな意見を検討する。これらをある程度分類するために，彼は人間に共通の事例から得られる区別を取り入れ，三つの生のタイプ（tria vitae genera）を規定する。大部分は獣のような習慣によって（beluino more）生きる者たちであり，快楽（voluptas）以外のものは求めない人々である。したがって最初のところでこれらは快楽的（voluptalia）生と呼ばれている。他の者はより優れていて支配と軍務に生きている。この生のタイプを政治的（politica）生と彼は名づけた。他の者は教えの甘美さと善さによって動かされていて支配者のことは気にもかけない人々であり，快楽を控え目に享受することが教えたり学んだりした成果の後に続く人々であり，ピュタゴラスやプラトンのような人々である。こうした生を彼は観想的（contemplativa）生と呼んでいる。

　しかし，ことによるとこれは学問的（studiosa）生と名づけるのが適切である。ところで人間の目的に関してはさまざまな意見が唱えられてきているが，それにもかかわらず大部分はことそのものに関して一致している。そして主にこのことに関してはまさに二つの区別があり，それはすなわち快楽が目的であるか，それとも徳の行いが目的であるか，というものである。が，この議論の起源については後に語られる。今や読者はこの箇所で，この議論が修道士によって二つの生のタイプ，つまり活動的および観想的として導入されたことに気づかされねばならない。活動的なものを彼らは統治的と呼び，観想的なものを学問における閑暇（otium）と彼らは理解する。しかし，ここでどちらが優れているかを探究するのは馬鹿げている。というのも，たとえ閑暇が魅力的であるにせよ，それにもかかわらず活動が先行しなければならないからである。そして活動，ここでは統治に関わる者は，これを学問と結び付けることが必要だからである。ゆえに生のタイプを十戒から採り入

れるのがよりふさわしいことになる。最初に，すべての人々に対して平等に神に対する服従（obedientia）が求められる。この世での生はすべての者にとって共通〔公共〕でなければならない（communis omnium）。その後，職業（vocatio）が区別され，ある者は魂に仕え，ある者は身体に仕える。ある者は教会の統治に，他の者は政治に，元老院議員に，あるいは宮廷の将官に，他の者は家政に，というように。元老院議員には学問的生がふさわしい。

　しかし，それぞれの生の種類は自身の功績〔徳〕（laus）を持っている〔それぞれに固有の善さがある〕。つまり優れた徳の実践（exercitia virtutum egregia）である。それらすべてに共通で唯一の目的は，私たちが神に従うことであり，おのおの〔の称賛に値する行為・功績・徳〕は自身の職業のなかにある。そして個々のなかには行動（actiones）と苦痛（afflictiones）があり，それが勉学（studium）と熟考（meditatio）を求める。学習と教授は行動である。イザヤが，自らの行動が共通の有益性に向かうと思うと教えるとき，彼は正しい市民であり，ちょうど正しい元老院議員あるいは正しい裁判官のようである。同じことは学習についても考えられるべきであり，キリストはこう語った（ルカ 10:42）。マルタはもっともよい役割を選んだ。閑暇な状態でいようと望んでいたのではない。しかし信仰告白のなかで確認された教えを求めていた。だがキリストはマルタの仕事よりも，学びかつ行動を教えているマリアを高く評価した。つまり身体的生の仕事〔骨折り〕（negotium）よりも，である。そして，ここに多くの事柄が意味される。サウルは魂を悩まされた。多くの心配によって苦しめられ，動揺させられ，それらに従った。なぜなら，いつものように人間の精神は信仰を輝かせてはいないからである。それでもサウルが成し遂げたことはダビデよりも少ないものであった。反対にダビデは自らに仕事を招くのではなく，信仰において聖体のパンを受け入れ多くの事柄を成し遂げた。これによく似たことが示されている。多くのことを試み励むマルタは律法の人々（populus legis）を意味している。福音を聞いているマリアは他のより優れた礼拝〔する人々〕（cultus）を意味している。つまり信仰であり，福音の信仰告白であり，これは律法による仕事よりも遥かに重要である。簡単にこれらに言及したが，それは学生が懸命に生のタイプの一般的な分類について判断するためである。

276　第Ⅱ部　翻訳編

第6章

　プラトンがイデアを完璧な輝ける知識と呼ぶのは至る所で確かである。それは，ちょうどアペッレースが魂のなかに人間の身体の完結したもっとも美しい像を持ち[9]，アルキメデスが天界の自動的な運動の像を持つのと同じである。また同じようなことは他の芸術についてもいえる。ここでいうように，善のイデアは探究されるべきであると彼は望んでいる。そして，このことを華麗な賛辞でもって勧めている。それがなぜかは後に理解されるであろう。彼は学識を抜きにして徳は完璧ではありえないと警告している。したがって善のイデアは存在し，ここに明確な認識が存在することになる。このなかで徳の美しさは識別され，真理を喜んで受け入れる魂の確たる賛同があり，明確な認識の泉があり，徳の愛へと駆り立てる情熱があり，そうして身体の快楽よりも徳が優先されるようになり，それどころか魂にとって徳そのものほど心地よいものは何もなくなることになる。このように，これ〔善のイデア〕が結合されたものをプラトンは普遍的善（bonum universale）と呼ぶ。ちょうどスキピオが国を守るのは，どれほどの栄光，何という美しさか，と見ているように。そして敵の野蛮，残酷，不貞に対して，法と秩序をどれほどの栄光，何という美しさか，と見ているように。確かな賛同に激しく動かされて，ものごとを多く受け入れるもっとも鋭い熱意に火がつけられる。そして，こうした仕事を受け入れて成し遂げることは楽しいものである。ちょうどアキレウスがアイアースから，そうした最高に難しい仕事を成し遂げて尋ねられたとき，こう答えたように。友のために（pro amicis），と。さらに再度どのような仕事がもっとも楽しいかと尋ねられたとき，彼はこういった。そうした〔友のためにする〕仕事が一番だ。このような魂においては徳の知識（notitia virtutis）は他の者よりも遥かに輝いており，その胸は鋭い刺激によって燃え上がる。この燃える知識についてプラトンは『国家』の第9巻やピレボスで十分明確にその考えを説明しているが，これを善のイデ

9　前4世紀後半のギリシアの画家。

アと呼んだのである。アリストテレスがその〔善のイデアが存在する〕場所として魂を考察するのは確かである。このことを記すとき彼は読者にその判断を示すことを欲している。しかし，だれかがこう問うかもしれない。もし，この言葉が難なく受け取られた場合，プラトンの考えのなかで不合理なものはないのか，と。答え。ものごとそのものについての不合理はない。しかもアリストテレスの考えと大きく異なるわけでもない。プラトンは，徳は真の確たる教育によって制御されるべきだと思っていた。そして俗のままで無教育な意見のみで十分だと見なす者たちを非難した。そのうえ正しい行動へと燃え上がらせる確たる賛同を求め，正しい行動には快楽を与え，このような〔正しい行動と快楽との〕一致に人間にとっての最大の善があると思っていた。どんなときもプラトンは無益な知識については語らないが，アリストテレスも真の教えによって制御されない徳については語らない。ほぼ〔二人の〕意見は一致すると十分見なしてよい。

それでは，なぜプラトンは責められたのか？

　何らかのことが不適切に混乱して，それが善のイデアにおいて語られている。しかしアリストテレスは適切に話すのを愛していて，これは教えのなかでとくに用いられねばならない。次いで，ことによるとプラトンとの度重なる議論の繰り返しがアリストテレスには不快であった。そのなかでプラトンは，人間の目的は十分には知られていないと示していた。『国家』の第6巻で，もっとも重要な教えは善のイデアによる統治であるとプラトンは述べて，それなしには国家を統治できないとし，後に，これは十分に認識されないと付加した。そして再びもっとも賢明に，こう述べた。すべての魂はある種の究極的な善を熱望している。あたかも何か予言されているものがあるかのように。しかし，それは十分には把握できないので，それについて確かな賛同を得ることはできない。その後，それは水のなかで識別されるような，大きな広がりをもった形の影であると述べたのであった。
　こうした人間の暗闇〔無知〕（caligo humana）と賛同の不安定さ（inconstantia）は，たとえこの暗黒〔蒙昧〕（tenebrae）の原因は無視するとはいえ，しばし

ばプラトンによって正当に嘆き悲しまれている。しかしアリストテレスはこうした悲嘆を重んずることはしないし，人間が目的について疑うことも望まない。そして確固として，こう断言する。人間の目的は分からないし，目的が何かも知らないと感じているが，しかし徳の行いがそれである，と。要するに，とりわけ彼〔プラトン〕にとっては，そうした話が気に入らなかったように見受けられる。つまり確かにイデアに関する話はプラトン自身も不適切で混乱していると判断するとはいえ，国家はそうしたイデアなしには飾れえないからである。

　善のイデアに関するプラトンの議論の要点について述べた。今からは順序正しくアリストテレスの論拠を語っていこう。それによって彼はプラトンに反駁した。しかし，たとえ議論されるべきではないとしても，アリストテレスの助言を知らない者には，これらは不確かなものに見える。それにもかかわらず，これがアリストテレスによるものであることが分かる者には，不適切で混乱した言説が退けられていることは容易に理解できる。プラトンは，徳も快楽も目的ではないとしばしば語った。これらが目的ではなく善のイデアこそが目的であり，それによって徳と快楽が包含されることが表されたのである。次にある種の荘重な文体によって彼はイデアを称賛する。すなわち永遠のイデアについて，それは単独個別のものではなく，ただ抽象的な像であって，ちょうど強さのイデアのようなものであり，それは完璧なものであり，カトーやカエサルのなかにあるようなものではないと彼はいう。単独個別のもののなかには常にある種の不完全さが存在している。カトーにおいては，その強さは独自の無益な頑固さに続いて生じた。カエサルの場合は無謀と暴力に続いて生じた。したがってプラトンはそうしたイデアが抽象的な像であることを望んだのである。つまり，それはそうであるがゆえに永遠のものであり，あたかも弁証法による定義が永遠であると語られるのと同様に。

　さてアリストテレスの議論について見てみよう。第一に，異なる種にひとつの共通のイデアは存在しない。ちょうどライオンとサルとのように。

　善の種類，すなわち高潔さ，有用さ，甘美さは，もっとも異なっている。

　したがってプラトンがフィロンのなかで想像したような，徳と快楽とを保持するひとつの善のイデアは存在しない。アリストテレスはプラトンが語っ

た大部分に賛同する。プラトン自身は，以前そして以後にイデアが存在することを否定した。彼はここではプラトンに合わせている。続くテキストで明らかにされているように。すなわち異なる種のものにひとつのイデアが存在することはないということを示した。ちょうど2からなるものと3からなるものがひとつのイデアではありえないように。というのも，これらは異なる種だから。混乱した言説が非難されているのが見受けられる。徳と快楽に適合する共通で普遍的な善のイデアを形成するよりも，徳が目的であるという説明がなされ，あるいは快楽と結び付いた徳が目的であるとされた。そのようなひとつの知識や像は考えられないのであり，とりわけこの私たちの不一致においてはそうであり，このなかでは快楽は徳と戦う。かくしてこのイデアは空虚な単語となり，何の事柄もその根底にはないということになる。したがってアリストテレスはこうした言葉の欺瞞を非難した。これは共同体生活において確実な事柄を示すものではないからである。彼は同じくまっすぐに第二の議論を望む。というのも，これは以前のものと区別する必要がないからである。

　ひとつの共通のイデアは曖昧ではない。自然の善，誠実さ，有用さ，甘美さに関しては，善は曖昧に語られている。ゆえに，ひとつの共通のイデアは決して存在しない。

　より大きなものは，はっきりしている。というのも先行する議論のなかでいわれたように，異なる種のさまざまな像があるから。烏と鳥，烏と魚とのあいだには，ひとつの概念，あるいは定義はない。

　彼は，より小さなものに同意する。というのも精神の唯一の知識あるいは定義は決して存在しないからであり，それは自然の善であり，さらに徳の善であり，それは誠実さの善であり，金銭の善であり，有用さの善であり，神経の拡張であり，それは接触における喜びである。したがって彼はいう。さまざまな技芸にはさまざまな善があり，さまざまな範疇がある。というのも観念がさまざまに異なるからである。次いで彼は不合理で空虚な言葉を非難する。プラトンは抽象的な種，つまり完璧な像と他の一般的な像とを区別した。彼にとっては，一方は「人そのもの」あるいは「徳そのもの」であり，他方は「人」あるいは「徳」である。彼が意味したのは，すでに述べたよう

280　第Ⅱ部　翻訳編

に強さといったようなイデア，完璧な像が存在することであり，カトーのなかにあるような種類のものではない。したがって彼はこの抽象化を「強さそのもの」と呼んだのである。しかしアリストテレスはこうしたわざとらしい気取り，あるいは新奇さ，あるいは空虚な厳格さをあざ笑ったのであり，「人」と「人そのもの」というこうした言葉は同じことを意味する，といったのである。

　ついでに彼はプラトンのイデアを先取りするピュタゴラスのいうことを加えている。それから彼は他の論駁の議論へと戻る。ピュタゴラス派の人々は，最高の善は単一なものであるという。そのことについてアリストテレスは，共通の善のイデアについて空想することよりも，むしろ大きく賛同する。しかし決してピュタゴラス派が意味することをいいはしないし，私たちは入念に詮索もしない。というのもピュタゴラスのいうことはさまざまな点で覆われていて不鮮明だからである。しかし，たとえたまたま才能ある者がすべての姿と象徴とを楽しんだとしても，それにもかかわらずある程度のものは残り，極端に不明瞭なものではなくとも教義は明白で，正当な表現であるべきである。「明瞭であることはよいことである」とエウリピデスがいうように。すなわち明瞭であることは高潔な魂のしるしである。それゆえ私たちは言葉の隠れ糞を追い払い，教えのなかのとくに明瞭さを愛することにしよう。しかし私はピュタゴラスがこれを単一の神と考えていたことを疑ってはいない。彼が感じていたのは単一の最高の善のことであり，善の原因でもあり，すなわち善い事柄であり，ちょうどスペウシッポスに帰される定義を表している。神は永遠の精神であり，自然と事物における善の原因である。しかし私たちは目の光が最高の善であるといったように，人間の精神にとっては神が享受されること，すなわち神を認識し，神に従うことが最高の善である，と昔の哲学者たちは述べたのである。というのも彼らは人間の精神には何らかの法の観念が植え付けられていると見たからであり，それは神の存在を示すのであったから。その神は事物を創造する唯一の，善なる，正しい，罰する神である。同じく，この観念は高潔なものと不名誉なものとの違いをも示し，高潔なものに賛同するこの喜びのなかで神に従うべきであることを教える。昔の哲学は神と最高善について，そのように述べたのであっ

た。したがってピュタゴラスが最高善の秩序のなかにあるものが存在すると
いったとき，それは神について語られていたのである。彼はこの存在を単一
のものと感じ，さらに人間はこれを認識しこれに従うときに，その善を享受
すると述べたのである。これは法の教えであり，ある程度は自然に知られる
ものであるが，福音の約束とどのように区別されるかについては，他のとき
に述べられるであろう。ある者たちはピュタゴラスの信条（symbolum）を
市民の立場から理解し，最高善はひとつであるという。つまり，それは確実
で正しい理性によって簡潔にできたものとされる。そして次のようにいわれ
る。正義とは不変で永遠の意志である。つまり正しい永遠の理性あるいは簡
潔な規則である，と。というのも悪徳は混乱し誤った衝動であり，ルクレー
ティウスが愛について語ったようなものだから。

　　実に，恋する者の情熱は，恋をえているその最中においてさえ，不安な
　　迷いに動揺し，眼や手をもってまず楽しむべきことが何であるかをさえ
　　弁えない[10]。

〔ピュタゴラスの〕信条のこうした解釈は十分に好ましいものであり，理
性が命じたひとつの目的を選ぶように私たちを促し，私たちのなかの思慮と
行動とを一致するものとし，かの目的にとってふさわしいものとするように
促す。しかし，こうした注意深さというものはまれである。スキピオには祖
国のために役立つようにというひとつの目的が前に置かれていた。したがっ
て彼は外では狂暴であり，家では控え目であった。マリウスは異なる目的を
注視していたが，それは，あるときは公共の有用性を満たすものであり，あ
るときは野心を満たすものであった。そして日々私たちは，ひとつの真の規
則へと生を向けることのない人々のなかに揺れ動く思慮の例を見出す。ちょ
うどエセボルスがコンスタンティヌスの人気の下で異教徒からキリスト者に
なり，ユリアヌスの下では再びキリスト者に抗して異教徒として文書を書
き，次いでヴァレンティニアヌスの下ではまたキリスト者に戻ったように。

10　ルクレーティウス『物の本質について』樋口勝彦訳，岩波文庫，1961 年，201 頁。

282 第Ⅱ部 翻訳編

しかし，たとえこのように衝動によって信条の解釈が揺れ動くのを非難しつつ，それはばかげたものではないにしても，ことによると神に関する以前の昔の解釈はより真実である。というのも昔の哲学者は神の熱心な探究者であったのであり，神意に関して今日よりももっと多くのことを論じていたから。ちょうど数多くの例が耳にされるように，である。プラトンはこう述べている。人間が理解できる限りで，もし神を私たちが認識するなら，そのように正しく哲学される，と。

上記への応答[11]

　彼は他の論駁の議論へと戻る。つまり，より長く列挙していくことで，ひとつのイデアあるいは像が，異なる違った善の種と比較されるのは不可能であることを示すのである。そして，これは最大の見解である。たとえプラトンが自分自身のために求められる善についてどれほど多く語ったにせよ，それにもかかわらず，ちょうど知恵，洞察，快楽，名誉といったものによるひとつのイデアなど存在しない，ということである。というのも，もしひとつのイデアが存在するなら，その性質や種類は非常に多く異なっているにもかかわらず，これらは善といわれなければならないから。しかし他の場合には知恵，他の場合には名誉が善といわれるのは明白である。それゆえに唯一のイデアは存在しない。次いで彼は善に対してさまざまな種に合致する名称を類似性あるいはアナロギアによって付け加える。すなわち比喩によって，ちょうど自然の正しい理性に続いて同意して，徳が固有の善といわれるように。次いでこの善を補助する，あるいは道具となる他の名称が告げられるが，それはちょうど有用な財産，金銭，権力といったものである。ゆえに，たとえ数多くのものについて善が語られるにせよ，それでもやはりそれはある種の比喩から生まれるのであり，それはよく考えられたことで成り立つ曖昧さであって，決して偶然の曖昧さではない。その他の曖昧さの差異に関するものは簡単で子どものような教えであり，そのあるものをアリストテレス

11　アリストテレス『ニコマコス倫理学（上）』高田三郎訳，岩波文庫，2009 年，31 頁，参照。

は思慮分別によるものと呼ぶ。つまり考えられたもので，ちょうどあらゆる比喩的なもの，ちょうど動物に対する犬，そして星に対する天狼座，小枝を集めた束，そして権力に対する束桿〔おのに縛り付けた棒の束であり執政官の権威の象徴〕のようなものである。他の曖昧さを彼は偶然によるものと呼ぶ。ちょうど，黒い点がひよこを意味したり生まれた子どもを意味したりするように。あるいは鳥または子犬など。

　論駁の第四の議論は，これである。哲学のなかで善は探究され，それは異常でない人間が適度の努力で理解できる善である。プラトンが描いたそうした善のイデアあるいは像は，個人とは別個のもので，私たちによってはもたらされえないものであり，他の場所から引き寄せることもできず，ゆえにいたずらに探究されることになる。もしプラトンが精神の外に真に存在するイデア，普遍的なある種の像を感じていたのなら，当然アリストテレスはこの幻想を非難したであろう。しかしプラトンが感じていたことを私たちは上に述べた。そこでこうした言葉の争いからは，私たちは喜んで立ち去るとしよう。討論よりも起源のほうが考慮されるべきである。人間精神の暗闇を見てプラトンは，ある程度人間の無力さを認識し，そしてより明るいより確かな善の観念を求め，徳に向かってより熱い衝動を抱いた。しかしアリストテレスはどのようにしてこの自然本性が勝るようになり，引き起こされるのかを問う以上のことはしなかった。というのも彼はこれをもともと堕落したものではないと判断するからである。このなかで人間の理性を，もちろん虚弱なものと評価はしているが。そして，ここで正しく次のように述べている。人間はプラトンが説くようなこの光の後を追うことはできないと。もし，このようにして双方の思慮を考慮し，双方の話の様相を理解するなら，双方のこのような論争を判定するのは容易である。

思うに，しかし[12]

たとえそうしたイデアがもたらされることができないにせよ，それにもか

12　同上書，33頁。

かわらずそうしたものに対する認識は有益であり，ちょうどそれに向けて行動が導かれるような模範のようなものだ，ということに対してアリストテレスは異論を加える。たとえ，それを描くことができないにせよ画家にとって完璧な形の認識が役に立つように。というのも一般の画家はどこに逸れてしまうかが分かるからである。同じように，たとえそこに至らないにせよ，弁論家にとっては弁論の完璧な形態の認識は役に立つように。そこで，このように彼はいう。ことによると完璧な徳の認識は，ある程度私たちがそれを模倣するには，有益かもしれないと。ところでアリストテレスは，もしこのような意味で受け取られるなら，プラトンのいうことは馬鹿げてはいないと賛同する。しかし彼は不適切な言い回しは非難する。弁証法的にかくも多くのさまざまな種からひとつのイデアは立てられないと彼は断言する。次いでこう断言する。行為者が個別のものの周りに引き戻されるとき，そうしたものの普遍的な像の認識で十分というわけではなく，個別のものが知られなければならないと。ちょうど医者は健康がどのようなものであるかを知るだけで十分というわけではなく，この個別の身体にとって健康がどのようなものであるかを知らなければならないように。

　私は分かるように，この章のすべての箇所を明確に詳しく説明した。そして双方がどのように見えるか〔関係するか〕を示した。プラトンは人間のなかに徳に関する強固な賛同と，より激しい活動を求めた。アリストテレスは，この自然本性がどのように適度に際立つようになれるのか，それ以上のことは求めなかった。さらに聴講者はこの章を成果なくして読まないようにし，人間の暗闇についての，上にあげた，こうしたプラトンのいうことを心に留めておこう。そこで彼はこう断言した。あたかも予言者のように人間は善を探究し，そのなかで安息する。しかし徳に関しては十分に強固な賛同を持つことはない，と。

第7章

　第7章には，ただ無駄な繰り返しが含まれている。このなかで彼は再び中間の目的を究極的なものと区別する。というわけで，ひとつの行動にもしば

しば多くの目的が存在することが注目されねばならない。それは，あるいは同時に起こるもの，あるいはどこか秩序立った連続かもしれない。ちょうど父親が自分そして子どもたちが食物を手に入れられるように仕事をするといったように。そして，この目的には貧困によるとか，あるいは子どもたちが恥ずべき仕事を求めるとか，そういったことが伴ってはならない。

　兵隊は兵役の義務を理由として戦い，それから祖国や宗教の防衛のために戦う。パウロは節度を保つ。というのも中庸を欠くこと〔節度を失うこと〕は病気を，燃え盛る欲望を，怒りを，煩わしい祈りを，愛着を，企てを，問題の処理の必要性をもたらすからである。要するに，それ自体としてはもちろん神に喜ばれるわけではないが，そうした行動と同時に生じる目的について観察することは有益である。さらに最大で究極の善について議論され，最大で究極の目的が探究されるべきである。ところで究極の最大の目的は幸福と名づけられる。これをある者は何も欠けていない状態と呼んだ。こうした名称についてここでは簡単に論じている。というのも後にこのことにまた戻るから。

第8章について

　さて最初に彼は事柄そのものについての議論を開始するが，それは名称についての探究ではなく，それが何であるかを示す定義を定めるための，事柄についての，幸福の内実とは何かについての議論である。これを彼は賢明にも人間の行動の段階から探究する。というのも，どのようなことにおいても各自の行動にはその目的があるからである。したがって彼は人間の行動と能力の段階（gradus actionum et virium）を列挙したのである。第一の段階は生きている種族（genus）であり，これは植物にも共通である。第二の段階は感覚を持つ種族であり，これは野獣にも共通である。第三の段階は理性あるいは精神および意志を持つ種族である。こうした部分から独自の行動が，人間の目的が，すなわち精神と意志による優れた行動が整えられることになる。そして最初に秩序づけられたもののなかには真の理性による判断がある。それは神の認識であり，高潔なものと醜悪なものとの違いを観察するな

かで神に従うことであり，さらに他の徳や服従について思いを巡らせることであり，それゆえに神の認識が明らかになり，祝福されるようになることである。しかしアリストテレスは人間の精神のこの暗闇において，人間のためにこの共同社会において修練されるべき徳について，とくに語っている。が，アリストテレスの議論そのものが考察されるべきである。というのも彼は快楽に関するエピクロスの狂乱を正しく指摘しながら反駁しているからである。次に彼は個別おのおのの定義の部分を集めてくる。第一は階級について。幸福とは人間における理性の活動〔理性的行動・理性による行動〕（actio rationis）である。これを実行することが幸福の証明となる。人間にふさわしい行動とは幸福である。理性による行動は人間にふさわしい。ゆえに幸福とは何らかの理性的な行動でなければならない。後に彼は他の部分を付加する。すなわち相違を。幸福とは徳と一致した理性的行動である。

このことの証明

理性による行動のなかで卓越していて秩序あるものが幸福である。
徳と一致する行動は卓越し秩序あるものである。
ゆえにこれが幸福である。

そして，こうした区別が必然的に付け加えられるべきだということは十分に明らかである。というのも音楽家の目的は，ある確かな技術によって正しく歌うことにあり，いわば耳障りで不調和に音を出すことにあるのではないように。算術家は正しく数えることにあり，大量多数に混乱させたりぼんやりさせたりするのではないように。同様に，いわば確かな規則によって秩序づけられた行動が理性においては探究されるべきである。そこから次のような証明が生じる。周知の自然の原理には従うべきである。というのも，その正しさは確かであるから。ちょうど算術家にとっては自然に知られた計算を追っていくことが必要であるように。実践の原理は行動を統治するように自然のなかに配置されている。ゆえに，これには従わなければならない。そこから秩序づけられた行動は，こうした自然の観念とは異なる他の行動よりも

より重要であるということになる。さらにアリストテレスが徳に従う行動について詳述したとき，これを正しい理性によって統治された行動と理解した。これを私たちは何度か秩序づけられたものと呼んだのだが，それについては後に十分語られることになる。

第三の部分が付加される。あるいは重要で確実なすべての徳に従うこと，そして完全な生が。というのも，たとえネロのなかに未完成の徳があったにしても，それにもかかわらずそれは持続するものではなかったので，後に続く恥ずべき行為の醜さがこれを最高に不格好な形に醜くしてしまったのである。しかし確固とした徳となるためには生涯に渡る長時間の習慣（adsuefactio）が必要であり，それは簡単にこれが振い落とされたり，消え去ったりしないようにするためである。というのも日々生きているなかでの習慣（consuetudo）や習俗（mores）の部分においては，どちらともにも巨大な力があり，倫理学の第7巻に語られている通りである。習慣とは第二の自然本性である（Consuetudo est altera natura）。脇役の仕事が仕事そのもののお株をとることのないように[13]。

ここまでアリストテレスは幸福の定義を収集してきた。これは人生において重要な徳と一致する理性による行動〔理性的行動〕と定義された。すでにこれは熟した。後にアリストテレスは再び倫理においては常に証明が求められるべきではないと忠告する。そうではなく「であること」の規則が確立されるべきで，その力と有用性は人生において，そして行動において光り輝くであろう。ちょうど軍隊の事柄の規則が平穏のなかでは軽く，子どものことのように見えるように。しかし実行するなかでその有用性は認められる。そして規則のまさに経験が大きな名誉をもたらすのである。さらにアリストテレスは無益な議論を避けるように命ずる。そして，すぐれた言説を加える。付属のものが主なものとならないように用心すべきである，と。あるいは主要な教えよりももっと多くのことが常に人生においては起こるように，と。法衣，随行者，葬列，それに似たものに対して大きな関心が払われるが，主要なことは蔑ろにされてしまう。次いで彼は規則に関する弁証法的教えを付

---

13 同上書，42頁。

加するが，それは自然に知られているものである。しかし，それにもかかわらず何らかの注意が促されなければならない。したがって規則は帰納法によって，あるいは感覚によって，あるいは習慣によって明らかにされると彼はいう。というのも道徳規則の真実は習慣によって最大限に明らかとなるからである。中庸や穏和がどれほど美しい事柄かは習慣から学ばれるのだから。そして次の言説が考察されるべきである。最初は全体の半分なり（Principium dimidium totius）。しかしプラトンの『国家』第6巻によって拡充が加えられる。ここでアリストテレスは，ときどきプラトンの優れた言説を借用するように運ぶ。しかし生徒はこのことを覚えていてほしい。学芸の原理への喜びのゆえに，そしてこれへ激励されるがゆえに，順序正しく私たちは学ぶのだということを。すなわち正しく理解されなければ，他の恥ずべきところに迷い込むということを覚えておいてもらいたいのである。

第8章

　はじめに幸福の定義を確実にするために，彼は自らの見解に昔の言説を適用するが，それは合意を明らかにするために紹介するのであり，この見解のなかには馬鹿げたものは何もない。しかし彼は昔のものから善の分類を借用し，そしてそこからここで望んでいることを明らかにするが，それは幸福とは徳による行動であるということである。第二に彼は短い注を挿入するが，それは幸福とは無為の習慣ではなく行動であるということである。第三に徳を分類するなかには心地よい言及があるというわけで，彼は徳の行いはもっとも心地よいものであることを付加する。すなわち徳の美しさを見る者は次のようにいわれる。無知の者のなかには欲望は何もない。そして，それへと慣らされる。第四に正しい理性によって徳の行動を統治することを彼は想起させる。というのも，これが行動の規則であり，固有の原因であり，高潔さであるといわれる。つまり正しく，かつ自然にふさわしいものだと。第五に彼は身体的かつ財産的善が必要であることを付加するが，それはあたかも道具的なものである。

第9章

　定義が示されたことによって，彼はどこから人間が幸福を獲得するのか，と問いかける。神の力によって与えられるのか，あるいは人間の勤勉によって準備されるのか，あるいは偶然によって来るのか。たとえここではアリストテレスの語りが簡素であっても，問いは難しく，注意を与えられていない読者は，どれほど多くの事柄について述べられているか，ほとんど認識しない。顕著なのは人間の無力さであり，徳が弱々しく移ろいやすく，幸運はまさに遥かに脆いものだということである。多くの日々，徳と栄光で栄えていた者が，最後には自分が自身に恥辱を加えたのである。ちょうどアレクサンドロスやマリウスのように。徳を失うことのなかった他の者は運命に見放された。ちょうどポンペイウスやキケローのように。他の無気力で，あるいは堕落した者は，より平穏な移り変わりと平等な運，そして静かな死を迎えた。ちょうどティベリウスのように。もし常に罪に汚れた者には罰が伴い，徳には富が続き，人間の魂が徳にしがみついているなら，人間は幸福を教え〔学識〕(doctrina)，訓練 (disciplina)，勤勉 (diligentia) によって獲得すると哲学者が定めるのは容易であったであろう。しかし人間の弱さとそのうえ同じではない善の結果が，哲学者のいうことを否定する詩の生ずるチャンスを準備する。

　　運命が人生を支配するなり，知識が支配するにあらず[14]。

　したがって幸福はどこに由来するのかが探究されるべきである。もし幸福が神の力によって生じるのなら徳は確かなものとなるであろうし，運が徳を見放すこともないであろう。それでは人間の努力を導くものは何か。教えか，訓練か。ちょうどネストール，アウグストゥスに見られるように，徳と幸運による慈悲が永続性を持つようになったのに。それではなぜアキレウ

14　Vitam regit fortuna, non sapientia. 田中秀央・落合太郎編『ギリシア・ラテン引用語辞典〔新増補版〕』岩波書店，1963 年，832 頁，参照。

ス，ヘクトールは幸運から見捨てられたのか。キリスト教の教えに無知な者には簡単な答えはない。これは人間の弱さの原因を明らかにし，どこから出来事の相違が生じるのかを教えてくれるし，どのような出来事が名誉を失わせ，真に栄誉を高めるものは何かを教えてくれる。サウルは神から離れたので徳を失った。神から見放された後には不幸になった。反対にダビデは神に立ち返ったので徳を保ち続けることになった。それゆえ，ついに穏やかな死を迎えることになった。イザヤは徳を保持し，暴君によって不正に殺された。この死は彼の栄誉を増大させた。したがって徳と幸運とを保持する原因は神の認識と恐れにある。このために神によって精神は駆り立てられ，人間が従い，そしてこれを訓練するような教えが必要である。したがって徳と幸運とは神によって支配され，魂を駆り立てられて行われた事柄の経過のなかにあり，それに人間が従属することにある。しかしアリストテレスは神についてここでは確かに曖昧に語っているが，後に善人は神の配慮のなかにあるというのとは一致している。真の幸福の原因は人間の精神，そして徳へと駆り立てる意志にある。次のようにいわれるのに従って，神は英雄の徳と結び付けられている。神からの霊感なしにだれも偉大な人物になることはない。そして出来事の支配はとくに神による。一行の詩に述べられているように。「神を離れて死すべき人間に栄えはない」。そしてまた私たちにはとりわけキリストの言葉とともに，次のようなことが気づかれるべきである（ヨハ 15：5）。私を離れては何もなすことはできない。しかしアリストテレスに私たちは立ち返るとしよう。彼は四つの論拠に基づいて自らの意見を確証している。つまり人間の精神と意志とが幸福の原因であり，幸福は人間の努力（conatus）によって獲得することができるということを。

第一　目的はすべての者たちに〔探求〕可能である。もし他に原因があるなら，すべての健康な人々は幸福を追求することができなくなる。ゆえに原因は人間の意志にある。

第二　自然および学芸における最大の善は幸運によるものではない。幸福は人間にとって最高の善である。ゆえに，これはただ偶然に生じるものではないということに合意すべきである。

第三　幸福は魂の活動（actio animae）である。したがって偶然によって
　　　生じるものではない。もちろん，たとえ道具とするために残りの善が
　　　必要だとしても，それにもかかわらず行動はもっとも重要である。
第四　政府の目的は市民を幸福にすることにある。この目的のために規
　　　律に関する法を提案するのだが，これは人間の注意深さがもしこの目
　　　的を追求できないのなら，無用のもの〔無駄〕になってしまうであろ
　　　う。

第10章

　哲学によって最高の善あるいは幸福についての教えが十分に説明されるこ
とは不可能である。そして人間の徳は衰弱しているので，ときどきもっとも
優れた人物から吟味されることになる。また，もっとも悲惨な思いがけない
偶然が善き人々にさえ降りかかるのも常である。したがって人間の注意深さ
が申し分なく最高善を追求することができない場合，哲学者たちは生の弱さ
と混乱に当惑し，このような暗闇のなかで，ある者は人間の目的に関する他
の意見へと転落したのであった。しかし，より健全な者たちのあいだでは，
徳の行いが卓越した善であり，これを保持すべきであることに同意する。た
とえ報酬が返ってこないとしても。したがってアリストテレスは段階を作
る。つまり徳が備わり，荒れ狂う運命の出来事に押し潰されることのない者
は幸せである。ソロン，ティーモレオン，スキピオ，アウグストゥスのよう
に。悲惨なのは悪事によって汚れた者であり，あるいは不運の慈悲に味方さ
れた者である。ティベリウス，あるいは罰に陥ったネロ，そしてその他数え
られないほどの暴君，さらに情欲によって汚れた者のように。アリストテレ
スによる中間の段階は，徳を備えていて，それにもかかわらず苛酷な偶然の
不運によって打ちのめされる人々であり，ヘラクレス，パラメーデース，ア
キレウス，ソクラテス，ミルティアデースといった者たちである。これらの
者たちをアリストテレスは悲惨であるとはいわないが，幸福であるとも公言
はしない。しかし，それにもかかわらず彼らは卓越した善を保持しているの
で，ほとんど幸福である者のなかに数え入れられ，偶然性に対抗すると判断

される。中間にある者たちと彼はいうが，彼らは徳や幸福を包み隠すことはなく，むしろ徳は中間の者たちのなかでよりはっきりと認識される。ちょうど悲劇のなかで，こういわれるように。

それでも苦難を通じて栄光は輝く。

しかも，そうした出来事を経験する善き人々は，アリストテレスやカミックスのように，その〔悲劇〕ゆえに幸福であることを止めたりはしない。というのも幸福は失われた儚い偶然の出来事とか，カメレオンのようなものと考えられるべきではないからである。こうした例は，自然が極めて変わりやすいことを語る場合に主張されるのが常である。というのもカメレオンはときどき色を変えるのであり，それはプリニウスがいったように，まさに極めて驚くべきことであるから。その眼はすべてに向きを変えることができるのだ。哲学者たちは幸福について探究することで，多くの馬鹿げたことに出くわす。人間の自然本性はもっとも卓越しているので最大の苦難は制圧されるなど。こうしたことは多くの者が目的を達成するのを妨げてしまう。どこから徳の弱さは来るのだろうか。なぜ徳と幸運はしばしば頑なに対立するのか。なぜアベルや洗礼者ヨハネのような最善の者たちですら，もっとも悲惨な不運に襲われるのか。最後に死が非常にうまく進められたすべての計画を直ちに中断してしまうとき，何と僅かな徳しか人間には役立たないのか。こうした問いに対してはキリスト教の教えのみが答える。それは死およびその他の災難が悪であり，人間の自然本性における神からの離反による罰から来たる。それゆえに人間のなかにその最初の欠陥が留まるあいだ，死およびその他の災難もまた留まることになる。それどころか神は多くの理由から，その教会がとくに苦難に晒されることを望んだのであり，それがこの世の生において他の方法で幸福になることを望まなかったのである。しかし，その後に罪が滅ぼされることによって，元の徳に対して元の平安が報いるであろう。

しかし，なぜ苦難がこの世の生のなかに留まったのか，その原因は次にある。第一に，罪が留まったがゆえに罰も残り，そして悪魔による噛みつき

〔跡〕も残った。第二に，神は教会において罪が認識されることをとくに望むがゆえに，教会に対して罰を思い起こさせる。第三に，こうして教会は悔い改めのためと呼ばれる。第四に，こうして信仰と祈りの訓練（exercitia fidei et invocationis）があるのであり，私たちの信頼は打ち捨てられる。第五に，こうして神の現在が認識される。第六に，こうして私たちの弱さにおいて神の力がよりはっきりと認められる。第七に，こうして私たちは神の息子に似た者（similes）となる。第八に，こうして最善の人々の苦難が教えに対する，そして未来の生に対する証拠となる。こうした原因は哲学においてではなく福音において語られており，人間の弱さの原因および永遠の生について，より明瞭に公言している。ゆえにイザヤやエレミアのような幸福は神を認識し神に従うことにまずあるのだが，身体には強力な悪が行き渡っているにもかかわらず，すなわち死やこの世の生における他の苦難であるが，それでも罪が破棄された後には，私たちは自由にされるのである。このように福音はこの世の生において幸福が悪と結び付いていることを示している。すなわち死およびその他の苦難，さらにその原因が，なぜあげられたのかを示す。しかし後に幸福が付随してくるのであり，そこには苦難はないと述べている。

第 11 章

　哲学者〔アリストテレス〕は幸福が徳と幸運に結び付いていると定めている。もっとも優れたものは徳である。次いで，もし人間は努力してこの目的を追求することができないと思う者がいれば，それは誤った見解であると判定する。多くの賢い人々ですら，これを追求しようとはしない。したがってアリストテレスは中間の段階を設定する。彼は捕虜となったミルティアデースが優れた徳によって見事に飾られていて[15]，幸福ではなかったけれども，しかし哀れでもなかったと語っている。哲学では，この問題を十分に説明することができない。というのも徳と幸運は一致しなければならないからであ

15　マラトンの会戦でペルシア軍を破ったアテナイの将軍。

る。なぜこういうことが起こるのか，その原因は哲学には分からない。というのも人間の自然本性は罪に圧倒されていて，さらにその結果として極めて大きな苦難に晒されているからである。しかし福音は，この世の生にのなかにある幸福を教える。それは光と義の始まり，そして永遠の生の最初の始まりを持ち，さらに神の支配と擁護の下にある，と。そうではあるが彼らはやはり，もっとも苛酷な競争と苦難にもちこたえている。罪と死が真に破棄された後に，彼らは元の平安を得るであろう。それにもかかわらず福音は，確かな徳と幸運に結び付くことを追求する力がこの世の生にある人間にはないことを教える。というのも，それは死と悪魔による嚙みつきに服しているからである。

　この起源からすれば，続く問いに関して判断するのは簡単である。キュロスは退化した息子や惨めな娘を持ったとき，幸福であったか。福音に従えば答えは簡単であり，子どもに関しても同じように判断できるし，私たちの身体についても，あるいはその他の外的な善きものについても同様である。ダビデとキュロスは，たとえ多くの悲しみが彼ら自身に対して，さらに子どもにも起こったにせよ，幸福であった。というのも，この人間の自然本性は罪のゆえに，こうした苦難に従属しているのだから。

　どれほどの多くの健全な人々が惨めな子どもによって苦しめられたか。それでも私たちは死のごとく耐えなければならないということを理解していたアリストテレスは，それを自ら説明はできずに問題を避けてしまった。彼は，それは個々人自身の状況に属すると告白する。というのも友情は多くの者たちをひとつにするから。そうして彼は，こう述べる。「友のものは皆のもの」[16]。しかし，それにもかかわらず彼はいう。それは友人に対して，幸福な者を惨めな者に，あるいは反対に惨めな者を幸福な者にすることを目指すことではない，と。が，アリストテレスは他の問題が生じてくることを付加している。つまり生きている者に悲しみは降りかかるのか，それとも死せる者に降りかかるのか，と。ちょうどアウグストゥスをネロよりも娘がより多く苦しめたように。アブサロムはマナセよりもダビデをより多く苦しめ

16　プラトン『国家（上）』藤沢令夫訳，岩波文庫，2009 年，303 頁。

た。しかしアリストテレスの結論では，たとえネロが後に堕落するとして
も，アウグストゥスはその結果として惨めにはならない。

第12章

　すべての著作において何が優れて有用な主題なのか，入念に考察されなけ
ればならない。また同時に，常に講義には何か偶発的なものが加わるもので
ある。この章は無用な問いを含んでいる。すなわち幸福は称賛されるべきこ
とであるか，あるいは真の名誉をもたらすべきものであるか，という問いで
ある。これは取るに足らない言葉による詭弁である。称賛は人間の徳と行い
に帰せられるのであり，このような行いへと至るものは次のように定義され
る。称賛は正しい判断によって生じたものによる承認であり，この称賛は二
つの目標を持つ。ひとつは，それを行う者を飾るのであり，もしそれが人間
による真の判断であるなら，それは見守られ，他者をしてそれを真似るよう
に刺激する。したがって，これはすべての善き人々によって追求されるべき
ものである。というのも，これは人生のために，善き健康のために意志し追
求することがふさわしく，私たちが無事であるために意志することがふさわ
しいのであり，その結果として市民社会のなかで的確な場所を確保する。次
いで私たちの事例はだれかのために役立たなければならない。それゆえに善
き良心は私たちにとって必要であるといわれるべきである。善き評判は二の
次である。セネカの悲劇では，こういわれている。「あの人は気まぐれな人
で，あの人を駆り立てるのは栄誉の誉れなどではありません」[17]。彼は栄光
を求めないことは浅はかであるという。つまり善き人々の判断を恐れないと
いうことである。そしてガラ6：4には，こうある。各自で自分の行いを吟
味してみなさい。そうすれば自分に対してだけは誇れるとしても，他人に対
しては誇ることはできないであろう。つまり，だれでも自分の良心を吟味し
てみて，だれであろうと汚点のない者は栄光を得るであろう。つまり真の行
いの承認を求めることで名声は得られないだろうし，そうすれば他からの追

17　セネカ『悲劇集2』岩崎務他訳，京都大学学術出版会，1997年，261頁。

従も中傷もないであろう。私は私たちの良心による，さらに正しく判断する
他の人々による真の承認を知るために，これらを検討したのである。これら
は正しく追求されて守られるべきである。しかし私たちは理由もなく，この
承認あるいは称賛のために戦いはしない。この問題は栄誉に関して他の場所
で議論されるべきであろう。すなわち自身の良心による承認，ならびに他の
正しく判断する人々による承認を得ようと努力するべきであり，決して誤っ
た見解が強固にされるべきではなく，とりわけこのこと〔誤った見解〕によ
って内容が損なわれる場合には〔そうすべきである〕。幸福は称賛されるべ
きかどうか，アリストテレスは今や真剣に議論しているので，彼はかなり昔
の論争をからかって，称賛されるべきものと栄誉をもたらすべきものとを区
別する。徳には称賛が帰せられるが，しかし幸福は栄誉がもたらされるべき
事柄のなかにある。したがって栄誉は正しい行いの承認のみならず，こうし
た承認を超えて，私たちの上をだれかが超えて，あたかもそれが何か最高の
義務であるかのように見せることのように感じられる。エウストラティウス
は簡潔に区別する。称賛されるべき人間とは，と彼はいう。神聖な真の栄誉
を与えるべきもの，すなわちトレバティウスがキケローの雄弁を称賛するが
ごとし，と。しかし彼はアウグストゥスに好都合の事柄を大きく重んじた。
それで神聖なものによって統治されていると判断したのだ。こうしてアウグ
ストゥスには栄誉が与えられた。したがってアリストテレスは幸福が栄誉を
与えられるべき事柄のなかにあると判断した。すなわち重んじられるべきこ
と，多くの人々に共通のものの上に置かれるべきもの，と。しかし，私はよ
り長い解説をここでは足さないことにしよう。というのもアリストテレスの
この箇所は，多くの無用な語彙の詭弁を含んでいるから。

第13章

　あらかじめ読者に対して彼は，次に何について議論するつもりなのか示し
ている。そして，いわば前文あるいは第2巻への準備を前に置いている。徳
について語ろう，と彼はいう。その本性と部分を認識するなら，私たちが議
論してきた幸福とは何かがさらに明白に分かり，しかもこの生のなかの習慣

において何に計画が向けられるべきかが分かる，と。しかし徳は魂に固有のものであり魂から生ずるのだから，魂の力あるいは能力について，さらにさまざまな機能について語られることが必要である。そうすることで私たちは徳の源と在り処を示すのである。さらに彼は多くの支配すべき行いに言及する。支配したい力を，合意を，あるいはまた矛盾を知るために。その結果，私たちはどのような，そしてどの手綱をそれぞれ制御すべきかを認識する。精神は教育を必要とする（Mens eruditione indigent）。市民たちのように意志と心は説得と習慣づけによって向きを変えられる（voluntas et cor flectuntur persuasione et assuefactione）。奴隷たちのように動力（potentia motiva）は命令によって抑制されるべきである。ここで区別すべき力を明らかにする機会がアリストテレスには与えられた。次のように彼は区別する。魂の能力を二つに分ける。理性的なもの〔理ある部分・有ロゴス的部分〕（rationalis）と，理性を欠いた（expers rationis）もの〔理なき部分・無ロゴス的部分〕である。

　理性的なものは目の前に現れたものを，もっぱら判断したり，選択したり，欲したり，あるいは欲しなかったりするが，これは精神と意志とを捉えている。精神のなかには知識があり，これは徳を支配している。そして，こうした規則は神の力によって人間のなかに配置されていて，徳の源泉となっている。意志は対象に付き従ったり，対象を跳ね返したりする自由な力である。いかにも彼は市民の行いについて述べている。ちょうどスキピオにおいて精神が，貴族の男と婚約している美しい少女を辱めることをせず，高潔であることを判断したように。意志は気づいたときには栄誉をとり，かの少女を遠ざけようと欲し，外的な肢体に自らを抑制するように命じたのであった。

　理性を欠いたものの能力は二重である。ひとつは判断に決して従うことはできない。栄養を摂取する能力のように。それは人間にも植物にも共通している。というのも，だれも胃に対して消化を命じることはできないのだから。他のものは判断に従うことができる。これを彼は理性的なものの仲間と呼んだ。これは感覚や食欲のようなものであり，感覚に付随する。ちょうどスキピオの場合の感覚，目，手のように。快楽の欲求は，より高次の力の命

令により抑制される。熱による痙攣において精神はもはや酒を飲むことを断念すべきだと判断する。意志は同意してより下位のものに断念するように命じる。したがって、たとえ欲求が熱い感覚で渇き求めるにしても、それは高位の力と戦い、それでもやはり高位の力はこれを抑制することができるのであり、激しい渇きを取り除くようにではなく、しかし動力に対して飲むことを止めるように命令する。これについては、ここでは簡単にアリストテレスによって考察されているだけであり、アリストテレスは区別を残していないため事柄が求めるほどやっかいではない。他の感情は違う方法で支配される。怒りや悲しみといった心の情態（affectus cordis）は理性と熟慮によって鎮められる。しかし飢えや渇きといった下位の欲求は理性によっては鎮められず、動力と関連している。それゆえに政治学においてアリストテレスは支配の二つの種類をもっとも洗練された形で区別している。ひとつは駆り立てるもので、それは主人的と呼ばれている。魂が動力となる機関に命令するように。もうひとつは説得するもので、それは市民的と呼ばれている。理性が心に命令したり、ペリクレスが市民を説得によって治めたりしたように。そして人間の自然本性そのもののなかに、すべての社会を治めるぼんやりとした形を見るのは快いものである。また偽善的なものと真の従順という、二つの正義のイメージを見るのも。

理性は最善に向けて駆り立てる[18]

　第1巻の最後において理性は最善に向けて駆り立てるというのは明白な見解である。しかし、これについては思慮深く判断されるべきである。というのも自然法、つまり自然に生まれながらの知識が高潔な行いに駆り立てるというのは真実である。しかし、ではあるが、やはり法と福音との区別は知る必要がある。そのうえ正しい判断にその他の力がどれほど従うのかを知る必要がある。というのも、ここでアリストテレスがいうことにはある種の誤用があるから。もし理性が最善を指示するのならば、どうして福音が必要とな

18　Ratio hortatur ad optima.「魂のこの部分の勧請するところははなはだしく、かつもろもろの最善なるものに向けられているのだから」（アリストテレス前掲書、66頁）。

るのであろうか。私は，こう答える。理性は法のごとく指示はするが，しかし私たちに対する神の意志について探究するとき，法を知るだけでは十分ではない。アレクサンドロスは理性によってダリウスの妻に触れないよう強いられたが，それにもかかわらずそのあいだ彼は神について疑っていた。したがって彼は神への畏れ，信頼，そして愛なしにいた。それゆえに理性は市民道徳においては最善を指示する。これは法について，あるいは自然の知識についていわれなければならない。しかし法は自然に認識されるにもかかわらず，それでも心と意志はしばしばこれに抵抗する。人間における秩序の混乱が，神の法への敵対が，どれほどのものか，これらについては言葉ではとても表現できないほどである。それゆえパウロは（ロマ1：18）こういった。人間たちは不義のなかで真理を妨げている。つまり，ひどい頑固さのなかで。精神はダビデに対して，他の妻に対して愛を燃え上がらせてはならないと命令する。しかし力の調和は乱されている。心は不安定であり，彷徨える衝動で満ちていて，それとともに意志をも捉えてしまっている。精神は神の怒りと裁きを真に恐れるように命令する。しかし神に背いた意志は，毎日悲惨な実例が目の前に示されているにもかかわらず，天の事柄についてはほとんど何も気遣うことはない。それゆえにアリストテレスは知識〔の認識〕についていっているのであり，意志についていっていると理解されてはならない。これは常に真の知識〔の認識〕には従わないものなのである。ここではまさに他の言説を愛するとしよう。それらは私たちに自然の法を教えてくれているのだから。これらは高潔な行いの規則である。さらに，ここではロゴスつまり理性は，健康で健全な者たちを最善に駆り立てるのであり，狂人をではないことについて看過されるべきではない。

10 心臓の部分と運動について（1550年）

De partibus et motibus cordis[1]

　6「占星術の価値」と同じくヤコブ・ミリキウスによって医学の博士号授
与式の際に語られたものである。メランヒトンによる医学に関する主な著述
は，まず1540年の『魂についての注解』（Commentarius de anima）に始まる
が[2]，医学もしくは医術に関連する演説や講演は1527年から1560年のあい
だに22作が残されている[3]。これはそのひとつであり，本書13と14にも
その他のものを収録した。なお11には先の『魂についての注解』を発展さ
せた完成型ともいえる『魂についての書』（Liber de anima, 1553）の「内部感
覚について」以降の部分を収録した。

　メランヒトンにとって「医学という技芸・学芸」（ars medica）つまり医術
は，いうまでもなく神学と密接な関係にある。医術・医学は神を知ることと
直結している。人間の身体そのものも神による驚くべき業による作品であ
る。メランヒトンはヒポクラテス（Hippokrates, BC. ca. 460-ca. 375）やガレノ
ス（Galenos, ca. 129-199）などの古典的な医術の知識を踏まえるだけではな
く，ヴェサリウス（Andeas Vesalius, 1514-1564）による当時のルネサンス医学
や解剖学の最新の知見──『人体構造論』（De humani corporis fabrica, 1543）
──をも積極的に取り入れながら，ルター神学に基づいたメランヒトン独自

1　CR 11, 947-954. 現代ドイツ語訳として以下も参照した。Beyer, Michael u. a.（Hg.）:
Melanchthon deutsch. Bd.1. Leipzig 1997. S. 110-122.

2　Cf. Rump, Johann: Melanchthons Psychologie（eine Schrift de anima）in ihrer Abhängigkeit
von Aristoteles und Galenos. Kiel 1897.

3　このすべての現代ドイツ語訳は，次に収録されている。本書でもこれを参照した。
Hofheinz, Ralf-Dieter : Philipp Melanchthon und die Medizin im Spiegel seiner
akademischen Reden. Herbolzheim 2001.

の人間学を構築している。とりわけ「精気」（πνεῦμα, spiritus）に関する教説は，神による精気すなわち聖霊（spiritus snactus）とも関連する。これは人体内部の「心臓」つまり「心」の在り処にある「生命精気」（spiritus vitales）と混合されて，神の支配下にある義人を「感情」（affectus）においても作り出す。メランヒトンの人間学はミュンツァーら熱狂主義者による心霊主義的なものには反対しているが（antispiritualistische Anthrolopologie），しかし，それは当時のルネサンス医学をも総動員した自然学すなわち自然哲学に依拠している。まさにヴェルスが指摘するように，これは「ルター的な義認論を合理化し自然化した形態である」[4] といえるだろう。ルターは神による直接的な作用について神学者としてのみ多くを語ったが，メランヒトンは自然哲学による成果を最大限に駆使しつつ，その作用過程を「自然科学的」な人間学として総合的に解明かつ説明しようと試みたのであった。それは完璧な建築者である神による偉大な業と計画を垣間見ることでもあると同時に，この神を賛美することでもあった。

＊　　　　＊　　　　＊

　まずあなたに，全能の，生きている真の神に，私たちの主イエス・キリストの永遠の父に，地と天の造り主に，人間と他の被造物の造り主に，あなたの子である私たちの主イエス・キリストとともにひとつとなって，心底より感謝します。子は私たちのために十字架につけられ蘇りました。あなたの言葉であり似姿に（λόγῳ et icone tua），そして聖霊に，賢く，善であり，真実を語る方であり，正しく，純潔であり，裁き主であり，あなたの教会の保護者であるあなたに〔全身全霊で感謝します〕。あなたは今まで優しく私たちを守ってくださいました。さらに私はあなたに，あなたの子によって，そしてあなたの栄光のゆえに，この地域で学問の素晴らしい研究が消し去られる

4　Wels, Volkhard: Manifestationen des Geistes. Frömmigkeit, Spilitualismus und Dichtung in der Frühen Neuzeit. Göttingen 2014. S. 89.

302　第Ⅱ部　翻訳編

ままにされないよう冀います。

　さて若い人々に役立つために何かを私たちは述べようとしているのですが，私はちょうどここで心臓〔心〕(cor) について素描することを選びました。これを私はできるだけ若者の皆さんが自ら神の計画 (consilium) について考え，感情 (affectus) を制御することに少しでも注意してくれるようになるために話そうと思います。というのも，こうしたことの理解において私たちは，ある場合には自然のとある部分について語りますが，これほど大きな自然の幅のなかでは，数多くの部分が同時に把握されることは不可能であるのを，あなたたちは知っているからです。とくに昨今の解剖学の教えについて，全般的に話すことにしましょう。それは若い人々が，私たちが不確かではない原因を語ることで，こうしたことについてすべての人々が考えることが必要であり，健康を保ち，病気を退けるようにするのを学ぶことへと駆り立てられるようにするためです。これは私たちの精神の内で摂理に関する賛同を真に驚くほど強めてくれます。なぜなら人間の身体の構造のなかに，これほど多くの技芸 (ars) が，個々の部分と行動の秩序が，知識が，数が，法が，推論が，選択の能力が偶然に現われ出てくること，さらに偶然にそのようにあり続けることは，人間の自然本性にとって不可能であるからです。

　したがって紛れもなく建築者的精神 (mens architectatrix) すなわち賢く，善であり，真実であり，正しく，慈悲深く，純潔で，最高に自由で，すべての人間の行いを見分けて判断する精神が存在しているのです。こうした驚くべき秩序や技芸を考察することで，神の認識へと私たちは牽引されていくのですから，この有用性は拒否されてはなりません。さらに若者の魂が駆り立てられるためにも，しばしばこれについての議論がなされねばなりません。こういうことで私は心臓について語りたいと思います。これをアリストテレスは生〔生命〕の泉と名づけました。そして多くの人々は，ここが魂にとっての固有の座 (sedes) であり住居 (domicilium) であると判断しています。さて，たとえ肢体は完全には調べられないにしても，私たちは外側からできる限りすべてを吟味していきます。そして構造の部分から何かを，さらにそれが及ぼす影響から生じる力について識別しますが，それにもかかわらず，それゆえにこの教えが投げ捨てられるべきではありません。神は私たちがこ

の世の生のなかでこうした知恵の始まりを学ぶのを欲しています。その後，自然のイデアそのものを神の精神の内で見つめながら，ただ事物の本質を見通すだけではなく，私たちは神の計画さえも認識するようになります。なぜ心臓をそのように作る方がより正しくあったのか。こうした知恵へと私たちがここで，すでに述べたように準備されるのを神は欲しているのです。

　心臓の本性は他の肢体よりも見えにくいものです。肝臓においては乳糜<ruby>乳糜<rt>にゅうび</rt></ruby>の燃焼が起こり大量の血液が生まれるということを私たちはそれほど驚くことなく考えます。肉と血には類似性があるからです。私たちは小さな花がその本性において露を巡回させるのを見出しますが，しかし心臓においてはどのようにして突然の思考によって刺激が生じ，喜び，悲しみ，希望，恐れ，怒り，愛や憎しみの炎により，直ちにもっとも俊敏な動きへと刺激されるのでしょうか。厚く丈夫な肉である心臓は光とは異なる本性と理解されますが，これが思考によって動かされることが，どのようにして可能なのでしょうか。どこからそうした動きの，すなわち感情の多様性が，ひとつの類似した肉の塊のなかに生じてくるのでしょうか。どのようにしてこのような生の肉の力によって，生命精気（spiritus vitales）が生じることが可能なのでしょうか。ところで，たとえそれほど重要な出来事の原因が明らかにされえないにしても，私たちはできる限り話を進めていくことにしたいと思います。

　こうした人間の身体には胸（pectus）と名づけられる部分があります。軟骨質の剣状突起と胃の部位までの骨からなる胸郭に閉じ込められた部分は，それとは横隔膜で区切られていますが，これは骨からなる層状の，ちょうど肋骨を取り囲み，あるいは縦隔，隔膜で隔てられていて，同じく心臓を包み，そして心臓自体は大動脈と血管の管とともに，同じくその管とともに肺が，さらに重要な気管や喉の部分が位置しています。しかし，そのすべてについて話すことは今できません。

　したがって心臓の包みおよび心膜と名づけられている部分から始めましょう。これはそれによって心臓を保護し見えなくしていますが，すなわちいわば心の住居（cordis domicilium）であります。この部分において心は保護され保持されています。さて，この室の覆いは単純であり，組み合わされた繊維ではなく，強固で丈夫であり，松かさの形をしています。内部には腔があ

り，そこに心の住居があります。その同じところから静脈と動脈の膜が生じ，この部位を通じて管が伸び，両肺間の縦隔および隔膜と固く結び付けられ繋がれます。この包みは心臓の防壁になっています。このなかで心臓はそれ自身よりどこからも離れて決まった間隔で自身には接しないように，他方から他方が生じないように隠れているのです。この独房〔小箱〕（arca）のなかに，水あるいは湿った露のようなものがあると人は見なしています。これは，そうした絶え間ない運動のなかで心臓に灌漑するために必要です。かなりの熱によって水が消費されて心臓は疲弊しますが，それも憂鬱のなかで生じると記されています。ちょうどカシミール辺境伯が死んで取り出された心臓は薪で焼かれたようであったといわれているように。この独房にある心臓に生命の住居は依存していて，他の身体からは自由となっています。そこで生命を提供しているのが心臓です。心臓は静脈，動脈そして神経によってのみ身体と結び付けられています。これらはいわば管のように用いられ，一部は他の部分から恩恵を受け取り，一部は自らのためにそれを消費するのです。

　ところで心臓の実体は独自のある種の肉であり，身体のその他の肉とは似ておらず，厚くて非常にコンパクトなものです。繊維もしくは絨毛がもっとも密に織り込まれているので，身体の他の部分のようには明瞭に区別されええません。心臓の形態は錐体にかなり似ていますが，その底は広くてこぶ状です。プラトンはそれゆえに形態に関して錐体〔ピラミッド〕に似ていると面白げに記しています。なぜなら自然本性が燃焼しているとき〔私たちは〕燃えているピラミッドを連想するからです。ところで，たとえこの理由について何も断言されええないにしても，建築者である神は理由もなくこの形態を選んだのではありません。これは全体のなかで最初の卓越したものであり，その運動にとってふさわしいものとなっています。心臓は次のように配置されています。心底にはもっとも高貴な部屋があり，胸の真ん中を入念に占めていて，心尖は左側の身体へと少なからず高まっていて胸の骨までは至らず，左側の身体により熱を分配し，そのとき右側の身体は肝臓の熱で助けられます。

　ところで心室もしくは部屋あるいは洞には二つあり，このあいだの空いた

ところは壁で区切られています。このあいだは厚く強固であり目視できます。第三の部屋といわれるのが正しくないというのは容易に判断されます。そして、このあいだを通じて作られた道はだれも確認できませんが、血液はもっとも狭い導管を通じて他の部屋に溢れ出ていきます。ところで右心室には大静脈から溢れ出した血液を受け入れるという役割があります。血液はここで準備され二つの部分に分配されます。一方は肺を維持し、他方で細い方は左心室で発散しますが、そこで生命精気に変えられます。右心室には二本の血管がはめ込まれています。ひとつは肝臓から運ばれてきた血液の管〔大静脈〕（vena cava）です。そして、この管そのものから心底全体へと、やせた枝状のものが方々に分散しています。冠状の種類のものがあまり精密ではない血液を運び、これによってまず心臓は維持されます。右心室にあるもうひとつの管は心臓自体から生じていて、肺動脈（vena arterialis）と名づけられています。なぜなら、より厚い膜をもっていて動脈に似ているからです。これによって肺のなかにより精緻な血液がもたらされますが、もし血管がさらに強固に作られていなければ、これは発散してしまいます。

　左心室は、もっと卓越しています。これは心臓の優れた役割を果たす仕事場（officina）です。なぜなら右心室から溢れ出したもっとも精緻な血液から生命精気が生じるからです。そこで生命精気はもっとも明るく輝く生命を生き生きとさせる炎（lucidissima et vivifica flamma）であり、神々しい自然本性を持つものに似ています。これは全身に熱と生命とを運ぶ、特別の働きをする器官です。この左心室そのものには二つのかなり成長した管が生じています。動脈（arteria）、大動脈（aorta）であり、これは全身のすべての動脈の幹となっています。これを通じて、いわば河床を通じてのように全身部分に卓越した心臓の恩恵が流れ出します。すなわち、この生き生きとした炎はその熱によってすべての四肢を温め、それらの活動を助けるのです。人はアリストテレスによって大動脈〔アオルタ〕と名づけられているといいますが、それはマケドニアでの習慣となっている鞘〔膣〕（vagina）を意味しています。というのもこの管は血管よりも頑丈で密であり、鞘に似たようなものに見えるからです。次いでこの動脈から生じている枝は、ほぼ全身と血管で結び付けられています。驚嘆する絆と相互の往来によって、その役目を果たしてい

ます。動脈はごく狭い開口部を通じて血管に精気を発散します。それは血液を生き生きとした熱で温め熱するためです。反対に動脈は精気が行き渡らせられ強められるように，血管からかなりの量の血液を消耗します。

もうひとつの管が左心室から生えていますが，これが肺静脈（arteria venosa）です。これは肺にまで伸びていますが，そこから心臓を冷やすための空気を運ぶためです。そして反対に心臓から熱によって焼けた空気を運び出すためです。というのも，もし心臓でこのような熱の運び出しがなければ，動物は直ちに活動を抑えられ，いわば窒息に陥ってしまうからです。

他にも心臓には小さな部分があります。その構造には理由があります。二つの耳が加えられていますが，ひとつは右〔右心耳〕で，そこで大静脈は心臓に血液を流し込みます。この開口部には膜が付加してあり，これは洞と湾をもっています。ここにある部分の血液が注ぎ込まれますが，これは心臓がまず引き込んだものです。より大きな牽引によっても，大静脈は破裂させられません。製作者〔神〕は人間の全身体が，突然にして大きな危険によって変えられてしまうことのないように配慮しました。そうではなく，どこであれ節制と均衡を愛しています。そのように左心耳は肺静脈と連関していて，安定して空気の入れ替えがなされるようになっているのです。そのすべての血管には小さな弁が付いています。もっとも小さな皮はまるで弁蓋のようなもので，右心室において大静脈や肺動脈は開かれたり閉じられたりしています。

左心室には大動脈や動脈があります。この皮膜は三又のものと呼ばれています。というのも三つの突端を持った槍に似ていて，これだけのために役立つものではなく，過大に流れ込んだり溢れ出したりしないように防ぐだけではなく，血液を引き付けるようにする器官となっているからです。なぜなら心臓の運動によって荷車は伸び，管の膜自体も伸びるからです。その結果，保存されていた血液，精気，あるいは空気を追い出すのです。

極めて簡単ですが心臓の構造について述べました。これによって心臓の有用性と運動（usus et motus）のことを考察するとき，私たちは大きく驚嘆することになります。心臓の第一にして最大の有用性〔重要な役割〕とは，その他の身体にとっての生命と活気を与える熱の源泉であり始原（fons et

initium vitae et caloris vivifici) であるということです。これを分けるか同一の
ものにするかについては争われたままです。続いて精気とこうした活気づけ
る熱を全身に放出します。それゆえにアリストテレスが次のように述べてい
ます。心臓は全身部分にとって生命の根源であり，全身に対して生きるのに
必要な熱を，そして脳と肝臓には精気〔プネウマ〕（πνεῦμα）を分配する，
と。

　心臓の第二の役割とは心臓に発生した精気を，それは後に脳の能力と混ぜ
合わせられるのですが，これを脳や神経における喫緊の行動の道具とするこ
とです。これは思考，感覚そして運動を生じさせます。ところで，どうして
感覚も，運動も，そして思考もない生などありうるでしょうか。

　心臓の第三のもっとも固有の役割とは，それが単に感情〔心の情態〕の座
(sedes affectuum) であるだけではなく，しかも源泉 (fons) であり原因
(causa) であるということにあります。こうして私たちは生がある種の喜び
であり，その一方で死に臨んでは悲しみであり，破壊の原因であることを経
験するのです。しかしながら心臓は神経を通じて快い動きと不快な動きを味
わいます。これは脳の第六番目の神経から引き出されてきます。それにもか
かわらず，心臓の自然本性はいわばそれ自体のものによって感情を生じさ
せ，喜びを享受し，苦しみによって憔悴します。ところで生において（in
vita）こうしたことは重要です。感覚，思考，運動がそれに一致するものご
とによって喜ばされること，そうでなければ苦しみによって苦痛を味わうこ
と。こうしたことが心臓〔心〕の最高に固有の役割〔有用性〕であるという
ことを私たちは示しました。したがって，この用途のために心臓は第一に作
られているのであり，こうしてここは神の住居 (domicilium Dei) となり，神
的な喜びによって充溢されるのです。

　こうした驚くべき作品の多様性を，そしてこの神の計画を，外から濃密な
暗闇を通じて考察するとき，私たちは唖然としてしまいます。そのうえ私た
ちは奥深くまで〔完全に〕自然を吟味することも，その原因を見ることもで
きないのを嘆き悲しみます。しかし神の精神の内で（in mente divina）自然の
イデアを識別するそのとき，私たちは完全にこの機械〔装置・構造〕
(machina) を，神によるすべての作品の原因を，ようやく理解することにな

308　第Ⅱ部　翻訳編

るでしょう。今やこうした考察を私たちは始めたばかりであります。これに
よって建築者である神を私たちは認識し，そこに到達しようとする願望に駆
り立てられるのです。さて心臓の有用性と務めについて考察したので，〔次
に〕その運動が区別されることになります。

　心臓の運動には二種類あります。それは心臓の自然本性と一致していて，
あるいは活動〔現実態・エネルゲイア〕なのですが，それはすなわち脈拍
(pulsus) と感情です。たとえば震え〔おののき〕(tremor) はエネルゲイア
ではなく，全く違う仕方で生じるものです。ところで脈拍と名づけられる運
動は多くの理由によって必要なものです。なぜなら心臓は冷却されねばなら
ず，したがって空気を引き寄せたり吐き出したりするわけです。次いで精気
は，もし熱も運動もなければ生じさせられることは不可能であり，運動なし
にしては〔全身に〕行き渡らせられることも不可能です。ところで空気と私
たちの身体との結合 (copulatio) は驚くべき〔不思議な〕こと (mirum) であ
ります。というのも，ちょうど四元素からできたものによって私たちは滋養
されるように，なぜならこれらのものから私たちの身体はかき集められてい
る (conflata) のですが，同じように私たちは空気中でかき回されているあい
だに非常に多くの空気を取り出してきて〔取り入れ〕，もっとも輝かしく明
るい炎と混ぜ合わされるのですが，これが生命精気となります。さて，こう
した心臓における運動は心室の弛緩と緊張のことですが，これはこのように
心臓の自然本性によって生じていて，脳や神経によって支配されているので
はありません。そうではなく心臓に固有の繊維によるものであり，これがこ
の運動の管理者なのです。今はこのことについて多くのことを私は語るつも
りはありませんが，若い人々にはただ次のことを勧めたいと思います。生命
の必然もしくは原因について思考すること。これがこうしたことを探究する
ことの目的だということです。というのも，この心臓の運動によって空気は
引き付けられ，精気の生成と運搬が助けられるのですから。

　心臓におけるもうひとつの運動は感情と名づけられています。これは認識
に続くものであり，知識〔知〕に続いて生じてきます。これがまさにどのよ
うにして生じてくるのか，あるいは脳や精気のどのような力が心臓をそのよ
う駆り立てるのか，その結果そうしたさまざまな運動が引き起こされるの

か。そのように自然は作られているのだから，としか私は述べることができません（dicere non possum）。こうして，そのように脳と心臓とのあいだには調和と共感（συμπάθεια）があるのです。神は自身の知恵の光線が私たちの脳内で輝くのを欲し，これとともに心臓〔心〕が一致するのを欲しています。神を認識することによる喜びが，そして神自身が自身の住居〔座〕にあるのと同じように，私たちの心の内にも存在することを欲しているのです。そして，その光と喜びで私たちを充満させることを欲しているのです。このことを私たちは，あまりよく理解しません。なぜなら神が作った最初の，脳と心〔心臓〕との調和（harmonia）は曇らされて〔混乱して〕しまっているからです。したがって今では知識に付随してもたらされた感情，つまり怒り，愛の情火，楽しみ，希望，恐れが争い合い，このようにして燃え立たされるのです。なぜなら心臓は脳から送られてくる精気によって駆り立てられるからです。しかし心臓が魂の固有の本質の住居であると述べる説明はより容易なものですが，私たちはこうした説明で満足するとしましょう。脳と心臓〔心〕との結び付きはそのようなものであり，結果として心は思考によってもたらされた事物を求めたり避けたりするのです。なぜなら心臓は支配（regnum）を保っているからであり，思考に続いて感情〔心の情態〕が生じるにせよ，この支配（gubernatio）がどのようなものであるのかが考察されねばなりません。ここであなたたちは二種類の支配を人間のなかに見出すことになります。命令の実例の後に，それらをあなたたちは区別します。支配はすべて忠告〔助言・説得〕（suadere）か，あるいは強制（cogere）かによって生じます。ちょうど，もっと大雑把にいえば，従う者は皆が強制による命令を行うか，あるいは忠告に動かされて自発的に従うかのどちらかなのです。ちょうど国家における当局者たちのように，ある者は自発的に，法への畏敬によるか，あるいは恐れによって従い，ある者は牢獄に連れて行かれて従うのです。というのも欲するままに彷徨する者が繋ぎ止められることはもはや不可能だからです。こうした二つの支配は次のように名づけられています。一方は専制的（δεσποτικὸν）〔支配〕であり，人間を強制します。他方は政治的（πολιτικὸν）〔支配〕であり，説得によって（suadendo）統治します。この両者を私たちは人間の内に識別します。脳のなかにある知識は，そして

選択（electio）は，駆動力において専制的な支配〔命令権〕を有していて，自身の計画と自由意志〔選択〕によって神経，そして場所的運動の道具を駆り立て，神経，筋肉の腱（τένοντες）は強情となることなしに，それに従うのです。アキレウスは，たとえ心〔心臓〕が怒りによって情熱的になっているにしても，それにもかかわらず手に命令し，剣を元の鞘に戻すように命令できました。足には，アガメムノンから離れるように命令しました[5]。このように知識は心を支配しないにしても，その説得によって心は支配〔統御〕されるのです。ソクラテスは中庸〔自制〕（temperantia）によって身体の力が保護され，自制心のないこと〔過度・極端〕（intemperantia）によって苦しめられることを理解していました。したがって彼は望んで酩酊からは逃れました。もし法〔律法〕と心との調和が混乱していなければ，常に心と法とは自発的に一致していたことでしょう。

さて，まさにこうした人間の自然本性の弱さと能力の対立〔不和〕において，それにもかかわらず，神は独自の計画と恩恵によって人間の内にこうした自由な部分を保存していることを私たちは知りましょう。その結果，専制的な命令によって外的な行動は制御されるようになるのです。というのも神は自由に行為する能力（liberae agentis potentiae）と，その反対に奴隷的なもの（captivae）との区別が理解されることを望んでいるからです。そして自身が最高に自由な行為者であることが知られ，ストア派の牢獄に閉じ込められたというのではなくして冀う者を救おうと欲し，強情な〔法に従わない〕者を罰しようと欲していることが知られるのを望んでいるからです。

こうしたことは人間の内なる専制的命令〔支配〕と政治的命令〔支配〕とを私たちが区別するとき，理解され判断されうることです。しかし私たちはしばしば法に対して独裁者のように争う心や，脳からの専制的な命令〔支配〕の妨害をする心，混乱した規律を目の当たりにしています。パリスは激情する愛によってヘレナを奪いました。アントニウスは愚かな野心〔虚栄心〕（ambitio）と競争心〔嫉妬〕（aemulatio）によってオクタヴィアヌスに対して激しい戦いをしかけました。こうした狂乱（furor）は，心の暴政が神を

---

5 ホメロス『イリアス（上）』松平千秋訳，岩波文庫，1992年，20頁以下，参照。

軽蔑する心で占められている悪魔によって武装されるとき，より偉大な人物においても起こります。

そして，こうした心には数多くの悪が生じてきます。悪魔によって占拠された心には，次のようなことが起こります。その息〔臭気〕によって（suo afflatu）邪悪な感情が駆り立てられて増大します。精神においては真の判断を消し去ります。そして心臓では有害な〔有毒の〕生命精気を生み出します。これは脳自体および他の部分を汚染し，結果としてその人を狂乱した獣にしてしまいます。

できる限り健康な心が回復され保持されるように，こうした巨大な悪は熟視され，最大の配慮が向けられねばなりません。それは全くのところ心が神の住居となるためであり，まず神にとって有用となるために心は作られているのですから。こうした重要な事物，人間の自然本性，私たちの弱さ，神の意志，神の子による恩恵に関するこの善き教えを，私たちは理解し，熱望し，獲得するように，これらは熱心に調査されなければなりません。

デモクリトスやエピクロスが捏造するように，偶然に，わけなくしてこうした人間の自然本性が原子から合成されているのではないのです。それどころか至る所に，神が存在することの，神が私たちのことを気遣っていることの，明確ではっきりとした証言があるのです。そして人間の心は神の住居となるという，このことそのもののために作られているという証言があるのです。確かに私たちはこのことを，かの永遠の大学（Academia）にて神自身のなかで自然本性のイデアが熟視されるとき，奥深くまで知ることになるでしょう。しかし，それでもこの世の生においてこうした素晴らしい知恵の端緒が理解され認識されることを神は欲しています。しかも計り知れない善によって心の内に自身を冀う者に，自身の胸の精気を，私たちの心の精気を治療する〔健康にする〕（sanare）ために注ぎ込んでいるのです。神は自身の座が悪魔によって占拠されることを決して欲していません。それゆえに神は自身の子によって，喜んで私たちに助けを送られたのです。そして私たちが子に冀い，私たち自身の心〔胸〕を支配するように，極めて厳格に教えておられるのです。

したがって私たちはこれ〔子〕に祈願するように，そして真の呻きによっ

312　第Ⅱ部　翻訳編

て神に祈るようにしましょう。その結果，神が常に私たちの心のなかにいまして，この心臓を自身の住居とし，精気，精神，脳，そしてすべての私たちの能力を，自身の光と精気〔聖霊〕によって支配し，こうして私たちが真実を教え，私たちとすべての教会へと，健康と安寧を推し進めるようになりますように。以上。

11 魂についての書（1553年）

Liber de anima[1]

　1540 年にメランヒトンは『魂についての注解』（Commentarius de anima）を出版するが，これはアリストテレスの『魂について』（De anima）への注解であり，もちろんルター神学に依拠するメランヒトンが当時の自然哲学から得られた知見—とりわけヒポクラテスやガレノスの最新訳—を総動員しつつ[2]，アリストテレスの見解を受容した記録である[3]。これはヴィッテンベルクで直ちに教科書としても用いられ，16 世紀においてもっとも多く増刷された『デ・アニマ』への注解であった[4]。彼はルター的信仰と最新の自然学とによって古典的アリストテレスの教説を修正もしながら受け入れ，独自の「人間学」（anthropologia）とも後に呼びうるものを構築しようとしたといえよう。

　これは 1552 年に『魂についての書』（霊魂論）と装いも新たに出版される。ここではヴェサリウスによる最新の解剖学の成果も採取され，メランヒトンの霊魂論すなわち「心理学」（psychologia）ともいいうる「人間学」に，

1　CR 13, 120-178. 英語訳として次も参照した。Keen, Ralph（ed.）: A Melanchthon Reader. New York 1988. S. 239-289.

2　De Angelis, Simone: Anthrolopologien. Genese und Konfiguration einer ›Wissenschaft vom Menschen‹ in der Frühen Neuzeit. Berlin 2010. S. 32f.

3　Cf. Kusukawa Sachiko: The Transformation of Natural Philosophy. The Case of Philip Melanchthon. Cambridge 1995. S. 75-123.

4　Cf. Ibid., S. 86. 同時代の霊魂論については次も参照されたい。楠川幸子「近世スコラと宗教改革——ルター主義者とアリストテレス哲学——」宮崎文典訳，神崎繁他編『西洋哲学史Ⅲ——「ポスト・モダン」のまえに——』講談社選書メチエ，2012 年，99-146 頁．坂本邦暢「聖と俗のあいだのアリストテレス——スコラ学，文芸復興，宗教改革——」，『Νύξ（ニュクス）』4 号，2017 年，82-97 頁．

314　第II部　翻訳編

さらに磨きがかかっている。というのも人間のアニマもしくはプシュケー，あるいはゼーレこそが，人間の「人間」としての本質—人間を「人間」たらしめている実体—である，と見なされたからである[5]。しかし，この世において，この魂は人間の身体のなかに生きており，ここでは物理的な現実と法則の内にもある。そこでヴェサリウスによる解剖学が重要となる。ガレノスやヴェサリウスによる学説もまた，キリスト者でありルター神学の信仰に基づくメランヒトンにとっては，この物理的な人体のなかに，これらの創造主である神が，今ここでも臨在し，かつ作用していることの証として活用された。聖霊や悪霊も人間の身体において物理的なリアリティとして働くとする「自然科学的」説明は，メランヒトンにおいて神学的な人間観と自然学的なプロセスが折衷された典型例である。これを神学的哲学による人間学と呼ぶことも可能であろう[6]。

　さて本書での「魂についての書」はCRに収録された1553年版であり，MSAに従い後半の「内部感覚について」（De sensibus interioribus）以下のみを訳出した。

＊　　　　　＊　　　　　＊

内部感覚について

内部感覚とは何か

　内部感覚とは頭蓋骨のなかにある器官〔臓器すなわち脳〕がもつ能力

5　Cf. Ibid., S. 88. フントによる，いわゆる『人間学』（Antrolopologium de hominis dignitate..., 1501）は人間の尊厳について語るのであり，その最たるものは人間の理性的な魂にある。

6　Cf. Frank, Günter : Die theologische Philosophie Philipp Melanchthons（1497-1560）. Leipzig 1995.

（potentia organica）であり，出来事を認識するためにある。それは外部感覚の活動よりも勝っている。というのも，もし生き物が膨大な対象を区別も構成も道理も一切なくして取り込んでしまったら，内部感覚には対象が洪水のように流れ込んできてしまい，使えるものはほとんどなくなってしまうであろう。よって外部感覚に加えて，外部感覚が単純に〔ものごとを〕捉えるよりもさらに優れた，もうひとつの能力〔内部感覚〕があることになる。

内部感覚はいくつあるのか

　内部感覚には異なった活動があるのは明らかである。つまり対象の識別〔判定〕（diiudicatio），記憶（memoria），合成（compositio）もしくは推論（ratiocinatio）である。たとえばレオがローマの競技場である医者に出会ったとしよう。彼はかつて傷口から棘を引き抜いてくれた。以来レオは頭のなかにその医者の外観とその善行の記憶を保ち続ける。レオは医者を認識し，自身の〔脳内の〕構成の過程に従って他者からその医者を区別する。そして，ある意味，彼が善行を受けたときと同じくらい快く，その医者のことを想起する。

　ここで，こうした働きの多様性はひとつの場所あるいは器官〔臓器〕に現れるのかどうかという問題が生じる。そして，いかにしてそれは生じるのか。

　知覚と記憶の器官がいろいろあることは明らかである。知覚が消えることで記憶が失われることはないという経験によっても，それは分かる。トゥキディデスはアテナイでの疫病を記すなかで，病から回復しながらも何人かは相変わらず記憶を奪われたままであり，自分自身や身内のことも分からなかったと述べている。しかし彼らは食物や飲み物といったものは認識し見分けた[7]。

　治療の際，後頭部にある記憶能力から治療法が適用されるというのは，こうした器官の多様性に通じる素晴らしい糸口となる。思考が妨げられている

---

7 『世界の名著5　ヘロドトス　トゥキュディデス』中央公論社，1980年，364-366頁，参照。

場合，頭の前か真中から私たちは治療する。このように器官は互いに物理的に分割されている。こうした無駄ではない推論のなかに私たちはあって，脳における驚くべき活動とこれを道具とした熟考によって私たちは動かされている。その結果，製作者である神について（de Deo opifice），そして脳そのものについても考えていくことにしよう。これは神聖な光の家である。より大きな注意を払いつつ見極めていくことにしよう。

しかし，もし別の者が違った仕方で内部感覚を列挙したとしても，事物そのものについて（de re ipsa）調和した見方があれば，数えあげる仕方について争う必要はない。

私たちはガレノスに従おう。彼は内部感覚として三つあげた。共通感覚，思考あるいは構成，そして記憶である。ガレノスによれば，その名称はこうなる。ファンタスティコン，ディアノエティコン，ムネモネティコン。こうした名前は，その違いを明確に反映している。

共通感覚（sensus communis）は，外部感覚によって提供された像を受け取り，個々の感覚の対象を識別する。

それから他の能力，構成したり分割したりする能力（alia vis, componens et dividens）は，考察し判断するために，あるものを他のものから引き出す。

三番目の能力は対象の記憶（memoria）を保持し，これらを記録する。

さて，これらが〔私たちの〕器官である。前部の一対の窩あるいは脳室が共通感覚の器官である。というのも，ちょうど鏡のなかで，つまり外部感覚という器官のなかで像が輝くと，きらめく精気（spiritus vibrati）がその模像を受容し，それを脳にまで運ぶ。そこで舌が明瞭な声を作るように，きらめく脳は，まるで精気を配列するかのごとき驚くべき働きを通じて精気による像を次々に作り出す。というのも脳内に活動と像があるとすれば，そこに振動する精気もまた同時に生じることになり，しかもそれは脳自体のある運動そのものと適合していることになるから。というのも脳は精気だけによって駆り立てられているのではなく，脳にはそれ自体の働きといったものがあるからである。あたかも精気を配列し，構成し，分類するような働きである。ちょうど舌の動きが異なるように，空中で〔音節として〕配列されると，さまざまな節をもった声の形が現われるようなものである。

このように人間の自然本性は神的に（hominum natura divinitus）作られている。その結果，私たちなかに思考〔思惟〕（cogitationes）が生じる。そして像〔心像〕（imagines）が形作られたり配列されたりするのを知るようになる。どのようにしてそれが生じるのか。それはこの暗闇〔無知〕のなかにいる（in hac caligine）私たちには分からない。しかし，こうした像が形成されること自体〔人間の思考〕を見れば，神の子の何かのしるしである影が存在しているということには疑いの余地はない。その結果どのようにして，生じてきた子の思考によって子が永遠の父の像と呼ばれ，さらに私たちのなかで神は思考によって像が生まれるのを欲しているのか，私たちは何らかの仕方で〔何とか〕考察していきたいと思う。

さて，まず内部感覚は外部感覚のすべてによる対象を受け取るという仕事をし，これらを区別する。眼は白と黒とを同じように知覚する。しかし共通感覚が区別を行う。

そして次の感覚には構成，あるいは評価，あるいはあらゆる種類の推論や判断が帰されることになる。アリストテレスはこれを先の部分とは区別しなかった。しかし私たちはガレノスに従うと述べたように，この働きのための器官が脳の中心にあるとする。というのも推論と判断において，取るに足りないことを喋る本性がそこにはあると彼らはいうからである。脳の中心部分がより弱ってくると，ホメロスがテルシテスの頭について語ったときのように次のようになる。彼はとんま〔馬鹿〕だ[8]。

第三番目の場所は記憶に数え入れられる。この器官は脳の最後の部分であり，多くの記号がそこにはある。私たちはそれを脳そのものの器官と呼んだり，それに隣り合う部分と呼んだりしている。

ところで脳は少し乾いており，多くの曲がりくねった襞〔くぼみ〕（sinus）を有している。それが像を取り込み保持するのに適していると考えられる理由である。ちょうど印鑑が蝋のなかに刻印されるように，像もまた精気によって記憶器官に刻印されると私たちは考える。上述したように，たとえその差異は十分に区別されえなくても，区別する器官があるのはかなりのところ

8　ホメロス『イリアス（上）』松平千秋訳，岩波文庫，1992年，52頁以下，参照。言葉に慎みのないお喋りで厚顔な男。

確かであり，それはまた合理的でもある。

　これらのことをしばしば考えるようにしよう。私たちのなかには推論〔の能力〕があり，しかも人間の自然本性は他の起源に由来することは明らかである。よって，こうした自然本性の形成者は賢者である。この事実には従わねばならない。というのも野獣の自然本性から知性的なものが発生してくることは不可能だからである。私たちがそうした形成者やその道具についてさらに理解するうえで，もうひとつ別の生（alia vita）〔死後の永遠の生のこと〕が残っているが，それについて後で詳述されることになろう。

欲求能力とは何か

　感覚について，できるだけのことを記した。今度は欲求能力が付加されねばならない。これは対象を求めるか，あるいは避けるかする能力である。これは認識〔認知〕（cognitio）に伴う。このことは野獣に関して容易に理解できる。したがって欲求能力は感覚が生に対して助けとなるものと害になるものとを示すのと同じように，認識のなかに置かれている。人間における認識は，より崇高である。その結果，神が知られ賛美されるからである。そして，この認識に欲求も従う。その結果，人間は神を愛し，そのなかで喜び安らうようになる。しかし，このより高度の認識と欲求については後で語ることにしよう。

　ところで初めに欲求に関して一般的な区分を知っておかねばならない。これについては，たとえ少なからぬ人々が屁理屈をこねているにしても，それにもかかわらず学識ある者にとっては普通のことであるように見受けられ，学生にとって有益であるのは疑いようもない。

　欲求には三つある。自然のもの（naturalis），感覚的なもの（sensitivus），そして意志的なもの（voluntarius）である。

　自然の欲求については上に述べたのでもう語らない。そこにはただ傾向があるだけで，何らかの活動を意味するわけではない。こういわれるように，質量は形相を求める。意志は自然〔本性的〕に下方の場所を求める。すなわち，これは自然の傾向と活動を意味している。これは感覚から生じることで

はない。すなわち引力，停止，追放である。このように干からびた植物は水で浸されるのを欲する。消耗した身体の部分は滋養物を求める。磁石は鉄を引き寄せるし，同じように血管は四肢を巡り，血管は血液を引き寄せる。さらに溢れるほどに一杯になった過度な容器が，元に戻ろうと軽くなるのを求める。こうした欲求は生命に関する能力（vegetativa potentia）と関係していて，これは滋養物を求める。

　しかし，こうした飢えや渇きといった語は食べ物や飲み物への欲求だけではなく，このように空であることの感覚をも意味している。つまり空であることから生じる苦痛である。それでも私たちはあまり正確に語ることはないので，飢えや渇きを自然の欲求へと移し替えてしまう。このように，これら欲求を感情から私たちは区別するが，これは認識に続いて生じるものであり，よって理性の命令によって，ある程度（aliquo modo）制御されることが可能である。

　感覚的欲求（appetitus sensitivus）は感覚に伴い，ただ動物にのみふさわしいものである。これには二つある。接触を通じて（per contactum）生じるものと，接触なしに生じるものとである。

　接触を通じて生じる欲求には二つある。喜び（delectatio）と苦しみ〔苦痛〕（dolor）である。これらは接触もしくは他の何らかの感覚的な活動に伴っている。

　したがって喜びとは神経もしくは皮膚の神経にふさわしい対象の受容であり，神経を傷つけたり切り裂いたりすることではない。そうではなく自然本性によって自身の保存のために秩序づけられたものであり，ちょうど喉が乾いていて渇望しているところに水を浸すことがありがたい恵み（gratia）であるようなものである。これはよい飲み物を受容したときに生じるもので，それによって神経は回復させられる。あまりに冷たくされた寒い足において神経を回復する熱が恵みとなるのも同じである。

　苦痛とは，まさに神経もしくは皮膚の神経が損傷したり切り裂かれたりすることであり，神経にふさわしくない対象によって生じる。ちょうど火が身体の一部を燃やしたときのように。ところで喜びと苦しみの器官は身体を覆う皮膚の神経であり，これに接触があるや否や，激しい苦しみが生じる。こ

のとき神経そのものが次に損なわれ，痙攣や拷問の際のようになる。小石が尿管や神経を乱すときも同じである。

　ところで感覚は自分自身のために活動する。開かれた無傷の眼は現前する対象を，適切に間隔を置いて見ないでいることはできない。同じように神経において自然に喜びや苦しみは生じる。こうした務め〔自然に喜びや苦しみを感じること〕のために神経は作られていることを知るべきであり，それ以外の理由は求められるべきではない。そのために感覚や運動の器官があるのであって，これらは喜びや苦しみによって刺激されるのである。

　こうした自然の適切さが熟視されることで，すべての苦しみや喜びが思考から生じるのではないということや，これら思考によって除去されるものではない，ということが十分に明らかになるであろう。これらはストア派による捏造であり，彼らのいう心の情態〔感情〕（affectus）に関する誤りを，私たちは後で反駁することにしよう。

　したがって欲求にもある種の部署が他にあることになるのだが，これは接触によって生じるのではなく思考に伴うものであり，正しくは心〔心臓〕に（in corde）これは生起するのであり，感情（affectus）と名づけられている。これは心室や他の残る身体の神経のなかにある段階，すなわち喜びや苦しみとは区別されねばならない。

　そこで，こうした個々の感情の種類が適切に正しく位置するところの対象や場所を考察することは，繊細で教養ある者にはふさわしいことになる。詩人やプラトンのいうことに騙されないようにしよう。これらは愛を肝臓に据えた。ちょうどティチュオスの寓話がそう解釈されるように。彼の肝臓は，彼がラトーナを愛したがゆえにハゲワシによって切り裂かれたといわれている。これは愛の座が肝臓にあることを示しているというわけである。ルクレーティウスが『物の本質について』第3巻で，こう述べている。

　　とはいえ，〔この世にも〕我々のティチュオスが現にいるのだ。愛欲に
　　捕らわれて横たわっているところを鳥がつつき荒らしている[9]。

9　ルクレーティウス『物の本質について』樋口勝彦訳，岩波文庫，1961 年，153 頁。

そして，テオクリトスはアドニスの接吻についてこう語っている。

　唇の髭はまだ生えたばかりで，接吻も痛くない。
　いまはキュプリスも恋する若者を腕に抱き喜びひたる[10]。

　しかし，こうした詩は後にするとし，私たちは真理を考察していくことにしよう。
　さて，まさに感情と名づけられるものがあるわけだが，これは対象を求めたり，対象に伴ったり，対象から逃れたりする心の運動〔動き〕（motus cordis）に与えられた概念である。これは自然本性を援助したり，あるいは破壊したりするときに常に伴う最大の〔心の〕運動である。本性が損なわれるとき，それは苦しみとなり破壊の運動となるが，対象に満足すると，心地よい運動となり喜びや楽しみ（laetitia）となる。
　さらに自然の秩序が考慮されねばならない。こういわれているように，心の動きよりも認知が先立つ。隠れているものは知られず，知られていないものを熱望しはしない。同じく，見ることから愛することが生じる。
　ところで神自身のなかには正しいものと正しくないものとを区別する知恵があり，続いて正しいものを欲する意志もある。そして正しいものに満足するときにはある種の喜びがある。そこで，その反対のもの（contraria）は欲せず，真の義憤によって（indignatione）これを撃退し破壊しようとする。同じように人間の生も秩序づけられている。その結果，正しいことを命じ，その反対のことを禁じる法もしくは知識〔観念〕（notitia）が〔人間の内には〕あることになる。次いで正しく振る舞う者を保護し，その反対のことを行う者を撃退し除去する当局（magistratus）も，まさに存在することになる。それゆえに私たちが神そして知恵，正しさ，審判者，処罰者〔善の保証人・番人・保護者〕が存在していること（esse）を認識し，さらに私たちが神の像であり，ゆえに私たちは神に倣わなければならないことを知るよう秩序づけられている，ということになる。

10　テオクリトス『牧歌』古澤ゆう子訳，京都大学学術出版会，2004年，127頁。

こうした神および政治的支配の熟考に向けて人間は引き入れられていかなければならない。そのとき，なぜ感情が私たちの内に組み立てられ〔組織され〕たのか（quare affectus in nobis conditi sint），できる限りその理由を私たちは熱心に考察するようになる。神は天地，植物や動物〔獣〕によって認識されるわけでない。たとえ，これらが神に従っているにしても。そうではなく天使と人間とを，神はこれらによって自身が認識されるのを欲して作ったのである。したがって神はこれらのものを，知性を有する自然（natura）として制作し，これらに判断の規範となる確かな知識を賦与したのである。このようにして当局には法律が伝えられた。もし当局が正しく振る舞う者を守り，その反対の者を追い払うことをしなければ，まさにその法に合法性〔法的効力〕はない。このように神は人間自身のなかに，あたかもその知識の実行者であるがごとき感情があることを欲したのである。神は私たちが正しい知識の指示に従うとき，その心が喜ぶのを欲している。このように神は神の認識によって，そして神の内に満足することで，こうして喜ぶ自然が生きて保持されるのを欲したのである。そのうえ神は私たちの心に，私たちを強いて法に反する行いを罰する運動を仕掛ける強力な処罰者が存在することさえ欲した。神の知恵や規範に一致しない後には，その本性を破壊する怒りと苦しみの炎が生じるのを神は欲する。このようにしてカイン，サウル，ユダとそれに似たような者たちは，悪事の後の怒りと苦しみによって滅ぼされたのである。したがって私たちの内で〔神の〕知識もしくは法の実行者（notitiarum seu legum executores）となるために，感情という炎が私たちには植え付けられた〔挿入された〕のである（affectuum ignes nobis insiti sunt）。

こうした感情の原因〔感情が人間の内に植え付けられてあることの理由〕を考察するのは有益であり，私たちをその原型〔元来あった姿〕へと誘ってくれる。そして感情の秩序について後に多くのことを忠告してくれる。これは創造主〔神〕（conditor）が定めたものであるが，この秩序は混乱している。これについては後に扱おう。そして勤勉な学究者は熱心に感情の原因の起源について，さらにこれを神やその支配との対比について考察しよう。今からその分類を付加していくことにする。

ある感情は自然本性を援助するが，あるものは破壊する。

自然本性を援助する感情は，喜び (laetitia)，希望 (spes)，愛 (amor) と
いったもので，ある種の善を示す知識から生じてくる。これは，あるいはす
べての人々にとって善であったり，あるいは部分的に善であったり，そして
あるいはその知識は誤っていたり，〔それに基づいて〕正しく教えたりもす
るものである。ちょうどアウグストゥスが間違いであったにもかかわらず，
〔誤った〕勝利の知らせを聞いて喜ばされたようなものである。

　反対に自然本性を破壊する感情は，悲しみ (tristitia)，恐怖 (metus)，怒
り (ira)，憎しみ (odium) といったもので，ある種の悪を示す知識から生じ
てくる。これは，あるいはすべての人々にとって悪であったり，あるいは部
分的に悪であったり，そしてあるいはその知識が誤っていたり，〔それに基
づいて〕正しく教えたりもするものである。ちょうどソロンが間違いであっ
たにもかかわらず，息子の死についての〔誤った〕知らせを聞いて悲しみに
沈んだようなものである。というのも知識〔知ること・観念〕は感情に先立
つからであり，これは対象を示すといわれている通りである。しかし何が善
と呼ばれ，何が悪と呼ばれるのかについては後に述べるとしよう。倫理学
〔ニコマコス倫理学〕の他の場所でも語られている。ともかく今はこの〔さ
まざまな〕感情の種類〔その名称〕について明らかにしていこう。

　喜び (laetitia) とは運動〔動き〕(motus) であり，それによって心は今あ
る〔現在の〕善に満足して〔安らいで〕いる。さらに，それは膨張
(dilatatio) でもあり，それによって心はいわば自分自身のなかに対象を受け
入れ包含する。ちょうど愛する人が恋人を抱いて喜び，いわば彼女と心を繋
ぎ，自分の心のなかに相手を受容しようと努力するように。〔喜びについて〕
言葉による明確な記述を残すことはできないが，喜びの感覚は悲嘆
(maestitia) とは違っている。そして上に述べたように，神はそうした区別が
あることを欲していて，あるものによって自然本性は援助され，あるものに
よって懲らしめられ破壊されるのを，私たちは知るようになる。

　さらに喜びの原因〔理由〕(causa) について考察してみよう。神は喜びに
よって心が拡張されるのを欲している。それによって，まずすべてより先に
神自身を受け入れるようになるためである。ところで神は生命と安らぎを作
り出される方であり，破壊の創始者ではない。したがって喜びはこのように

して作り出されたのである。たとえ確かに今やこうした自然本性の腐敗〔堕落〕（depravatio）によって感情の秩序（affectuum ordo）が混乱しているにせよ。

　自然本性を破壊する反対の感情（contrarii affectus）は，これよりもよく知られている。悲しみ，恐怖（timor），怒りとそれに類似したものである。

　したがって悲しみとは心が不愉快な〔嫌な〕対象によって衝撃を与えられたときの運動であり，苦しみの鋭い感覚とともに心は拘束され，圧迫され，震え，萎む。そして，もし悲しみが終わらないのでなければ，干からびた心はついに死んでしまうことになる。このように苦痛を与えること〔激しい苦痛・苦悩〕（cruciatus）は私たちの内に置かれていて（inditus），こうして差し迫った悪の恐怖は私たちを駆り立て，過去の悪のゆえに悲しみは処罰者〔善の保証人・番人・保護者〕（vindex）となり，悪事に対する罰となり，神の判断の証となる。

　ところで，どこから喜びにおける甘美さはやって来て，悲しみにおける苦悩はやって来るのか。

　こうした好ましい運動と嫌な運動は，まずは心臓（こころ）の本質（cordis substantia）そのものから生じている。これは感情の源泉（fons）および活動の場〔中心・座〕（sedes）となるように作られていて，あるそれぞれの状況において拡張されたり拘束されたりする。そして，もし次のような比喩が用いられるのを許されるなら，その状況とは，まるで手に対象を引き寄せたり追い払ったりするようなものである。

　そのうえ感覚はさらに鋭いものとなる。というのも細い神経が脳から身体にある心臓へと引き出されているからである。これが喜びの楽しさ，そしてもっとも激しい悲しみの苦痛を付加する。苦しみは隣り合う部分が収縮することでより大きなものとなる。

　したがって，こうした卓越したもっとも鋭い運動は心〔心臓〕に帰されることになるのだが，これは生の保持（vitae conservatio）のためにも，あるいは破壊（destructio）のためにもある。というのも心〔心臓〕が生命の始まりであり，およそ心臓（こころ）（cor）とは魂（anima）の座であり住み処（sedes et domicilium）であるからである。

希望（spes）とは〔心の〕運動（motus）であり，それによって心は未来の善（futurum bonum）を欲求し，私が述べたものそのものを受け取ろうと，道をつけて〔方法を見つけて〕準備する。これは喜びの運動とも似ていて，確かに希望と混合されている。

恐怖（timor）とは〔心の〕運動であり，それによって心は，あたかも差し迫った悪（futurum malum）から逃げるように束縛される。これは悲しみの運動とも似ていて，確かに恐怖と混合されている。

愛（amor）とは〔心の〕運動であり，それによって心は何か真に善なるもの，あるいは善のように見えるものを（quod videtur bonum）欲求する。しかも愛はそれをあたかも自分のものにしようとか享受しようとかして，自分に引き寄せようと心に描く。これに隣り合う感情は希望だが，愛はそれよりもさらに熱烈である（ardentior）。したがって，これは鼓舞された心によって，あたかも溢れんばかりの善の享受に向かおうと，その対象をまるで引き寄せようとするものとして記述される。

怒り（ira）とは悲しみと復讐しようとする熱望とが混合した感情（mixtus affectus）である。というのもこれは〔心の〕運動であって，それによって心は何らかの障害〔苦痛・感情を害すること〕（offensio）から離れるからである。それと同時に〔邪魔物〕を駆逐しよう（depellere）と努力し，それどころかこの実行者に罰をもたらそうと試みる。このように同時に二つの目的，二つの運動が〔ここには〕あることになる。障害を遠ざけること（fugere offensionem），そして極めて激しい激情をもって邪魔者に復讐することである。そういうわけで恐怖あるいは悲しみにおける場合のように，血液は心臓のなかに入り込むのではなく，むしろ大量に送り出されることになる。というのも心臓はいわばその要塞から出撃しようと試みるのであり，こうして血液と精気とを，対象を撃退しようと軍隊のように放出するからである。このような運動のなかで心臓〔心〕は燃え上がり〔興奮し〕，精気と血液を燃え立たせる。すべての四肢は混乱した血液と精気によって動揺させられるが，とりわけ脳が怒らされている。というのも血液は燃え立たち絶えず激しく動かされ，精気は燃焼しているからである。すると脳自体も燃え上がり，血液と精気と神経による運動によって動揺させられるようになる。これは心へと

326 第Ⅱ部 翻訳編

拡張されていく。したがって強烈な怒りは精神錯乱（phrenesis）を伴う。ちょうどアイアース（Ajax）のように。ときには脳出血（apoplexia）のように。

こうした定義と数多くの著述家による見解は一致している。たとえばウェルギリウスはこう述べている。「程に怒りは燃え募り，焦る苦悩は剛骨の，髄を貫き焼き焦がす」[11]。というのも彼は血液と精気が燃え盛るのを表したからであり，それは心臓の激しい運動から生じる。燃え立った怒りは血液と精気とを燃焼し，これは全身を動揺させ，さらにこれを骨と皮のように痩せこけさせてしまう。スカンデルベク〔中世アルバニアの君主〕は戦闘前に憤慨の炎を取り入れ，唇は裂け多くの血液が飛び出したという。そしてスーダ辞典によれば，次のような行が歌われている。あなたの精気は激しく震え，酔っぱらう。なぜなら怒りのなかでは胸のすべてにおいて沸き立った血液が増大し，横隔膜は打ち叩かれるからである。ちょうど酔っ払い者のなかで取り乱した運動が生じるように。

憎しみ（odium）とは根深い怒り（inveterata ira）である。これは怒りから生じる情態〔習慣〕（habitus ex ira ortus）であり，これによって心は何か，いわば悪のようなものを回避し，それを駆逐しようと心に描く。つまり怒りと憎しみとは愛と反対の感情である。

恥（pudor）は怒りと隣り合わせである。というのも，これはそれによって醜さを認めるがゆえに，これを自覚するある人を怒らせる〔心の〕運動だからであり，さらに自分自身を罰すると同時に，他者からの判断を恐れるからである。ところで上に述べたが，このゆえにこれは矛盾する感情である。快（suaves）と不快（molestos）は私たちの内に挿入されている。それは，そうした厄介な不快感が悪事の番人となるためである。さらに罰は正しく行われたことと悪しく行われたこととのあいだに，はっきりとした区別を作り出す。それについてはエウリピデスのなかで正しく語られている。「人の心に巣食う病いのうち，もっとも性の悪い，あの，恥知らず，というもの」[12]。したがって恥は人間の自然本性に付与されている。それは人間にとって馬勒〔抑制〕（frenum）となり，醜いことをしないようにし，もしそうしたことが

11　ウェルギリウス『アエネーイス（下）』泉井久之助訳，岩波文庫，1976年，79頁。
12　『ギリシア悲劇Ⅲ　エウリピデス（上）』ちくま文庫，1986年，98頁。

されたなら，その後に罰による処罰者となるためである。

慎み〔恥じらい〕（verecundia）は醜いことを恐れ，醜いことを許すのに憤慨する情態である。

憐れみ（misericordia）とは他者が不幸であることから生じる悲しみである。

羨望（invidentia）とは他者が幸福であることから生じる悲しみである。

対抗心（zelus）は愛と怒りが混合した感情である。すなわち何かを愛する人がいて愛する何かが傷つけられるとき，その者に怒らされるような場合である。ちょうどエリヤが対抗心によって偽預言者を殺したときのように[13]，すなわち神を愛する者は神の敵に対しては激しく憤慨するのである。このように正しい統治者は対抗心によって燃えなければならない。つまり正しさを愛し，邪悪な者には対抗して憤慨することによって。類似した感情に嫉妬（zelotypia）がある。妻を愛する者が彼女を寝取られたときのように。

他人の不幸を痛快がること（ἐπιχαιρεκακία）〔シャーデンフロイデ〕は対抗心と反対の感情であり，憎しみと喜びが混合している。というのも，これは徳を憎むことであり，善人が受ける災難を喜ぶことであり，悪事が成功するのを楽しむことだからである。ちょうど悪魔が悪意に満ちた者であり，これは教会が災難に陥るのを喜ぶようなものである。そして，その冷酷さを人間の弱い本性に行使し，自分には役立つような希望は何もなく，ただ神を憎むだけだとする。しかも多くの者が悪魔を模倣する。セメインがダビデの追放を喜び，もっとも有毒な嘲りによってその悪事を責めたように。

感情の名称を少し列挙してきた。それによって感情の区別と理由ができる限り考察されるようになるためである。

ところで対象と心，つまり感情があることの理由には，対象を認知する以外にも理由がある。上に述べたように，これは心の運動に先行している。

ゆえに私たちが対象を把握し，善であるか悪であるかを判断するとき，認識に際して運動する精気が心〔心臓〕を駆り立てる。これは，まるで投げ返されるか駆り立てられるかのようにして激しく運動させられ，対象を獲得し

---

13 王上 18。

328 第Ⅱ部 翻訳編

ようと努力したり，あるいは逃走したりする。というのも，こうしたものが
自然の力の結合であるから，その結果として心の運動は認識に応答し，人間
は認識された事柄に同意したり，あるいは罰や破壊を考えたりするのであ
る。

さらに上に述べたが，心臓そのものが感情の源泉となる本質〔実体〕
（substantia）である。したがって心臓〔心〕の調和〔中庸〕（temperamentum）
がどのようであるか，多くのことが検討されてきた。怒りによって心臓は，
より熱くより乾き，より素早くより猛烈に駆り立てられることになる。

さらに他の感情によって異なる体液が生じさせられることを知らなければ
ならない。ちょうど怒りは心の燃焼によって生じるのだが，もっとも熱い体
液を生じさせる。すなわち赤い胆汁（rubra bilis）〔不機嫌〕である。これが
放出されると他の残る血液を汚染する。これは，さらに心臓のなかの怒りの
精気によって燃焼させられる。ちょうどウェルギリウスが第8巻でヘラクレ
スの怒りについて語るところで述べている。

　　英雄神の悲痛なる，怒りは黒い胆汁と，ともに狂って燃え上がり[14]。

〔怒りの原因とされた〕黒い胆汁（fel atrum）と呼ばれるものは，怒りと悲
しみの感情が互いに混合されて生じたものだが，これは両方〔の臓器〕から
〔二つの〕体液を沸き立たせる。胆囊からは赤い胆汁を，そして脾臓からは
黒い胆汁を。というのも悲しみにおいて逃走しようとする心〔心臓〕は脾臓
から粘着性のうつ病の〔黒胆汁〕を引き寄せるからである。これは放出され
てあばら骨の下の左側の脇腹に合流すると障害物を作り出し，腹部に危険な
病をもたらす。しかし感情の原因と臓器〔器官〕を知ること，そして個々の
仕方での体液の動きを知ることは，より大きな注意をもって感情そのものが
管理されるようになり，かき乱された身体の部分が配慮されるのに役立つ。

さらに感情を管理することに関して，非常に有益かつ真に哲学的な教えが
付加されねばならない。これは熱心に考察されるべきものである。というの

---

14 ウェルギリウス前掲書，27 頁。

も，かのもっとも古い説教のなかで，神の声がカインに対してこう述べているからである。お前の下にお前の欲望を置きなさい。お前はそれを支配しなければならない[15]。

　神は人間の精神の内に，自らの知恵の杭〔物差し〕(radius) を置いた。それは私たちが正しいことと醜いことを区別し，神とはどのような方であるか，私たちが考えるようになるためである。すなわち賢く，真実であり，善で，慈悲深く，純潔で，自由で，裁き主であり保護者である，ということを知るために。こうして理性的な被造物は神と一致するようになる。しかしながら今では人間の堕落のなかで，この自由は大きく妨げられている。それにもかかわらず神はいくらかの自由が〔人間の内に〕残されていることを欲している。それは自分自身が自由の動因〔行使者〕(agens liberum) であることを理解できるようになるためであり，肢体を動かすうえでの馬勒となって，感情が抑制されることができるようになるためである。

　ところで，こうしてこのような支配がよりよく見通せるようになり，その統治が考察されるようになる。というのも，これは人間の自然本性の秩序を模倣しなければならないからである。

　領土における支配には二つある。ひとつは専制的 (δεσποτική)，もうひとつは政治的〔政党的〕(πολιτική) なものである。

　そこで専制的な支配については，より簡単に理解される。つまり弱者が主人に強制されて従うような場合である。ちょうど不穏な人間が暴動を起こさないように，牢獄によって制約されるような場合である。

　もうひとつのもの，これは政治的と呼ばれるが，説得によって市民の魂が動かされるような場合である。その結果，彼らは意志的に従うようになる。なぜなら，何らかの善もしくは悪への恐れによって動かされるからである。こうして彼らは法と争うようなことはしない。ちょうどアテナイの市民が，追放者が再びその祖国を襲うことのないよう，意志的にトラシュブロスによる法律に従ったように。彼らは不正に祖国から追放された。たとえ卓越した市民によって多くの人々に多大な損害がもたらされたにしても，それにもか

15　創 4:7。Sub te sit appetitus tuus, et tu domineris eius.

かわらず，古いやり方に戻ることは新しい争いとなるがゆえに，公の平和のために彼らがいないことを欲したわけである。こうした善に動かされて彼らは意志的に法を受け入れた。

　このように人間のなかには二つの支配がある。ひとつは専制的なものであり，これによって精神と意志は運動を駆り立てる。その結果，外的な四肢は抑制されたり鼓舞されたりする。ちょうど，もっとも熱い渇きのなかにもかかわらず，やはり精神と意志が手に命令して飲み物に手を伸ばさないようにできるように。このように神経は作られているのである。よって精神と意志の命令によってこれらは動かされる。こうした運動を通じてまるで囚人のように外的な四肢は抑制される。たとえ心のなかの感情がこれと相争うにしても。確かに食物や飲み物の欲求すら，このようにして制御される。このような自由や支配は決して曖昧ではなく，これは確かにすべての外的な規律の監視人（custos）である。そして人間はこうした段階の理解を学び訓練するよう教えられねばならない。というのも神はもっとも厳しく，このようにして外的な四肢が制御されることを命令しているからである。

　かくしてアキレウスは，たとえ怒りによって燃えていたにせよ，それにもかかわらずアテーネーの女神〔パラス・アテーネー〕によって抑制されたのであった。つまり理性によって警告され，四肢に命令して剣を取らないようにしたのだ[16]。

　人間のなかの第二の支配は政治的と呼ばれている。外的な四肢が運動によって抑制されるだけでなく，心そのものが正しい理性と一致し，高潔な意志によって動きを説得するような場合である。ちょうどテーセウスの息子ヒッポリュトスが継母パイドラーを遠ざけたときのように。というのも彼は，心はそれとは遠ざかり，近親相姦による情交はただ軽い悪事ではなく，神による恐るべき罰によって罰せられるという考えと一致したからである。どのような場合でも，このような正しい判断，意志，心と外的な四肢の一致〔調和〕（consonantia）は，その正しい行為によって徳と呼ばれている。しかし今の人間は弱さのなかにあって，こうした調和はまれである。そして，どこ

16　ホメロス前掲書，21頁，参照。

であれそうした徳があるところであるならばスキピオの場合のように，神による特別の働きなくしてそれはないのであり，これにはキケローによる高潔な言葉がある。「それゆえ，いかなる英雄も，神の啓示がなければ，偉大にはなりえなかったのである」[17]。

教会はより傑出した多くの実例をもっているが，ヨセフが女主人の誘惑から逃れたのもそうである[18]。同じようにダニエルは魂の一貫性と高潔さをライオンがいるなかでも固く保ち，類似した実例のなかで信仰告白を証した[19]。なぜならば，それゆえに神は教会をまとめていて，その結果として私たちの病は癒され，永遠の命は復活させられ，私たちに自身を，その霊的な光と，自らの徳とを永遠のすべてにおいて伝達するからである。そして神はこの光とこうした徳の始まりを私たちの内にこの世の生のなかで点火し，自らが私たちの胸の内に留まるようにしたのである。そして確かに私たちに対して，どのように神から支配されるのを求めたらよいのか，教えてもいる。こうして真の徳，あるいはこうした支配，神との一致するところのもの，私たちの精神，意志，心そして外的な四肢が回復される。とりわけ，この感情の抑制に関しては創世記の話のなかで語られている。お前はそれを支配せねばならない[20]。この教えは他の場所でも豊富に語られている。しかし感情についてはこの場所で語られてきたので，これが制御されるさまざまな方法についても，何か述べられねばならなかったわけである。

さて，ここでストア派への簡単で明白な反駁を付加しておくことにしよう。なぜなら，こうしたことを思い出すのは若い人々にとっては必要であり，とくに教会においてはそうであるから。それはストア派の教義が福音と一致すると思わないようにするためであり，多くの人々はそのような〔誤った〕夢を抱いている。

17　『キケロー選集 11』岩波書店，2000 年，196 頁。

18　創 39:7 以下。

19　ダニ 6。

20　創 4:7。

感情に関するストア派の誤りとは何か

感情に関するストア派の主な誤りには三つある。

第一　彼らは感情を，想像〔意見・心象〕(opinio) だと主張する。

第二　彼らは感情が，もともと邪悪であるという。

第三　彼らはすべての感情を，人間の自然本性から取り除くべきだという。

まず感情が想像ではないことは明白に証明されている。実体〔本質〕(subjectum) によって異なるということは違った事柄（res）だということである。想像は脳のなかにあり，感情は心臓〔心〕のなかにある。愛，怒り，憎しみやこれに類似した運動は，これまで上で心臓のなかに配置してきた。したがって事柄が異なるわけである。

もし彼らが飢えや渇きが想像であると夢想するなら，全くもって愚かということになってしまう。なぜなら上に述べてきたように，飢えや渇きは血液の吸い上げによって生じるからである。そして，こうした欲求がすべての生き物のなかには神的に〔神によって驚くべき仕組みでもって〕配列されていて，その結果これらは食べ物を求め，確かな仕方でもって養育されるのである。

さらに苦痛は神経が切り裂かれて感じられるものであることは明らかである。なぜなら神経は感覚と運動の道具となるように作られているからである。そこで一致・調和した動きを受容するとき神経にとっては善く，切断のなかで苦しめられ壊されるとき神経にとっては悪ということになる。

これらはすべて創造主によって確かな計画の下に配列されている。したがって苦痛は反対の対象によって触れられたときには，どこででも生じることになる。ゆえに，これは精神あるいは脳内の想像ではない。それゆえにストア派のポセイドニウスは関節の病で苦しんでいたのではなく，それに対抗してこう叫んだ。おお苦しみよ，お前は何もできない。確かに彼は自身が拷問されていると感じているのを告白している。

最後に，こうした議論は感情が想像ではないことを明示している。なぜな

ら感情とか傾向（inclinatio）とかいうものは，親の子どもに対する自然の愛と同じように，熟慮なしに（sine deliberatione）自然に生き物のなかに宿るものだからである。したがって，この問題におけるストア派の戯言は斥けられねばならない。

ところでストア派は次のような議論を提示している。祖国から追放されたキケローは真に嘆き悲しんだ。アリスティデス，カミッルスは苦しまなかった。要するに，こうした苦痛は想像である。

これは明快で真実の回答である。しかし，そこから苦痛が想像であるということは帰結しない。というのも人間の身体の別の場所に苦痛はあるのであり，また別の場所に想像はあるからである。しかし苦痛の対象もしくは原因は異なるということが，ここから帰結する。ある人の心は本物の対象によって動かされるが，ある人は誤りによって動かされる。息子が死んだと思ったソロンは嘆き悲しんだ。なぜなら悲しい対象が示されたからである。たとえ，それが誤った大前提であるにしても。キケローは前世において栄光に欠けていることは大きな悪であると判断した。しかしアリストテレスとカミルスは偽りの栄光のゆえにではなく，人々の利益のために可能な限り祖国は救われねばならないと判断した。もしだれかが舟でオールを動かすと彼らは遠ざけられていくけれども，その〔オールを漕ぐ〕動きの中断や休止が悪い事柄であるとは判断しない。ともかく自身にとって示された対象が悪いものではない場合，人々は悲しくはないのである。ゆえに国外追放されたアエスキネスは，狂犬から自由であるように〔政府による〕支配から喜んで自由でいるのだ，と常にいっていた。こうした実例から他の多くの事柄が判断される。ところがストア派は馬鹿げた証明をする。たとえ，ときに誤った想像によって苦痛が引き起こされるにせよ，それにもかかわらず，これは常にそうであるわけではない，と。しかし，しばしば真の原因が明示される。ちょうど，まさに本物の原因によってダビデが嘆き悲しんだように。彼は堕落に対して神の真の怒りがあると考え，罰があると判断した。凶暴な息子，市民による殺人，不貞で冒涜的な姦通，そして他の不和をもたらす悪に対して。

さて今からは他の問題について語ろう。ストア派の人々が妄想するように，すべての感情が元より悪であるかどうか，そしてストア派の戯言に類似

したことにのぼせあがっている多くの人々について述べていこう。

反駁

　すべての感情がもともと邪悪なものというわけでは決してない。つまり，そこには明確な区別がある。そこで神の法（lex Dei）すなわち神の知恵とすべての行為や運動の規則を私たちは考察していくことにしよう。元より善い感情（boni affectus）とは神の法と一致するものである。すなわち神を愛し，神を恐れ，子ども，両親，妻，兄弟，価値ある友人を愛し，正しい者が災難のなかにあるときには憐れみを感じ，悪事に対しては怒り，徳によって喜び，自分と他人の悪事のゆえに嘆き悲しみ，正しい者の幸せを喜ぶことである。これとはまさに反対の悪い感情（affectus mali）とは神の法と争うものである。すなわち神に対して怒り，両親，子ども，妻，当局を憎み，不正な情火によって他人の妻を愛し，他人の財産を欲しがり，高潔なるものの栄光によって苦しめられ，これに嫉妬することである。ちょうどサウルがダビデの栄光によって苦しめられたように。正しい者が災難のなかにあって喜ぶのは，ちょうどシムイがダビデの災難を喜ぶのと同じである[21]。こうした区別を立てることによって，私たちは元より善き感情と悪しき感情があることを理解できるようになる。

　ところで，こうした議論をストア派の人々を論駁するために心に留めておこう。

　第一は，もっとも明らかなことである。神の法（lex divina）は最高の事柄を教えている。神の法〔律法〕のなかでは数多くの感情が教えられている。神，妻，子ども，両親，その他の人々に対する愛である。高潔な事柄によって喜ぶこと，自身および他人の過失のゆえに嘆き悲しむこと，自分自身が原因となるところの悲しみ，悪事によって怒らされることは詩編68編のなかに記されている。あなたの神殿に対する熱情が私を食い尽くしている[22]。さらに詩編138編。あなたを憎む者を私も憎み，あなたに立ち向かう者を忌む

21　サム下16。
22　詩 69:10。

べきものとし[23]。そして，そうした心の運動はエリヤ，エリシャのなかでは決して疑われるべきものではなかった。彼らやそれに似た者たちは，もっとも真実な形で聖霊によって駆り立てられていたのである。したがって，すべての感情が元より悪い心の運動であるということは決してない，ということは極めて確実である。

こうした考えを見事に描き出すのに，天から鳴り響く永遠の父の証言を引いて来ることは決して困難ではないであろう。あなたは私の愛する子，私の心に適う者[24]。同様に神の子，これは祝福されたが，彼について思い出すことで〔父なる〕神は悲しみ，怒った。そして聖霊によって，これはいわば神による運動の炎であるが，これは聖人のなかにも似たような心の運動〔感情〕を点火する。ガラテヤの信徒への手紙第 5 章ではっきりといわれているように。霊の結ぶ実は愛であり，喜び，平和，寛容，親切，善意，誠実，柔和，節制である[25]。そして永遠の生において神はすべての者のなかのどこにでもいて，人間の心〔胸〕(pectus) は，確かに神の愛と喜びによって満ち溢れていることであろう。このもっとも真実の結論を熱心な学徒が考察するならば，また同時に神の意志について多くの敬虔な事柄を考えるなら，ストア派による戯言とより大きく矛盾するようになることであろう。

そのうえ人間の自然本性の内には神によって元より悪であるようなものは植え付けられていない。ちょうど目における光が神によって植え付けられているのと同じように，心臓〔感情〕には神への愛 (στοργαὶ) が挿入されていて，これは子および私たちへの神の愛について私たちに思い出させるために，そのようにして挿入されているのである。したがって，これら〔感情〕は元より悪いものではない。

しかし，これを非難する者もいる。ある感情は善いものであり，ある感情は悪いものである。なぜならローマの信徒への手紙第 8 章で人間の自然本性の全体について，こういわれているからである。肉の思いに従う者は神に敵対している（Affectus carnis inimicita est adversus Deum）[26]。

23　詩 139:21。
24　マコ 1:11。
25　ガラ 5:22。

336　第 II 部　翻訳編

　ここで若い人たちは次の区別を教えられねばならない。もともと悪（per se vitiosa）であるもの〔感情〕と偶然によって悪（per accidens vitiosa）であるもの〔感情〕との区別を。元より悪である感情とは神の法（lex Dei）と争うものであり，他人の妻を求めるようなものである。偶然に悪となる感情とは神によって作られた〔心の〕運動であり，妻への愛，あるいは子どもへの愛といったものである。というのも，これらは再生していない者のなかにも（in non renatis）あるもので，一言でいえば信仰，神への愛，神への恐れによって制御されていないからである。要するに聖霊そのものによって制御されておらず，秩序によって支配されていないがゆえに悪となってしまうのである。あるいは再生した者の内でさえ，こうした弱さは，少なくともある部分は汚染されたまま残留することになる。

　その他の点ではパウロの言説をめぐって，このテーマに関してはより豊富な説明が求められる。とりわけパウロは再生していない者のなかの神に敵対する感情について語っているからである。彼らはエピクロス派の狂乱もしくは学問的な疑いを持っていて，サウル，ユダたちのように神の怒りを感じている。彼らはそうした恐怖に圧迫され，恐ろしい唸りや憤慨によって神から逃れる。したがって，こうしたパウロの言説はもっとも厳しいものとなっていて，〔人間を悪く揺るがす〕最高の感情について彼は語っている。それは他のより低次の感情を混乱させてしまう。こうした短い警告で，ここでは満足するとしよう。

　情欲〔強い欲望〕（concupiscentia）という名称に関して注意を加えておこう。これは教会ではしばしば無秩序（ἀταξία）という名称で呼ばれているが，私たちが欲求のなかにあることで，ある無分別な人々は，すべての欲求が区別なく断罪されていると理解する。したがって私たちは人間の自然本性が神によって〔将来〕秩序づけられた欲求を持つようになるように作られている，ということを知るようにしよう。たとえ元のままで飢え，渇き，喜び，愛，苦痛，恐怖，そしてその他の感情が残ったままであるにせよ，これらはそれにもかかわらず神による限界を超えて逸脱することなく〔人間の自

26　ロマ 8:7。

然本性の内に元来〕置かれていたのである。

したがって情欲という名称は教会で悪い事柄について用いられる場合，より高次かつ低次の勢いによる，すべての欲求そして感情における無秩序として理解されなければならない。この無秩序に関してヤコブは次のように述べている。欲望ははらんで罪を生み[27]。

こうしたことは，すべて教会の教えのなかで豊富に説明されている。これによって哲学者たちの議論の認識がよりよくできるようになる。彼らは自然において欲求が存在しなければならないと考えたとき，そして知識の力によって（veris notitiis）これは支配されなければならないと知ったとき，つまりこれ〔知識の力〕は精神の内なる神的な光の光線（in mentibus radii divinae lucis）なのだが，ちょうど御者を払い落とす凶暴な馬のように，なぜ感情が不安定であるか，その原因に驚いたのであった。ゆえに，これについてはクラーテスの行にこうある。あらゆる悪の内，その最たるものは欲望なり[28]。〔ギリシア神〕リノスの詩にはこうある。欲望は凄まじい手綱で荷馬車を駆り立てる。要するに彼らは人間のなかで，どこからこうした秩序の混乱が来るのかを知らなかった。ストア派はすべての感情が元より悪であり駆除されるべきだと論じた。アリストテレス派はもともと悪であるようなもの〔感情〕を正しく否定したが，人間には摂理によって，いわば拍車のようなものが与えられているとした。それは私たちをして生の保護を求めるように，そして他の善き行いを求めるように駆り立てる。それにもかかわらず外的な四肢が強烈な刺激によって，高潔な法に反することをしないように，その限りで理性の判断によって感情は制御されなければならない。しかし，こうしたアリストテレス派や他の哲学者の言説は，教会の教えを認識することによって判断されうる。

ここで再びストア派による誤りの，三番目の確実で明確な論駁が取り上げられることになる。すなわち自然本性から感情を排除してしまうことに関するものである。神が人間の自然本性の内に感情を作り付け，さらに自らの法

27　ヤコ 1:15。

28　実際はクラーテスによるものではない。アテナイオス『食卓の賢人たち 3』柳沼重剛訳，京都大学学術出版会，2000 年，238 頁。

において教えるとき，そして後にその聖霊によって私たちの心のなかに善き運動を回復するとき，どんなときでも神を愛することが永遠の正しさであり生であり，神に従うことが喜びであるとき，すべての感情が自然本性から駆逐されるべきではないことは明白である。エリザベスとマリアの内には子に対する愛があるが，これは神に喜ばれるものであり，他の既婚女性のなかのものよりも純粋なものである。というのも信仰および愛そして聖霊の炎そのものによって制御されているからである。私は明白な事柄においてより冗長でありたいとは望まないが，しかし，このことはいっておきたい。多くの者が読むように，教会の著作家のなかにおいてさえ無感情（ἀπαθείᾳ）に関して不適切な記述があり，より若い人々はそれら悪い欲望（κακοζηλίας）を新奇な愛によって是認することはない。しかし，その源を考察することで，その意味を判断する。

どの学派から強く欲望する力（potentia concupiscens）という，この名称は翻訳されたのか。そして怒る力（potentia irascens），あるいは不適切に述べるように，怒りうる力（irascibilis）とは。

　さまざまな議論において欲求に関する教説への言及がなされているとき，上に列挙した段階を知ること，そして古代の人々がどのような呼称を用いたのかを見るのは有益である。プラトンは，しばしばこれについて自身の分類を繰り返している。三つの段階が人間のなかにはあると彼はいう。欲望〔的な部分〕（ἐπιθυμητικόν），気概〔的な（意志的）部分〕（θυμικόν），理知〔的な（指導的）部分〕（ἡγεμονικόν）である。そして彼は個々にそれ自身の座を与えている。欲望的な部分は肝臓に属していると彼はいう。というのも，これはもともと食物を準備するために作られていて，これらのあいだの諸部分を支配しているからである。したがって彼は欲望的という名称によって，自然本性による機能もしくは欲求を表しているのであり，それには飢え，渇き，生殖のための欲求〔性欲〕が属している。しかし彼はしばしば不適切に語っている。彼は愛も貪欲もこの部分に帰している。なぜなら，こうした感情は正しくは心〔心臓〕にあるのであり，決して肝臓ではないからである。

とはいえ生殖のための自然本性による欲求は，元来世代継承のために肢体のなかに作り付けられているのだが，それにもかかわらず愛はまた別の心の運動であり，これには高潔なものもあれば，不潔なものもある。

　気概もしくは気概的部分をプラトンは心臓に置いている。すなわち，そうした感情は食物を得るためにあるのではなく，自己保全のためにあるからである。したがってスコラ学者たちは情欲の力および怒る力のための語彙を，このプラトンの分類から採用したのである。

　三番目の段階は指導的な〔理知的〕部分である。これは精神と意志とを，あるいは認識する部分，さらに認識したものを選択する部分，駆動するところに命令する部分を包含している。これについてはもうすぐ語ることにしよう。

　アリストテレスによれば欲求する機能の段階は欲求的（ὀϱεκτικόν）である。これは次の三つに分割される。欲望的なもの（ἐπιθνμίας），意志的なもの（θνμὸν），願望的なもの（βούλησιν）である。彼はこれらの単語について説明したり，その座を区別したりはしていない。しかし，もしすでに上に列挙した私たちの分類に賛同するなら，これらは綺麗に説明されうるものである。さらに魂についての第3巻で彼は明確に感覚的な欲求と知性的な欲求とを区別し，両方とも欲求的なもの（ὄϱεξιν）と呼んでいる[29]。しかし第二のものにはそれ固有の名称つまり意志（ἐπιθνμίαν）を与えている。第三のものにもそれ固有の名称つまり願望（βούλησιν）を与えている[30]。プラトンとアリストテレスのこれらの名称については，ここで簡単に述べたことをもって十分としよう。

29　『アリストテレス全集7』岩波書店，2014年，166-169頁，参照。

30　「願望（ブーレーシス）は，善にかかわる推論的な欲求であり，行為にかかわる知性のはたらきに関係する」（同上書，169頁，注3）。

340　第II部　翻訳編

駆動力について

駆動力（potentia locomotiva）とは何か

　外的な身体のさまざまな部分を家畜におけるように想像（imaginatio）によって運動させる力であり，あるいは人間におけるように理性（ratio）によって運動させる力であり，ある場所から別の場所に移動させる力のことである。

　そのための器官とは，〔それぞれの運動に〕適切な神経，筋肉，腱である。第一に観念〔知識〕（notitia）によって人は〔どのような運動をするか〕判断する。その観念は肢体を運動させる。ちょうど渇きのなかで牡鹿が川の流れを覚えていて〔それを〕想像し，川の流れが求められるべきものとなるように。こうした観念が形成されると同時に，これは脳を振動させ，神経を動かし，神経によって精気（spiritus）が筋肉に運ばれる。振動させられた筋肉は，それ自身が持つ肉の自然本性によって，またある内臓によって動かされる。そして自身を拡張したり収縮したりする。こうした拡張や収縮によって腱（τένων）が引っ張られると，この引っ張りによって外的な四肢が運動させられる。したがって意志による運動の連結となる直接的な器官が腱もしくはτένωνである。しかし仲介となる器官は筋肉である。そして筋肉は神経のなかで運ばれてきた精気によって振動させられる。神経はそれ自身が脳によって駆り立てられ，これによって拡張させられたり収縮させられたりする。ところで脳は観念〔知識〕によって動かされる。それ以外の原因は求められるべきではない。このようにして動く物〔動物〕の自然本性は製作者の計画によって（consilio opificis）秩序づけられていることを私たちは知る。そして私たちはこうした意志的な運動の機能によって，正しくこれを実行するようにしよう〔そのように行動するようにしたいものである〕。

　さて，ここで自然学から自然な運動と意志による運動との違いが知られることになるであろう。自然な運動〔動き〕（motus naturalis）は動くものの想像に従って〔動きを〕開始したり停止したりするのではなく，目下前に投げ

出されることによるのであって，自然が妨げられることなしに，この運動を
駆り立てることはできない。ちょうど火がそれに近づいたところで適した物
質を燃やすように，磁石が自身のある力によって鉄を引き付けるように，こ
れらは観念によるものではない。このようにして胃は食物を引き寄せるが，
それは熱の力と絨毛の働きによる。心臓は自然に精気を生み運ぶが，ゆっく
りもしくは素早くのどちらかである。それゆえ脈拍は自然な動きということ
になる。

　しかし意志による運動〔動き〕（motus voluntarius）は想像もしくは選択に
よって開始される。そして動くもののなかの神経，筋肉，腱が刺激されて停
止する。このなかには，さまざまな肢体の活動がある。すなわち前に進んだ
り，飛んだり，回ったり，泳いだりといった具合に。ここではミミズや貝に
ついては話さないでおこう。これらにおいては体を動かすときにはいつでも
拡張と収縮があるが，たとえ神経があるにしても小さいので，これらのなか
では他の動くものにおけるように，はっきりとした構造は区別されない。

　第三の運動〔動き〕は意志によるものと自然のものとが混合したものであ
る。ちょうど尿のように部分的には自発的に放出され，部分的には自身の活
動によって流れるようなものである。

理性的な能力もしくは精神について

　人間精神の鋭さをもってしても自然の事物を見通すことはできないが，そ
れにもかかわらず神はこれが人間によって考察されるのを望んでいる。その
結果このなかに私たちは，神が存在すること（esse deum），そして神がどの
ような（quails）存在であるかを明示するような神自身に関する摂理を考慮
するようになる。そして残るすべての自然のなかに，秩序によって人間の精
神を超えて，この世界が偶然によって存在しているのではなく（non extitisse
casu），賢い製作者（artifex）によって作られているのが明らかにされる。こ
の創造者は驚くべき計画によって（mirando consilio）身体，天，地，空気に
水そして天体の運動を整えたのであり，事物に対して生まれつきの力を付与
したのであった。

342　第Ⅱ部　翻訳編

　さて，このように人間は作られているわけで，その結果，人間の内には神の知識（notitia Dei）が輝くことになる。そして人間に神はその知恵と善とを伝達する。こうして人間の精神が神自身を証する最大の証拠となるのを望んでいるのである。人間の内には光が植え付けられていて（insita est lux），これによって私たちは神が存在していることを知るようになる。さらに高潔なもの（honesta）と醜悪なもの（turpia）とを区別する知識もまた植え付けられていることになる。そして，この区別（discrimen）は明確で確固としたものとなる。というのも，それは私たちのなかに保護者（vindex）が付加したのだから。これは変わることのない秩序によって恐ろしい拷問が続き，悪事を断罪し，要するに事物を抹殺する。こうした危機〔重大局面〕（discrimen）は，神がどのような存在で，審判者であり保護者がどのようなものであるかを明示する。数の知識やその他のもの，高潔なものと醜悪なものとの区別，これらが無分別な〔理性を欠いた〕自然から（a bruta natura）生じること，あるいは偶然に生まれることはありえない。したがって精神とは賢い建築者（architectatrix sapiens）なのである。こうして私たちは数を，さらに高潔なものと醜悪なものが人間の精神の内に変わることなく輝いていることを理解するようになる。そして，この秩序を冒涜した場合，同じく神の処罰によって人間の自然本性は破壊されるのを経験する。したがって，こうした存在が神なのであり，この秩序が守られるのを神は望んでいる。こうした知識は神の知恵による光線（radii）である。

　ところで私たちの内なるこの光は，もし人間の自然本性が不活発でなければ，より明瞭であったであろう。しかし，それにもかかわらず依然として，ちょうど次のようにその火花〔光の芽生え〕（scintillae）は残存している。疑いようもなく数に関する知識があるように。さらに罪を犯した後にも（post delicta）悪事に関する判断は執拗に留まり続けていて，その結果として罪を犯した人間は，良心の苦しみによって（conscientiae dololibus）滅ぼされることになる。

　したがって人間のこの部分においては神に関する証言がそれほど明瞭であり，どこであろうと，とくに人間を獣とを区別するものであがるがゆえに，しかも人間の生の導き手（rectrix）であるがゆえに，どれほどのことが人間

にはなされうるのかが考察されねばならない。すべての学芸〔学問〕の泉（fonts omnium artium）は〔人間の〕この能力のなかにある。それゆえに，これ〔人間の内なる能力〕を認識することは数多くの事柄を判定するのに必要不可欠である。

しかし，たとえこうした神の鏡（speculum Dei）は私たちの身体にとって，ガラスや鉛から作られたような鏡ほど明らかに示されるほどのものではないにしても，それにもかかわらず私たちの行動は私たちの内にそうした能力があることを明示し，かの永遠の光によって，それが何でありどのようなものであるかを私たちは識別するようになる。今やこうした行動について私たちは考察し，何が私たちを獣から隔てているのかを区別するようにしよう。そして，これこそが神に関する証言なのであり，私たちの生を統御するものであり，すべての高貴な学芸を生み出すもの〔泉〕なのである。

ところで私たちは上で器官〔道具〕的（organicae）と名づけられる能力について語ってきた。つまり身体的な器官を通じてでなければその力を行使しないもののことである。これは獣の内においてさえもよく知られるものであるので，これについての教説はそれほど曖昧ではない。しかし人間の内には他のより高度な能力があることには合意するであろう。というのも私たち人間は獣には模倣されえないような行動をするからである。人間は数字を数える。個別のもののみならず普遍的なものについても理解する。生得的な知識を持ち，一方のものから遥かに離れたものについて思案する。学芸を組み立て，自らの思考について判断し，誤りを認めて修正する。いわゆる反省的行為（actus reflexos）を行い，高潔なものと醜悪なものとを区別し，長い推論によって熟考する。これらを私たちは獣と共有してはいない。感覚したり，見たり，聞いたりする行為は，獣のほうがむしろ優れている。ちょうど鷲の眼，ハゲワシの嗅覚が鋭いように。

したがって人間に特別の固有の能力とは理性的なものであり，いわれているように，これが人間の魂の最高の力である。そして，この能力はいつものように〔普通〕非器官的〔身体的・物理的なものではない〕と呼ばれている。というのも，たとえこの世の生において内部感覚が対象に仕え，それを〔理性に〕差し出すにしても，それにもかかわらず身体を離れた魂は自身の

ある行動を持つのであり，そうした自身の運動〔動き〕が非器官的といわれるのである。

この人間の最高部分における能力には二つある。これは知性（intellectus）と意志（voluntas）と呼ばれている。私は通常の呼称と分類を保ちたいと思う。アウグスティヌスは魂における神の像を明らかにするために三つの力をあげた。記憶（memoria），知性，意志である[31]。しかし神の像については後で語りたいと思う。だが，たとえ後でより明瞭になるにしても，知性と意志が区別されていることは必要である。あるいは認識する能力と欲求する能力の区別である。やはり，ここで若い人々がその入り口にあってこうした区別は教えられてしかるべきである。一方は知識〔観念・知〕であって，他方は欲求の結合であることが知られねばならない。ちょうどポンペイウスの内にはユリウス〔カエサル〕の観念があったのと同じである。そして，これは戦争前においてもその最中においても，そのままに留まった。しかし以前は意志のなかに好意〔仁愛〕（benevolentia）があったが，後には憎しみ〔の炎〕が燃やされることになる。したがって知識と感情（notitia et affectus）とは別々の事柄（res diversae）である。ゆえに，それぞれに応じてその座も据えられねばならない。確かに〔身体的〕器官のなかに魂は連結されているように見受けられるが。そこで認識する能力は内部感覚と連結されねばならない。しかし熱心に意志する能力は心臓と連結されるべきである。したがってユリウスに関する知識は脳のなかにあるが，好意と憎しみは心〔心臓〕のなかにあることになる。

こうした区別の熟考は，パウロがローマの信徒への手紙の第1章で述べていることを明らかにする。そこで人間は真理を不正のなかに捕らえたまま〔その働きを〕妨げていると述べられている[32]。これは，こうした能力の区別についての教えを知らない者にとっては曖昧な言説である。しかし彼は真理とは神と法に関する真の知識であると述べている。この神の知恵による光線は認識する能力のなかで輝いている。ちょうどポンペイウスの内にユリウスの観念が存在しているように。しかし意志の内においても，心の内におい

31　『アウグスティヌス著作集28』教文館，2004年，296-297頁，312-313頁，参照。
32　ロマ 1:18。

ても，神の法（lex Dei）と一致〔賛同〕する運動や炎は存在しない。このことがある程度でも理解されるようになるためには，人間の自然本性とさまざまに異なった能力が考察されねばならない。

そこで，こうした議論の解決が要求される。

自然は，それに固有である本性にとって最高に可能なもの（possibilia）である。

最高法は〔そしうした〕自然本性に従う。

したがって最高法は可能なものである。

まず大多数の人々には，自然の可能性は歪められた〔腐敗した〕本性ではなく，損なわれていない〔無傷の〕本性にとってのものであると答えられねばならない。

次に反対にたとえこの歪められた本性において，今なお私たちとともに生まれついている法の知識に非難が浴びさせられる場合である。このとき，この能力の区別が点検されねばならない。認識する能力の内に法の知識は私たちとともに生まれついている。ちょうど数を理解するのと同じように。しかし意志と心〔心臓〕のなかには強情〔命令不服従〕（contumacia）がある。

こうした人間の弱さ（infirmitas）の〔占める〕大きさは二つの最高の能力と認識とのあいだに，それほどまでの対立があることを私たちが識別するとき，まさに嘆き悲しまれるべきものとなる。そこで神の計画（consilium Dei）が考慮されなければならない。なぜ法の知識が私たちのなかに残留するのを神は欲したのか，そして意志の内にある自由とはどのようなものなのか，ということが。神について証言するために，さらに罪を告発するために，知識は私たちの内に留まっている。そのうえ外的な規律の指導者（rectrix externae disciplinae）となるためにも。というのも，この段階において自由は残っているからである。理性は外的な行動を駆り立てる駆動力に命令することができる。さらに依然として心の内には違反〔堕落〕後も（post delictum），悪事，恐ろしい悲しみの処罰者が留まっていて，判断を認識する能力に従う。なぜなら神は高潔なものと醜悪なものとの区別が認識されるのを望んでいて，さらに自然の法によって，あたかも永遠の判決による判断によって打ちのめされたかのように滅ぼされるのを望んでいるからである。こ

346 第Ⅱ部 翻訳編

うした最高の事柄に関する教えは，人間の能力や個々の行為の考察による秩序によって，さらによく明らかとなる。そこで，こうした主題において人間の〔構成〕成分（partes hominis）が吟味されることは必要であり，こうした自然学による対比は教会の教えにとっても極めて有益である。

　私は他の議論の説明を追加したいと思う。

　自然のものは不変（immutabilia）である。

　十戒においてすべての者に差し出されている神の法（lex divinae）は，変化するもの〔可変〕（mutatae）である。ちょうど第一の板に反するぞっとするような狂乱に対して，数多くの指図が作られたように，また第二の板に反してラケダエモーンにおいては姦通の取り決めが許されたように，また多くの民族においては剣闘士による殺人が認められたように。

　ゆえに，そうした神の法は自然のものではない。

　反駁しよう。私は前提を否定する。というのも，こうした神の法は変化するものではないからである。これは認識する部分に関わっているからである。なぜなら，ちょうど数の知識が常に人間の精神の内で輝いているように，同じように唯一の真の神が呼び求められるべきであるという真の知識は残留しているからである。数多くの神々が作り上げられてはならない。遊びによって無実の人間が殺されてはならない。気まぐれな欲望を認めてはならない。たとえ，この人間の暗闇のなかで，人間の精神におけるこの光はそれほど明瞭に輝いてはいないにしても，それでもこれは完全に消し去られうるものではない。したがって賢人たち，すなわちクセノフォン，アリストテレス，キケローといった人々は神の群れ〔複数の神〕を否認したのである。

　しかし，ここで私たちは己の弱さを認識し嘆き悲しもう。というのも認識する能力における判断に逆らって，意志と心とは汚らわしい悪事へと突進してしまうからである。メデイアがいうように。「〔でも，不思議な力が，いやがるわたしをおさえつける。〕情熱と理性とが，別々のことを勧める。どちらがよいのかは分かっていて，そうしたいとは思うの。でも，つい悪いことのほうへ行ってしまう」[33]。

---

33 オウィディウス『変身物語（上）』中村善也訳，岩波文庫，1981年，260頁。

ローマ人のあいだでは剣闘士による殺人を，精神の判断に反してその意志は認めていた。というのも意志は正しい判断に反抗することができるからである。

ここに，さらに次のものが加わる。悪魔は心を駆り立て精神に狂乱を挿し込む。そうすると認識する部分における暗闇はさらに判断を曇らせ，いずれにせよ多くの者たちは凶暴となって，そうした狂乱によって駆り立てられた者たちは自分たちのなかで，また自分のもののなかで荒れ狂うことになる。ちょうどヘラクレスが妻と息子とを殺してしまったように。そしてクサントスの物語にあるように，母は自身を屋根に松明をもってぶら下げ，住居に火をつけたのであった。またアルバの土手ではサクソン族との戦争以前，出産の際に発狂した母親が自分から生まれた子どもたちを殺してしまった。何年か前にバーゼルでは夫が妊娠した妻を剣で突き刺し，その後で当人は住居の先端から飛び降りたのであった。

こうしたことに関して，これらの人々のなかには自然の光はなく，むしろ他の健康な人々においてよりも消失していたのである。しかし悪魔は神の自然から離反を暴力的に駆り立てる。そこで，こうした実例は私たちに次のことを想起させる。つまり神の子からの支配を私たちが冀うことである。彼〔イエス・キリスト〕は悪魔の行いを滅ぼすためにやってきた。こうして判断する光は私たちの内でより曖昧ではなくなり，心は神の意志に反するところに突進するよう駆り立てられなくなる。こういうわけで毎日の祈りのなかで私たちは，こういうことになる。私たちを誘惑に遭わせないでください。そして主は述べる。誘惑に陥らぬよう，目を覚まして祈ってなさい[34]。

このような，これに類似したもっとも厳しい事柄に関する議論の説明は，こうした教えの有用性を明らかにしてくれる。さらに多くの他のものが続くが，これらは教会の教えを理解するのに，なお何らかの光を運んできてくれる。そこで神の子が言葉（λόγος）であるといわれるとき，これは永遠の父の像であり，そのとき言葉と聖霊とのあいだの区別が，ともかく明らかに示されたのである。これは能力の区別を知るのに役立つ。したがって私たちは

---

34 マコ 14:38。

教えに立ち戻ることにしよう。

知性とは何か

これは個別のものや普遍的なものを認識し，記憶し，判断し，推論する能力であり，私たちとともに生まれついたある種の〔元来〕植え付けられた〔私たちの内に挿入された〕知識を伴うものである。あるいは偉大なる学芸の原理に関する同様の能力であり，反省的行為を伴っている。これによって自らの行為を区別し，判断し，誤りを正すことができる。

この定義は感覚と知性，さらに理性を欠いたもの〔獣〕と人間の認識とのあいだの区別を明示する。

ところで，これ〔区別〕には異なる三つのものがある。

第一　感覚は個別のもの〔単純・単一なもの〕の周り（circa singularia）に関わるだけで，普遍的なもの（universalia）を把握したり，構成したりはしない。

第二　感覚は決して生まれつきの知識を備えてはいない。獣が数を数えることができないように。

第三　感覚も，獣も，決して反省的行為を備えてはいない。ハチは驚くべき作品を建設するが，この自分たちの建造物そのものを判断したりはしない。

知性による行為とはどのようなものか

この言葉によって通常は三つの行為が数えられる。単純な〔単一な個々の〕ものの把握（simplicium apprehensio），構成と区別〔分割〕（compositio et divisio）そして論議〔論述〕（discursus）である。もし，こうした呼び名が曖昧に見受けられる者がいたら，このように列挙しよう。

単純な物事の認識。

計算（numeratio）。

構成と区別。

推論〔演繹〕（ratiocinatio）

記憶（memoria），そして

判断（iudicium）。これは共通の規範に従うもので（iuxta communes normas），基準（κριτήρια）と呼ばれているが，これによって真の見解〔大前提〕（propositio），正しく連関した論理的帰結（consequentia）が識別され，誤った見解と連関していない構成要素は斥けられることになる。というのも，こうした段階（gradus）は付加される必要があるから。

さらに一般には感覚と知性とは，こうした言葉で区別されている。感覚は単純なこと〔単一な個々の物事〕に関するもので，知性は普遍的なものに関するものである。こうした言い方は，あたかも知性が普遍的なものだけに関わるといったように，決して排他的に理解されるべきではない。感覚は単一な個々の対象を収集する〔かき集める〕（arripere）とはいえ，やはり知性が識別し〔振るい分け〕（cernere），構成し（componere），分割し〔見分けて〕（dividere），単一の個々の物事であれ普遍的なものであれ，どちらについても判断を下す（iudicare）のである。こうした私たちの見解の明白な確証は計算（numeratio）から得ることができる。計算はこうした知性による最高の能力にもっともふさわしく，それは感覚ではない。というのも計算はひとつの単純なものから多くのものへと前進していくからである。そして人間の精神はひとつの神を認識するように作られている。神の法（lex divina）がいうように。あなたは心を尽くし，魂を尽くし，力を尽くして，あなたの神，主を愛しなさい[35]。自分自身を愛するように隣人を愛しなさい[36]。したがって，こうした個々の事柄が精神によって識別されることが必要である。ゆえに知性はただ普遍的な物事にだけ関わる，と戯言をいう馬鹿げた愚かな解釈は斥けられることになる。

知性の対象とは何か

広範囲に及ぶ実在（ens quam late patet）つまり神とすべての事物の全体

---

35 申 6:5。マタ 22:37。
36 レビ 19:18。マタ 22:39。

350 第Ⅱ部 翻訳編

〔全世界・宇宙〕（tota rerum universitas）が知性の対象である。これを認識するために私たちは作られている。神の法が明白に証言しているように，あなたはあなたの神である主を愛しなさい等。この光は人間の自然本性が腐敗する前はより明るかったのだが，その後に暗闇が続き，それゆえに神と霊的な本性そして身体の本質を，私たちはより少なく理解するようになってしまった〔あまり理解できなくなってしまった〕。しかし，その後もどうにかこれを私たちは思考することによって（ratiocinando），たとえ曖昧で（obscure）弱々しく（tenuiter）とも認識はするのである。

したがって私たちは同じような仕方ですべてを識別はしないが，それにもかかわらず正しく次のように述べられることになる。広範囲にわたる実在が知性の対象である，と。つまり神とすべての事物の全体である。このすべてを考察するために（ad haec omnia aspicienda）私たちは作られているからである。

ところで人間の精神におけるすべての認識が計算や数多くの原理のように感覚から生じているのではないにしても，それにもかかわらず，それゆえに感覚は事物を，それは扉〔入り口・門〕（foris）であるが，知性に対して像〔似像〕（simulacra）を提供するように，さらに精神の使者〔報告者〕（nuntii）や経験の証拠（testes）となるように作られている。それどころか（imo）知性をして事物を考察するように駆り立てさえもする。これは知性の外側に（extra）あるもので，これらを同様に考察し，比較し，区別し，普遍的なものを探究し，判断し，基準を吟味し，そして誤りを正す。

こうした外的な対象に関して駆り立てられた知性に対して，私たちはこうした弱さのなかにあっても次のように正しく述べられることになる。感覚によって知覚されるすべての事物が対象である，と。そこから知性は自らの能力によって他のものに前進していく。徴（signum）から原因へと進められ，偶然のものからどのような種類のものであれ本質的なものへの認識へと。私たちはこうした適度の論述で満足するとしよう。このことを追究していくと曖昧な数多くの迷宮に入り込むことになってしまうからである。

ある知識は私たちとともに生まれ
ついているというのは正しいのか

　アリストテレス派とプラトン派とのあいだには，精神の内には私たちとともに生まれついた何らかの知識〔観念・知〕があるのかどうか，という古い論争がある。しかし何らかの知識が人間の精神の内にはあるとする見解を保つことが簡明かつ適切である。それは私たちとともに生まれついたものであり，数，認識の秩序や類推，三段論法における帰結の理解といったものである。同じく幾何学，自然学そして道徳の原理（principia geometrica, physica et moralia）といったものも〔私たちに生まれつき〕ある。

　さらに，この見解を私はパウロのゆえに喜んで受け入れたいと思う。彼は知識について語っているところで，法は人間の心のなかに記されている，と明確に述べている[37]。したがって目のなかには光（lumen）があって，それによって見ること〔視覚〕（visio）が生じるように，同じく精神の内にも何らかの光（lux）があって，これによって私たちは計算したり，学芸の原理を認識したり，高潔なものと醜悪なものとを区別したりするのである。これらの光は私たちの精神の内に撒き散らされてある神的な知識であって，これがどのような光であるかは，その原型（archetypum）が注視されるときに私たちに識別されるであろう。そのあいだにも遠くから考察することで，たとえそれでも私たちはこうした永遠の知識が神と摂理に関する明瞭な証であって，人間のなかに撒かれた神の驚くべき計画であることを知るようになる。というのも全人類のなかでこうした永遠かつ不死の知恵，数，そして高潔なものと醜悪なものとの区別が存続しているのは偶然によるものではなく，このことには疑う余地がないからである。

　さらに，もし神がすべての世界の活動のなかに多くの痕跡（vestigia）を刻印したとするならば，これは神が想起されることを欲しているのであり，このことはこの世界が偶然によって存在しているのではなく，知恵ある，善

37　ロマ 2:15。

い，正しい，真実の，純潔で自由な建設者的精神の存在を明らかにしていることになる。それでもやはり，こうした推論は，もしはじめに私たちの精神の内に多くの知識が，単一と多数の区別が，知恵と善の本性と，獣や悪しき本性，その他の数多くのものとのあいだの区別が輝いていなかったら，生じえなかったのである。それどころか，これらのあいだの何らかの神の知識は，これらに対してしるし〔痕跡〕が適合できるように，私たちの内で輝いていなければならないのである。

　しかし私はこれについて長々と議論したくはない。それよりもむしろ造り主その方である神に祈りたいと思う。罪によって私たちのなかに暗闇が増大した後にも，再び（rursus）あなたから与えられた知識をあなた自身が点火させ，より明瞭に確固たるものになるように，と。

　〔次のような〕俗にいわれていることによって妨害されないようにしよう。まず感覚において生じなければ知性のなかには何もない。これは，もし巧みに理解されないなら，極めて馬鹿げたことになってしまう。というのも普遍的な知識や判断は，まず感覚のなかにあるわけではないからである。

　しかし感覚の働きによって（sensuum actione）個々の対象は動かされ，知性も駆り立てられるということは認められねばならない。その結果として普遍的なものについての推論や判断が生じてくるのだから。

知識〔観念・知〕とは何か

　知識はあるときには行為（actio）を意味し，あるときには習慣〔情態〕（habitus）を意味する。これは持続するある種の光である。次のようにいえるであろう。精神において私たちは意志する〔欲する〕とき，これを用いる。ちょうど学芸（ars）が永続する光（lumen durabile）であるように。しかし私たちは行為について語ろう。知識は精神による行為（mentis actio）であり，これによっていわば考えている当の事物（res）の像〔心像〕（imago）を形成しつつ私たちは事物を見極める。そうした像もしくは観念（idea）の他に理解というべき行為は存在しない。〔つまり〕理解とは心像の形成（formatio imaginis）であり，これ以上にこの〔理解するという〕素晴らしい

行為に対して，より明瞭な定義は与えられない。

ところで，しばしば知性は内部感覚と結び付けられているといわれる。外部感覚が感覚的な像を受容した後，ちょうど眼がライオンや鹿を見た後のように，これはそうした像を内部感覚へと運ぶ。そこでは〔頭のなかの〕脳の運動と精気によって思考が形成されるが，それは事物の像であり，考えられ受け入れられた結果によるものである。同じようにして私たちは精神によって像を描く。ちょうど各自が自分の両親のことを〔頭のなかに〕考えると，そのなかでその行為によって彼らの像が形成されるのと同じである。家のことを考えている建築家は，その像を〔頭のなかに〕描き，それについて判断する。ちょうどほぼそうしたことが，知識とは何か，と私たちが問うときにも答えられる。さて，こうした驚くべき神の計画によって知識は像となるように神は欲している。なぜなら神は私たちの内に神自身に関する何か影（umbra）のようなものがあることを暗示しようと欲しているからである。永遠の父は自分自身を見つめながら思惟によって子を生み出しているのだが，これは永遠なる父の像である。しかし，これが意味することについては後に再び述べることにしよう。

そこで通常の言い方を列挙しておこう。現前している事物の認知（cognitio rei praesentis）が同時に（simul）感覚と精神によって受け容れられるとき，これは直観的知識（notitia intuitiva）といわれる。ちょうど眼と精神が同時に壁にある絵を受容するときのように。そして，こうした段階の知識はもっとも明瞭なので，古代の人々は直観的知識を定義（definitio）のようなものだと述べた。ちょうど，もっとも明白なアブサン酒の定義は，眼がその色と形とを識別し，舌がその味を享受する他には与えられないように。

抽象的〔観念的〕知識（abstractiva notitia）とは不在のもの（absentia）を私たちが思考するときに生じるものであり，ちょうど私たちが不在の友人のことを考えているときのようなものである。というのも脳内の記憶とはいわば貯蔵室（cella）のようなものであり，このなかにはちょうど像の塑像〔画像・徴〕（sigillum）のようなものがあり，これは思考が形成し，刻印されて，それを精神はいつでも欲するときに見出す〔取り出す〕のである。さらに理性的な魂における記憶（memoria in rationali anima）は器官的なもの〔臓

器の内にあるもの〕ではない（inorganica）。ところで普遍的な抽象的知識，推論による観念的知識その他のものは存在するのであり，これらは感覚によって直接に受け取られるものではない。

さて，こうした考察は弁証法（dialectica）と関係する。そこでは前のものから，後のものへと，原因から，あるいはそのしるしとなる影響から，推論〔演繹〕によって前進していく。

知性の他の区別

ある慣例的な用語が解釈されるためには他の区別が付加されねばならない。これによって思弁的知性（intellectus speculativus）と実践的知性（intellectus practicus）とが区別される。しかし，こうした区別によって異なる能力が意味されるのではなく，ひとつの知性の能力が異なる対象の周辺に関わっていることを知らなければならない。あるときには見ることのできるもの〔認識可能なもの〕（speculabilia）の周りに，あるときには行為に関する熟考に，というように。ちょうど同じ眼が色と形とを区別するようなものである。そうした多くの対象の違いは，さらに付加されていく。ちょうど建築家における機械的知性（mechanicus intellectus）のように。これについては若い人々がこうした呼称の多様性を考慮し，それらを正しく解釈するようになるために短く記した。

そこで理性（ratio）という用語はさまざまに用いられる。ときどきそれは両方の側，つまり制御する知性と従順な意志，もしくは反対の衝動によって制御されたものを。こうしてプラトン派の人々は二つの能力が結合したもの，つまり正しく判断する知性と，それに従う意志とを覇権的（ήγεμονικόν）と名づけた。アリストテレス派のほとんどはロゴス〔理〕を支配的な知識〔観念・知〕であるとした。ちょうど『ニコマコス倫理学』第1巻で述べている通りである。理性は最高のものへ向けて〔私たちを〕駆り立てる。すなわち自然の知識であり，それは人間の精神の内に挿入されてある神的な知恵の光線（radius divinae sapientiae insitus menti humanae）である。ときに，これは能力ではなく推論を意味する。私は次のように欲するし，また命じる。理

11 魂についての書　355

性の前に意志がある，と。こうしたさまざまな長い記述は多くの人々によって伝えられているが，それでも用語の用いられ方がさまざまであることを注意されるなら，容易に区別されうるものである。

　良心（conscientia）とは精神もしくは認識能力における全体の推論（argumentum）あるいは判断（iudicium）である。これによって私たちは正しい行為に賛同し，違反したものには賛同しないようになる。神によって立てられた秩序による判断には，正しい行為においては心の平安（tranquillitas cordis）が続くが，違反したものにおいてはその当人を罰し滅ぼそうとする心の苦しみ（dolor cordis）が続くことになる。

　というのも人間の自然本性は神によって作られているからである。その結果，私たちは神に類似した者（conformis）となって生きるようになり，そうでない場合には苦しみによって滅ぼされるようになる。なぜなら，もし神と類似した者として私たちがあるなら，正しい判断に賛同する心によって，そうした行いの前においても後においても，善い行いをすることによって喜ぶことになるからである。

　今では，まさにこのような〔堕落後の〕歪みのなかで違反〔堕罪〕前の心は正しい判断と争いながらその炎を燃やし，悪事を恐れようとはしない。まさに神の正しさとは，それに従わない自然本性を滅ぼすのであり，それゆえにいわば死刑執行人である苦しみとは，行いの後にその悪人を罰し滅ぼし，そうした〔神の正しさによる〕秩序を成り立たせることになる。ところで，たとえこの苦しみが悪人のなかでしばらくのあいだ不活発であるとしても，それにもかかわらず最終的にこれは荒々しいものとなり，彼らを滅ぼすようになる。なぜなら法とは神による判断である（lex est iudicium Dei）から。さらに自然の苦しみに対して，より大きな恐怖が加わる。それによって神自身が，まるで稲妻のように源を制圧してしまう。詩編に述べられているように。あなたの嵐によって彼らを追い，彼らの顔が侮りで覆われるなら[38]。同じく。獅子に砕かれるように，私の骨はことごとく砕かれてしまう[39]。このように苦しみの原因はさまざまであることを知らなければならない。すなわ

38　詩 83:16, 17。
39　イザ 38:13。

ち，あるものは自然の秩序によるものであり，あるものは神が直接に自身の怒りを噴出させることによるものである。ちょうどユダやそれに似た者たちにしたように。こうした良心における苦しみの原因について考察することは有益である。

　神学者の書物においてはシンテレーシス（συντήρησις）という名称が慣例となっている。これによって彼らは私たちとともに生まれついている法の知識のことを考えている。したがって，これをシンテレーシン〔保持されている〕（συντήρησιν）と名づけたのである。というのも常に人間のなかでは罪で汚されていても，なお正しいことと神による判断がどのようなものかを示す忠告の役を，これは保っているからである。そして，こうした用語を区別して次のようにいう者もいる。実践的な三段論法において良心は下位の結論を差し出し，上位の事柄についてはまさにシンテレーシスがある，というように。ちょうどサウルは罪に汚れていたとはいえ，それにもかかわらず次のように考察したように。神は罪のない人々を殺す者たちによって非常に怒らされ，反対にそうした殺人者たちを罰へと駆り立てる。私は多くの罪のない祭司たちを殺した。したがって神は私に対して怒り私を罰する[40]，と。そうした三段論法において上位のものはシンテレーシスと名づけられ，下位のものや結論についてはまさに良心と名づけられる。パウロはすべての三段論法を良心と呼んだ。ここでは，こうした呼び名について簡単な忠告が挿入された。これに関しては他の多くの未熟な者たちが探究へと刺激されるように。それは，こうした始まりを認識することで容易に判断されるようになる。

能動知性と受動知性について

　たとえ能動知性（intellectus agens）と受動知性（intellectus patiens）に関する論争が大きなものであるにしても，それにもかかわらず現実からの区別を採り入れるなら，この説明は簡明かつ明確となる。

　多くの損なわれていない眼は，何かを見れば，それを同等に見る。しかし

40　サム上 22:21, 22。

精神は同じものを追究しているにしても，それにもかかわらず同等に見出す
わけではない。〔対象が〕明らかにされた場合，発見された事物を同等に理
解することはできる。結果として，理性を覆う埃が明白にされ投げ出された
球体が知られることは，創始者〔神〕を除いてはだれにもできない。他の製
作者たちは，発見されたものを理解し是認する〔だけである〕。

　したがってアリストテレスは知性の二つの務めを分ける〔知性を二つに区
別する〕。というのも知性の務めには眼のそれよりも多くのことがあるから
である。眼は個別の対象を多く受容するが，決して推論〔演繹〕することは
しない。しかし知性は対象を受け取ると，構成し，分割し，推論し，判断す
る。こうした推論において，あるものが他のものから発見されることにな
る。これが発明〔発見〕する知性（inventor intellectus）であり，いわば詩人
によって能動的な（agens），もしくは正しい行為者（rectius faciens）といわ
れるものである。

　発見されたものを理解することに続いて，知性のもうひとつの務めは識別
すること（agnoscere），いわば語られたこと〔口述〕を受け取ること（dictata
accipere）である。この務めより，これは受動知性と名づけられる。アリス
トテレスは，すべての人生，学芸，公的に私的にも計画，戦略，詩，雄弁の
それぞれにおいて，ある者は他の者よりも明敏であり，発見することにおい
て他の者たちよりも有能である，と見ている。ある者は発見された事物につ
いて理解し，自分の思考よりもそれを優先する。ちょうどテミストクレスが
見捨てられた町の市民たちを船に乗り込むように説得し，行為する知性〔能
動知性〕によって他の者たちよりも役立ったように。彼以外の者たちは，そ
の決定を理解しそれに賛同したのであった。

　ファビウスによって行く手を塞がれたハンニバルは驚くような手法で自分
の出口を開いた。牛の角に光り輝く枝を結び付け，訓練されたローマ人〔の
軍隊〕に動揺を巻き起こしたのである。たとえ他の者がこの発想を理解し賛
同したにせよ，これはだれも想像もしなかったことである。

　アレクサンドロスがアジアに近づいていたとき，オルフェウスの像が発汗
していると伝えられた。それは何か不吉な前兆と見なされた。アレクサンド
ロスは，これに対して次のようにいった。この予兆は私を喜ばせる。詩人た

358　第Ⅱ部　翻訳編

ちにとって自分が偉大な作品の題材となるのだから。こうした悪ふざけた言葉をその他の者は理解した。それでもなお長いあいだ彼は〔不吉なことを〕探したが，それには出会わなかった。

　ところで，すべての人生において忠告もしくは教えを正しく見出すことは大きな栄誉であり，もっとも重要な事柄を支配することになる。アリストテレスは正当に最大限の賛辞でもって，この発明する知性のことを飾っている。

　ちょうど光が眼を助けるように，同じようにして受動知性は発明する理性によって助けられるとアリストテレスはいう。というのも私たちにとって自身の計画を見出すこと，あるいは他者による発見やいわば言説を利用することは必要だからである。

　これを彼は想像から引き離すことと述べている。つまり，これは素早く対象を収集し，徴（signum）を求め，その徴から原因や影響を求めて，比較し，暗示し，そこからもっとも適切なものを選択するのである。ちょうどデマデスは次のように述べている。アレクサンドロスが亡くなると彼の軍隊は眼を抉り出されたキュクロプスのようであった，と。送られた大きな軍隊で最大限に素早い集合が指導者によってなされたものの，その大きな身体は眼を失ったキュクロプスのようであった。

　加えてアリストテレスはこの発明する知性が，ちょうど材料に関する実践的技術（ars）のようだと述べている。こうした材料を製作者（arifex）は形成し洗練するが，それは教師が生徒を形成して教育するのと同じである（ut praeceptor format ac erudit discipulum）。

　さらにアリストテレスはこの知性が混合され，攻撃や無感動（ἀπαθῆ）によって傷つけられたものではなく，それらから分離可能なものであると付加する。これを不死のものと解釈する者もいる。私はこれに決して反対はしない。むしろ不死であると理解されるほうを好む。他の場所で，とくにアリストテレスはこのことを次のように述べている。精神〔能動知性〕は外側から入る。というのも，これは彼の『動物発生論』第2巻にある言葉だから。そうすると残るところは理性だけが外から〔後で〕体内に入り，これだけが神的なものであるということである[41]。というのも彼には精神がある種の松明

であるように見受けられたからである。それは脳に光を提供するが，それが
どのようなものか，どのように飛散するのか，彼は私たちが所有するこの書
物のなかでは説明していない。

　しかし行為する知性〔能動知性〕と受動知性に関するアリストテレスの考
えがどのようなものであれ，ともかく私たちはこれらの働き〔機能〕を正し
く区別しよう。指示を案出する（invenire）働きと受け取る（accipere）働き
の区別である。こうした働きは明確な区別であるので，私はこの理解可能な
一般的説明で満足している。これは読者を知性における働きが異なることに
関する考察へと導いてくれる。アルキメデスにおける発明する知性は，他の
普通の建築家におけるよりも遥かに透き通ったもの〔明瞭〕である。

　私は他の説明も見た。それはより緻密であるように思われたが，実体のな
い戯言であり，理解されるのは不可能である。

　ところでアヴェロエスの予想は笑いものにされ，およそアリストテレスと
は異質なものであるが，それにもかかわらずもし巧みに理解されるなら，馬
鹿げたものではない。というのも彼が行為する知性は神自身が人間の内で生
じさせる素晴らしい運動であると述べるとき，神自身によって明示され制御
された卓越した有益な思考について，まさに語っているからである。ちょう
どソロモンが述べるように，聞く耳，見る目，主がこの両方を造られた[42]。
そしてキケローはまさしくこう述べる。神的霊感〔神から気息を吹きかけら
れること〕なしに（sine afflatus divino）卓越した徳は決してない[43]。ファビ
ウスや他の年上の者たちの意見は異なっていたとはいえ，神はスキピオに対
してアフリカへと移動する計画へと変更させたのであった。

教えの確実性の根拠とは何か

　神は，ある確かな知識が存在していることを欲している。神は自身を明示

41　『アリストテレス全集 9』岩波書店，1969 年，162-163 頁，参照。

42　箴 20:12。

43　前掲『キケロー選集 11』，196 頁。「いかなる英雄も，神の啓示がなければ，偉大には
　なりえなかったのである」。

しているし，それは人間の生においてそれを支配する規範（normae）である。こうして神は事物を作った唯一の神的な存在であると確かに知られるのを欲したのである。神は知恵ある，真の，自由で，慈悲深く，正しい，純潔な存在であり，人間を裁き，悪行を罰する。神は決してエピクロス派の考えが受け入れられることを欲せず，決して神々の群れが捏造されることも欲しない。次いで神は生を支配するもっとも確かな知識が存在することを欲している。罪のない者を殺すなかれ，証言あるいは契約する際に嘘つきであるなかれ，他人の妻や財産を盗むことなかれ。神は数の知識が確かに存在することを欲している。こうして私たちは唯一の神が存在し，数えきれないほどの神はいないことを理解するようになる。さらに全人生において私たちは唯一のものと多くのもの，そして秩序を考察できるようになる。神は自然において確かに，熱さ，寒さ，湿気，乾燥，重い身体と軽い身体といった区別が理解されるのを欲している。というのも，もしこうしたことが区別されないなら人間の生が保持されることはありえないから。多くの実例については省略しよう。生徒たちには真理を愛し，正しい考えを学ぶように私たちは命じる。そうした神の栄光ために私たちは懇願する。識別した真理を持続的に保持し，次いで神の意志に従い，それを使用にもたらすように，と。というのも人間の身体が食物，飲料，睡眠なしにその生命を保つことは不可能であるのは確かであり，これらのものを〔私たちは〕正しい仕方で用いなければならないからである。こうして〔私たちは〕神の正しい秩序についても識別するようになり，神がこうした善を与えているがゆえに，神を感謝の精神と称賛によって称えるようになるのである。このように，これらの知識は確かなものである。殺すなかれ，姦通するなかれ。こうした秩序は神によって定められ，それに従ったものであることを私たちは認識する。確かな知識の存在を混乱させるような，ピュロンの屁理屈なやり方を〔私たちは〕求めてはならない。

　ところで弁証法のなかでは確実性の規範について豊富に語られている。それをギリシア人は判断のための根拠〔クリテリア〕（κριτήρια）と呼んだ。ここで，ついでに若い人々に十分に思い出してもらいたい。彼らが知性における自然の光をどのようなものと考え，判断の規則をどのようなものと見なし

たのか，さらにそれへの賛同の強固さはどこから至るのか，ということを。

したがって確実性の規範〔基準〕（normae certitudinis）には，哲学者によると三つある。普遍的経験（experientia universalis），原理的知識〔生得的な観念・知〕（notitiae principiorum），そして三段論法における秩序〔規則性〕の理解（intellectus ordinis in syllogismo）である。

普遍的経験とは感覚によって受け取られるものに関していて，健全な人ならすべて同じように判断する。ちょうど火は熱いとか，女は子を産むとかいうように。動物の生においては感覚と運動とが存在している。死は動物の破壊である。しかし普遍的経験は〔生得的な〕知識が確かに存在していることを明示する。というのも，もし反対の事柄が習慣的に経験されるのをあなたが欲するとすれば，自然本性の破壊が帰結してしまうからである。ちょうど，もしだれかが火が燃えているのを否定して手をそのなかに入れるなら，それが破壊されるのを当人は確実に味わうことになるようなものである。したがって自然はそのように作られているのであり，そのようにしてあるのが神の業（opus Dei）であることを認めなければならない。その他の冗長な説明は求められる必要はない。そこで普遍的経験と矛盾する〔一致しない〕ということは，神自身を攻撃し，神によって立てられたこの秩序を否定することになる。ちょうど女が子を産むのを否定したり，生きた人間を彫刻しようと試みたりするようなものである。

原理とは私たちとともに生まれついている〔生得的〕知識である。これは神によって私たちに挿入された〔植え付けられた〕個々の学芸の種子（semina）であり，ここから学芸は積み上げられていく。これを使用することは人生において必要である。ちょうど数，秩序，比例，そして多くの命題といったものである。どのようなものであれ全体はその部分よりも大きい〔といったように〕。神は永遠の精神であり，賢く，真実で，正しく，純粋で，慈悲深い，世界の製作者（conditrix mundi）であり，事物の秩序を守り，悪事を罰する。人間の精神は，これと類似したもの〔似姿〕に向けて作られている（ad hanc similitudinem condita est）。したがって人間は真実で，正しく，慈悲深く，純粋であるべきである。この規範に従うということは正しく行為することである。この規範から離れることは神にとって不快な行いであ

り，醜悪な振る舞いとなる。そして離反する者は自らに罰を招くことになる。原理に関する多くの事柄は弁証法において語られる。

　第三の根拠とは三段論法における秩序の理解，部分の正しい結合であるが，弁証法のなかで十分に語られることになる。ストア派の学説においては根拠となるものに三つの名称が付けられている。感覚的知覚〔アイステシス〕（αἴσθησις），心像〔概念〕〔プロレプシス〕（πρόληψις），そして知識〔グノーシス〕（γνῶσις）である。経験（experimentia）が理解されているときには感覚的知覚（αἴσθησιν）のことが述べられているのは間違いない。概念（πρόληψιν）を名づけるとき原理（principia）となる。したがってグノーシスは判断（iudicium）つまり秩序もしくは〔論理的〕帰結，あるいは繋がりの理解（intellectus）ということになる。

　私たちの教会においては確実性の第四の規範がある。すなわち神による啓示（patefactio）であり，明確で誤ることのない証言によって成り立っている。これは預言者と使徒による書物のなかにある。ところで，もし人間の精神が自然の光によって識別するものと容易にかつ堅固に賛同していたなら，たとえ自然の光によって私たちには真のものが確実に見えないにしても，やはり同様に持続して，すべての理性的被造物は神によって明らかにされた考えに賛同しなければならなかったであろう。こうして疑うことなしに私たちは次のように断言する。4×2＝8 というのと同様に神は死んだ人間を蘇らせ，教会は永遠の栄光によって飾られ，不敬虔な者は永遠の罰へと投げ入れられる，と宣言する。しかし多くの無謀な者たちは神託に抗う。エピクロス派やその他の者たちである。それにもかかわらず人類のある部分の者たちは驚くべき証言に動かされて，これに賛同する。彼らの内では福音の声によって聖霊がこの光を灯し，その精神を賛同へ向けて変えさせ，そうして精神は聖霊に従うようになり，福音の声を喜んで受け入れるようになり，疑念と戦うようになる。そして神によって明らかに示された内容を喜んで受け入れる。このような賛同（assensio）は信仰（fides）と呼ばれる。これは確かに，ある者の内においてはより弱いのだが，ある者の内においてはより強い。これを神からの〔取るに足らない〕軽い恩恵である，と私たちは決して考えてはならない。これを神はかのご自身の神秘の座から生み出すのであり，自身

を私たちに啓示し，その啓示によって，人類が神にとってまさに気がかりになっていること〔神は人間のことを常に配慮していること〕（curae esse）が証言されるのである。したがって，そうした啓示を生の特別の光（praecipuum vitae lumen）としよう。そして，すべての行動とすべての計画を支配するものとしよう。そして日々の祈りのなかで啓示の証言を私たちは考えるようにしよう。すると信仰は〔点火されて〕駆り立てられ，私たちは喜んで神の善を認識し，これを賛美するようになるのである。

　ここでこうした区別について考察することは，まさに非常に有益である。あるものは神の声によって伝達される。それは自然に知られるものであり，ちょうど十戒の教えのようなものである。しかし神は自身の声によって，そうした自然の知識自体がもともと人間の精神に挿入されてあることを明示するために，私たちに参与しようと欲し，新しい証言によって法を制定したのであった。ところで善き精神にとっては真理の確証は好ましいものであり，そこで自然の知識に賛同する神の声を理解する。理性は地球が動くことなく止まっていて，太陽が動かされていること〔天動説〕を把握する。しかし同じことが神によって伝えられるのを私たちが耳にするとき，私たちはより強固にこれに賛同させられるのである。

　しかしながら神によって伝えられている他のある見解が存在している。それは，すべての被造物にとって知られる全く以前のものである。つまり神の子，私たちの主イエス・キリストに関する福音の声，復活，永遠の報復と罰に関するものである。子を信じる者は永遠の命を得る。しかし子を信じない者は命を見ず，その者に対しては神の怒りが待ち受けている。私は生きている〔命である〕と主は語る。私は罪人に死を望んでいるのではなく，向きを変えさせられ〔救われて〕生きるように望んでいる[44]。神の子のゆえに罪は赦されていることが確かであると信じなさい。神の子のゆえにあなたの呻き，あなたの祈りは神によって受け容れられていると信じなさい。これは強固な賛同によって喜んで受け入れられねばならない。そして，この賛同を原

---

[44] エゼ33:11。「私は生きている，と主はいわれる。私は悪人が死ぬのを喜ばない。むしろ，悪人がその道から立ち帰って生きることを喜ぶ。立ち帰れ，立ち帰れ，お前たちの悪しき道から」。

因として神的な権威（auctoritas divina）が存在していることになる。これによって私たちにこうした見方が伝達され，死者の復活やその他のもののような明瞭な証言によって強固なものとされるのである。したがって思考する精神は，こうした変わることのない見方のゆえに製作者である神を見つめる。それは自身を啓示したように，そのようにして自らが認識され，祈り求められるのを欲している。私たち人間の大胆さによって自身に関する考えを弄ぶことを神は決して欲していない。異邦人や哲学者が戯れるように。

　ここで私は簡単に教えの確実性の根拠について列挙した。というのも，こうした理解の種類を考察することは，どこから知識の強固さ（firmitas notitiarum）が生じるのかを明らかにし，示してくれるからである。しかし人間の全人生において確かな知識と不確かなものとを区別すべきという熱心さは必要である。なぜなら人間は正しく確かなものと思いこんで，間違いもしくは不確かなことに賛同することで，しばしば自身にも他人にも大きな損害（calamitas）を招いてしまうからである。ちょうどアントニウスが十分ではない根拠から帝国全体を支配できると思案したように。というのも彼はオクタウィアヌスよりも熟練した支配者であり，より大きな軍隊を持っていたからである。しかし，より熟練していて，より大きな軍隊を持っていた彼が勝利することになるだろうという必然的な帰結は，それに続きはしなかった。というのも多くの妨害が注意深い指導者にさえもたらされ，それに直面することになったからである。そして神は出来事を支配する独自の根拠（praecipua causa）である。このような人生における過ちは賢人においてさえ多く存在するし，しばしば大きな損害の原因ともなる。こうした警告はさまざまな言い方で与えられている。たとえば「人は徒なことしか考えず，何も知らない」[45]。さらに〔前6世紀の詩人〕テオグニスはこう述べている。「判断はしばしば外見に欺かれて狂うからだ」[46]。さて，こうしたことがどれほど起こりえようとも私たちは確かなものを求め，とりわけ人生の計画においては神の規範に従うとしよう。そして精神および出来事が神によって支配さ

45　テオグニス他『エレゲイア詩集』西村賀子訳，京都大学学術出版会，2015年，130頁。

46　同上書，129頁。

れるのを冀おう。申命記第6章で，しばしば神が命じているように。あなたはよく聞いて，忠実に行いなさい。そうすれば，あなたは幸いをえて，父祖の神，主が約束されたとおり，乳と蜜の流れる土地で大いに増える[47]。

意志について

はじめに若い人々は，この言葉の用法について注意喚起されねばならない。古代のラテン語では意志を能力ではなく，行為，もしくは欲することそのもの (ipsum velle) と理解していた。ちょうど次のようにいわれているように。嫉妬する者のなかには傷つけようとする意志がある。つまり悪意を抱く者は傷つけることを欲する。「このことをわたしは欲しているのです。わたしは命じます，わたしの意志が処刑の理由です」[48]といわれているように。しかし，ここではアリストテレス的な意味で，意志を能力もしくは，こういいたいのだが，知性的な魂の欲求的な部分であるとしたい。これは感覚的な欲求よりも優れた能力である。というのも物事それ自体は欲求に段階があることを明らかにしているから。ちょうど熱のなかで喉が渇いている者は感覚的な欲求によって大いに飲み物を欲求するように。しかし，より優れた能力である意志は危険が指し示されると，飲んでいるべきではないと識別する。同じようにスキピオは，素晴らしい形態の高潔に捉えられた厳しい節制は優れているべきであると識別した。

したがって，こう定義しよう。意志〔選択〕(voluntas) とは最高の欲求能力 (potentia appetens suprema) であり，対象が示されると知性によって自由に働く[49]，と。

---

47 申 6:3。

48 ペルシウス／ユウェナーリス『ローマ風刺詩集』国原吉之助訳，岩波文庫，2012 年，159 頁。

49 次を参照。「なぜなら，選択には理りと思考とがともなうからである」(『アリストテレス全集15』岩波書店，2014 年，106 頁)。「選択されうるものとは，私たち次第のもののうち，思案されうるもの，欲求されうるものであり，したがって，選択とは私たち次第のものに対する思案に関わる欲求であるということになろう。実際，私たちは思案することに基づいて判定し，願望に基づいて欲求するからである」(同上書，110 頁)。「選択とは『欲求をともなう知性』，もしくは『思考をともなう欲求』であり，そのよう

こうした選択する行為には，欲するか拒むか，がある。そして，このあいだに（medium）行為は宙吊りにされている（suspendere）ことになる。しかし意志は善を，それがそうであるか，もしくはそのように見えるかにしても，そうした〔自分にとって〕善なるもの（bona）を欲する。意志は悪から，それがそうであるか，もしくはそのように見えるかにしても，そうした〔自分にとって〕悪なるもの（mala）から逃げる。後で対象について述べるところで，さらに語ろう。

　重要な理由なくして意志における行為の段階は区別されないが，とはいえ名称は曖昧ながらあって，それは古代人には知られていない。ある〔選択する意志の〕行為は引き起こすもの（elicitae）であり，他のものは命じるもの（imperatae）である。引き起こす〔選択〕とは，この行為によって意志が自分自身から，模倣することなく，だれかから命令されることなく，何かを求め，あるいは避けるような場合である。ちょうどスキピオがまさに心から祖国の平安を欲していたため，司令官といさかいを起こさなかったように。けちん坊（avarus）は，まさに心から金銭を求める。こうした行為は真剣（seriae）と名づけられることもできるが，意志と心とが一致する場合にのみ真剣となる。

　他の〔選択する意志の〕行為は命じるものと名づけられる。すなわち意志が自分自身に対して，もしくはより下位の力に命じる場合である。もっとも上に述べたように命令するものは同じではない。駆動させるもの（locomotivae）はどのようにしてかは分からないが見事に命じ，ちょうど，どれほど喉の渇きが大きくとも手を抑制して飲み物を口に近づけないようにする場合である。このように運動の道具である神経の言い表し難い業（ars）により，意志の命令によって動かされるように作られているわけである。そして，それが傷つけられることがなければ，その命令に従うことができる。ちょうどアキレウスが怒りによって燃え上がっていたのだが，それにもかかわらずパラス・アテネ〔女神〕による警告によって手に命じて，剣でもってアガメムノンを打ち殺すことなく，さらに足に命じて馬鹿げた話で興奮させ

───────────────

な行為の起点が人間なのである」（同上書，232頁）。

る彼から遠ざかるようにしたように[50]。こうした統御と自由の様式は曖昧な
ものではない。そして後に私は述べたいと思うが，たとえ人間の自然本性が
活力をなくしている（languefacta）にせよ，神はこれが人間の内に残存して
いることを欲している。

　遥かに異なる仕方で意志は心に命じる。すなわち政治的に（πολιτικῶς）で
ある。知性からもっともな理由を受け取ると，これによって心はより少なく
抵抗するか，あるいは感情の情火（incendium affectus）が消火されるままに
しておくか，どちらかに駆り立てられる。ちょうどダビデは洞窟のなかでサ
ウルを安全に殺すことができたし，心のなかにはある程度の情火が残ってい
たが，それにもかかわらず彼は次のような推論によって動かされたのであっ
た。もし神の民のあいだで王を殺せば，たとえ心の怒りが慰められるにして
も悪しき実例となるであろう[51]。

　対象の変化によって心が他の運動をするのは明白である。というのも，こ
れは他の精気によって叩かれているからで，心は魂の座でもあるからであ
り，それは上に私たちが論じた通りである。メデイアはイアソンを，自身が
愛されていると判断する限りで愛していた。自身が遠ざけられるのを見て，
彼が他の女を娶ったときイアソンを憎んだ。こうした対象の多様性について
は後に語ることにしよう。

　さらに，すべての見せかけ（simulationes omnes）は〔意志に〕命じられた
行為である。ちょうど不貞で不敬虔な者が悔悛の真似をする場合，そうした
誤った悔悛のなかに見せかけの苦しみがあるように。

意志の対象とは何か

　知性の対象は遍く明らかな存在である。それは神および全世界（rerum
universitas）である。もし人間の自然本性が損なわれていない（integra）情態
であったなら，同様に意志の対象も同じであったであろう。そのなかで最高
に求められ愛されるべきものは神であった。神の法（lex divina）が証言する

50　ホメロス前掲書，20頁以下，参照。
51　サム上24。

368　第Ⅱ部　翻訳編

ように，あなたは心を尽くし，魂を尽くし，力を尽くして，あなたの神，主を愛しなさい[52]。それゆえ神は理性的な被造物を作ったのである。それはもうひとつの自然本性となるためであり，それに自身の知恵と善とを伝達しようとしたからである。というのも善なるもの（bonum）は共通のもの（κοινωνικόν）だから。それゆえ太陽が光と熱とをこの空気のなかに撒き散らす（spargere）ように，同じく神は私たちの精神のなかにロゴス〔言葉〕と聖霊とを撒き散らした。さらにロゴスは父を明示し，数多くの知恵によって精神を照らした。しかし意志と心とを聖霊は永遠の父と連結し，お互いに愛し合うことで，神の本性と調和する喜びや心の動き〔感情〕が伴うことになった。このように人間の知恵と生（vita）とは神の知恵と命（vita）と一致〔調和〕していた。そして，この善なるものは堕落において（in lapsu）失われたが，後で述べるように，福音を通じて回復された。そこで神は再びすべてのものにおいてすべてを祝福するが，それは以下に神の像について述べる通りである。したがって愛が〔ここで〕秩序づけられている。かつては神に対して，すべてのものが最大の愛の炎を持ち合わせていた。次いで，その他の善きものをその秩序から受け取っていた。これらは神の知恵が明示している。徳，生命，生活に適切なもの。これらを私たちは神から求め，そして人間はこうした事物を合法的に用いることで自身が神に奉仕するのを認識し，創造主である神を祝福したのである。

　だが今では私たちは傷つけられ略奪された旅人と同じような者となり，精神においては暗闇が覆っている。つまり神について多くの嘆かわしい疑念が存在し，心の内には神への愛はなく，意志は神ではなく他の対象を求め，こうした秩序は乱されてしまったのである。最高善は身体の快楽にある（summum bonum esse voluptates corporis）。そのようにエピクロス派の人々だけではなく，多くの人々のほとんどが見なすようになってしまった。他のより控え目な人々は，徳とはより善い何かだという。それにもかかわらず，この人々は神のために徳は求められるべきであるとは教えない。こうして精神の光は失われ，意志の内なる神への愛も消え，哲学者たちは真理から逸脱し

52　申 6:5。

てしまった。これは他の場所で十分に語られている通りである。

しかしながら今こそ人間の自然本性がどのようなものであり，哲学と福音の区別が何であるか，私たちは考察したいと思う。そして〔私たちの求めるべき〕対象，それへ向けて私たちを神の子が呼び戻そうとするものが何であるか，列挙したいと思う。

ところで，まずはっきりと近頃の馬鹿げた人々の意見を跳ね返し，否認しておきたいと思う。彼らは善が欲求における意志の対象であることを否定する。そして意志がまさに見せかけ〔口実〕なしに，何ら善である理由なしに，悪を欲しうると主張する。そこで，なぜこの戯言が拒絶されなければならないのか，その真の理由は数多くある。この理由を私は手短に列挙しはしないが，それでも若い人々には，そうした異常な意見を避けるように祈りたい。というのも，たとえ意志に自由が少しは残っているにしても，それでもこれは善を欲するように秩序づけられているからである。このことをもしだれかが聞き入れないのなら，その人は目的に関するすべての根拠を破壊してしまい，なぜ意志がパラリスの牛〔拷問具〕におけるよりも神のなかで安らうのか，そのさらなる理由を失ってしまうことになるであろう。同じく，もし意志が善を欲するように秩序づけられていないとすれば，悪徳よりも美徳をより欲しなければならないという理由もなくなってしまう。しかし〔これに対する〕論駁は思い止まるとして，私は手短に，この弱さのなかで，福音の光と聖霊とによって支配されていない者たちが，その弱さにおいて，彼らの意志を動かしている対象が何であるか，定めておくとしよう。

したがって，こうしたカトーやキケローのような人々にとって欲求における意志の対象とは，理性あるいは感覚が人間の自然本性や社会にとっての善であることが区別される限りにおいて，そうしたものに妥当する特定の善ということになる。反対に遠ざかるべき対象とは，こうした善に抗う悪ということになる。ここから人間の欲求が聖霊なしにどれほど発達するのか，判断されることになる。

しかし，こうした善には種類がある。市民的な誠実 (honestum civile)，有益な善きもの (bona utilia)，生命と生活にとって適切なもの (vita et vitae commoda)。同じく快さ (iucundum)，快楽のようなものを感覚あるいは理性

370　第II部　翻訳編

は求める。こうした善の領域内で欲求はあちこちと動き回る。結果として私たちは学識（doctrina）を求める。というのも，それが精神の完全（mentis perfectio）といったものであり，光であるからである。天，星，地，植物，動物の考察に向けてこれほどの美しい劇場が〔私たちの眼前に〕据えられているとき，そして私たちの内に学知の種子（semina scientiarum）があるとき，〔私たちの〕自然本性そのものが，いよいよさまざまな美しい事物の考察へと駆り立てられることになる。ある者はスキピオやファビウスのように，たとえ成果がなくとも徳を求める。私たちは栄光を求める。なぜなら，それは徳のなかで美しく卓越したものであるからである。そして私たちは与えられたこれらを正しい仕方か，あるいは誤った仕方で欲する。というのも人間の自然本性は傲慢だから。つまり自らを愛し，自分が偉大となるのを熱望するからである。次に私たちは生命，生活に適したもの，そして快楽を求める。これを超えてカトーは進歩しなかった。彼は神を愛さなかった。なぜなら，たとえ神が存在すると述べたにしても，それにもかかわらず彼は，神が私たちのことを配慮しているかどうか，聞いているか助けてくれるか，と疑っていたからである。彼は神を無用であり，人間に対して善きものをもたらすこともないと夢想する。いずれにしても苦難のなかで彼は神を愛さなかった。もし物質から偶然によって生じたてきたと思うだけでなく，その限りで悪事の罰もあると判断するなら，確かに〔それ以上に〕罰する神など愛することはない。ここから詩人の内には摂理に関する数多くの疑いや神への反駁が生まれることになる。ウェルギリウスによると次のように。「これに対して私たちは，日頃あなたの神殿に，供えを欠かさずつとめつつ，何にもならない無駄ばなし，胸にいだいて来たばかり」[53]。さらに精神には暗闇があり，こうしてますます意志は神から離反することになる。まるで，さまざまに異なった風によって煽り立てられたシュルティス〔地中海の船の難所〕の船のように，これは色々に振り回され，こうして放浪する意志（voluntas vagabunda）は秩序を欠いて他のものや対象に突進するようになる。それゆえにパウロは，こう述べている。肉に従って歩む者は，肉に属することを考

53　ウェルギリウス『アエネーイス（上）』泉井久之助訳，岩波文庫，1976年，224頁。

える[54]。カトーは徳を愛したが，神のためにではなかった。自分が神から配慮されているとも述べなかったし，神を愛しもしなかった。こうした段階は観察されるべきであり，その結果，哲学と福音との区別は明瞭になる。ところで，こうしたことは豊富に語られうるのだが，ここで簡単に注意を促すことで，ここでの注釈には十分ふさわしいと私は判断する。

　したがって今は哲学者の学派からは離れて，私たちに福音の光と呼ばれているものに向かい，意志の対象が無限の善にあり，その他の善はその秩序によって求められるべきであることを知るようにしよう。というのも私たちは自然本性の修復に向けて（ad instaurationem naturae）誘われているからである。こうして私たちには神の子わが主イエス・キリストが与えられ，私たちのために十字架につけられ，復活されたのである。イエスは神が無関心（otiosum）ではないことを断言している。むしろ罪によって真に恐ろしいほどに怒らされているが，それでも救いを求めて恩恵のなかで子へと逃げ込む者を受け入れ，これらの者に耳を傾け，彼らを解放しているのである。この福音の声を私たちが聞いて，信仰によって喜んで受け入れられると，神自身が，永遠の父であるロゴスが，私たちの精神の内に光を点火し，心〔心臓〕はその聖霊によって燃え上がり，その結果として神の内で安らい喜ぶことになる。こうして神を愛し，これに従い始め，自らそれに支配されることを求め，再び神の神殿となるのである。私たちはストア派ではない。しかし，それでも神によって作られた善きものがある，と私たちはいう。生命，食べ物，飲み物，結婚，政治的な社会であるが，秩序によってこれらは求められなければならないし，決して神の意志よりも優先してはならない。アンティオキアの司祭で老バビュラスは生命を，結婚を，息子たちを愛した[55]。すでに80歳を超えて，だれも若い大胆さが彼に危険を引き付けるとは思わない。それにもかかわらず彼は福音の信仰告白を，自身と息子の人生よりも優先した。両親は高齢で息子の死を看取るのには十分ではなかったが，それでも闘争のなかで彼らを強めた。次いで三人の若い息子が両親の見ているところで殺され，年老いた両親は酷い目に遭わされる。生き残った母親は夫と息子の

54　ロマ 8:5。

55　『エウセビオス「教会史」（下）』秦剛平訳，講談社学術文庫，2010 年，74 頁，参照。

372　第II部　翻訳編

身体を墓のなかに置いた。こうした実例は私たちに対象の段階を明示してくれる。

　しかし，どこからそうした振る舞いや行動の混乱が生じてくるのだろうか。ダビデは醜悪な行いであることを知り理解しながらも他人の妻を寝取った[56]。ここでは次のようなことが起こった。つまり異なる対象が心と意志に差し出されたのである。理性は意志に対して醜悪であることを示す。しかし心は愛によって情熱的になっていて，これは荒れ狂う強烈なもの（violentus）のようで，自身に意志を魅了させて〔捕えて〕しまい（rapere），正しい判断には従わないようにさせてしまう。というのも意志は，たとえある程度の自由を有しているにしても，とにかく駆動させるものに対して命令することができるにしても，それでも反対のものに到達はせず，まるで火口（fomes）のように，簡単に心の情火〔激情〕を受け入れてしまうからである。したがって今やこのような意志の自由がどのようなものであるか，述べるべきときに至った。

意志〔選択する意志〕の自由について

　弁証法において必然性（necessitas），偶然性（contingentia）そして自由（libertas）という用語は明らかにされている。ここからこれらの用語の説明が採用されるのだが，これは知られるべきである。今やここで私は神の意志における自由，さらに理性的な被造物における自由，天使と人間における自由が，意志の能力であることを述べたいと思う。それは行為することも，また行為しないこともでき，あるいは同じく，あるいは違う仕方で行為することもできる能力（facultas）である。しかしながら神，祝福された者〔天使〕，人間において，この世の生のなかでは大きな区別が存在するが，これについては他の場所で十分に説明される。したがって行為者には火が行為するのとは異なる仕方が存在することになる。火（ignis）は必然的に〔選択する余地なく〕引き付けられた身体を熱し，その行動を中断することも，他の仕方で

56　サム下11。

行為することもできない。

ところで，まず神はもっとも確実なもの（certissimum）であると定められねばならない。たとえ不変の善であるにしても，それにもかかわらずもっとも自由な行為者（agens liberrimum）であり，作り出したすべてのもの，自身の外に向けて行ったすべてのことは，もっとも自由な意志によってなされた物事であり，神は詩編が語るように行為するのである。主は何事も御旨のままに行われる[57]。そしてストア派による不敬虔な狂気は遠く斥けられることになる。彼らは神が第二の〔続く〕原因に拘束されていると捏造する。そして後続する原因が駆り立てるようにしか行為できないとする。つまり，その他の仕方では行為できないとする。そこで必然的に善も悪も，高潔なことも醜悪なことも，意志したり行ったりできるのだとする。思い巡らすのも身震いするが，若者たちが警告されて，この悪魔による嘘から逃避し嫌悪するようになるために，ときにはこれを思い出すことも必要である。彼らは神において侮辱的であり破滅的な振る舞いにあるが，これについては他の場所で十分に語られる。

さて神は自由な行為者であるという大前提が立てられたことにより，私たちは神と天使と人間が，創造の際これら三つの善きものによって装備されていることを知るようにしよう。それは神自身において最高のものであり，すなわち知恵なのだが，つまり神の法の知識，正義，そして意志の自由である。

しかし太陽，火，水，その他の事物においては，常にひとつの様式で行為するという，〔上の者とは異なる〕行為のもうひとつの様式が与えられている。神はこの区別が認識されるのを欲している。自身が自由な行為者であり，私たちの行いはその計画によって支配されている。そうしたことが〔私たちに〕理解されるのを欲しているのである。ゆえに人間の内にはある意志の自由があるのかどうか，それはどのようなものであるか，ということが議論されることになる。しかし真理を愛する者にとって説明は難しくはない。ペテンによる議論ではなく，むしろ敬虔な者にとっては，ストア派による意

---

57 詩 135:6。

374　第II部　翻訳編

見と教会の教えとの区別について熱心に考察することが必要である。マニ教徒とヴァッラは，このなかにストア派による戯言を不敬虔に注入した。

　したがって人間の意志の自由は二様に（dupliciter）傷つけられてしまっていることを私たちは知らねばならない。というのも，あるいは全世界〔宇宙〕においてすべての出来事の偶然性が取り除かれ，人間だけでなく，その他のものでさえそうなってしまうことは，ストア派による運命的な必然性を擁護してしまうことになるからである。あるいは，そうしたストア派による必然性が擁護されないにしても，人間の力の弱さ（infirmitas）は明らかにされてしまうことになるからである。これは，たとえとにかく外的な高潔な〔品位ある〕行いをなしうるとはしても，それにもかかわらず神の法への完全な服従を果たすことはできず，罪や死を取り除くことも決してできないからである。したがって二つの問いが生じてくることになる。ひとつはストア派のいう必然性に関して，もうひとつは人間の力の弱さに関して。前者について，私はごく短く答えたいと思う。

　神が罪を欲したり，罪に賛同したり，罪を引き起こしたり，罪を応援したりしないことは，もっとも確実である。むしろ罪によって神は真に恐ろしいほどに怒らされている。詩編で，こう述べられているように。あなたは決して逆らう者を喜ぶ神ではありません[58]。さらにヨハネによる福音書第8章では，こう述べられている。悪魔が偽りをいうときは，その本性からいっている。自分が偽り者であり，その父だからである[59]。したがって神は罪を欲しも，許しもせず，これは神の意志から生じたものではないことが明示されねばならない。そうではなく，悪魔と人間の意志から罪は生じたのである。これらは善きものとして作られていたし，その意志は自由であったのに，自ら進んで神から離反したのである。ゆえに自由が偶然性の起源であり原因である。

　摂理〔予見〕（praevisio）は必然性をもたらしたりしないし，悪魔や人間の意志に対して悪事を働くように強制したりもしない。したがって，たとえ神がサウルの悪事を予見していたにしても，それにもかかわらず神は，それを

58　詩 5:5。
59　ヨハ 8:44。

11 魂についての書 375

欲しも，それに賛同しも，それを引き起こしも，それを助けもしない[60]。しかし神はどこまでが許されるのか，その限界を立てて制限した。こうして学派においては神が偶然性を定立したと述べる。ファラオがイスラエルに敵対するのを神は予見し，この凶暴な振る舞いに彼らがどこまで耐えられるか，その限界を定めた。ちょうど，この境界そのものを預言者たちの多くの美しい言葉が示しているように，アッシリアの支配についてこう述べられている。私はお前の鼻に鉤をかけ，口にくつわをはめ…[61]。こうしたことを私は短く語った。若い人々が，ストア派が捏造した必然性に関する悪魔の虚偽から逃れ，そうした前にいわれた事柄を決然と忌み嫌うように警告されるためである。彼らは神に敵対して侮辱的であり，道徳を傷つけている。というのも多くのもっと野蛮な者たちがいるのであり，ゼノンの奴隷たちが考えるように，自分は運命づけられた〔宿命的な〕必然性によって（fatali necessitate）罪を犯すと悲劇のなかで述べられているからである。そうした運命そのものが罪である。だれも運命によって傷つけることはない。さらに正確な言説はエウリピデスのなかにあるが，それはプルタルコスが引用しているものである。「神々が何か恥ずべきことを行うなら，それらはもう神ではない」[62]。

　さて教会による応答について述べたいと思う。これは私たちの力の弱さについて語っている。ここでまず明白であるのは，人間が神の法（lex Dei）に完全に服従することはできず，罪や死を取り除くこともできない，ということである。このことについては，人間の自然本性が罪によって捕えられていることを激しく訴えるところで，パウロが十分に熱く語っている[63]。それにもかかわらずやはり（interea tamen）自由は多少とも〔どうにかして〕（aliqua）残っている。なぜなら神は今なお（adhuc）とにかく自由な行為者（agens liberum）と，計画もなく自由もない行動者〔運動を駆り立てられる者〕（agentia）とのあいだの区別が理解されるのを欲していて，さらに自身がもっとも自由な行為者であり，後続する原因によって何ら束縛されていな

60　サム上 15。
61　王下 19:28。
62　プルタルコス『モラリア 13』戸塚七郎訳，京都大学学術出版会，1997 年，191 頁。
63　ロマ 7:23。

376 第Ⅱ部 翻訳編

いことを知られるのを欲しているからである。さらに神は私たちがどうにか
して自身の警戒と苦労によって外的な行動を支配するのを欲している。

　ゆえに，これが真の原則となる。この人間の自然本性の弱さのなかで，再
生していない者においてさえでも，今なお駆動するもの（locomotiva）を支
配する自由が残されているというのは，もっとも確かなことである。つまり
外的な四肢を制御し，神の法と争うような外的な行為を行わないようにする
自由である。そのうえ行動の命令に関して自由が存在することは，さらに明
らかである。ちょうどスキピオが四肢に命令して他人の妻に触れないように
したように。そしてスキピオの意志のなかには徳の栄光そのもののために，
そうした高潔なものをどうにかして〔ある程度〕欲するような，そうした運
動さえ存在している。そのように欲すること〔意志すること〕（velle）は引
き起こされた行い（actio elicita）であり，真摯に欲することは市民的な品位
である，と名づけられる通りである。しかし引き起こされた行いはより曖昧
である。それゆえ私たちは命令について語る。それは外的な教育（externa
paedagogia）であり，これには多少とも自由があることは疑う余地のない経
験（manifesta experientia）が明らかに示してくれている。

　加えてパウロは明白に肉の正しさ〔義〕（iustitia carnis）について言及して
いる。それは自然本性の力による外的な業〔行い〕（externa opera）の行使で
あり，神の法と一致する。こうした正しさが再生していない者の内において
も存在しうると彼が主張するとき，外的な四肢を制御する意志には多少とも
自由があることには疑う余地もない。同じく神は人類に当局〔官職・権威
者〕（Magistratus）と法とを与えた。それによって外的四肢が抑制されるよ
うになるためである。パウロがいうように，あなたは権威者を恐れないこと
を願っている。それなら善を行いなさい[64]。このようなすべての支配は，も
し外的な四肢が抑制されることが不可能ならば，法の声そのものさえもすっ
かり無用という帰結になってしまうであろう。したがって多少とも自由はあ
ると告白されねばならない。そして人間が次のことを知るのは有益である。
神がこうした外的四肢の支配を命じているのを知るとき，それがある程度は

64　ロマ 13:3。

私たちの能力の内にあり，規律を冒涜することが，この死すべき生において恐ろしい罰によって処罰され，さらにこの世の後にも，もし神への回心がないならば，外的四肢は厳しく抑制され続けられ，盲目の感情によって駆り立てられる狂人や獣のように，突進しないようにさせられるということを。しかしカインに向けられたこのもっとも古い言葉を思い出そう。罪は戸口で待ち伏せており，お前を求める。お前はそれを支配しなければならない[65]。

しかし，とはいえこの規律（disciplina）は罪の赦しには役立たないし，福音による正しさでもない。それにもかかわらず，なぜこれが実行されなければならないのか。それには大きく四つの理由がある。そのなかの第一のものは，神がこれを命じているからである。ところで，すべての理性的な被造物は神に服従しなければならない。

第二の理由は，罰が避けられるようにするためである。というのも神の聖なる秩序によれば，恐るべき違反は疑いなく残酷な罰を伴うのであり，それはこの死すべき生においてもそうであるし，この世の後の生においてもそうだからである。もし神への回心が生じなければ，このようにいわれている通りとなる。剣を取る者はみな，剣で滅びる[66]。同じく神は，みだらな者や姦淫する者を裁かれる[67]。同じくお前は略奪し尽くしたときに，略奪され[68]。そしてコヘレトの言葉の第8章では，こういわれている。悪人は神を畏れないから，長生きできず，影のようなもので，決して幸福にはなれない[69]。

こうした神の裁きを毎日の実例が示している。これは教会の外ではキュクロプスではない人間たちを駆り立て，神は正しい精神であり，悪事の処罰者であると告白させるようにする。ここから多くの言説が生じる。ちょうどピンダロスが車輪に付けられたイクシオンが叫んだというように「神々の命によりイクシオンは，翼を持つ車輪に縛られ四方に転がりつつ，このような教えを人々に告げさせられているという―恩人には温かい返礼を捧げて報い

---

65 創 4:7。
66 マタ 26:52。
67 ヘブ 13:4。
68 イザ 33:1。
69 コヘ 8:13。

378 第Ⅱ部 翻訳編

よ，と」[70]。同じくホメロス。「もとより至福の神々は，非道の行いを愛でられるはずもなく〔正義と人間の正しい行いを大切になされる〕」[71]。同じく〔ヘシオドス〕。「他人に悪事を働く者は，わが身に悪事を働くことになり，善からぬ謀らみは，謀んだ者にもっとも善からぬ結果となる」[72]。同じく〔ヘロドトス〕。「およそ人間にして罪を犯し，その咎を蒙らざる者はなし」[73]。

　第三の理由は，私たちは共通の平和のために尽力するものだからである。というのも私たちは，ただ自分たちだけのために生まれついているわけではないからである。そうではなく神は私たちが共通の社会のために役立つのを欲し，さらにそれを愛育するのを欲しているからである。もっとも甘美な平等に関する次の言葉に従おう。自分自身を愛するように隣人を愛しなさい[74]。同じく，人にしてもらいたいと思うことは何でも，あなたがたも人にしなさい〔人からしてもらいたくないと思うことは何でも，あなたがたも人にしないようにしなさい〕[75]。

　第四の理由は，こうした外的な礼儀正しさ〔規律〕（externa modestia）はキリストによる教育（paedagogia）に当たるからである。つまり聖霊は良心に反して悪事をし続ける者の内には働きかけない〔効力を持たない〕からである。というのも回心は神の誓約のなかで捉えられるから。私は生きている，と主はいわれる。私は悪人が死ぬのを喜ばない。むしろ悪人がその道から立ち帰って生きることを喜ぶ[76]。この理由をもっとも親しく知りつつ，かつしばしば思い考えることは有益である。確かに，このことは豊富に他の場所でも明らかにされている。ところで，こうした外的な行動の支配は，ある程度は私たちができることの内にある（aliquot modo in nostra potestate）わけ

---

70 ピンダロス『ピンダロス祝勝歌集／断片選』内田次信訳，京都大学学術出版会，2001年，123-124 頁。

71 ホメロス『オデュッセイア（下）』松平千秋訳，岩波文庫，1994 年，39 頁。

72 ヘシオドス『仕事と日』松原千秋訳，岩波文庫，1986 年，43 頁。

73 ヘロドトス『歴史（中）』松原千秋訳，岩波文庫，2007 年，174 頁。

74 レビ 19:18。

75 マタ 7:12。

76 エゼ 33:11。

11 魂についての書　379

で，神は私たちが怠惰であったり怠慢であったりするのではなく，その法と罰への恐れから，あたかも鎖のように厳しく四肢を抑制するのを欲している。そして，こうした勤勉性は再生した者において，さらに神の子を真の信仰によって認識する者において神を喜ばせる。これは明白であり明快であって，道徳〔習慣〕（mos）にとっても，敬虔で正しい理解（intellectus）にとっても恩恵をもたらす〔役立つ〕ものである。

しかし，それにもかかわらずこの人間の意志の自由もしくは能力は次の二つのものによって束縛されている。すなわち私たちの自然本性の弱さ，そして悪魔による計略である。それゆえに多くの人々が罪状明白な悪事へと走る。したがって再生した者はこれらの原因について，さらに福音における助力について教えられると，真の苦悩を伴って，ちょうど主がいわれたように，自身が聖霊によって支配されるのを冀う。天の父は，求める者に聖霊を与えてくださるのである[77]。

さて内的な行為のもうひとつの種類について話そう。それは神を見つめるものである。福音の光と聖霊によって再生していない人間の意志は，神に対する真の恐れ，神への堅固な賛同，信頼および愛，大きな危険のなかでの真の忍耐と不屈，そして同様の精気の運動をもたらすことはできないし，神の法への完全な服従を果たすこともできない。そうした証言は周知の通りである。というのもパウロがいうように神の霊によって導かれる者はみな，神の子なのである[78]。そして主はいわれる。私を離れては，あなたがたは何もできないからである[79]。

ヨセフは彼の主人の配偶者の意志に逆らったとき，神への恐れや信仰によって支配されていて，こうした原因がそこに群がり集まった。神の言葉，神の子は精神を照らし聖霊を注ぐ。聖霊は意志と心とを動かす。こうしてヨセフの意志そのものが自身を動かす。というのも外的な神の言葉から開始されるべきであり，これによって精神は神の命令や，約束と罰について考えるからである。援助と仲介者の約束を見つめる，こうした熟考そのもののなか

77　ルカ 11:13。
78　ロマ 8:14。
79　ヨハ 15:5。

で，彼は自身が支配されるのを冀う。こうした神の子自身，ロゴス，永遠の父の像が，その光によって精神を照らし，その結果としてヨセフは永遠の父を認識し，自身が神から気遣われているし，これからもそうであるということを知るようになる。そして同時に聖霊によってヨセフは意志と心とを動かし，神に服従するのを欲し，神への畏れを豊かにし，意志は聖霊よって同意し，外的な四肢を制御し，誘惑を容認することはなくなる。こうした戦闘において彼は意志が無為ではないことを経験する。したがって聖霊は意志の自由を取り去るのではなく，その誤りを正して神へ向けて転向させるのである。〔クリュソストムスにより〕こういわれている通りである。意志する者は計画を見出すであろう。意志はヨセフのなかで聖霊を追い払うこともできたが，援助によって自身に呼び戻し，聖霊に従った。このように聖霊〔天からの精気〕による行為の機会を保持することは，信仰を訓練するのを（fidei exercitia）私たちが学ぶのに役立つ。精神は神の命令と福音を思い浮かべるようになり，私たちは信仰によって仲介者からの援助を冀うようにしよう。彼は悪魔のわざを滅ぼすために来たのだ[80]。信仰によって私たちが鼓舞されたとき，神の子はまさにそこに存在し，聖霊によって意志と心は点火され〔駆り立てられ〕る。このように助力された意志は悪徳と戦い，外的な四肢を抑制し，正しい判断に反して突進しなくなる。こうして私たちは自身の力によって勝利するのではなく，私たちの主イエス・キリストの援助によって勝利することを学ぶのである。

　これまで私があげてきた区別から意志の自由がどのようなものであるのかが，できる限り理解されることが可能となる。それは，すでに述べたように自身の区画範囲（meta）を持っている。決して神の子による恩恵に関する教えや，聖霊による約束や，同じく私たちの弱さに関する教えまで覆うようになるまで〔自身の区画範囲を超えて〕取り囲んでしまってはならない。というのも，この人間の自然本性は酷く不活発にされているからである。精神には神に関する暗闇と疑念という大きな混沌がある。意志は神から離反し，神を恐れず，神への信頼と愛によって燃えることもなく，これを蔑ろにする

80　一ヨハ 3:8。

か，あるいは不機嫌に不平をぶつぶついいながら逃走する。心〔心臓〕はさまざまにぐらつく〔誤った〕感情によって（varie errantibus affectibus）交互に燃え上がらされ，それとともに意志も駆り立てられる〔拉致される〕（rapere）ことになる。こうした巨大な悪を野蛮で酔っぱらった人間は快楽によって簡単に引き寄せてしまう。しかし神は自身の偉大さを巨大な罰によって私たちに思い起こさせる。なぜなら，このゆえに人類は死と恐ろしく酷い災難に服従させられているからである。したがって魂は私たちの悲惨さを思い考えることで酷く恐れるようになるが，他方ではそれゆえに神の子の恩恵を再認識することになる。彼は罪と死を拭い去り，この世の生において教会がまとめられるのを可能とし，さらにこの世の生の苦労を和らげてくれる。神がホセアの主会で述べているように。私は，もはや怒りに燃えることなく，エフライムを再び滅ぼすことはしない。私は神であり，人間ではない[81]。これはほとんどこういうことだ。私は怒りを抑えよう。なぜなら人間の自然本性はこれに耐えることができないから。しかし私は私の教会をこの世の生における証人にしたいと望む。こうして永遠の司祭である神の子は残された教会が救われるために，至聖所のなかで私たちのために祈りながら立っておられる。それゆえに私はあなたに祈る。神の子である主イエス・キリストよ，私たちのために十字架につけられ復活された方に。私たちをどうか教え導き，永遠の父のところで私たちのために仲介者となり，私たちをあなたの聖霊によって支配し，あなたのために私たちのあいだで教会を集め，私たちの傷を癒し，そして巨大な罰をあなたの善によって和らげてくださいますように。というのも，あなたが人間の自然本性を引き取られたことが証言されているからである。あなたは人類をこのうえなく愛されている。さらに，あなたはその苦悩のなかで祈られている。愛，それによってあなたのことを愛する永遠の父の愛が，私たちの内にもあるように[82]，と。すなわち私たちもまた同じように，大いなる愛と父による献身によって包み込み，救ってくださるように，と。

　ところで預言者や使徒たちが人間本性の欠陥やその名称について記述して

81　ホセ 11:9。

82　ヨハ 17:26。

いるが，これらはパウロの手紙，ローマの信徒に宛てたもののなかで学ばれるべきものである。しかし，そこにはまた同様に欲望（concupiscentia）という名も読み取られるし，この語彙は教会のなかで大いに用いられているものであるから，手短に説明が加えられねばならない。これについて修道士たちは馬鹿げたように〔無味乾燥に〕（insulse）語っているからである。

情欲（concupiscentia）という単語について

神は人間のなかに欲求する能力を作った。これは，もし人間の自然本性が完全なままであったなら，ただ秩序ある動きだけを持ち，諸能力のあいだでももっとも甘美な一致と調和があったことであろう。基準（regula）がひとつであり，精神の内に神の永遠の法があるとき，意志と心あるいは感覚的欲求の運きはそれから外れることはない。それどころか神は平等に子を通じて精神に光を自身の聖霊によって〔撒き散らし〕自身の知恵と正しさに一致し調和する運動を心〔心臓〕の内に引き起こしたのであった。

したがって欲求，飢え，渇き，見ること，聞くこと，味わうこと，嗅ぐこと，触ることのなかに快楽が，何らかの仕方で神経を害することのなかに苦痛があったのである。次に心と意志の内には神の愛，子どもへの，両親への，妻への，親類への愛（στοργαὶ），すべての人間に対する好意，悪魔に対する憎しみ，神に安らうなかでの喜び，永遠の生への希望があったのである。しかも，これらの欲求や感情はすべて秩序づけられていた。精神の法と一致して調和し，それどころか聖霊それ自体によって燃え立てさせられ，その炎は心〔心臓〕と脳のなかの生まれつきの精気と混合されたのである。

しかし，このもっとも甘美な調和は最初の両親の堕落によって混乱〔動揺〕させられてしまった。今や確かに欲求と感情はあるが，これは不安定で神の法からは遥かに離反し，再生していない者の内においては，聖霊によって燃焼させられ〔点火されて〕はいない。ちょうどダビデのなかで愛が彷徨っていたように。たとえ美しく，誠実で，徳に優れた妻を持っていたにせよ，それにもかかわらず心は他の妻への愛によって掻き立てられたのだ。それゆえ情欲が咎められたとき人間の自然本性が完全であるとか，ちょうどま

るで石や鉄のように，将来も欲求や感情なしにいられるというようには考えるべきではなかった。そうではなく今や情欲が咎められているのである。というのも欲求と感情が無秩序に動き回っているからである。教会の著作家たちは情欲を非難するとき，しばしば次のような名称を付加する。悪しき情欲（malae concupiscentiae）。しかし状況はどこで邪悪な情欲について語られているのかを明らかにしてくれる。ちょうどローマの信徒への手紙第7章やその他の箇所である[83]。そうした箇所で私たちは次のことを理解するであろう。私たちの自然本性そのものが作られたときのものではなく，無秩序（ἀταξίαν）が人間のすべての力のなかに入り込み，すなわち神の法と戦っていることを。

　そのうえ情欲が咎められるときには野蛮な想像がなされるが，次のような欲求つまり食べ物への，飲み物への，性的欲望（libido）への，野心への欲求と，簡単に理解されているからである。〔しかし〕パウロはこうした呼称によって，これよりも遥かに大きな悪のことを捉えている。すなわち精神における神についての暗闇と疑念，神からの意志と心の離反，心の内におけるさまざまな誤った感情の情火である。続いて，こうしたすべての悪はパウロによって神に敵対する敵意（inimicitia adversus Deum）という，もっとも悲惨な言葉で名づけられている。こう述べているように。肉の思いに従う者は神に敵対しており，神の律法に従っていないからである[84]。

　それにもかかわらず神によって作られた本質は区別される。そして無秩序は後に続いて生じたのであり，それは神による業の歪み〔堕落・腐敗〕（depravatio）である。この区別からユリアヌスがアウグスティヌスに投げかけた議論の説明が取り上げられる。

　　罪は人間を生まない。
　　情欲が人間を生む。
　　したがって罪は存在しない。

---

[83] ロマ 7:7ff.

[84] ロマの 8:7。

馬鹿げて子どもじみた詭弁である。それにもかかわらず，これは不敬虔な人間を訓練して〔作り上げて〕しまう。大前提は全く正しい。というのも罪は恐ろしい破壊であり，人間を生み出すといった何かではないからである。したがって小前提が明確に否定されねばならない。というのも欲望，それは無秩序であり，作られた本質の歪みであり，決して生むものではないから。神によって作られた本質が生むのであり，その限りでは神の業が残っているのであり，それは完全に消されることはないからである。ちょうど，よく見えない鈍い眼も見えるが，それはその眼〔自体〕の弱さの限りにおいてではなく，眼の自然本性が残る限りにおいて見ているのと同様である。弱った胃のなかでも食物の消化はなされる。胃が冷やされている限りにおいてではなく，もともとの体温が残っている限りにおいて。こうして多くの類似した議論が，こうした事例から判断されることになる。これは弁証家が，ごまかしの偶然的出来事において説明している。次のように。

　　この弱い自然本性におけるすべての感情は邪悪である。
　　アブラハムにおける息子への愛は感情である。
　　したがって邪悪なものである。

　〔ここには〕非本質的なごまかしがある。〔親の子に対する〕愛〔愛情〕は，その出自からして神によって善いものとして作られている。神の内には，そうした愛のイメージが子に対するもの，そして私たちに対するものとしてある。しかし私たちのなかには自然本性の善に対して無秩序がさらに加わっている。それにもかかわらず，これは再生した者においてある程度は修正される。したがって，この愛は消滅すべきではないが，しかし秩序によって支配されねばならない。すなわち神の愛によって。

　ここに手短な注意を付加した。というのも，これは狂乱して迷信深い人々による類似した詭弁が説明される方法を明らかにするからである。

精神と意志の非本質的〔偶有的〕なものについて

　知る能力〔認知能力〕(potentiae cognoscentis) と欲求する能力 (potentiae appetentis) との区別を考察することが必要である。そして知識〔知〕(notitia) と欲求 (appetitio) には，しばしばいわれてきたように，したがって知る能力のなかには，次のような三つのものがあることを知らねばならない。自然の知識 (notitia naturales)，活動 (actiones)，そして情態 (habitus) である。そして，これら三つのものは共通する名称によって，自然による，もしくは突然の，もしくは継続的〔習慣的〕な知識と呼ばれている。上に述べたように，しかし活動には段階がある。単一の認識 (simplicium agnitio)，結合 (connexio)，分割 (divisio)，推論 (ratiocinatio)，賛同 (assensus)，拒絶 (reiectio) である。運動 (motus) は称賛されるべきことだが，十分には記述〔規定〕されえない。というのも眼と切り離すことができないからである。しかし，ある何らかの類比によって，それがどのようなものであるかが見積もられる。ちょうど建築家が自分のなかに建物の像 (imago) と理念 (idea) とを描き，そのように何かを思い考える精神は像を形作る。これは理解そのものの活動となる。こうした思考による記憶，頻繁な回想や繰り返しは習慣 (habitus) と名づけられる。そのうえ，それがまた習慣を生み出す。つまり精神の内における何らかの光。それによって活動〔行為〕は支配されるのである。

　したがって知る能力にはこうした情態があることになる。学識 (scientia)，技術 (ars)，知恵 (prudentia)，信仰 (fides)，意見 (opinio) である。

　学識とは知識であり，そのなかでの説明 (demonstratio) は私たちをして，いわれていることに同意するよう強制する。

　意見とは知識であり，そのなかで私たちはもっともらしい推論によって動かされる。その結果，私たちは他の部分よりもあるひとつの部分に大きく傾倒しがちだが，それにもかかわらず賛同もしくは断言は曖昧なままであるようになる。ちょうど魚座自体のなかで木星や火星そして水星に月が近づく場合には，これから雨が降るであろうというようなのが意見に当たる。という

386 第 II 部 翻訳編

のも，もっともらしい理由がこうした自然の星々から得られているからである。しかし，ときどきこのより適切な理由は，他の先行する，より強力な理由によって妨げられる。したがって断言は保留されることになる。アッティクムが継続して永遠にキケローの友人であるだろうというのは意見である。というのも両者とも誠実で賢く，友情という徳を見つめているという，もっともらしい理由があるから。しかし，それにもかかわらず断言は保留される。なぜなら人間の魂〔心〕(animi) は移ろいやすいからである。したがって詩人〔プロペルティウス〕は，こう語る。万物は流転する。確かに愛は流転する。そしてプラトンは，こう述べる。「何しろ人間という，下等動物でこそないが，ごくまくまれな者がまれな点でという以外，いたって移り変わりの激しい性質のもののために，所見を述べるわけですから」[85]。

　信仰とは知識であり，そのなかで私たちは疑念なくして言説に賛同し，証言や権威によって圧倒される。ちょうどユリウス・カエサルの後にローマ帝国を支配したオクタヴィアヌス・アウグストゥスの歴史的な証言に賛同して私たちが信じるように。預言者や使徒の語りのなかで信仰は単に歴史に賛同するだけでなく，神からの約束に賛同することを意味する。そして，この賛同には意志のなかで信頼や喜びが対応する。これによって意志は神の内に安らい，約束において善きものが差し出される。ちょうど勝利が約束されてギデオンの魂が安らいだときのように[86]。したがって記録のなかで信仰は次のようにいわれている。信仰とは希望する物事を待ち望むこと。つまり信頼であり，それは約束による，と。

　その他の情態の用語は『ニコマコス倫理学』第 6 巻や弁証法のなかに記述されている。ただ若い人々が認知能力と欲求能力とを区別するようになるため，さらにどちらもそれぞれ反対の偶有的なものを区別するため，そのためだけにここで列挙しておこう。

　自然の知識に関しては，再度これらが神によって人間の精神に植え付けられているのを知っているわけであるが，それ自体については証拠もあり，生活を抑制させ，学芸の種子となるものであり，人生にとって不可欠なものと

85　『プラトン全集 14』岩波書店，1975 年，192 頁。

86　士 6:14。

なっている。こうして魂を認識することから学芸が始まる。しかし他にも自然の理論的な（θεωρητικαί）知識がある。これは認知を支配していて，そこから算術，幾何学そして他の学問（doctrinae）が生じてくる。他には実践的な（πρακτικαί）知識がある。これは活動を支配していて，そこから習俗に関する法や臣民の統治が生じてくる。ちょうど弁証家のなかで豊富な原理が語られているように。

　意志もしくは欲求する能力の内には次の四つがある。生来の傾向（inclinationes innatae），活動（actiones），情態〔活動の結果としての習慣〕（habitus）そして感情〔心の情態〕（affectus）である。しかし生来の傾向は同じではない。この悲惨な自然本性においては，ほとんどが不完全な〔堕落した〕もの（vitiosae）となっていて，神からは離反し，私たちの愛は無秩序なものとなっている。あるものは，その出自より〔元より〕善きものである。親の子への愛情（στοργαί），自然的な徳（καὶ ἀρεταὶ φυσικαί）といったものであり，これらは市民的な徳の種子（semina virtutum civilium）となる。ちょうどアリスティデスやスキピオにおける市民的正義や善行への傾向といったものである。意志に固有の活動とは，欲すること（velle），欲しないこと（nolle），行為を保留すること（suspendere actionem），駆動力に対して命令すること（imperare potentiae locomotivae）である。

　頻繁な類似の活動は習慣を生み出す。つまり堅固な衝動であり，それによって意志は同じものを持続して求めるか避けるかする。こうした習慣は徳〔美徳〕（virtutes）あるいは悪徳（vitia）と名づけられる。このような記述，分類や区別は道徳に関する教えから取られていて，それはあたかも泉から湧き出るがごとく魂の認識から生起してくるのであり，これを考察することは有益である。というのも，ここで魂の部分が明らかであれば活動の原因も明示されるからである。精神は判断し，意志は選択し，そして駆動力に命令する。そして精神には不変の知識，活動の規範〔基準〕，正と不正とを区別する知識が輝く。こうして神による秩序が定められ，その結果として活動は，私たちの内にある神的な知恵の光線である，こうした規範と一致し調和するようになるのである。

　そのうえ，また習慣と受動〔激情〕の〔心身の〕情態（affectus ἤθη et

πάθη）は活動であるが，しかし，ある種の苦しみ，あるいは喜びといった
ものと結び付いている。ちょうど衝突を拒まないことが〔人を〕怒らせ，身
体への攻撃や，傷害を望むことも苦しみとなるように。これらの運動は意志
のなかにある。しかし重要な運動において心と意志とは結合されている。な
ぜなら心〔心臓〕はもともと感情の器官であり（cor proprie organum est
affectuum），これは不快な対象によっていわば殴打されたり攻撃されたりす
ると，苦痛によって意気消沈させられ（contrahitur）たり，身体への攻撃の
ゆえに消耗させられ（afficitur）たりして，不快な物事から逃げるようにする
からである。この苦しみのなかで心は乾燥させられてしまい，精気は燃焼さ
れてしまう。そして怒りにおいては同時に対象に抵抗しようとする努力があ
るがゆえに，精気は沸き立ち，外的な四肢に発散され，その結果あたかも撃
退のために，これを武装するようになるのである。

　意志の内で恐れること（timere）は何らかの苦しみとともに未来にやって
来るような悪を欲しないことである。心臓のなかには，これから述べるよう
に真の拍子がある。それによって心は意気消沈させられて対象から逃れよう
とする。意気消沈〔心臓の収縮〕（contractio）のなかで心は苦痛によって働
きかけられる（afficitur）。なぜなら，そのように自然本性は作られているか
らである。というのも神は人生が喜びであることを欲していて，苦しみや死
に対しては，これらが罰せられることを真に欲しているからである。

　しかし永続する心の情態（affectus）は習慣と類似のもの（similes
habituum）である。苦しみと喜びとが混合されているようなもの，それがこ
こでは感情の普遍的な定義（universalis definitio affectuum）となる。

　感情とは心あるいは意志の運動であり（Affectus est motus cordis aut
voluntatis），認知に続き，対象に付き従うかあるいは対象から逃れようとす
る。これは自然本性を傷つけるか，あるいは喜ばせる場合に生じ，常に極度
の運動を伴っている。自然本性が損なわれると苦痛（dolor）が，あるいは自
然本性を促進すれば甘美さ（suavitas）と喜び（laetitia）が生じる。こうした
運動は心臓〔心〕のなかにあって，緊張あるいは弛緩（constrictio aut laxatio）
であり，苦しみにあって心と精気は乾燥すると同時に，精気はより衰弱して
いく。したがって〔このとき精気は〕少し黒く，苦い，いわばピッチのよう

に黒い煙のようなものとなる。しかし喜びにあっては弛緩があり，いわば好ましい対象の受容と牽引がある。ちょうど舌が魅力的な味を受け入れたとき，一種の拡張を生じさせるように。そして喜びは心の生命である（laetitia est vita cordis）であるがゆえに〔このとき〕精気は豊富に生まれ，甘く明るいものとなる。

意志の内なる愛（amor）とは，善であるかあるいは善と思われる対象を一種の喜びを伴いつつ欲することである。そして障害のない場合には，心はある程度，あるときにはより大きく，あるときにはより小さく賛同する。したがって心のなかの愛とは弛緩であり，それによって心は対象をいわば受容したり牽引したりする。というのも愛は対象との結合を強く欲するからで，いわば二つがひとつになるようなものであり，こういわれている通りだから。二人は一体となる[87]。そして，それらの激しい引き合いと喜びとは同時に生じるので，心と精気とは激しく燃え上がらせられることなる。こうして同時に愛は心の炎（incendium cordis）となる。ところで大部分のものは類似あるいは自然本性の一致から生じてくる。ちょうど，すべて自然においては類似のものが容易に結合されるように，熱いものはすぐに近づきつつある熱を受け入れる。硫黄は岩石よりもより早く火を受け入れるようなものである。そこでキケローはもっとも優美に語った。「人間の本性ほど自分に似たものを強く求め，渇望するものはないのだから」[88]。このように心は類似したものや見知りのものを容易に受容する。こうあるように。「互いに等しいもの同士は常に近づく」[89]。

意志の内なる憎しみ（odium）とは，悪であるかあるいは悪と思われる対象を，ある苦しみとともに，あるいは撃退の熱望さえ伴って欲しないことである。なぜなら，これは持続的な怒りだからである。そして障害のない場合には心はある程度，あるときにはより大きく，あるときにはより小さく賛同する。したがって憎しみとは心〔心臓〕のなかの収縮（contractio）であり，対象を回避（fuga）することである。さらに，これには苦痛が続いて生じる

---

[87] 創 2:24。
[88] 『キケロー選集 9』岩波書店，1999 年，96 頁。
[89] 『プラトン全集 5』岩波書店，1974 年，59 頁。

ため心と精気は乾燥して〔干からびて〕しまう。このように憎しみは心と精気の炎であり，あるものはより長く，あるものはより短く持続するが，しかし，この情火によっては対象との結合（coniunctio）が渇望されるのではなく，撃退〔駆逐〕（depulsio）が渇望されている。

こうした実例はとにかく，どこに感情があり，その運動とはどのようなものであり，心と精気の炎がどのようなものであるかを明らかにしてくれる。

人間における神の像について

太陽には神に関する一種の徴（significationes）がある。なぜなら神は精気（spiritus）であるとはいえ明るく輝く本質（lucida essentia）であるから。そして太陽には光や熱といった本質（substantia）があるように，同じように永遠の父には子や聖霊が示されているように思われる。しかし太陽は神を知らないし，それによるどのような種類のものであれ，それらに類似したものを理解することもない。しかし神は自身が人間の自然本性によって認識され，人間がそうした類似性を識別し理解する神の像（imago Dei）であることを望んでいる。というのも最高の類似性（summa similitudo）とは知恵と正しさへの賛同であり，これは知性的な自然本性においてでしかありえないことだからである。そして善は共通のもの（χοινωνιχόν）であるがゆえに，神は自らの最高善（summa bona）を人間に伝達（communicare）しようと欲しているのである。

したがって神は人間の精神の内に神が存在し，しかもそれがどのようなものであるかを明示する知識を挿入した。なぜなら，もし私たちが神とはどのようなものであるかを全く知らないとすれば，類似性あるいは非類似性が判断されることもありえないからである。そこで類似性の最初の段階は，私たちが認知能力とそれに一致し調和した知恵を持っていることである。

しかし罪以前（ante peccatum）すべての能力は神と一致し調和しているというような，そうした像であった。知性においては確たる神の知識が輝き，意志と心は神と一致し調和していた。つまり神と一致し調和した誠実さと正しさを持ち，しかも意志の自由は制約されたものではなかったのである。そ

して，この自身の像のなかに神は住まい，もし人間が神を支配者から払い落とすことがなければ，死なき生，そして永遠の喜びを与えてくれるはずであった。パウロはこうした像についてエフェソの信徒への手紙で述べている。神に象って造られた新しい人を身に付け，真理に基づいた正しく清い生活を送るようにしなければならない[90]。このように古代の人々がそのように名づけた像というように，神の像としての人間について語ったのだが，アウグスティヌスのように魂の能力についてだけではなく，そのなかで神の知識が輝き，神と一致し調和するような能力，神の住居となるような能力について語ったのである。アウグスティヌスは，このような仕方で〔人間の〕能力を適合させていく。人間においては次の三つが卓越した顕著なものとなる。精神は思考を生じさせる。思考とは思考による事物の像のことである。そして意志のなかには喜びと愛がある。こうした能力によっては個人によるある程度の差異が意味されると彼はいう[91]。永遠の父は思考を生む精神を意味し，私たちの内で思考によって形成された像は子を，意志は聖霊を，というように。なぜなら永遠の父は自身を見つめ，思考は言葉を生み，それは永遠の父の像であり，また神の子であり，永遠の父によるロゴスとエイコン（像：εἰκὼν）と呼ばれるからである。聖霊は永遠の父と子から生じてくる本質的な愛と喜びである。これは意志および心臓のなかの精気と一致し調和して運動の炎および道具となる。

ところで，こうした能力は私たちに神について多くのことを教えてくれるために作られているのは真実であるにしても，そして今や人間の自然本性は本当のところ活力をなくしているにしても，魂が神の光なくしては腐敗した像（corrupta imago）であるにしても，それにもかかわらず神と摂理に関する多くの明白な証言が，魂から，さらに私たちの内に挿入されている法の知識から，また良心の恐怖からも採用される。

さて，ここで両方のことが考察される。神の愛は私たちのためにあり，私たちの災難（calamitas）は罪に続いて生じた。偶然によって原子から，これが人間の自然本性に合流したわけではない。というのも神に関する明白な証

---

90 エフェ4:24。
91 『アウグスティヌス著作集28』教文館，2004年，296頁以下，312頁以下，参照。

言が，今なお神に関する知識が輝きつつ，私たちの内に神の知恵の物差し
が，さらに高潔なものと醜悪なものとの揺るぎない区別が存在しているから
である。しかし神の内には人類に対する愛があるがゆえに，神は自身におけ
る最高善である自らの善を，私たちの内に私たちを形成しようと注ぎ込むの
である。すなわち知恵と正しさとを自然に受容できる能力，次いでそうした
知恵の物差しが，そしてこれと一致し調和する正しさが，選択の自由が，永
遠の生と喜びが注ぎ込まれるのである。これらの善を神は，同時に神自身が
私たちのなかに住まい〔留まり〕(habitare)，知恵を増大し，そして神によ
る運動〔駆動〕によって私たちを支配するのを欲しているために，私たちの
内に付与するのである。

　〔ところが〕今では何と私たちは，この最初の制作とは異なったものにな
ってしまったことであろう！　精神は暗闇と神に対する疑念で溢れている。
意志と心のなかには多くの誤った情欲の炎が，さらに神との争いが，不正な
愛と不正な憎悪がある。この情火によって，ある者は混乱した性的欲求へ
と，ある者は殺人へと，ある者は他の悪事へと駆り立てられる。それどころ
か悪魔は不敬虔な者の胸〔心・精神・魂〕(pectora) に跳び乗り，多くの
人々をして人類のなかで恐ろしい分散〔破壊〕を行うように，さらなる無限
の荒廃へと駆り立てる。こうした悪をしっかりと私たちは見つめ，そこで私
たちは真の嘆きによって悲しむ。しかし再び私たちは神の啓示に注目しよ
う。これはそうした悲惨の後で生じたものであり，それでも計り知れない善
を私たちのためにとりなしてくれる子によって，私たちの援助のためにもた
らしてくれるのである。したがって，この永遠の父の子，私たちの主イエ
ス・キリストは私たちのために与えられたのであり，それは私たちのために
犠牲となり，永遠の父の怒りを鎮めるためなのである。そして永遠の祭司と
なり，教会を福音の声によってまとめ，そのなかで和解〔回復〕
(reconciliatio) に関する決心を明らかにするためなのである。これをイエス
は自分で永遠の父の言葉として私たちの精神の内で述べている。そして私た
ちに穏やかな父を見せてくれている。さらに聖霊を私たちの心のなかに注ぎ
込み，その結果として私たちは真の愛と喜びをもって永遠の父と自分とが結
び合わされるようになるのである。こうして私たちのなかで生と永遠の正し

さが回復され，精神の内で輝く言葉によって神の像は更新され，神の認識は
より明らかで確たるものとなり，聖霊によって駆り立てられた〔心の〕動き
〔感情〕は意志と心のなかで神と一致し調和するようになる。かくしてパウ
ロはコリントの信徒への手紙で，こう述べている。私たちは皆，顔の覆いを
除かれて，鏡のように主の栄光を映し出しながら，栄光から栄光へと，主と
同じ姿に造り変えられていく。これは主の霊の働きによることである[92]。つ
まり真の回心において子を認識することで私たちは慰められ，永遠の父の憐
れみが示され，さらに神の現前を認識し，神は私たちのことを気遣っている
のかどうかといった疑念に留まらなくなるのである。それどころか，むしろ
私たちはますます言葉へと，つまり子の光へと変容させられてゆき，聖霊に
よって私たちの心のなかの信仰もしくは賛同は強められ，駆り立てられた
〔心の〕動きは言葉と一致し調和するようになる。こうして私たちの内には
認知と意志との秩序が存在するようになり，ロゴスは父との和解を明示し，
聖霊は喜びを掻き立て，その結果として私たちは神に冀うことが可能とな
り，賛同を強固にし，自身と一致し調和する他の〔心の〕動きを高めるよう
になるのである。アタナシオスは次のように述べている。像は子と類似する
ように更新され（renovari），聖霊があるところではどこでも，そのなかには
言葉を通じて〔そのような像は〕ある，と。このことは日々の祈りにおいて
学ばれねばならない。そして神の証言は私たちに提示されていることも考察
されねばならない。そして，そうした善そのものが真の感謝をもって称賛さ
れねばならない。したがって私は神の像を魂の能力であると述べたい。ただ
し彼らのなかで神が輝いている場合の能力である。天の教会で，すべてのも
ののなかで神がすべてとなったとき，そのときようやくこの像は完全なもの
となるであろう。

　私は認知と意志と，どちらのほうが先行する能力であるかという議論は省
略した。というのも，その他の力も等しく制御する必要があるからである。
そこで意志はどれほど卓越したものであるか。なぜなら意志はあたかも王の
ようなもので，熟考されたものを選択したり拒否したりするからである。そ

---

[92]　二コリ 3:18。

れにもかかわらず意志は専制的な命令権を所持してはならず，正しい判断に従わなければならない。さらに単一の同じ本質において知性と意志とが存在している。しかし行動〔動作・行為・働き〕の種類（genera actionum）は異なる。クロディウスの変わらぬ同じ観念がキケローには留まっていた。しかし彼はあるときはその同じクロディウスを愛し，あるときには憎んだのである。

人間の魂の不死について

　この死すべき生の後に続いて永遠の命に関する明らかな証言がある。それは神の子であり私たちの主イエス・キリストが十字架にかけられて死に，その後に蘇ったことである。これは影像と見なされない。40日後に親しい使徒やその他の多くの人々の前に自身が真に復活し，再びかつて生きていた自身の身体の魂と結び付いているのを明示したのである。さらに複数の実例によって信仰が強められると，それと同時に死んだその他の多くの人々も身体的生へと再生される。これは，とりわけ最初の親たちに当てはまる。アダム，エヴァ，セト，ノア，セム，アブラハム，イサク，ヤコブ，ヨゼフ，その他にも多くの似た人々がキリストの勝利に付き従った。さらに，しばしばエヴァとその他の既婚女性たちはマリアの傍に座り，その姉妹たちは自分の時代の争いや驚くべき解放について語っている。

　したがって，こうした使徒たちと交わるキリストを見つめよう。死の後に復活し，彼らともっとも甘美に語り，自らの生についての証言を明らかにし，さらに多くのことを教えてくれるキリストを。そして，この実例に次のような教えを付加しよう。この教えとはキリスト自身が次のことをもっとも明確に断言するものである。死後すべての人間の身体において自らその生を再生させ，この死すべき生において神に立ち還った者らは，次いですべて永遠に天の教会で生きることになるという教えである。その結果として彼らは神の前で，その知恵，正しさと喜びを見つめて享受し，反対にキリストを感謝の念をもって称賛するのである。

　しかし，この死すべき生において，まずこの教会の市民とならないなら

ば，だれも天の教会の市民にはなれない。この〔地上の〕教会では福音の声が鳴り響き，この世の生から離れる前に神への転向がなされる。というのも，そのとき神の子は父の王国を引き渡すからである。つまり，すべての回心者たちを永遠の父の元へと連れてゆき，彼らに永遠の父を明示するのである。なぜなら，この世の生における教会の集まりは仲介者である子を通じて行われるのであり，彼は福音の務めを保持していて，福音の声とともに信じる者の心〔心臓〕に聖霊を散布し，同時にそうしているあいだに祭司となり，教会のための不断の哀願者となるからである。復活後には私たちは真に福音の声だけによって神を認識するのみならず，すべての者たちのなかにあって皆がそこにいて，神を公然と見つめる。こうした子の王国と父の王国との非類似についてパウロは述べている。そのとき死から呼び戻されたすべての人々による裁きに，すべての悪魔と，先に神へと転向していなかったすべての人間が，過酷で永遠の拷問へと投げ捨てられることになる。

　確かな証言によって神から啓示されたこの教えは教会に固有のものである。そして同時に教会の最初の父のときからずっと鳴り響いている。ユダの手紙のなかでエノクの言葉が引用されているように。見よ，主は数知れない聖なる者たちを引き連れて来られる。それは，すべての人を裁くため，また不信心な生き方をした者たちのすべての不信心な行い，および不信心な罪人が主に対して口にしたすべての暴言について皆を責めるためである[93]。そして神は，他の者たちが見ているところでエノクとエリヤが天上において生きたものに変容させられるとき，来たる将来の生の証言を明示する。さらに預言者の説教のなかでこの教えは何回も繰り返される。そして神の子によるもっとも明瞭な声によって差し出される。しかも，その証言は復活のとき強固とされる。したがって私たちはこの教えを保持し，強固な賛同によって包み込もう。そして私たちの全人生をもって次のような真の見解を考察しよう。死後，私たちはすべて蘇らせられ，福音の声に賛同し，神への真の回心において神の子に救いを求め，そしてその聖霊によって私たちの心が燃え上がらされるよう冀い，その結果そうした判断を永遠の正しさの始原にもってくる

93　ユダ 14-15。

396 第 II 部 翻訳編

という見解である。なぜなら以前にいわれていたように，この死すべき生に
おいて神への回心が生じることが絶対に必要だからである。聖書にはこうあ
る。それを脱いでも，私たちは裸のままではおりません[94]。

　しかし他にも問題がある。人間の魂に身体から分離した精気があるのかど
うか，そして身体から離れてもそれは留まって，理解し，喜びや苦しみによ
って影響を受けるのかどうか，という問題である。次の言説は，それを断言
する。マタイによる福音書第 10 章で，キリストは砂漠のなかでいう。身体
〔からだ〕は殺しても，魂を殺すことのできない者どもを恐れるな[95]。盗賊
に向かってイエスはこう述べている。あなたは今日私と一緒に楽園にい
る[96]。もし死んだときに魂が滅ぼされてしまうなら，キリストと一緒にいる
ことは確かにないことになってしまう。したがって精気は生き残っている
(spiritus superstes)。そして，それが精気であるとき，それは無為 (otiosus)
ではない。それどころか楽園はエピメネデスの眠りではなく幸福な生を意味
している。そのなかで神は精神に新しい光を散布し，胸に住まい，その結果
として彼らは正しく喜びで満たされ，つまるところ神自身と一致し調和する
ようになるのである。そして，このもっとも甘美な声は私たち一人ひとりに
向けられていることを私たちは確言する。なぜなら，このことを神の子は十
字架につけられて教師として私たちに示したからであり，彼は使徒たちが騒
ぎのなかで黙していたときには，ひとりが使徒の務めを果たし始め，崇高さ
について話したからである。そのことを決して馬鹿げた (ἄσημον) 光景であ
ると見なしてはならない。そこには二人の盗賊が神の子に付き添わされてい
る。これは人類全体が罪のゆえに死の義務を負うべき者 (reus) であること
を意味している。どんなときでも神の子がその死によって永遠の父に気に入
られるとき，人類の一部分はこの恩恵を侮り，加えて神の子を憎みさえし，
狂ったような暴言を加えさえする。ゆえに，こうした暴君たちの光景を見つ
めよう。福音の敵対者たち，そしてその支持者たち，さらに自分自身を，こ
うした叉木にかけようと思う者たち。彼らは盗賊と一緒になって神の子の悪

94　二コリ 5:3。
95　マタ 10:28。
96　ルカ 23:43。

口をいう。しかし人間の一部分は神の子の恩恵を受け入れる。そして彼らは他の盗賊と同じように，確かに自身が罰に値する者であることを認識しているが，しかし，それにもかかわらず神の子へと避難する。この盗賊らが罪と永遠の死からの解放を冀ったように，彼らは神の子を通じて罪と死から自身が解放されることを知る。どれほど死に値するものであっても，それにもかかわらず完全には滅ぼされることはなく，もうひとつの永遠の生を与え生きられるよう援助を求める，そういった神の子のことを認識する。こうして将来の生に関する言葉を聞くことになる。あなたは今日私と一緒に楽園にいる。この声によって彼は自身の罪が拭い去られ，自身に永遠の生が与えられることを理解する。そして神の子は打ち砕かれ半分になって生きているような者であるにしても，それにもかかわらず神はその子に真の栄光と献身による感謝を付与するのである。すべての教会が黙したとき，そのとき使徒たちは散り散りになったが，これは彼らが王国の哀願の仲間であり，永遠の生が人間に与えられることを語っている。彼はいわば主に祈る。主によって神は明らかにされている。さらに再生した者たちの生も。使徒は教会において，もっとも必要な他の礼拝を付け加える。盗賊たちが悪口をいうのに対して，神の子の栄光を守ることである。

　したがって，こうした像は多くの事柄に関して敬虔な者たちに忠告してくれる。というのも敬虔な者たちすべてが自身も，この叉木に架けられていると考えているからである。罪ゆえに私たちは死とさまざまな災難の内に投げ入れられている。私たちはこの神の子を通じる他に，ここから自由にされることは不可能である。信仰によって彼を呼び求めよう。他の人々に彼の恩恵について教えよう。彼の栄光のために悪口をいう者たちに抗して戦おう。どれほど私たちが半分生きているようで，ずたずたにされているにしても，このような礼拝を実行しよう。個々人にキリスト自身が語っているように。今日あなたは私と一緒に楽園にいる。キリストの語りのなかには，それほど重要な事柄が述べられ意味されているのだから私たちはこの言説を魂に刻み込もう。そして彼の権威がもっとも重いものであると考えよう。確かに人間の魂は分離して存続する精気であることは，これでもう十分に証言された。というのも，もし魂がただ合成されたもの（κρᾶσις）であるとか，あるいは分

散した蒸気（halitus dissipatus）のようなものだとしたら，だれひとりとして
回心させられることが不可能になってしまうからである。

　ルカによる福音書にはアブラハムの宴席にいるラザロの物語が引かれてい
る[97]。ここでは，たとえ比喩的に渇きとか，指とか，舌とか名づけられてい
るにしても，すべての語りは全く疑いなく歴史的なものである。

　さらにペトロは死んだキリストの精気〔霊〕が囚人の精気〔霊〕に宣教し
たと述べている[98]。ゆえに彼は魂を残存する精気（spiritus superstites）であ
ると感じた。キリストがモーセのことを語るところでも，はっきりと記され
ている。申命記にある話はモーセが死んで埋葬されたと語っているにもかか
わらず，パウロはいう。この世を去ってキリストとともにいたいと熱望して
おり，このほうがはるかに望ましい。そして主はサドカイ派の人々を退けて
こう述べる。神は死んだ者の神ではなく，生きている者の神なのだ[99]。した
がって主はアブラハムの神であり生きているとモーセが主張するとき，この
ことをある者たちは何らかの率直な仕方で解釈しようとする。もし魂が分離
可能な残存する精気であると述べられる場合を除いては，私には正しいとは
思われない，と。これは敬虔な者の精神にとっては素朴なことであり，かつ
有益である。

　哲学者たちは身体の復活について何も語らなかった。それは神の声がもっ
とも明確に明らかにしている。しかし死後ももうひとつの生が続いていると
見なす者がいるとすれば，それだけ魂が残存していると考えていることにな
る。彼らは，これが元素から（ex elementis）ではなく天の自然によって（a
caelesti natura）生じてくるということに同意しているように思われる。そし
てプラトンは身体による汚染に染まっていない優れた英雄的な魂は，いわば
純粋なものとして高みへと舞い上がることを思い，それ以外は不活発で身体
の快楽によって汚されて，地上で使者たちの周りをうろつき回り，これらを
彼は影像〔幽霊〕だと判断するが，それはしばしば〔目撃され〕見分けられ
ている。

97　ルカ 16:20ff。
98　一ペト 3:19。
99　ルカ 20:38。

そして異教徒の著作家たちは，死後も人間の魂は残存しているとする見解によって動かされている，とはっきり述べている。なぜなら至る所に多くの幽霊がうろつき回っているのは，もっとも確かなことだから。そして，しばしばその声は聞かれ姿は見られ，人間に話しかけてきさえもする。書物からその実例を取り出す必要はない。私自身も，そうしたある種のものを見たし，さらに多くの信仰深い人々が幽霊を見ただけではなく，長く彼らに話しかけてきた，と主張するのを私は知っている。しかし彼らは大部分が古代人の魂であると思っていた。プルタルコスはナクソスのコラクスに下された宣託を引いている。「魂が死ぬのではないかと疑うのは不敬虔なことなのである」[100]。

しかしながら次のような推論がプラトン，クセノフォン，そしてキケローによって挙げられている。

　第一　元素から生じていない自然本性は滅ぼされない。
　魂は元素から生じているものではない。
　したがって身体の滅亡によって魂は消し去られない。

このように彼らは小前提を確立する。元素による本性においては，知識やある種の普遍的なもの，身体的ではない事物に関するもの，神に関するもの，数に関するもの，秩序に関するもの，高潔なものと醜悪なものとの区別に関するものが生じてくることは不可能である。しかし人間の魂はこうした知識を，教えがまだ受け入れられていないのに〔すでに〕保持している。ゆえに，これらは元素からではなく，他の卓越した永遠の本性より生じることが必要である。この小前提は十分な証明と見なされるとプラトンは述べている。「もし，こう言って誇張にならなければ，その方は全く充分に論証されてしまったといえるのです」[101]。ところで，どのようであれこのプラトンによる確証について違うように感じるにしても，それにもかかわらず，こうして〔自然本性に〕挿入された知識が偽の証言ではないということは明らかで

100　プルタルコス『モラリア 7』田中龍山訳，京都大学学術出版会，2008 年，140 頁。
101　『プラトン全集 1』岩波書店，1975 年，252 頁。

ある。なぜなら魂は偶然によって生じるのではなく，永遠の棟梁的な精神による偉大な技芸によって作られるからである。それゆえに作成者の知識（notitia conditoris）は私たちの内に輝いているのである。そこで高潔なものと醜悪なものとの区別や，悪事によって良心のなかに苦しみの復讐が私たちの内に挿入されていることは無駄ではない。したがって，とりわけこの世の生において罰せられていない者は，この生の後その罪による拷問にかけられることになる。こうしたことを私たちは確実にそうした自然の知識によって，真に推論していくことができるのである。

　第二の推論。私たちはこの世の生のなかで多くの誠実な人間が盗賊や暴君によって不正に殺害されるのを見る。そして，しばしばこの世の生において盗賊や暴君は罰せられない。したがって摂理がある場合には，もうひとつの生が続くことが必要になる。そこで善人には善きものが，悪人には極刑がもたらされる。というのも人類の最善の部分に対して，そうした死がもたらされるように作られているというのは不可能だからである。

　この推論は教会における実例を考えることで，ますますより明瞭かつ強固なものとなるであろう。次のような者たちが神から蔑ろにされるのはありえない。彼らには，すでに自身が配慮されているという明瞭な証言が示されていた。ちょうどキリスト，洗礼者ヨハネ，パウロは神に喜んで受け入れられていることを明らかな証言が示している。しかし彼らは殺された。したがって善なるものが悪なるものから分離される，もうひとつの判断が続くことが必要となる。そして，これら聖人の死さえも来たる判断の証言となる。アベルが殺されたとき，この残酷な光景を神は両親に思い出させたが，彼らの身体は共通の罪ゆえに死ななければならなかった。それにもかかわらず以前より正しいアベルは不正なカインから区別されていて，両親はこの区別が無駄にはならず，将来に何らか神の教会が存在しているのだと理解していた。このなかで蛇の頭は粉砕されるはずであり，つまり，このなかで罪は破棄されてさらに生が復活させられる，と。したがって，この光景自体において，もうひとつの生と判断とが続くべきことを彼らは学んだのである。

　以前カインには，こう述べられていた。正しくないなら，お前の罪は留まる[102]。それが明らかにされるまで。あたかもこういうかのように。たとえ，

かなり長いあいだ罰が遅らせられるにしても，神を恐れることなく，多くの無頓着な人々は狂ったように悪事を積み重ねる。しかし彼らは次のような判断が続くであろうことを知ることになる。そのなかで悪事に対する神の恐ろしい怒りが明らかになる。これを暴かれた罪と名づける。こうした話は彼らの最初の父アダム，セト，エノクその他から見事に語られている。そしてアベルやその他の実例のなかで教会に関するすべての教えが語られている。それが何であり，どのようなものであるか。なぜ十字架につけられねばならないのか。どのような判断が続くのか。そして，どのようにして生の復活は待ち望まれるのか。そして，また私たちは聖人の死について考察することで後続する生に関する賛同を強めよう。これは続く別の生が存在していることを明示する明確な証言である。このなかで神は洗礼者ヨハネをヘロデ王から，パウロをネロからというように区別した。善なる精神においてこうした考察を行うことは，まさに真の〔教えの〕内容を強固にする。しばしば，私自身敬虔な人間の大きな災難を見つめることで，次のような考えによって元気づけられる。彼らがそうした悲惨のためだけに作られているというのは決してふさわしくない。

第三の推論は罪のなかで良心による大きな苦痛を被るキュロスに関して記されたクセノフォンから集められる。罪の後，壮絶な苦しみが続く。もっとも大きな勇敢さのなかで，それを追い払おうと努力する。それにもかかわらず，ある種の隠れた力が勝利する。それは罪を罰する。したがって正しいことと不正なこととを区別する指図（numen）が存在している。なぜなら，こうしたことは決して偶然には生じえないからである。次いで人間の精神の内に高潔なものと醜悪なものとの区別が留まり続けることは，偶然には不可能である。もし悪事に罰が続かないのなら，それを神は無駄に置いたことになってしまう。しかし多くの者はこの世の生においては罰せられない。したがって，この世の生の後で罰が続くのである。こうした推論について考えることは有益だが，しかしそれでも神による啓示は見つめられなければならないことを私たちは知ろう。これを私たちは抱きしめ，私たちの精神におい

---

102 創 4:7。

402　第II部　翻訳編

て，その賛同が神によって強固にされるように冀おう。

　さて哲学者たちの空想を列挙して吟味するのが長かったかもしれない。ストア派の人々は身体から離れる魂について語る。なぜなら魂には火の本性が宿るから。確かにより長く後に残り，何世紀かはこの空気中をあちこち飛び回るが，それでもあたかも煙のようにそれは霧散してしまう。私は，アリストテレスは他の複数の知恵ある者たちや穏やかな人々よりも，より大きくこのことを感じたのだと思う。人間の魂は身体が滅んだ後にも完全に消え去ることはない，と。たとえ，まるで風のように多くの疑念がこの彼の考えを動揺させたにしても。彼の『霊魂論』の第3巻で能動知性について語られている。それは，彼が人間の魂のなかのかの卓越した火花（igniculus）は身体とともに滅ぼされはしないというように思うのを好んだ，と見られるのを可能にする。また他の箇所では生命的で感覚的な魂から精神を区別して，こう述べている。「しかし，知性すなわち観想する能力をめぐっては，まだ何も明確とはなっていないにせよ，魂の内でも以上の諸能力とは異なる何らかの〈類〉を構成するように思われる。そしてこれだけが，ちょうど可滅的なものから永遠なものが分離されうるのと同様な意味で，他の能力から分離されることが可能である」[103]。

　しかし哲学者たちの疑念は置いていくとしよう。そして罪に続く私たちの魂の暗闇を嘆き悲しもう。神の意志に関する聖なる声によって，より大きな配慮が払われているのを，私たちの主イエス・キリストによる慈悲を，さらに永遠の生の復活に関するメッセージを，私たちは聞くようにしよう。神の子自身に私たちの精神における賛同が強まるよう，祈るとしよう。

　したがって私はあなた，神の子である主イエス・キリストに祈ります。私たちのために十字架につけられ復活されたあなたに。あなたは生きておられ，永遠の父の完全な像であり，こういわれました。疲れた者，重荷を負う者は，だれでも私のもとに来なさい。休ませてあげよう[104]。あなたの光によってあなたの像を私たちの内に新しくしてくださいますように。あなたの聖霊によって私たちを教育し支配してくださいますように。こうして，あな

103　『アリストテレス全集7』岩波書店，2014年，72頁。
104　マタ11:28。

11 魂についての書　403

たの永遠の父を，あなたを，そして聖霊を私たちが真に冀い賛美しますよう
に。そして，あなたはいつもこの永遠の教会の統治のなかで主に結び付いて
いなさい。教会にとって必要な教説を教え学ぶ集まりに従い〔これを〕保ち
なさい。そして，あなたの栄光のために教会の住居を守りなさい。あなたは
私たちの大きな弱さをご存知です。そこで，あなたは永久かつ不変に人類の
大部分と絆によって自身を結び付けられたのです。人類全体が完全に滅びる
ことのないように。したがって悲惨で弱い私たちではありますが，あなたの
腕に寄りかかっている私たちを，優しく携え世話してくれますように。アー
メン。

　　　神に栄光を。

12 教会で用いられている
数多くの語句の定義（1552／53 年）

Definitiones multarum appellationum, quarum in Ecclesia usus est[1]

1552 年夏，ペストの流行により大学がヴィッテンベルクからトルガウに避難する以前より，メランヒトンは神学上の概念を明快に規定しようとしていた。しかし，この作業はカメラリウスに宛てた手紙からも読み取れるように（difficile et periculosum est definitiones condere）決して簡単な作業ではなかった[2]。当時メランヒトンは，これを『按手を受ける者の試験』（Examen Ordinandorum）に付加するかどうか思案していたが，1553 年と 54 年の『ロキ』のライプツィヒ版に収録され，その後は『ロキ』のみならず先の試験にも付録された。これによってルター派教会の聖職者のレベルは飛躍的に高まったとされる[3]。

これは神学のみならず哲学をも含めて，メランヒトンの思想を形成している諸重要概念が全般に渡って，しかも極めてコンパクトに凝縮された定義集であり，今日の私たちにとってもメランヒトン思想の全体像を手際よく知るうえで便利な手引きになるといえよう。

*　　　　*　　　　*

---

1 MSA 2-2, 817-852. 英語訳として次も参照した。Preus, J.A.O. (trans.): Philip Melanchthon. The Chief Theological Topics. Loci praecipui theologici 1559. Second English Edition. Saint Louis 2011. S. 503-533.

2 MSA 2-2, 817.

3 アッポルド『宗教改革小史』徳善義和訳，教文館，2012 年，236-237 頁，参照。

神（Deus） 神は霊的な存在〔本質〕（essentia）である。神は知的で，永遠の，真実で，善く，正しく，憐れみある，純潔な，全く自由で，無限の力と知恵を持ち，この世の物質やすべての被造物とは異なる。それは永遠の父であり，自身の像である子を永遠から生み出した。父の像である子は〔父と〕永遠に共存する。聖霊は父と子から発出する。そのように神性は確かな言葉と証言によって（certo verbo et testimoniis）明らかにされている。永遠の父は子と聖霊とともにあって天と地とすべての被造物を創造し保持していたが，今もすべての被造物とともに存在する。これらを保持するのに関わり，人類においては自身の像へとこれを形成し，自身への確かな服従のために自らの教会へと私たちをまとめている。こうして，このひとつの真の神性から，確かな証言および預言者や使徒に伝えられた言葉を通じて，この神は認識されるようになり，そうした神性を伝える言葉に従って礼拝されるようになり，他の神々を捏造するすべての礼拝が断罪される。そして永遠の生における真の神性が賛美され，神は善と悪との審判者となる。

この神の定義は教会においてのみ知られている。ここでは確かな証言によってペルソナ〔位格〕が明らかにされ区別されている。これは日々の祈りのなかで見つめられねばならない。そしてキリストの洗礼と私たちの洗礼，さらに創世記の最初の章とヨハネによる福音書の最初の章やその他のなかに伝えられている証言が熟考されねばならない。というのも神は何らかの仕方でペルソナの区別が知られるのを望んでいるからで，それは子が仲介者であり犠牲であり，その他のペルソナがそれではないことが知られるのを望んでいるからである。

異邦人はペルソナを認識することなく神の定義を保ち続けている。というのも人間の自然本性には律法の知識〔法の知識〕（notitia Legis）が植え付けられているからである。これは神とは何であり，どのようなものであり，そして何を決定するのか，こうしたことを明らかな形で変わることのない証言によって私たちに見せてくれる。神は自身が多くの痕跡によって認識されるのを望んでいる。ちょうど世界という身体の秩序や，天の動き，種を永遠に保つこと，人間の精神のなかで高潔なものと醜悪なものとが区別されることそのものによって。したがってプラトンによれば次の定義が立てられること

406　第 II 部　翻訳編

になる。神とは永遠の精神であり，自然における善の原因である。しかし，これはペルソナの区別には触れていない。したがって私たちは祈るなかで教会に明らかにされ，上に引かれた定義を熟考し，これを保持することにしよう。

　ペルソナ〔位格〕（Persona）　ペルソナは実体（substantia）であり，分割できないもの（individua）であり，知的なもの（intelligens）であり，伝達不可能なもの（incommunicabilis）であり，他の自然のなかに存在するものではない。このように教会は語ってきており，ペルソナという言葉は，そのように用いられている。ギリシャ人はこれをヒュポスタシス（ὑπόστασιν）ならびに ὑφιστάμενον〔存在するもの〕と名づけた。つまり存在するもの（subsistens）である。ところで，この定義にはいずれにせよ説明が可能である。人間のただの身体は，この場所で述べられたようにペルソナではない。というのも，これは知的なものではないというだけではなく，何か他のものによって支えられているからである。なぜなら魂がそこにある限り身体は生きているが，魂が離れてしまうと身体は分解されてしまうから。同じようにキリストにおいては処女から生まれついた人間の自然本性が驚くべき絆によって言葉と結び付けられているが，もし神的なものによって保たれることがなければ，その自然本性と思われるものはすぐに無に帰されてしまう。こうした熟考のなかに最大の教えが含まれている。もし永遠の父と共存する神の子に，この自然本性の塊が帰せられること〔受肉〕がなければ，人類全体は消滅してしまっていたであろう。したがって子に帰せられた塊〔受肉〕のゆえに（propter assumptam massam）神は私たちを救い，同じく自身の肢体と同様に私たちを救うのである。こういわれているように。「これこそ，私の骨の骨，私の肉の肉」[4] など。

　永遠の父（Aeternus Pater）　永遠の父は神性の第一のペルソナであり，他の自然本性から生まれたものでも，作られたものでも，流出してきたもの

4　創 2:23。

でもない。永遠より自身の像である子を産み，子と神の聖霊とひとつとなってすべての被造物を作り，その存在を保っている。

永遠の子（Filius aeternus）　永遠の子は神性の第二のペルソナである。子は無から作られたのではなく永遠より父によって，その父の実体から産み出され，父と同質（ὁμοούσιος）である。子は実体であり，永遠の父の損なわれたところのない〔完全な〕像である。子を父は自ら凝視し考慮しながら産み出した。それによって神は私たちに子が言葉（λόγος）であるとともにペルソナであることを明らかにした。子を通じて神意〔神の決心・命令〕と被造物の全秩序と人間の回復が語られる。子はすぐに福音を啓示し，人間の自然本性を引き受ける〔受肉〕ために，そして仲介者となり，贖い主となり，救世主となって人類のなかに福音の声によって教会を招集し，これらを永遠の生に向けて蘇らせるために送られたのである。

聖霊（Spiritus sanctus）　聖霊は神性の第三のペルソナである。永遠の父と子から発出し，これと同質である。そして聖霊は愛であり，実質的な喜び（laetitia substantialis）である。聖霊は福音の声によって信じる者の心〔心臓〕に送られる。それは信じる者を聖別するためである。つまり彼らが教えを理解できるように彼らの内に光（lux）を灯し，賛同（assensio）を強め，神と一致する運動（motus congruentes Deo）を引き起こし，祈る者たちを駆り立てて，神のなかで休息する喜びをもたらすためである。

神の法〔律法〕（Lex Dei）　これは道徳法（Lex moralis）と名づけられていて，神のなかの永遠かつ不変の知恵であり，神の意志における正しさの規範（norma iustitiae）であり，善と悪とを区別する。これは創造の際に理性的な被造物に対して明らかにされていて，その後は教会のなかで聖なる声によって，しばしば繰り返され承認されている。これは神が何であり，どのようにあり，神が審判者であり，すべての理性的な被造物に対して，彼らが神の規範と一致するようにという義務を負わせている。そして，すべての者を断罪し，神の規範と合致しない者に対しては，もし仲介者による和解

408　第 II 部　翻訳編

（reconciliatio）がなされなければ，すべてに悲惨な滅びを宣告する。こうい
われているように。「この律法の言葉を守り行わない者は呪われる」[5]。同じ
く詩編にも。「あなたは，決して，逆らう者を喜ぶ神ではありません」[6]。
「主よ，あなたは偽って語る者を滅ぼし，流血の罪を犯す者，欺く者をいと
われます」[7]。

罪（Peccatum）　　罪とは何であれ，神の法と争うすべてのことである。
この短い定義は，もし巧みに理解されるならヨハネの手紙のなかに伝えられ
ている[8]。ところで，この言葉は次のように説明される。罪とは神の法に逆
らう欠陥（defectus）もしくは傾向（inclinatio）もしくは活動（actio）であり，
もし仲介者による赦しがなされなければ，この被造物を永遠の怒りは罪人と
して断罪する。

自由選択〔自由意志〕（Liberum arbitrium）　　自由選択もしくは神におけ
る意志の自由とは，それによって神が自らの正しさに基づいて（in
rectitudine）自発的に，何ら必要性や強制によらず，自らの知恵によって，
物事を作り出したり，作り出さなかったり，さまざまな業をなしたり，創造
されたものを保持したり，破壊したり，さまざまに制御したりする能力であ
る。それでも神は自らの正しさから逸れることはない。

堕罪前の人間の自由意志（Libertas voluntatis humanae ante lapsum）
堕罪前の人間の自由意志とは，それによってアダムが作られたところの正し
さに留まることができ，神に従うことができ，何ら強制されることもなく自
身で神から転ずることのできた能力である。

堕罪後の人間の自由意志（Libertas voluntatis humanae post lapsum）

5　申 27:26。
6　詩 5:5。
7　詩 5:7。
8　一ヨハ 3:4, 5:17。

たとえ再生していない者にあっても，それによって人間が運動能力（locomotiva）を制御できる力は存在する。つまり外的な四肢に神の法に適合した行いをするように命じたり，適合しない行いを命じたり，さまざまなそうした二つの種類のことを命じる能力は存在している。しかし〔堕罪後の〕人間は福音の光と聖霊なしに，その精神から疑念（dubitatio）を，心からは邪悪な傾向を取り除くことはできない。しかし，これらが聖霊によって取り除かれたとき人間は〔神の法に〕従い，こうした疑念や悪しき傾向に逆らうことができる。したがって再生した者の心が聖霊によって制御されるとき，より大きな自由がなされることになる。パウロがいうように。「神の霊によって導かれる者は皆，神の子なのです」[9]。そこで自由とは，それによって再生した人間が聖霊によって支配され，〔神の法に〕従うことができ，運動能力を制御できるだけではなく，心〔心臓〕のなかに神の言葉と聖霊が点火すれば，神に喜ばれる〔心の〕運動を保ち，邪悪な〔心の〕動きに抵抗し，そして〔また反対に〕自発的に強制なしに神の言葉から逸れることもでき，神の言葉に真に敵対することもできる能力である。ちょうどサウルとダビデが自らの自発的な意志によって強制されることなく亡くなったように。

　福音（Evangelium）　　福音とは悔い改めの説教であり約束である。これを理性が自然に知ることはない。これは神によって啓示される。このなかで神は私たちのある功績もしくは私たちの価値のゆえにではなく，子に従うがゆえに好意〔恵み〕（gratia）がこれをすることを宣言している。子を信じることによって確かに罪を免除し，正しさと回復の転嫁〔子であるキリストへの帰責による回復・和解〕を与えることを。このなかで神の子は福音の声によって私たちを慰め，信じる者の心を蘇らせ，彼らを永遠の死から解放し，これらを神の神殿とし，聖霊を与えた後には彼らを聖別し，聖霊そのものであるようなそうした〔心の〕動きに点火し，信じる者のなかに永遠の生という遺産を与えるのである。神の恵みにより，信じる者は罪の赦し，正しさ〔義〕の帰責，和解と永遠の生の受け継ぎを私たちは得るのである。

9　ロマ 8:14。

410　第II部　翻訳編

徳（Virtus）　自然本性における徳〔美徳〕とは，心の動きとすべての能力が損なわれることなく〔完全に〕，法のなかで自らを明らかにした神と真に一致することである。そして，これは次のような根本目的と関連づけられている。すなわち神によって義務づけられた服従が証され，次の言葉に従って神が賛美されるという目的である。「あなたがたの光を人々の前に輝かしなさい。人々が，あなたがたの立派な行いを見て，あなたがたの天の父をあがめるようになるためである」[10]。これがまさに神自身が引き起こす一致であり，それはすべてのものがすべてのなかにあり，神の光が私たちのなかに散らばるときに生じるが，これが真の徳であるといわれている。というのも堕落した自然本性における規律は，スキピオのように，たとえ英雄的な〔心の〕動きによって援助されるにしても，どんな種類のものであれ，外的な醜さを隠す徳のただの影（umbra virtutis）だからである。イチジクの木葉がアダムとエヴァの醜さを隠したように。したがって徳あるいは規律とは，神の律法に従って運動能力を理性的に制御することである。これはある者のなかではより強く，ある者のなかではより弱い。ちょうどスキピオにおいてはアレクサンドロスよりもこの徳がより強力であったように。たとえ二人ともに英雄的な衝動があったとしても〔そうした違いがある〕。

普遍的な正しさ（Iustitia universalis）　普遍的な正しさとは，すべての法への服従であり，アリスティデスによって正しさ（iustus）と名づけられたものである。そして普遍的な服従が理解されるのを望むとき，しばしばこのように聖書は法の正しさについて語る。

個別的な正しさ（Iustitia particularis）　個別的な正しさとは，それぞれ個々のものに割り当てられている徳のことである。

信仰（Fides）　信仰とは私たちに伝えられた神の言葉のすべてに賛同すること（assentiri）であり，このなかで神の子のゆえに約束されている恩

10　マタ5:16。

12 教会で用いられている数多くの語句の定義　411

恵の保証への賛同である。この賛同によって罪の赦しと和解の約束が把握される。さらに信仰とは信頼（fiducia）であり，仲介者のゆえに神のなかで休息することであり，これによって私たちは本物の恐怖〔不安〕のなかで鼓舞され，神において生と喜びとを感じる。こうして私たちは神に近づき，その憐れみと〔神の〕臨在を認識してそれに祈り，おお父よ，と叫ぶ。こういわれているように。「私たちは信仰によって義とされたのだから，私たちの主イエス・キリストによって神とのあいだに平和を得ており」[11]。同じく「これを信じる者は，失望することがない」[12]。これが信仰の真の定義である。パウロはこういうとき，このことについて語っている。「信仰によって義とされ」[13]。そしてパウロは思考能力（potentia cogitante）において同時に知識と賛同とを，意志において信頼を理解していた。ところで知識とは把握〔理解〕することであり，信頼とはまさに心におけることであり，意志とは〔心の〕動きであり，それによって私たちが把握したところの対象の内に休息する，といったことが知られねばならない。それゆえ古代の人々は信仰を把握する徳（virtus apprehensiva）であるといった。というのも，これは対象を凝視して像を形成するからである。しかし歴史的な知識についてのみいわれている場合には，信仰の定義は異なる。不敬虔な者におけるように，これは歴史を知ってしまっており，それに同調してしまっている。これは完全な信仰ではなく不具な信仰である。というのも，これはその人に向けられた神の約束に賛同することをしないからである。悪魔とユダは和解の約束が他の者たちに与えられると信じ，自分たちには与えられないと思っていた。したがって，これらは信仰に関するすべての記載を信じず，むしろこれを拒絶する。われは罪の赦しを信じる。これはすなわち同じく〔他ならぬ〕私自身に約束されていることなのである。

　愛（Dilectio）　愛とは信仰および仲介者の約束による憐れみへの信頼とともに，神のすべての掟に従うことであり，神のなかで喜ぶことである。

11　ロマ 5:1。
12　ロマ 9:33。
13　ガラ 3:24。

412　第Ⅱ部　翻訳編

というのもヨハネの手紙一第5章で語られているように。「神を愛するとは，神の掟を守ることです」[14]。これが次の言葉に適用されれば，それは私にとって不快なものとはならない。「神は愛である」。つまり神は子のゆえに私たちを最高に愛している。子は神自身の知恵を定めた秩序のなかにあり，私たちのなかにおいても子のなかにあるのと同様の愛と秩序が生まれることになる。しかし，それにもかかわらず神という創造主と創造されたもの〔被造物〕とは区別されねばならない。ちょうど神は天使のなかに知恵と愛とを生じさせるが，それは神によって作られ点火された光であるように。

　希望（Spes）　　希望とは仲介者により無償で与えられる永遠の生への確かな期待であり，神の計画に従って，この世の生において災禍が和らげられることへの期待である。さらに信仰と希望との違いが考察されねばならない。恐怖のなかで神の子を通じて心が生かされ，これを信仰によって凝視するとき，信仰は現在における赦しと和解とを認識し，望み，そしてこれらを受け入れる。希望とは，まさに未来における免除であり，これはまだ存在してはいない。ゆえに将来においてもたらされる善に休息することである。というのも，もし善が現在あるいは未来にどこかで示されることがなければ意志は休息しないから。これら三つを神学的な徳と呼ぶのが習慣になっている。信仰，希望，愛。しかし他の数多くのものが個々のなかにおいては必要だが，それでもそれらはこの三つと関連させることが可能である。

　忍耐（Patientia）　　忍耐とは耐えなければならない災難のなかで神に従うことである。これに耐えることを神は命じており，しかも憤りのゆえにその掟に反することをしてはならないと命じている。神から離反することのないよう，絶望や神を憎むことに陥ることのないよう，悲嘆のゆえに人々を不正に傷つけることのないよう，同時に災難のなかにおいてですら信仰と神の助けという希望を保ち，この信仰と希望の内に悲しみが和らぐのを感じることを命じている。パウロがいうように。「あらゆる人知を超える神の平和が，

14　一ヨハ5:3。

あなたがたの心と考えとをキリスト・イエスによって守るでしょう」[15]。そしてイザヤ書。「静かにしているならば救われる。安らかに信頼していることにこそ力がある」[16]。

名誉（Gloria）　名誉〔誇り〕とは正しく判断する良心に賛同することであり，かつ正しく判断する他者に賛同することである。この誇りについてはコリントの信徒への手紙二の第1章にある。「このことは，良心も証するところで，私たちの誇りです」[17]。ガラテヤの信徒への手紙第6章。「各自で，自分の行いを吟味してみなさい。そうすれば，自分に対してだけは誇れるとしても，他人に対しては誇ることができないでしょう」[18]。つまり各自が自分の職業とする仕事（officia vocationis suae）を正しく行うこと。そうすれば自らに誇り〔名誉〕を得ることができるだろう。誤っていない良心や傷ついていない良心の賛同を得ることができる，ということである。誤った仕方で間違った他人からの評価を集めないようにしよう。すなわち誤った愚かな評価や中傷によって〔評判を得ようとしないように〕。たとえばファビウスは正しく名誉を築いた。つまり，たとえ多くの人々には気に入られなかったにせよ，自身の良心によって誤った賛同を得ることがなかったのである。こうした良心による真の賛同は善きものであり，追求されるべきものである。というのも，これは真実であり嘘ではないから。神は私たちが判断するに際して真実であることを望んでいる。ちょうどヨセフが主人の妻をわがものとすることのないよう，自らに命じなければないように。スキピオは高潔なものと醜悪なものとの区別を保たねばならない。そして醜いことを行った場合，その行いを不可としなければならない。そして，さらに自然本性のなかに植え付けられた神的な秩序によって，この非難には心のなかの悲しみが付随する。再度，正しく行う場合，正しい結果があることを認識し，高潔な行動とその反対のものとを区別しなければならない。そして正しく判断する

15　フィリ 4:7。
16　イザ 30:15。
17　二コリ 1:12。
18　ガラ 6:4。

ことによる賛同には，心のなかで喜びが伴う。このように神によるもっとも
賢明な思慮によって，人間は高潔なものと醜悪なものの区別を理解するよう
に，それゆえ神を他の自然のものと区別するように，さらに罪を認識し，
生き方（mores）を制御するように，秩序づけられているのである。したが
ってソロモンはこう述べた。「名誉は多くの富よりも望ましく，品位は金銀
にまさる」[19]。したがって，こうした真の定義による名誉は善きものであり
求められるべきものである。そしてアウグスティヌスの言葉はよく知られて
いる。善き良心は神のゆえに私に必要である。善き名声は隣人のゆえに。

　ところで，こうした定義のなかで正しい判断について言及されていること
を私たちは熱心に熟考しなければならない。ここには多くのことが含まれて
いる。アレクサンドロスは自分の力でそうした勝利を得たと考えているので
正しい判断をしていない。しかも正しく神に祈りもせず，神に感謝の意を表
してもいないのだから。それどころか成功のゆえにあらゆる悪事をする自由
を自ら持ち，他の者たちを不正に弾圧するのだから。彼は判断において誤
り，かつあるべき姿よりも自分自身に多くのものを帰している〔尊大〕。ト
ラソのでたらめは，よりはっきりと分かる。彼は正しく判断していない。と
いうのも彼は公然と嘘をいい，自身に関して誤ったことを告げるからであ
る。しかしヨセフは正しく判断している。というのも秩序を保ち，人は主の
約束による憐れみを通じて正しくあることを知っているからである。次いで
彼はこうした危険と誘惑のなかにあって，自身の心が神によって強められて
いるのを知っていて，しかも神がこうした善の源泉であることを認識し，神
に感謝する。その後で彼は自分が姦夫ではないことの事情を明らかにする。
こうしてヨブは自身が正しい統治者であったというとき，正しく判断するこ
とになる。ところで彼は明らかに両方の見解を引く。神の前では自身は正し
くないといい，他方で自らは正しくかつ正しく行ったという。人は自分自身
の徳によっては正しくはない。そうではなく贖い主といわれている者のゆえ
に正しいのだ。次いで和解において服従が喜ばれることになるなど。

　ここで次のようにいわれたことの説明が利用される。「誇る者は主を誇

19　箴 22:1。

れ」[20]。つまり義認についてパウロはそこで語っている。一般的に確かにそのように語られるとはいえ，何としばしば善い事柄の原因となる原理が考えられていることだろう。ちょうどヨセフが貞潔を守るに際して，自らが神から助けられているのを知っているように。ダビデはゴリアテを倒すとき自身が助けられているのを知っているが，しかし事実に関してヨセフは自身が姦夫ではないことを正しく公言する。こうした良心の誠実さは，名誉なもの〔誇り〕であり善いものである。それゆえに彼の心の平安は神の秩序に伴うことになる。

恐れ（Timor）　恐れとは，心〔心臓〕のなかで受け取られる感覚による情動〔感情・心の情態〕（affectus）であり，心の苦しみを伴って来る悪から逃れることである。これは損なわれることのない喜び，もしくは締めつけられる苦しみによって破壊される，といったように構成される。というのも神はこうした相反する情動によって，理性的な被造物のなかで，自らの判断を明らかにすることを望んでいるからである。これは従う者を助け，逆らう者を挫く。そして，そうした情動がこうした自身の判断とともに実行する者に備わるのを望んでいる。というのも律法は実行されることがなければ空しい音に過ぎないから。こうした第一のことが，一般に恐れについて考えられるようにしたいものである。その結果，恐れという言葉によって若者が，ただ無用な考えが意味されているのではなく，心のなかで受け取られる鋭敏な動き〔運動〕（motus）が意味されていることを知るようになるように。

奴隷的な恐れ（Timor servilis）　奴隷的な恐れとは信仰なしにして，神の怒りと罰を感じることで酷く恐怖することであり，この恐るべき苦しみのなかで，神から逃走することである。ちょうどサウル，ユダといったそれに似た者たちが逃げたように。

子としての恐れ〔畏れ・畏敬〕（Timor filialis）　子としての恐れとは信

20　一コリ 1:31。

416　第II部　翻訳編

仰とともにある恐れである。つまり，まさに苦しみのなかにあって，子の約
束のゆえに神の憐れみを認識することで引き起こされるもので，真の祈りに
よって神へと近づくものである。これが生じると心は，自身を真の畏敬
（vera reverentia）によって神に服従させ，神と衝突しようとは欲しなくなく
なる。この恐れについては，こういわれている。「主を畏れることは知恵の
初め」[21]。同じくコヘレトの言葉の最後。「神を畏れ，その戒めを守れ」[22]。
これをすべての人間の規則としよう。そうした数々の言説において，これら
は恐れが一言で真理と同じであり，神礼拝の見せかけではないことを示して
いる。そして，こうした礼拝や恐れは，普遍的な服従についていわれている
と理解されるべきである。この語に関するそうした単純な解明は，数多くの
言葉を説明するのに必要である。ヨハネの手紙にはこうある。「完全な愛は
恐れを締め出します」[23]。これは奴隷的な恐れについていわれている。これ
によって心はひどい苦しみでもって神から逃走する。ちょうど，すべての
人々のなかにはおののき〔震撼〕が存在するのを経験が明示するように〔こ
れはすべての者にあることである〕。しかし信仰と愛とが加われば，つまり
神における喜びが来れば，私たちは神に近づき，これから逃げることはな
い。このようにして奴隷的な恐れは駆逐され，真の畏敬が生じ，心は神に従
うようになるのである。

　　良心（Conscientia）　　良心とは知性におる実践的な三段論法〔演繹〕
（syllogismus practicus）である。ここでの上位の大前提は，神の法もしくは神
の言葉である。下位の〔より小さな〕前提と推論〔結論〕は，正しく行われ
たことへの賛同もしくは違反への断罪を適用することである。この賛同には
心のなかで喜びが，断罪には悲しみが伴う。これは神によって規定された自
然の秩序によって生じる。神は理性的な被造物のなかで，自身の裁き
（judicium）によるこうした知識が存在することを望んでいて，さらにその実
行が加わるのを望んでいる。こうしたことにより神が存在するのを自身で明

21　箴 1:7。
22　コヘ 12:13。
23　一ヨハ 4:18。

らかにし，正しいことを命じ，不正なことを禁止し，これを罰することに関する証言があることになる。

　ところで神はこれ〔良心〕を私たちの内なる自分の判断によって罰する際に用いるし，その時とともにこの不安を増加させる。こういわれているように。「あなたの神，主は焼き尽くす火であり，熱情の神だからである」[24]。同じく「掟によって私を殺し」[25]。ダビデにおいては直ちに悪行の断罪があり，ある種の悲しみがあったが，依然としてより弱いものであった。しかしナタンを叱責するに際しては，神の怒りの感覚によって彼の心を打ち叩き，神自身がこの悲しみを助長した。人間の心は違反を前にしても法と一致していなければならないが，そのときしばしば頑固である。しかし神はこの裁きを違反の後にも残した。というのも神はこの悲しみのなかで自身が見つめられ，かつ正しいことを命じ不正なことを罰する神であることが〔私たちによって〕感じられるのを欲しているからである。神のこうした計画〔意図〕(consilium) と神についての証言は，頻繁に認識されねばならない。こうした判断をパウロはコロサイの信徒に宛てて，こう名づけている。「規則〔法・律法〕によって私たちを訴えて不利に陥れていた証書」[26]，つまり三段論法のことであり，このなかで律法とどのような神の言葉であれ，私たちに何かを命じているのは大前提であり，私たちへの適用は小前提となる。そして，その結論は私たちの証言によれば悲惨な形での断罪ということになる。これには著述家による数多く言葉が含まれる。「ひとはそれぞれ心に思うことはさまざまで，胸中には，己のしたことのために希望も恐れも抱きます」[27]。

　神における自由（Libertas in Deo）　神における自由とは物事を作り出したり，作り出さなかったりすることができる（posse）ことである。神は不変の善であるので，善をもたらしたり，もたらさなかったりすることがで

24　申 4:24。
25　ロマ 7:11。
26　コロ 2:14。
27　オウィディウス『祭暦』高橋宏幸訳，国文社，1994 年，45 頁。

418　第Ⅱ部　翻訳編

きる。自然を維持したり，しなかったり，自身が作った自然の秩序に従って
被造物を通じて行動したり，あるいは自然の秩序を制御したり，変化させた
り，被造物を抜きにして前触れなしに行動したりできる。こうして自由に行
為する者として自然を管理している。詩編にいわれているように。「私たち
の神は天にいまし，御旨のままにすべてを行われる」[28]。

　真の徳（Vera virtus）　　天使および人間における真の徳とは神の法と一
致する神的な〔心の〕動き（motus）のことである。この運動は，ちょうど
ヨセフにおける貞節，ダビデにおける勇敢のように，神によって点火され
る。こういわれているように。「あなたがたの内に働いて，御心のままに望
ませ，行わせておられるのは神であるからです」[29]。そしてコリントの信徒
への手紙一第 12 章。「賜物にいろいろありますが，それをお与えになるのは
同じ霊です」[30]。

　法〔律法〕による行い（Opera Legis）　　法による行いとは運動を駆り
立てる人間の思考および意志による命令〔の結果〕である。すると外的な行
いは神の法と一致することになる。人間におけるこうした努力（conatus）は
どのようなものであれ，これを哲学者は徳と呼ぶ。

　普遍的な正しさ（Iustitia universalis）　　普遍的な正しさとは，まさに徳
と同じであり，すべての法と調和〔一致〕するし，あるいは神とも調和す
る。というのも神と調和するとか神の法と一致するとかいうことと，それは
同じだから。なぜなら神とは法のなかに自らを記したような，そのような存
在だからである。

　個別的な正しさ（Iustitia particularis）　　個別的な正しさとは各人に固有
のものとして与えられた徳のことである。こうした定義をプラトンはシモニ

28　詩 115:3。
29　フィリ 2:13。
30　一コリ 12:4。

12 教会で用いられている数多くの語句の定義　419

デスから引いている[31]。〔アレクサンドリアの〕クレメンスによれば普遍的なものと個別的なものから定義は構成されている。「正しさとは神が平等と交わることである」。ところで著者が，はじめの部分で聖霊によって点火された神への運きを含めようとしたのは確かである。次いで隣人への義務を。〔平等とはここで〕秩序ある平等（aequalitas ordinata）と理解されるべきである。

　知識（Notitiae）　　知識〔知・観念〕とは精神および脳の活動（actiones mentis et cerebri）である。これによって像（imago）が形成される。知識は光（lumen）であり，これによって事物〔物事・事柄〕（res）が明らかにされる。そして神自身がこの光を点火するとき，これはより輝き，聖霊が私たちの霊と混合されるとき，より高貴なものとなる。これによって脳のなかで活動が生じる。ちょうどポンペイウスの不在を思うユリウスが自身でそのことを思い描くことで彼の像を作り上げたように。そのように現象することは明らかであるが，どのようにそうなるのかは，私たちはだれも知らない。しかし，かの永遠の大学で私たちはそれを学ぶことになるであろう。それまでは人間における神の，この驚くべき業を考察し，こうした像の形成が私たちの内に置かれているのを学ぼう。その結果，私たちは神の子が永遠の父の像であることを何らかの仕方で思考することができるのである。それは父の思考から生まれたものである。ヘブライ人への手紙にあるように。「御子は，神の栄光の反映であり，神の本質の完全な現れであって」[32]。ところで神自身がこの光を点火するとき，知識はより明るく輝きを増す。すなわち神の子自身が私たちの精神の内で慰めを語り，福音の声によって父を明らかにするときである。その結果，真の慰めの内にこれ〔より善い知識の輝き〕は生じることになる。ヘブライ人への手紙第4章に記されているように。「神の言葉は生きており，力を発揮し，どんな両刃の剣よりも鋭く，精神と霊，関節と

31　「それぞれの人に借りているものを返すのが，正しいことだ」（『プラトン全集11』岩波書店，1976年，34頁）。しかし，実際にシモニデスの現存作品のなかには，この言葉は見出されない（35頁，注1）。

32　ヘブ 1:3。

420　第Ⅱ部　翻訳編

骨髄とを切り離すほどに刺し通して，心の思いや考えを見分けることができるからです」[33] など。そして子が精神のなかで慰めを語ると同時に，聖霊が心〔心臓〕のなかに注ぎ出し，これはそれ自体の新しい運動を点火する。それから生命精気（spiritus vitalis）と混ぜ合わされ，心臓の運動と調和して知識は，より明るく輝くものとなる。したがって知恵（sapientia）とは一般に真の明るい中庸〔的確〕（mediocris）の知識であり，神が私たちに見て考察してもらいたい物事を認識することである。申命記第4章に語られているように。「これらすべての掟を聞くとき，『この大いなる国民は確かに知恵があり，賢明な民である』というであろう」[34]。

　信仰（Fides）　信仰とは私たちに与えられた神の言葉のすべてに賛同すること（assentiri）であり，そしてまた恩恵の約束に賛同することである。さらに意志と心における信頼（fiducia）であり，媒介者のゆえに神の内で安らい，神の言葉と聖霊を通じて点火させられるものである。信仰によって心は神の怒りを感じるなかで神の正しさを知って蘇り，神の内に喜ぶ。こういわれているように。「私たちは信仰によって義とされたのだから」[35]。

　希望（Spes）　希望とは与えられるべき媒介者の恩恵による永遠の生への確かな期待〔待ち望むこと〕であり，神の計画に従って今の艱難が和らげられ，あるいはこれから解放されることへの期待である。ペトロの手紙一の第1章に記されているように。「イエス・キリストが現れるときに与えられる恵みを，ひたすら待ち望みなさい」[36]。ところで与えられるというのをここのフレーズに従って見せかけではなく，と理解しよう。

　神を愛すること（Dilectio Dei）　神を愛するとは神によるすべての命令に従って普遍的に服従することであり，神における真の喜びと一致する〔交

33　ヘブ 4:12。
34　申 :6。
35　ロマ 5:1。
36　一ペト 1:13。

12 教会で用いられている数多くの語句の定義　421

わる〕（conjuncta）ことである。ヨハネの手紙一の第5章にあるように。「神
を愛するとは，神の掟を守ることです」[37]。

哲学的忍耐（Patientia philosophica）　哲学的忍耐とは耐えるべき艱難
のなかで理性に従うことである。それは理性が耐えることを命令し，悲しみ
によって〔物事が〕粉砕されることのないよう命令する，そうした辛苦であ
る。ちょうど〔悲嘆によって〕何らかの徳に反することを行ってしまうとい
うことのないように。カトーは正義に反して自殺してしまった〔こういうこ
とのないように〕[38]。

キリスト教的忍耐（Patientia christiana）　キリスト教的忍耐とは神が
耐えることを命じ，悲しみによって粉砕されることのないよう，ちょうど何
かの神の命令に反することを行うようなことのないよう，艱難に耐えるなか
でそのように命じる神に従うことである。そして神の意志と聖霊を認識して
悲しみを和らげることであり，それは喜びでもある。そして〔辛苦からの〕
解放もしくは緩和の希望を保ち，神に自由と緩和を冀うことである。詩編第
37編にあるように。「沈黙して主に向かい，主を待ち焦がれよ」[39]。同じく
「主に望みをおき，主の道を守れ」[40]。

神礼拝（Cultus Dei）　神礼拝とは神から命じられている行いであり，
神の子を認識する信仰とそれへの信頼によってなされる。この行いの主要な
目的には間接的なものと直接的なものがあるが，それは神に栄誉が帰される
ためにある。つまり神への服従によって，これ〔神の子〕が真の神であるこ
とが明らかにされるためであり，ゆえに私たちはこれを礼拝するのである。

神への畏れ（Timor Dei）　神への畏れとは罪に対する神の怒りを認識す

37　一ヨハ 5:3。
38　『プルターク英雄伝（九）』河野与一訳，岩波文庫，1956年，301頁，参照。
39　詩 37:7。
40　詩 37:34。

ることで，これを真に酷く恐れることである。ところで信仰が付加されると子への畏れが生まれる。これによって心は慰められて元気づけられる。こうして神への憎しみなしの，神に畏敬の念をもって従おうとし，神に逆らうことを欲しないような畏れが生じる。こういう仕方で神への畏れは完全なる礼拝を意味することになる。「いかに幸いなことか，主を畏れ，主の道を歩む人よ」[41]。

奴隷的恐れ（Timor servilis）　奴隷的〔卑屈な〕恐れとは信仰を抜きにした恐れであり悲しみであって，サウルやユダのように神に対して吠えることであり，〔神からの〕恐ろしい逃走（horribilis fuga）である。この恐れについては，こういわれている。「完全な」つまり偽物ではない「愛は恐れを締め出します」[42]。

誓い（Iuramentum）　誓いとは神に祈ることである。それによって神が私たちの魂についての証人となるように冀うことである。私たちが賛同した事柄に関することで人々を裏切ることのないように欲することであると同時に，もし私たちが誤った場合に，神に処罰者となってもらうよう冀うものである。この祈りを神は人間の内にある真理に繋がる鎖として定めた。そして自身をこの鎖を守るように強いている。すなわち，これを守る者には善いことをし，守らない者には何らの疑いの余地もなく，これを罰するように。というのも神は真理が理解されるのを望んでいるからである。その結果，私たちが神は存在し，しかも神は真実に溢れていることを知るようになるようになる。

真理（Veritas）　真理は，ときには真の知識もしくは教えもしくは真の言説を意味する。この場合，言説（sermo）と事柄〔物事・事物〕（res）とは一致している。ちょうど雪は白いと私が思い，そう語るときのように。ときにそれは事実との一致〔誠実〕（veracitas）と名づけうる徳を意味する。とこ

41　詩 128:1。
42　一ヨハ 4:18。

12 教会で用いられている数多くの語句の定義　　423

ろで徳とは真の知識，真の教え，そして真の言説を抱きしめ，それらを愛し止むことなく放さないことである。それは虚言と詭弁を嫌い，いわれたこと，あるいは約束事，そして事実と一致するように成し遂げ，話と振る舞いとが魂と一致するように成し遂げることである。ところで神は真理が理解されるのを望んでいる。その結果，神自身が存在し真実を伝える者であることを私たちが知るようになることを。さらに私たちが神および有益な人生のゆえに真の知識の内に安らうのを望んでいる。したがって，こういわれる。「隣人に関して偽証してはならない」[43]。同じく「あなたがたは，『然り，然り』『否，否』といいなさい」[44] など。というのも，もし果てしないずうずうしさや空虚な議論が認められるなら，〔懐疑派哲学の創始者〕ピュロンのようになってしまうからである。そして神が存在するのかどうかという疑いにさえ導かれてしまう。デモステネスは二つのことによって人間は神に似た者となるといった。真理と善行である。そこでゼカリヤの言葉を覚えておこう。「あなたたちは真実と平和を愛さなければならない」[45]。

　迷信に基づく宗教的儀礼〔盲信〕（Superstitio）　　迷信とは神からの命令もしくは自然の原因なしに，ある身振りを挙行したり，あるいは恩恵や自然の事柄やなされたことの変化の結果を重んじたりすることである。これは政治における身振りについてはいわれない。それは盲信抜きの伝達である。ちょうど王に王冠が据えられた場合，自然の変化は起きないが，階級の区別や職務の区別などについて他の者たちに注意を促すことになるように。

　見える教会（Ecclesia visibilis）　　見える教会とは，欠けるところのない福音の教えとサクラメントの正しい使用を理解する人々による，目に見える集まりのことである。この集まりにおいて神の子は福音に奉仕することで効力を発揮し，多くの人々を永遠の生へと再生させる。しかしながら，この集まりのなかには他にも多くの聖ならざる人々が含まれているが，それでも

43　出 20:16。
44　マタ 5:37。
45　ゼカ 8:19。

教えと外的な信仰告白については一致している。これが見える教会の，もっとも簡単な定義である。

キリストの王国（Regnum Christi）　キリストの王国は神の子が建設し，神の子が福音への奉仕を守護している。神の子は教会を束ね，信じる者たちの内においては真の効力をもっている。福音の声によって（voce Evangelii）彼らを生き生きとさせ，永遠の生に向けて聖霊によって聖別する。彼らを悪魔による暴政およびその道具になることに抗して守り，その後に聖人たちを永遠の生へと蘇らせ，父の王国を受け継がせる。つまり永遠の教会を永遠の父の前に導くのである。その結果，その後は福音に仕えることなく，その神性のなかで公然と支配する。すなわち福音への奉仕を通じて教会が束ねられている限りでは，このキリストの王国は，この世の生におけるものといわれる。というのもロゴス〔言葉〕である神の子が永遠の父の内奥から福音を明らかにするからである。そして，これによって慰められるなかで私たちは，福音の声が示されて自分らが永遠の父から受け入れられていることを認識するとき，神が知られることになるのである。それにもかかわらず子の王国は永遠である。というのも，すべての永遠性において子は父と聖霊とともに支配しており，教会の頭に留まるから。

福音の奉仕者〔福音への奉仕・務め〕（Minister Evangelii）　福音への奉仕者とは神によって間接的，直接的にさえ福音を教え，サクラメントを執り行い，肉体的な力によってではなく，言葉によって罰するのを，神によって定められた人物のことである。

政体の官吏（Magistratus politicus）　政体の官吏〔当局〕とは外的な規律およびその他の敬すべき法において，神の律法の声であり遂行者，平和の監視者，そして肉体的な，戦争の，さらに身体的な極刑や死刑によって，法を守らない者たちを抑制し懲罰を加えるために，神によって間接的，直接的に定められた人物のことである。これを遂行するためには援助と出費が必要である。したがって支配者は護衛によって装備されなければならないが，そ

れは福音への務めを担っているわけではない。

合法的な防衛（Defensio legitima）　合法的な防衛とは法が命令するように，公然たる暴力をある仕方で抑制することである。ちょうど旅行者が即今の危険に際して盗賊を抑えるように。このように官吏には，娘や他人の妻を奪おうとするような即今の危険に際して，これらを妨げることは許されている。ところで即今の危険における防衛はひとつであり，野蛮な犯行の後の罰はまた別である。ここで正しい悲しみの大きさは，ときに野蛮な行為を罰する両親を容赦する。ちょうどハルパゴスとウィケンティヌスの市民のように。王は市民の娘を奪い取り，凌辱した後に，四つの部分に引裂いて送り返したのだった[46]。

戦争（Bellum）　戦争とは合法的な防衛または合法的な懲罰のことであり，正規の権力によって正しい理由により許されたものである。

反乱（Seditio）　反乱とは臣民〔服従民〕による動きであり，武器をもって当局を襲撃する。これによってあからさまな損害を受けることはないが，防衛の方法が守られない場合には支配権が奪われてしまう。

自然の愛（Στοργή）　自然の愛〔情愛〕とは人間の心の動き〔情動〕であり，神の律法と一致するように神によって植え付けられているものである。ちょうど両親，子ども，妻，兄弟，そして好意に値する者たちへの愛のように。

当然の怒りもしくは熱情（Nemesis seu zelus）　当然の怒りもしくは熱情とは，酷い不正や卑劣な行為に対する憤慨のことである。しかし情愛（στοργαί）は，それがどのようなものであれ神について人間が注意を促され

46　ヘロドトス『歴史（上）』松平千秋訳，岩波文庫，2007年，110頁以降，参照。ここでは王・アステュアゲスがハルパゴスの子どもを殺して手足をバラバラに切り離し，これを彼に食させた物語が記されている。

るために，神によって人間に植え付けられている。

感謝（Gratitudo）　感謝とは真理と正義とを含む徳のことである。神が私たちに認識することを欲し告白することを欲するがゆえ，それは真理であり，そこから恩恵が受け取られる。私たちを相互の好意や他の何か義務といったものへ強制するがゆえに，それは真の正義なのである。

感情〔心の情態〕（Affectus）　感情とは弛緩〔リラックス〕しているか，あるいは緊張しているか，どちらかの心〔心臓〕の運動〔動き・情動〕（motus cordis）である。これは知識〔観念〕に続いて生じ，対象に付随もしくは，これから逃避する。対象が自然本性を害する，あるいは喜ばせるとき，常に極度の感情が伴う。すなわち苦痛，害された自然本性もしくは甘美，つまり対象のなかに憩う喜び。この二つは，神が高潔なものと醜悪なものとが区別されるのを欲するがゆえに，最高の感情である。したがって神は〔人間の〕心をそのように作ったのである。その結果，〔感情に彩られた〕心はいわば監視者のようになり，苦痛は醜悪さのゆえに人間を滅ぼし，喜びは生命となる。人生は神と一致するために高潔な対象を持たねばならない。

苦痛（Dolor）　ところで心のなかの苦痛あるいは悲嘆（tristitia）は，それによって害されるところの対抗する対象から逃れることである。しかも心が締め付けられたり抑圧されたりするとき，これは破壊の感覚（sensus destructionis）にもなる。そして，こうした抑圧のなかで心〔心臓〕は脅かされ，血液（sanguis）と精気（spiritus）とはまるで炎のように消費されてしまう。さらに人生が完全に消し去られるまで，心のすべての働きは活力をなくす。他の四肢のまた異なる苦痛は，単なる神経による攻撃の感覚であり，〔身体の〕快い動きと不快な動きとを感じ取るために，そのように作られている。神が私たちに保護するものと破壊するものの区別が知られるべきである，と欲しているということの他に，〔こうした感情の存在とこれが果たす〕他の理由が求められるべきではない。それは正しい自然本性が善いものとなり，不正なそれが滅ぼされるためである。

12 教会で用いられている数多くの語句の定義　　427

喜び（Laetitia）　　喜びとは心〔心臓〕のなかの快い運動〔動き・情動〕（suavis motus）であり，いわば弛緩〔リラックスしていること〕（laxatio）である。このなかで血液は温められ，豊富に輝く精気の炎が生まれる。これによって全身が温められる。これらの端緒〔苦痛と喜び〕から，どのような感情でも記述することが可能である。というのも大部分の感情は，次のように，これらが組み合わさったか，あるいは混合したものだから。

怒り（Ira）　　怒りとは敵対する〔有害な〕対象から逃れようとする心の苦痛であると同時に，これを撃退しようとする欲望である。ところで抑圧によって苦痛が生じる。というのも心〔心臓〕を援助しようと，血液が流れ込むからである。しかし撃退の欲望は〔血管の〕拡張を引き起こす。これによって心臓は血液と精気とを外的な四肢へと大量に送り出し，これらをいわば武装する。この両方〔心臓と四肢〕の運動が高まることで心と精気との燃焼が生まれる。これがその記述である。「怒ると顔はふくれあがり，血管も血で黒ずみ，眼はゴルゴンの眼に燃える火よりも残忍にぎらぎら光る」[47]。

憎しみ（Odium）　　憎しみとは継続する怒りのことであり，心のなかのあたかも永遠の火災もしくは炎のようである。

愛（Amor）　　愛は喜びと快いものへの誘引（attractio）から構成されている。快いものに引き寄せられてこれをいわば抱擁することにより，心臓の拡張が生じる。その結果，快いものは心のなかで，いわばひとつとなる。こういわれているように。「身体は二つだが，魂はひとつ」。

温和（Mansuetudo）　　温和とは怒りを抑制する徳である。つまり神の法が怒ることや罰することを命じない場合には，怒りを発散させたり，怒りに追従したりしないことである。

---

[47]　オウィディウス『恋愛指南――アルス・アマトリア――』沓掛良彦訳，岩波文庫，2008年，126頁。

428 第Ⅱ部 翻訳編

類似した徳としての当然の怒り（Nemesis）もしくは熱情（Zelus） こ
れは神の掟に従って怒ったり罰したりすることである。ちょうどピアネスが
神の栄光のゆえに怒り，外国人の女に近づいて殺したように[48]。ストア派の
人々が罰は怒りなしになされるべきであるというのは正しくない。というの
も神は，心が真に激しく動かされることさえ欲しているからである。したが
って神は，そうした情動を人間のなかに植え付けている。そして聖霊自体
も，こうした情動を聖人のなかで駆り立てる。こういわれているように。
「あなたの神殿に対する熱情が，私を食い尽くしている」[49]。

憐れみ〔同情〕（Misericordia） 憐れみとは正しい者が災難〔不運〕の
なかにあって，それによって私たちが嘆き悲しむところの徳である。あるい
は誤りもしくは弱さによって陥った人々の，もっともな理由による災難のな
かにあって，私たちが嘆き悲しむところの徳であり，私たちはその不幸を慰
めようと努力する。

友情（Amicitia） 友情とは正しさ〔正義〕であり，そのなかで高潔な
〔立派な〕理由により生じた好意に対して私たちがまた好意を返すことであ
り，高潔かつ可能な相互の務めに対して私たちが義務づけられていることで
ある。

寛大（Ἐπιείχεια） 寛大とは，もっともな理由により厳格な法の厳しさ
を和らげる徳のことである。というのも状況においては緩和する理由がある
からである。ちょうどトラシュブロスがアテナイの人々に定めて，連行され
てきた市民に奪われたものを返せと要求しないようにした場合である。とい
うのも返還を要求することは新しい戦争の火をつけることになるからであ
る。それゆえパウロがフィリピの信徒への手紙第4章で，こういう。「あな
たがたの広い心（Epieikia）がすべての人に知られるようにしなさい」[50]。と

---

48 民 25:6 以下。
49 詩 69:10。
50 フィリ 4:5。

いうのも神はキリスト者のあいだでの多くの私的なごたごた〔不満や憤怒となど〕（offensio）を，政体の安定のために赦すのが善き主流になるのを望んでいるからである。主がこういわれるように。「赦しなさい。そうすれば，あなたがたも赦される」[51]。そこでナジアンゾスのグレゴリウスによる，もっとも甘美な詩句が知られるべきであろう。「しかし，もしあなたが借主〔罪人〕であることを知るなら，慈悲〔寛大な心〕を貸しなさい。神は慈悲には慈悲で報いられるのだから」。

ところで子のために初期の服従を受け入れ，いわばその法によって執り行うときに，神が福音のなかに明らかにする寛大は，最高に明瞭である。

厳格な正義〔正しさ〕と寛大とは類似の徳である。ちょうど気前良さ（liberalitas）と倹約（parsimonia），同じく温和（mansuetuo）と当然の怒り（nemesis），同じく真実（veritas）と誠実（candor）のように。というのも誠実とはどのような意味においてであれ，正しい言説を策略のために歪めることだけではなく，曖昧なものをよりよい意味に捻じ曲げることでもないという，そういう徳だから。そこで誠実については，このように教えられている。「人を裁くな。あなたがたも裁かれないようにするためである」[52]など。

勇敢（Fortitudo）　勇敢とは神の律法に従って，あるときは忍耐しあるときは駆逐するなかで苦痛や危険をもちこたえる徳であり，そうした心の強さである。神の法は何を忍耐すべきか，そしてどこで撃退を行うべきかを明らかにする。この心の強さとは，ちょうどダビデが不正を耐え忍び，あるいはゴリアテと戦ったときのように[53]，神的な情動（motus divinus）である。そして普遍的な英雄的勇敢とはアキレウスの場合のように神的な情動であり，決して人間の思考によって添えられるものではない。というのも，これはどのような種類のものであっても，ちょうど一般の勇敢さがそうであるように，外的な振る舞いにおける駆動を支配すること（gubernatio locomotivae）ではないからである。

51　ルカ 6:37。
52　マタ 7:1。
53　代上 18:8 以下。

430 第II部 翻訳編

名誉（Gloria） 名誉とは人間の名誉についての通常の言い方では，私たちの良心が正しい判断および他者による正しい判断に賛同すること〔そのときに生じるもの〕である。この名誉〔誇り〕についてパウロは，こう述べている。「各自で自分の行いを吟味してみなさい。そうすれば，自分に対してだけは誇れるとしても，他人に対しては誇ることができないでしょう」[54]。つまり，それがあなたの義務であって，正しくそれをなしたなら，あなたは良心の賛同を得るが，これは平安をもたらす。そして他者を中傷することによって誇りをえようとはしないし，一般の人々による賛同も求めはしない。

傲慢〔高慢〕（Superbia） 傲慢は多くの悪徳から引き起こされる。というのも，これは判断を誤ることにあるから。それは自身の弱さを認識することがない。すると本人は安心し，神への畏れを欠き，自身により大きな力と自己信頼を与え，見積もられた仕事を超えてより多くのものを得ようと激しく欲求し，他者を軽蔑し抑圧し，この流れが妨げられる場合には，神と人間に対して怒る。ちょうどアントニウスのように，彼は酔って自分自身を見ながら，自分の男らしさと力とに感嘆し，自分だけが帝国を支配するに値するものだと判断した。したがって彼は職務を蔑ろにし，君主制を求めた。こうした悪についてソロモンは箴言の第16章で述べている。「すべて高慢な心を主はいとわれる」[55]。同じく「神は，高慢な者を敵とし」[56]。すなわち多くの罪がこのなか〔高慢〕に群がり集まっているので，心には神への畏れはなく，自分の力への信頼は誇張され，仕事を乱し，欲望が妨げられると，神に対してぶつぶつ不平をいうのである。ヘロドトスの言葉は記憶するに値する。神はすべての高慢な者に屈辱を与え，あるいはこれを切り取るのを常とする。

謙遜（Humilitas もしくは ταπεινοφϱοσύνη） 謙遜は多くのものから構成されている徳である。というのも，それは自分自身の弱さを認識するなか

---

54 ガラ 6:4。
55 箴 16:4。
56 ヤコ 4:6。

で真に神を畏れることであり，しかも神による助けへの信頼によって召命に従うこと（sevire vocationi）であり，決して突出することでも，より多くを求めることでもなく，神の支配を認識しなければならない，ということだから。これは，より弱い人々に対してさえ幸福をもたらす道具を作ることができる。したがって正しさ〔正義〕とは，各自のものをそれぞれの場所に配分することであり，決して他者を見下すことでも，妨害することでもなく，罰において神に対してぶつぶつ不平をいうことでもなく，神にその正しさの栄誉を帰すことである。ダニエルが述べるように「主よ，あなたは正しくいます」[57]など。ヨナタンは王国の危険が人間の力によっては耐えられないのを理解したとき，そのようであったし，とりわけ神の民のなかにあって，神から与えられないならば，だれも幸福な王はいないのを理解したとき，そのようであった。したがって王であることを望まず，これをダビデに譲り，後に苦難のなかにあって神に辛抱強く従った。こうした人々について，こういわれる。「謙遜な者には恵みをお与えになる」[58]。

控え目〔慎み深さ・上品〕（Modestia）　控え目とは私たちに関する意見や言葉や振る舞いにおいて，正しい判断に従って調和（convenientia）を保つ徳のことである。

えこひいき（Personarum acceptio）　えこひいきとは同等の者に不平等なものを，あるいは不同等の者に平等なものを与えることで，ヘブライ語での言い回しでは，もっとも重要な事柄への配慮ではなく，個人における周辺的な事柄〔事情〕（circumstantia）への配慮といわれている。ちょうど裁判官が貧乏な姦通者を罰し，裕福な姦通者を見逃すように。こういわれている。

　　裁判所の判決は黒い烏を無罪放免にし，白い鳩を糾弾しているのです[59]。

57　ダニ 9:7。
58　ヤコ 4:6。

432　第Ⅱ部　翻訳編

そして負債がこのようにして不平等に割り当てられるとき，えこひいきは配分の正義と争うことになり，そのことによって神は尊敬すべきこと〔高貴〕とそうでないものとが区別されるのを欲する。ローマの信徒への手紙第13章に記されてあるように。「支配者は，善を行う者にはそうではないが，悪を行う者には恐ろしい存在です」[60]。このように神は自身がどのような存在であるかを私たちが認識するために，この秩序を定めたのである。すなわち正しくあり，かつ不正を罰する神という存在を。

　純潔（Castitas）　　純潔〔貞潔〕とは神の法によって禁止されている，すべての種子の混合や浪費を避ける徳である。

　結婚（Coniugium）　　結婚とは生殖および不安定な性欲から逃れるために，神によって定められた，ひとりの男とひとりの女との，合法的かつ不可分の結合（coniunctio）である。こういわれているように。「二人は一体となる」[61]。つまり不可分に結合されるということである。そして合法的な結合が語られる場合，神よって伝えられた親族関係の段階に関する法および他の尊重すべき法のことが理解されている。というのも親類との交わりは神の法によって禁じられていて，これは近親相姦（incesta）と呼ばれている。つまり，これに対しては結婚の荘厳さは付加することはできない。結婚において婚約者は帯で飾られていて，これは縫い合わされたもの（κέστος）と名づけられていた。そこから近親相姦と習慣的にいわれるようになるのだが，それはあたかも花嫁や女性が着ける帯がないといったことで，つまり合法的な結婚ではないということになるわけである。

　勤勉（Sedulitas）　　勤勉とは神の掟に従って，私たちが熱心に自分たち自身の，かつ必要とされている天職（vocatio）のために，その仕事をするこ

59　ペルシウス／ユウェナーリス『ローマ風刺詩集』国原吉之助訳，岩波文庫，2012年，93頁。

60　ロマ 13:3。

61　創 2:24。

とであり，そうした天職の柱（meta）に私たちは結び付けられている。この徳に関して，すなわち天職を果たすべきことと仕事における熱心（diligentia）について，パウロはテサロニケの信徒への手紙一の第4章ではっきりと命じている。「しかし，兄弟たち，なおいっそう励むように勧めます。そして，私が命じておいたように，落ち着いた生活をし，自分の仕事に励み，自分の手で働くように努めなさい」[62]。そしてローマの信徒への手紙第12章では熱心について語られている。「指導する人は熱心に指導し」[63]。さらにコヘレトの言葉第9章。「何によらず手をつけたことは熱心にするがよい」[64]。そして第11章。「朝，種を蒔け，夜にも手を休めるな」[65]。同じく「あなたのパンを水に浮かべて流すがよい。月日がたってから，それを見いだすだろう」[66]。つまり，あなたの労働によって公共の政体を助けなさい，とこれは教えている。たとえ，もし多くの者の見るところでは，ちょうどパンを水のなかに撒き散らすかのように役立たない仕事であるように見えても，それにもかかわらず，あなたの働きが役立てられる人が，だれかいるものである。次のようにパウロもいって私たちを慰めている。「主に結ばれているならば自分たちの苦労が決して無駄にならないことを，あなたがたは知っているはずです」[67]。怠惰とおせっかいは最悪の悪徳である。これは職業のなかで多くの二次的なこと（πάρεργα）を行い，必要なことを無視したり，あるいは必要な仕事の外へ飛び出したりする〔余計なことをする〕。ちょうど，おせっかい屋〔過度の世話好き〕や，さらに野心に燃えた者や，愚かな想像をする者あるいは不幸なまね（κακοζηλία）をする者が罪を犯すように。ちょうどマカバイが幸運にも人々を自由にし，多くの者がその模倣者になろうと欲したが，それにもかかわらず彼らは不幸であったように。というのも彼らはそれに呼ばれてもおらず，神による駆り立てもなかったからである。このようにしてテミストクレス，ペリクレス，そしてデモステネスの不幸な

---

62 一テサ 4:10-11。

63 ロマ 12:8。

64 コヘ 9:10。

65 コヘ 11:6。

66 コヘ 11:1。

67 一コリ 15:58。

434　第Ⅱ部　翻訳編

模倣者が生じることになった。こうした人々に関してはポリビュオスの言葉
が記憶に値する。「多くの者は，成功を収めた人の肝心の行動には接近を試
みることさえせず，ただ末節の行動ばかりを模倣する。そうして自身の判断
力の欠如を衆目にさらし，損失を招く…」[68]。

　盗み（Furtum）　　盗みとは他人の財産を，その持ち主の意志に反して所
有したり奪い取ったりすることである。

　所有権（Proprietas）　　所有権とは正しい仕方で手に入れられた財産を
支配する権利のことである。これは持ち主とそれ以外にはだれも持つことの
ない自分の財産に関する権利であり，彼〔主人〕自身の意志に任されてい
る。ただし法もしくは契約によって禁じられていない限りにおいてである。

　正当な所有権（Dominium）　　正当な所有権とは，つまり神の律法もし
くは人間の法によって定められた能力であり，これによって持ち主とそれ以
外には，だれも財産を保持しないし，自身の意志によってこれを管理するこ
ともない。ただし法もしくは契約によって禁じられていない限りにおいてで
ある。ところで持ち主の区別を戒めの声そのものが定めている。「盗んでは
ならない」[69]。さらに説明が心に留められねばならない。
　自然のものは不変である。
　財産を共通に用いるのは，いつもいわれているように自然の権利である。
　ゆえに，これは不変である。
　この大前提に私は，こう答える。自然のものは不変である，すなわちこれ
は学芸や戒めの自然の知識のことである。しかし，その有用性〔用いるこ
と〕（utilitas）は不変ではない。これ〔不変的な有用性〕は永続的な身体の
健康や他の好意といった，損なわれていない自然のなかにある。こういった
こと〔財産の不変的な共通の使用〕は損なわれていない自然の共同体のなか
ではありえるのだが，これはここで教えられてはいない。

68　ポリュビオス『歴史3』城江良和訳，京都大学学術出版会，2011年，164頁。
69　出 20:15。

契約（Contractus）　契約とは法的な仕方で何か移すべき（transferenda）財産〔もの〕（res）について，それは所有者についてでも，使用についてでも，神によって定められた義務についてでもよいのだが，二人もしくは複数の者たちによる相互の高潔な合意のことである。というのも個人が自分で所有していないものを必要とする場合，神は人間の生が，法的な契約や法的な伝達によって平等を保つことで結合されるのを望んでいるから。その結果，私たちは正しさとは平等のことであると理解し，神自身が平等な存在であることを知るようになる。そこで契約についてはレビ記第 19 章で，こう断言されている。「あなたたちは，不正な物差し，秤，升を用いてはならない」[70]。

購入（Emtio）　購入とは，それによって正当な価格に応じて持ち主からものが移動させられる契約のことである。買い手は決して価格を引き下げる権利をもたない。購入の実体的なものは商品（merx）や価格（pretium）と呼ばれているが，それは購入者と売却者との一致である。

貸付（Mutuatio）　貸付とは金銭あるいは穀物あるいは他の有用なものが移動させられる契約のことである。これを使用することは消費である。これについては次のような義務があり，それはちょうど同じだけの量がある一定の時間の後に戻ってくるということで，貸し付けている者は，貸し付けているのとちょうど同じだけの量を要求する権利を保持している。

利子（Usura）　利子とは貸付のゆえに要求される儲けのことである。しかし利子を要求することはレビ記第 25 章[71]や申命記第 23 章[72]で明確に禁止されている。そして福音書ではこう語られている。「人に善いことをし，何も当てにしないで貸しなさい」[73]。さらに利子は平等と争うことになる。

70　レビ 19:35。
71　レビ 25:36 以下。
72　申 23:20 以下。
73　ルカ 6:35。

だれも他人のもの〔財産〕から利益を得てはならない。利子を受け取る者は
他人から利益を得ている。というのも貸付は持ち主と確かにその財産を移し
替えるから。この財産は自身の本性から実を結ぶのではない。したがって，
これは正当な儲けではない。そのうえ現実は，こうした不平等のゆえに人間
の大部分が消耗されているのを示している。これが理由で，しばしば帝国に
おいて暴動が生じることもある。しかし異邦人は，ある制限を設けるために
月利1％の法を定めた。ところで百分の一の利子とは百か月に相当する種類
の利子のことをいっていて，その結果，百の金貨のなかから毎月一金貨を払
うことになる。百分の一の利子についてはネヘミヤ記第5章で触れられてい
る。だれであろうと高利貸しは2もしくは3％の利子を要求する。百分の一
の利子に関する法は，しばしば更新される。アジアのルークッルスやキリキ
アのキケローによって，また全帝国のユリウスやアウグストゥスによって。

利権（Interesse）　　利権とは他の契約による偶然のものであり，自然の
平等性から取り入れられた，名誉な財産への訴えである。これについては，
こういわれている。だれも他人の不正行為によって豊かにされないように。
したがって利権とは負債であり，自然法によってこれを負うものであり，だ
れかの負債の強力な原因をもたらすか，あるいはだれかの正当な儲けを邪魔
する。ちょうど，もしだれかが賃貸物件において何かを損傷した場合，その
分のさや〔差額〕を負うことになるように。つまり彼は損害を埋め合わせな
ければならない。たとえ，このことに関して何ら協定が先行していない場合
でも。しかし名誉な財産に利権という言葉が用いられると，ひどい利子とい
うことになり，これは有害な詭弁となる。

賃貸（Locatio）　　賃貸とは，ある時間，ある価格で，所有する限りでは
なく使用の限りにおいて，あるものが移動される契約である。そして貸し出
されたものは抵当法により貸借される。

虚言（Mendacium）　　虚言〔うそ〕とは厚顔あるいは党派心から，だれ
かがいっていることを傷つけたり，態度でほのめかしたり，何か違うことを

12 教会で用いられている数多くの語句の定義　　437

意味したりすることである。というのも，私は幻影を虚言とはいわないから。それは，もっともらしい理由により，いわれる必要のない何かが包まれることで，ちょうどラハブが自分の家には斥候（せっこう）はいないといったように[74]。そうした形〔の虚言〕は義務に忠実な虚言（officiosa mendacia）と呼ばれる。物語や詩はこうしたものを含んでいて，これらはすべて幻影〔形〕（figurae）もしくは類似（similitudines）といわれうるものである。

　中傷（Maledicentia）　　中傷とは，だれかの真ではないもしくは疑わしい悪事を，罰すべき法によって非難すること，もしくは傷つけようとする虚栄心〔うぬぼれ〕（vanitas）あるいは功名心（cupiditas）から，判断の秩序から外れた何かをいうことである。この悪徳はレビ記第19章で禁じられている。「民の間で中傷したり，隣人の生命にかかわる偽証をしてはならない」[75]。ところで罵倒（convicia）も，誤ったものであれ正しいものであれ，この種に属する。これもやはり傷つけようとする虚栄心もしくは功名心によって語られる。同じく悪口（calumnia）も善行もしくは正しい言説を誤り伝えたり，〔評価が定まっていてない〕曖昧なものを，より劣った部分へと向けたり，どのような仕方ででも罪を捏造したりすることである。ちょうどパラメデスが虚構の罪で打ちのめされたように[76]。同じくナバトもそうである[77]。こうしたすべてのことについてはコヘレトの言葉第7章で語られている。「賢者さえも，虐げられれば狂い」[78]。そして第10章。「呪文も唱えぬ先に蛇がかみつけば，呪術師には何の利益もない」[79]。舌〔言葉〕による悪徳は数多くあり，あるものはより大きく残酷なものであり，あるものはより小さく残酷なものである。

　おしゃべり（Garrulitas）　　おしゃべり，無駄，虚栄心，自慢，悪口，嘲

74　ヨシュ2:4 以下。
75　レビ 19:16。
76　オウィディウス『変身物語（下）』中村善也訳，岩波文庫，194頁，参照。
77　列上 21。
78　コヘ 7:8。
79　コヘ 10:11。

笑, 嘘つき, 誣告, ばかげたこと, 滑稽, ふしだらなことをいうこと, 重大な事柄において不適当な冗談をいうこと, もしくは空虚な嘲笑で弄ぶこと, もしくは上位の者のなかで無礼なことをいう, あるいは品位ある者を傷つけること。ちょうど, シムイがダビデに悪口をあびせながら下品に振る舞ったように[80]。

市民的自由（Libertas civilis）　〔この世の社会における〕市民的自由とは法によって定められた身体的可能性（facultas）であり, それは自分の財産を所有する可能性であり, 自由意志〔選択〕から（ex arbitrio）身体的な行いを選ぶ可能性であり, 自由意志によって身体ならびに自分の財産を持ち運ぶ可能性のことである。というのも市民的自由はいかなる法もなしに行き渡っていると理解されるのではなく, 神と市民の法によって定められていて, キケローの著作ではクラッススの言葉で称賛されているからである。〔また〕市民的自由とは, 自由意志に従って（pro arbitrio）ふさわしく身体を移動し, ふさわしい身体的業を選ぶ自由であり, 自分の財産を持つ自由であり, 自由意志に従って所有者の権利によりこれらのものを処理する自由であり, 身体と財産との法的な防御を有している。ちょうど買い取られたヨセフが身体を移動することも, その主人から逃げることもできないように〔彼は所有物である〕。ところで, これは明瞭に法によって定められた能力だといわれている。というのも自由とは無限の許可でも野獣がするようにうろつき回ることでもなく, 身体と財産とを相応しく用いる能力であり, 捕虜や奴隷のそれよりも, より自由なものだから。しかし, それにもかかわらず, この自由は神に従属し, 神による限界によって確かに限定されている。すなわち神の法と他の法の内に。これらは, これに従う可能性を保護してくれる。ちょうど, だれかに広々とした庭の果物を用いる自由があり, それが壁で取り囲まれている場合, イノシシや他の野獣が侵入しないようにするように。ルーキウス・クラッススは次のように語った。私たちは法の奴隷である。それは私たちが自由でありうるためである。

80　サム下 16:5 以下。

市民の奴隷であること（Servitus civilis）　これは神が認めたもので，ちょうどヨセフやオネシモがそうである。これは自分の財産を保有したり，自由意志によって自らの行動を選択したり，自由意志によって自分の身体や持ち物を移動したりする法的な可能性を持ってはいない。しかし，こうした奴隷状態の者も，神の法もしくは自然法から緩和あるいは制限を有している。主人は奴隷に不正を働かせるよう強制することはない。ちょうどトルコ人が息子や娘をその主人から引き離し，彼らをその偶像の狂乱（idolomania）へと引き連れていったように。というのも神は最高の主人であり，どのような被造物も，神の掟に逆らって，何かを求めたり命じたりしてはならないからである。こういわれているように。「人間に従うよりも，神に従わなくてはなりません」[81]。そしてプラトンの言説を覚えておこう。両者とも最高である。制限された自由と制限された隷属。両者とも最悪である。無制限の自由と無制限の隷属[82]。

非創造の善（Bonum increatum）　非創造の〔創造されたものではない〕善とは神自身のことである。それは知恵の本質であり，永遠であり，全能であり，自らの法が命じるところのものを，そのように意志し，世界を創造し保持し，そして善の原因である。つまり知恵であり，正義〔正しさ〕であり，喜びであり，被造物における秩序である。この完璧な善については，こういわれている。「神おひとりのほかに，善い者はだれもいない」[83]。

創造された善（Bonum creatum）　創造の〔創造された〕善とは被造物において，すべてのものを理解し秩序づける神の精神と一致して作られたものである。したがって，これは知恵であり，正しさ〔正義〕であり，知性の本質における喜びでああり，神によって立てられた普遍的自然における秩序である。この定義は，自然の善と名づけられる種類における善であり，これについては次のようにいわれている。「神はお造りになったすべてのものを

81　使 5:29。
82　『プラトン全集 11』岩波書店，1976 年，612-614 頁，参照。
83　マコ 10:18。

440　第II部　翻訳編

御覧になった。見よ，それは極めて良かった」[84]。つまり，そのように秩序
づけた神の精神と一致しているということであり，すなわち理知的な自然本
性には（in natura intelligente）知恵，正しさ，そして喜びが，普遍的自然に
は秩序があるということである。次に，その種類が列挙される。

高潔で道徳的な善（Bonum honestum seu morale）　　高潔〔立派〕な，
もしくは道徳的な〔人間にのみ当てはまる〕善とは，理知的な自然本性にお
ける正しさ，あるいは徳である。つまり神の法もしくは神との一致である。
そして，この一致はあるものにおいてはより大きく，あるものにおいてはよ
り小さいものである。ヨセフやエリヤ，ダニエルにおいてはスキピオより
も，より明瞭である。創造された道徳的善とは，神の法や神と一致する天使
や人間における意志の活動そのものである。というのも同じことはこれらの
語りの形をも意味し，これらの活動は神の法の認識によって制御されていな
ければならないから。オジアンダーは正しさを神自身であると述べたが，し
かし，なお極めて大雑把にいうなら，創造されたものではない〔非創造の〕
正義と創造されたもの，あるいは天使や人間の意志において生ずるものと一
致した行動とは区別されねばならない。これらの原因は天使や人間の意志に
あり，これは絶対に受動的なものではない。つまり，このなかにおいては太
陽が甕のなかに光を放射するようには，神は働かない。そしてヨハネは私た
ちが神の子に似た者（similes）になるであろうという[85]。同じくパウロは私
たちが神の像（imago Dei）になるように造り変えられる〔変容〕（transformari）
という[86]。しかし像は原型（archetypus）ではない。したがって創造された
高潔な善といったものは，この世の生においては再生した者のなかでその歩
みが開始され（in hac vita in renatis inchoatur），後に完全なもの（integrum）と
なるはずのものなのである。哲学は立派な行動について語るが，それはたと
え不完全なものであっても，それにもかかわらず，それが高潔な，もしくは
道徳的な創造された善と呼ばれるのを私たちは知っている。ちょうどスキピ

84　創 1:31。
85　一ヨハ 3:2。
86　二コリ 3:18。

オが，すべての四肢に命令し，他人の婚約者に近づかないようにした意志の行為のように。この行為は，もし精神と意志とが神を注視していたなら，より完全なものであっただろう。ちょうどヨセフが姦婦を遠ざけたように。こうしたことは他の場所で多く語られている。しかし，それにもかかわらず高潔で道徳的な，創造された善といったものが存在する，とまさにいえるのであり，それはたとえ祝福され，同じくこの世の生において再生した者におけるのと，異邦人の高潔さ，天使やヨセフのものとスキピオの行為が区別されなければならないにしても，やはりそうである。

　有用な善（Bona utilia）　　有用な善とは，すべての感覚的そして精神的な知識，さらに生を保持するために秩序づけられたすべてのものや遂行（omnes res et effectiones）のことである。ちょうど元素や生まれたもの，穀物，金属やその他における秩序のように。私にとっては，意志が同意する〔意志と一致する〕精神における真の知識を高潔な善と呼ぶことには何ら不快感はない。しかし意志が同意しない場合，それは金（aurum）のように自然の有用な善ということになるが，それにもかかわらず人間はこれを悪用する。

　感覚における快い〔甘美な〕善（Bonum suave in sensu）　　感覚における快い善とは，対象が神経と一致し調和することである。ちょうどお湯が寒さで害された神経を回復させたり，ふさわしい飲み物が舌の渇きとその他の肢体を回復させたりするときのように。あるいは快い善は精神と意志における喜びであり，これは美しいものを知覚することで生じる。つまり，これは神もしくは自然と一緒の秩序であり調和（convenientia）である。

　自然〔本性〕的悪（Malum naturale）　　自然的悪とは理知的自然本性における知恵，正しさ，そして喜びの欠如（privatio）であり，その他のものにおいては，どのような自然本性であれ秩序が破壊されていること（destructio）である。ちょうど病，死，そしていかなるものであれ事物の破壊のように。

442　第II部　翻訳編

道徳的悪（Malum morale）　道徳的悪〔人間に（とくにその心や肉に）由来する悪〕とは，理知的自然本性における正しさもしくは徳の欠如であり，神の法もしくは神との不一致のことである。通常まさに過失の悪（malum culpae）と呼ばれるが，教会では罪（peccatum）と名づけられる。ところで原則はもっとも厳格に守られねばならない。それは神が過失の罪の原因では決してないということである。つまり神は決して罪を欲したり，勧めたり，働きかけたり，助けたりしないということである。

罰による悪（Malum poenae）　罰による悪は，また違う。これは過失の悪に続く破壊である。ちょうど病，死のように。この悪は罰を正しく実行することであり，ちょうどファラオによる抑圧のように。そうした正しい実行について，神はそうしたことを欲し助長している，とソドムについて明確にいわれているように語ることは，決して馬鹿げたことではない。「主はソドムとゴモラの上に天から，主のもとから硫黄の火を降らせ」など[87]。同じく「あなたの神，主は焼き尽くす火であり」[88]。こうした罰による悪について次の言説は理解される。「町に災いが起こったなら，それは主がなされたことではないか」[89]。つまり主は，あらゆる種類の罰によって私たちを打ちのめすということである。病，償いのための罰，飢え，戦争など。

　ところで，その反対のものについては入念に考察されねばならない。というのも道徳的善と過失の悪は互いのあいだで対立させられるからである。ちょうど習慣〔あるものを可能にする情態〕（habitus）と欠如あるいは反対の情動，すなわち勇敢と臆病，カインにおける兄弟愛と憎悪といったように。これらのものと自然の善〔自然本性に由来する善〕と自然の悪〔自然本性に由来する悪〕は異なっている。知識，黄金，葡萄酒といったものは自然の善〔自然的善〕（naturalia bona）であるが，道徳的善（bona moralia）ではない。死は自然の悪〔自然的悪〕であり，道徳的悪ではない。したがって死は道徳的善とは争うことはならない。こういわれているように。「主の慈しみに生

87　創 19:24。
88　申 4:24。
89　アモ 3:6。

きる人の死は主の目に価高い」[90]。

善の天使〔御使い〕（Angelus bonus）　善の天使とは霊的なペルソナであり，元素〔といった構成要素や始まり〕（elementum）からではなく，無から（ex nihilo）から作られている。それは，この天使の善において神性が自らを霊的な自然のなかで明らかにし，被造物において律法やその他の知識，意志の自由や正しさによって飾られるようになるためである。次いで，まさに善において，すなわち神の愛，天使の愛，そして敬虔な人間の愛，真実と貞潔のなかに確立されるためである。その結果，だれも神から離反することはなくなる。たとえ，その自然本性がより卓越したものであれ，それにもかかわらず教会に奉仕するよう，秩序づけられることになる。こうして神の意志が凝視されることになる。それは強者がより弱い者〔弱者〕に奉仕することを欲しており，遜ることの熱意〔謙遜に勤しむこと〕（studium humilitatis）に賛同する。詩編第91編。「主はあなたのために，御使いに命じて，あなたの道のどこにおいても守らせてくださる」[91]。

悪の天使〔御使い〕（Angelus malus）　悪の天使とは霊的なペルソナであり，元素からではなく，無から作られている。それは創造において神の法やその他の知識，意志の自由や正しさによって飾られていたが，次いでまさに自分の意志によって自由に神から離反し，神の子を侮るようになる。そうして無限の罰へと投げ入れられ，神の怒りは荒れ狂い，嘘つき，冒涜，そして神の怒りによって人類に対して冷酷を尽くし，他者に対して，その他の悪事，冒涜，虚言，殺人，狂った情欲へと唆し，その結果，悪意（ἐπιχαιρεκακίαν）あるがゆえに自分自身に対してもよりよいものとはならない。こうして神や私たちの主キリストに対して侮辱を及ぼすことになる。それゆえに，これには二つの名称が当てられる。嘘つき（mendax）と殺人者（homicida）である。そして中傷する者〔悪魔〕（διάβολος）と名づけられる。というのも神の言葉を人間の精神のなかで中傷〔策略〕によって破壊するからである。そ

90　詩 116:15。
91　詩 91:11。

してサタンとも名づけられる。というのも神や私たちの主キリスト，そして教会と敵対するからである。ベルゼブブとも名づけられる。というのもスズメバチのように空中をあちこち飛び回り，人類とりわけ教会を混乱させるからである。パウロは悪魔（Diabolum）を，これらのなかで神を侮辱するように働きかける，空中に勢力を持つ者と名づけた[92]。したがって，こうした〔悪魔に関する〕定義は，悪魔に抗して援助を冀うべき祈りがより熱烈なものとなるために，入念に考察されねばならない。確かに神の子は喜んで私たちを援助しようと欲しているからである。というのも悪魔は私たちを彼〔主キリスト〕のゆえにとくに憎むから。したがって私たちはあなた，イエス・キリスト，私たちのために十字架に付けられ復活された方，あなたの教会の保護者に祈る。私たちを支配し保護してくれるように，と。

　預言者（Prophetae）　　預言者は旧約聖書において教師〔博士〕（doctores）と名づけられている。彼らは教えを洗い清め〔純化し〕，とりわけ救世主（Messia）に関する約束とその他の政治に関する助言を明らかにすべく，神によって直に召し出された者たちである。そこで彼らは奇跡的な証言によって飾られている。その結果，彼らの教えが神的なものであり，その教えにおいて彼らが誤ることはない，というのは確実である。というのも神が彼らについて証言しているから。アダム，セト，ノア，アブラハム，イサク，ヤコブ，ヨセフ，モーセ，ダビデ，エリヤ，エリシャ，イザヤ，エレミヤ，ダニエルその他の者たちが，これに相当する。したがってヨハネはこういった。「そうではない」〔私は預言者ではない〕[93]。というのも彼は政治的な務めのために送られたわけではないからである。ちょうどユダヤ人が預言者に，ローマ人への戦争のラッパであるサムエルもしくはエリヤに似たようなものを期待したように。

　使徒（Apostoli）　　使徒とは新約聖書において教師であり，福音を教え，政治的な仕事のためではなく，公に秘跡を遂行するために，キリストによっ

92　エフェ2:2。
93　ヨハ1:21。

て直に召し出された者たちである。そこで彼らは聖霊と奇跡の証言によって飾られている。その結果，彼らの教えが神的なものであり，その教えにおいて彼らが誤ることはない，というのは確実である。というのも神が彼らについて証言しているから。こうして彼らはどこででも教えるべき力を持つ。

司教もしくは司祭（Episcopus seu pastor） 司教もしくは司祭とは神から召し出された教師であるが，仲介的である。すなわち教会によってある確かな場所で福音を教え，秘跡を公に遂行するために召し出されている。そして使徒から伝えられた教えを朗読する。これから逸れる場合，しばしば起こるように彼らは過ちを犯すし，彼らはどこででも教える力は持たない。ところで人間によって生じた召命を強固なものとし，人間の投票によって福音の従者が召し出されることを神が欲していて，しかもこれを通じて神は力を及ぼしているのを明らかにするという証言は，考察されねばならない。パウロはテトスに町の至る所に長老を立てるように命じている[94]。そしてテモテへの手紙二第2章で，こう述べる。「多くの証人の面前で私から聞いたことを，ほかの人々にも教えることのできる忠実な人たちにゆだねなさい」[95]。

教師（Doctor） 教師とは福音を教えるべくして召し出されたペルソナ〔役割〕であり，教会のすべてを管理するためではない。かつてはカテキスト〔教理問答者〕がそうした人々であったが，今では学校の教師（doctores in scholis）もそうでなければならない。

福音伝道者（Evangelistae） 福音伝道者とは，ときどき分散した教会に派遣されるか召し出されるかする人々とかつていわれていて，そこで福音を教えるために，そうした人々をエウセビオスは福音伝道者（evangelistas）という名で記している。そしてパンタイノス（Pantainos）をアレクサンドリア学派の講解者（lector）と賛美している[96]。彼は東方の数多くの教会を歩

---

94 テト 1:5。
95 二テモ 2:2。
96 『エウセビオス「教会史」（上）』秦剛平訳，講談社学術文庫，2010年，314-315頁。

き回り，彼らを教えた。

選集に従いクレメンスによって
引用されたバルナバの言葉，断片161

　私たちが神を信じていたよりも以前，腐敗しやすく壊れやすい私たちの心という住居は，まさに手で作られた寺院（templum）であったが，これが偶像崇拝によって満たされたとき，悪霊の家（domus Daemonum）となってしまった。しかし主の寺院は輝かしく作られていることに留意しよう。どのように。罪の赦しを受け入れ，キリストの名において私たちが新しくされ，もう一度創造されるのを期待することによってである。私たちの住居は，そうすることでまさに神が私たちの内に住まうことになるのだから。いかにして。信仰それ自体の言葉が，約束それ自体の呼ぶ声が，正しさの知恵と教えの掟が，私たちの内に住まうときに。

習慣について（De habitibus）

　以上，知識と徳について述べてきた。そして現実の知識〔現実知〕（notitiae actuales）がどのようなものであるかは，いかようにでもいいうる。習慣（habitus）については大きな暗闇のなかにある。
　部分の認識において現実の知識は脳を用いる。そこには像（imago）が形成される。これは精気（spiritus）によって，あたかも印〔封ろう〕（σφϱαγῖδα）が脳に刻印されることで生じる。すると脳の活動あるいは舌が言葉を形成する。その結果，あなたが友人のことを考えれば，脳のなかにその像を形成することになるわけである。
　人間の自然本性において，個々人が考えることによって（consilio）このようになるということは，驚くべき神の業である。そして神が知的本質（essentia intelligens）であることを思い起こさせる。次いで知識，数，論理的推論（ratiocinatio），法，こうしたものは高潔なものと醜悪なものとを区別するが，このようなすべての秩序において，他の多くのことを思い起こさせる。こう

した神による恩恵について私たちはしばしば考えねばならないし，何とかこ
の製作者〔神〕を見つめるように精神を高めるべきである。

ところで習慣による知識（notitiae habituales）とは何か

　私はこれが記憶であると信じている。つまり脳のある部分に刻印された像
であり，蜜蝋のなかに印の結果となる像が保持されているように，そこに保
たれている像である。そして，その印象はより強固により頻繁になされるこ
とで，想起はよりしばしばなされるようになる。

　ところで，次いで肢体にはこうしたものよりもより大きな習慣がある。こ
れは単なる知識であるだけではなく，むしろ外的な四肢を支配する技（ars）
から判断される。ちょうど絵を描く技が線を引くのに指を制御するように。
これを新しい生徒は記憶も注意も欠いてはできないし，やはり熟練した師匠
よりも指はより遅いものとなる。同様のことはキタラを弾じながら歌う人
〔音楽家〕や，その他多くの職人（artifex）でも起こる。したがって，たとえ
記憶が支配するにしても，やはり確かに何らかの習慣があるのであって，つ
まり，たびたびの想起と四肢の使用による敏捷性（agilitas）ということがあ
る。そこで私たちはそうした頻繁な想起（recordatio）と習慣づけ
（assuefactio）が精神と心で続いて生じ，駆動力となる敏捷性もしくは素早さ
といったものが，人間の自然本性には存在していることを考察しよう。これ
は保持していること〔習慣・何事かに向けて行為する準備・能力を保持して
いる可能的な情態〕（ἕξις）と名づけられている。たとえ，これが曖昧なもの
であるにしても。

　悪徳は，より見えやすいものである。とくに，まず外的な行いについて話
そう。それは，もっとも多くが腐敗した情動〔感情・情念〕（affectus）から
生じる。腐敗した情動がどのようなものであるかは曖昧ではない。人間は，
愛，怒り，憎しみの情火へと，悲しみへと，そしてその他の情動へと傾斜し
ている。そして，この運動は多様に彷徨する。パリスとヘレネーは，親しく
しばしば会話すると同時に一緒に暮らしていたので，互いに燃え上がる。そ
の結果，自然は性を性に対して突き動かす。心〔心臓〕が点火された後，パ

448 第Ⅱ部 翻訳編

リスの意志は次の決断を付加する。ヘレネーをアジアに連れ去ろう[97]。これが外的な行為の源泉であり，この行いがどのようなものかは理解されうる。〔これについて〕習慣が問われることない。

外的な善行については，正しさについて教えてくれる法の認識と，外的な動きが法と一致するように肢体を抑制し動かす駆動力に意志が命令することによって生じる，と紛れもなくいうことができる。スキピオが他人の妻に触ってはならないと考えたように。そして，こうした考え自体もしくは神経に命令する意志は，外的な肢体を抑制する原因となり，恥ずべき情動を駆り立てることはない。

外的な行為を支配する規律を人間の理性は再生していない者においてさえ成し遂げることが可能である。そしてパウロはそうしたものを法〔律法〕の業と名づけ，徳とは名づけなかった。というのも再生していない者において徳がどのようなものか，その習慣（habitus）〔状態・ヘクシス〕が，そうアリストテレスは名づけたが[98]，それがどのようなものなのか，明らかにするのは困難だからである。そして，もしそれがこうした衰弱した〔病気の〕自然本性（languida natura）における習慣であるならば，それは頼りにならず，簡単にはらい落とされてしまうか，あるいは枯れてしまうものである。

他方，再生した者においてはヨセフやダビデのように，その徳がどのようなものであるか，容易に明らかにされる。すなわち，その徳とは聖霊そのものがそれ自体であるような情動に点火し，心を強固にしたものなのである。その状況で聖霊そのもの，もしくはこの聖霊から生じた情動が徳であると名づけられることになる。というのも創造主は被造物から区別されなければならないから。パウロが次のように区別していったように。「あなたがたの内に働いて，御心のままに望ませ，行わせておられるのは神であるからです」[99]。しかし，原因が名づけられるとき，源泉が明らかにされる。詩編のなかで，こういわれているように。「主よ，私の力よ」[100]。

---

97 ホメロス『イリアス（上）』松平千秋訳，岩波文庫，1992年，107頁以下，参照。

98 『アリストテレス全集15』岩波書店，2014年，61頁，71頁，81頁，参照。

99 フィリ 2:13。

100 詩 18:2。

12 教会で用いられている数多くの語句の定義　449

ところで再生していない者でさえ，ある立派な行いにおいては自然の愛情〔を考察すること〕によって助けられる。ちょうど両親が子どもを養うのに膨大な労力を負うように。というのも彼らは自然の愛情によって動かされ強められているからである。他の目的のために彼らはそうしたことに耐えるのは不可能である。その点に，こうした行いの理由が見出されるのだが，それは確かに徳であり，そのように正しく名づけられることが可能である。というのも，それは善行の種子となるように人間の自然本性のなかに神によって形成された傾向であるから。つまり神の法と一致するものだからである。

さらに多くの通常の人々において思考（cogitatio）は身体と心の中庸〔節度〕という善によって助けられる。というのも〔こうした人々の〕精神の集中はより強力であり，心は誤った情念によって，より少なく（minus）咆嗟に駆り立てられることがないからである。ちょうどキュールスは酔ったアレクサンドロスのように怒りによって罪を犯さなかったように。アレクサンドロスは，そのとき自分がどれほど怒りによって醜いか，〔より少なく〕不十分にしか見ていなかった。そして心〔心臓〕では精気はより大きく燃え上がり，さらに暴走していた[101]。したがって心の運動〔情動〕はより少なく〔不完全に〕秩序づけられことになってしまったのである。

ところで中庸（temperamenta）は習慣づけによって（assuefactione）は獲得されえないが，しかし外的な動作を制御するのは可能である。そして，このこと〔外的な動作を支配することへ〕の細心の配慮へと人間を形成するのは習慣〔用いること〕（assuefactio）である。この習慣とは，たびたびの想起（crebra commonefactio）である。これ〔想起の習慣〕によって法と罰の認識は繰り返されて強固なものとなり，美しい徳への考慮や，とにかくより少なく強情であるよう，心を引っ張る緊張はより大きなものとなる。ちょうど私たちがしばしば注意深く中庸の掟と〔その反対の〕過度による罰について考えるとき，私たちはより大きく極端（intemperantia）から逃れるようになるように。そして私たちが中庸による恩恵を経験するとき，私たちはそれをより大きく愛し強いものとし，有害となりそうな享楽を遠ざけるようになるの

---

[101]　プルタルコス『英雄伝（中）』村川堅太郎訳，ちくま学芸文庫，1996 年，68 頁以下，参照。

である。そこから，どのような種類のものであれ思考と心における強さ（firmitas in cogitatione et corde）が習慣（habitus）と名づけられる。これは確かに新しい勢力〔力強い拠り所〕（robur）といったものになるであろう。ちょうど競争者において訓練（exercitia）が余分な体液を除き，純で密な筋肉を作り出すように，腱（τένοντας）はより活発に，関節はより可動なものとなるように。したがって，たとえ精神と心における習慣（in mente et corde habitus）がどのようなものか曖昧であるにしても，それにもかかわらず教えを繰り返し（repetitio doctrinae），思考に集中（intensio cogitationis）し，欲望を抑圧する（repressio cupiditatum）ことで，何らかの仕方でいずれにせよ，たとえ僅かとはいえども（quantulacunque），〔外的動作・行為に〕安定〔強固さ〕をもたらすことになるのである。

　こうしたことをすべて考察することは，私たちが自分たちの無力を認識し，再生していない者のなかに愚かにも徳と名づけられる大きな勢力があると夢想しないようにするために有益であるし，しかし，それよりもむしろ何とか（utcunque）法を考えることで外的な行いが制御されるのを知るのにも有益である。そして，そこから法〔律法〕の行い（opera Legis）という形態が語られることになる。ところで私たちは自分たちの弱さを認識することによって神の子，私たちの主イエス，私たちを癒すために送られた方を知るようになるし，永遠の父の言葉あるがゆえに，私たちの心のなかで主ご自身が福音の声によって力強いものとなり，私たちの内で正しさの太陽となり，その光によって父の意志が私たちに明らかとなり，私たちの心が神へと転回し，私たちの精神において止むことなく神の声を信じるように，これへの賛同を強めるよう冀うようになるのである。そして聖霊が与えられることによって，私たちのなかで神の法と一致し調和する情動〔心の運動〕，私たちや他者への幸福が点火される。ちょうどヨセフ，サムエル，ダニエルそしてその他の敬虔な者たちを支配したように，こういわれている。「まして天の父は求める者に聖霊を与えてくださる」[102]。そして主はもっとも厳格な命令によって，こう指示する。私たちが主のもとに逃げ，援助を冀うように，と。

---

[102]　ルカ 11:13。

12 教会で用いられている数多くの語句の定義　451

こういわれるように。「疲れた者，重荷を負う者は，だれでも私のもとに来なさい。休ませてあげよう」[103]。同じく「願いなさい，そうすれば与えられ，あなたがたは喜びで満たされる」[104]。神の子によるこうした命令と約束によって，私たちは祈りへと駆り立てられるのである。私たちがこうするとき，私たちは神が〔今ここに〕現在しているのを見分け，真の徳がどのようなものであるか学ぶことになる。これについてパウロは，こう語る。「私たちは皆，顔の覆いを除かれて，鏡のように主の栄光を映し出しながら，栄光から栄光へと，主と同じ姿に造りかえられていきます。これは主の霊の働きによることです」[105]。

　ここでどうか若者たちは再生した者における徳と，再生していない者に与えられる栄光とのあいだには巨大な違いがあることを学ぶようにしなさい。アキレウス，アレクサンドロス，ユリウスのなかには英雄的な勇敢さがあるし，それ自体は神による贈与である。すなわち他の者たちよりもより少なく危険を恐れ，より強くよりうまく戦うことができるために，〔その勇敢さという徳は〕心のなかに作られた拠り所である。ちょうどウリクセース〔オデュッセウス〕におけるよりもキュクロープスにおけるほうが，その身体の勢力は大きく作られているように。しかし，そうしたアキレウスの勇敢は，神の光によっても神の真の認識や祈りによっても支配されてはおらず，その勝利が神についての証言となり，真の教会を守るのにも役立つといった，この目的のために向けられてはいない。その右手〔力・勇気の象徴〕が真の神によって支配されていると判断もせず，神に祈ることもしない。それに対してダビデにおいては神の声の知識が輝いている。そのように彼のなかでは永遠の父を明示する神の子が存在し，そして心のなかには，神への服従と真の祈りのなかで喜びを点火し勢力を増し加える聖霊が存在している。そして彼の骨折り〔勤勉〕(labor) は真の神についての証言が存在し，教会が守護されるという目的へと向けられている。したがってダビデとアキレウスとのあいだには違いがある。ダビデのなかには神が留まり，神の言葉の光が戦いを支

103　マタ 11:28。
104　ヨハ 16:24。
105　二コリ 3:18。

452　第II部　翻訳編

配し，心の向きを真の神へと向けかえる聖霊が勢力を増強し，戦いの右手を
制御している。それに対してアキレウスに神はいない。たとえ彼のなかの勇
敢さが神によって作られ与えられたものであるにせよ。ちょうど身体の勢力
のように。しかし聖霊は神の言葉によって点火された真の神の知識が輝き，
真の神への祈りを実践する者にだけ神は存在するという。ゆえに聖霊は神の
言葉の光がないところにはどこにも存在しない，といわれている。こう述べ
られているように。「父が持っておられるものはすべて，私のものであ
る」[106]。そして聖霊は真の神への祈りに点火する。たとえギガンテス〔巨人
族〕やキュクロープスの身体に巨大な勢力があるにしても，それはまさに神
によって作られたものではあるが，それにもかかわらずこれらによる戦いは
聖霊の働きによるものではない。というのも彼らの精神においては真の神の
知識も祈りも輝いていないからである。

　こうした対照は人間と行いとのあいだの違いを明らかに示してくれる。こ
の違いは教会と異教とが混合しないように考察されねばならない。さて私は
神の子，私たちの主イエス・キリスト，私たちのために十字架にかかり蘇ら
れた方に祈る。常に永遠の教会を私たちのなかに束ね，これをその教えと聖
霊とによって支配しますことを。アーメン。終わり。

106　ヨハ 16:15。

13 解剖学について（1553年）

De anatomia[1]

　これは先の 10「心臓の部分と運動について」と同様，医学に関するメランヒトンの一連の演説もしくは講演のひとつである。メランヒトン自身も演説を行ったし，また他の学者のためのこうした演説をメランヒトンは数多く手がけた。ナットンも指摘するように[2]，ヴィッテンベルク大学における解剖学を含めた医学や医術を研究し探究する究極の目的は，私たちの健康等に役立つといった実利的なもののみならず，身体と魂を含んだ人間の統一的理解を通じて，真の宗教—キリスト教信仰—を推進するところにあった。つまり人体という神による被造物の解明は，その製作者である神の存在を証言し，かつこの神を賛美することにも繋がるのである。これは 1553 年 8 月 3日に学芸学部での修士学位授与式においてゼバスティアン・ディートリッヒによって行われた演説であり，そうした信仰に基づく解剖学観が典型的に表れている。

＊　　　＊　　　＊

1　CR 12, 27-33. 現代ドイツ語訳として以下も参照した。Hofheinz, Ralf-Dieter: Philipp Melanchthon und die Medizin im Spiegel seiner akademischen Reden. Herbolzheim 2001. S. 189-197.

2　Cf. Grell, Ole Peter / Cunningham, Andrew (ed.): Medicine and the Reformation. London 1993. S. 26. 次も参照されたい。早川朝子「宗教改革と医学の「近代化」——解剖学を中心に——」，『思想』第 1122 号，2017 年，103-120 頁。

454 第Ⅱ部 翻訳編

　学問研究が尊重されなければならないというとき，それはただ生活のため
に役立つとか，さらに平穏な時間を飾るためだけではありません。そうでは
なく，大きな苦しみのなかで神からの真の慰めが差し出されていることを示
し，魂を鼓舞し，たとえ私たちが大きな悲嘆のなかにあるとはいえ，こうし
た学問的な成果を捨て去ることがないようにするためなのです。次のような
ときに〔学問研究は〕最大の役に立ちます〔健康的・治癒的です〕(maxime
salutare)。人間の不幸 (calamitas) の原因について，そして治療法〔救済策〕
(remedium) について考えるときです。そして教えを授け，こうしたものの
原因と，その治療法を哲学が示すとき，さらにその他のより偉大な知恵が示
されるときです。これは永遠の父の内奥から出た神の子が差し出すもので，
真に神聖な錨〔支え・避難所〕(ancora) なのです。これによって，そうし
た過酷な嵐のような混乱のなかにあって，魂の強さや安定が保持されること
になります。国内での酷い混乱の原因についてデモステネスが述べたことは
完全に真実です。「このようなことになった原因は，おそらく数多くあるで
しょうし，事態がここにまで立ち至ったのは一つや二つの原因によるのでは
ありますまい」[3]。哲学者たちは宿命的な〔運命づけられた〕原因を探究し，
民族や都市にとって定まった時期があることを明らかにします。
　ところが教会の教え (Ecclesiae doctrina) は〔私たちの不幸が〕人間の悪
事によって引き起こされた罰であることを断言しています。それにもかかわ
らず，これは神の子を通じて教会のゆえに和らげられ，教会は滅びゆく帝国
のなかで保護されていることを〔断言しています〕。さらに，この教えは私
たちにこの断固とした慰めによって，教会と社会共通に必要なものとの苦労
を放棄しないように命じています。真の呻きによって神に冀い，かつ抑制し
て〔礼儀正しく〕(modeste) 習俗を支配する人々に対して，教会の教えは万
人共通の不幸が和らげられることを約束してもいます。それどころか，こう
して悲嘆と辛苦によって集まることそのものにおいて，そこで神に祈る者た
ちは，いわば神自身が住まう神殿にいるかのようである，と述べています。
この甘美な慰めに対して何がいわれようか。したがって永遠の神であるあな

3　デモステネス『弁論集1』加来彰俊他訳，京都大学学術出版会，2006 年，223 頁。

たに，私たちの主イエス・キリストの父，天と地と人間の造り主に，心から
の呻きをもって私たちは祈りましょう。私たちを支配し，そして私たちの内
に住まい，さらにこうしたことを研究し学習する集まりを守ってくださいま
すように，と。

さて，この公の会合において何かが述べられなければならないわけです
が，このまさにちょうどよい時に最高の教授者であるパウル・エーブナー
は，解剖学という学問について説くことを引き受けてくれました。彼によっ
て私は医学という学芸に傾倒し，他の議論は無視するとして，これについて
は教えるべきであることを推奨し，しばしばこれについて思考することが必
要不可欠となっています。それは増加する数々の学問のなかで解剖学の研究
が，ただ健康に気遣ったり，病を防いだりするのに役立つだけではなく，道
徳〔習俗〕を管理し，神を認識し，教会の教えを理解するのにさえ役立つか
らなのです。未熟な〔教育を欠いた〕時代の人々（rudis aetas）は，決してこ
れらが有益であることの大きさを識別することはできませんが，私たちによ
って善き精神は，それらを考察し，この教え〔学問〕を学ぶように，注意を
喚起され鼓舞〔刺激〕されねばなりません。そして私たちはこれらを，われ
らの父からのもっとも確実な喚起と，さらに数多くの有用性をも期待し，今
なおさらに役立つことを望んでいます。というわけで，たとえそれがまだ粗
野なものであるにしても，このもっとも甘美な学問が決して滅びないよう
に，私たちはしばしばこれを繰り返すことにしましょう。ところで私は奇怪
な自然について話しているのではなく，そこに何らかの徳の種子（virtutum
semia），つまりそのなかに高潔なものと醜悪なものとの境界を明示するよう
な火花（scintilla）が輝いているような，そういったものについて語っている
のです。したがってあなたたち，高潔なすべての青年たちに勧告し懇願した
いと思います。汚されてあなた方に伝えられたのではない〔純粋な〕解剖学
の原理を熱心に学ぶように，と。

なぜなら医者のみにこうした成果が属していると少数の者たちが思うこと
は，誤りであると指摘されねばならないからです。医者は他の人間について
完全な認識を持たなければなりません。しかしながら，すべての人間は自分
の身体という住居について，ある程度のことを知っておく必要があります。

それは，どういう理由からなのでしょうか。

　暮らしぶり〔食物〕における適度な倹約〔注意深い入念さ〕(diligentia)と欲望の制御は，健康状態の維持と，もっとも酷い病気の根源を追い払うのに大いに役立ちます。こうした注意深い入念さのために，個人はある程度自分の肢体，体液，その混合 (χρᾶσιν)，肢体の状況，そして体液の管〔のなかの流れ〕を知っておく必要があります。〔ここでは〕調和が選択されるべきであり，その反対のものは駆逐されるべきです。

　何としばしば消化不良による不眠に人々が苦しむということが起こることか。これらの人々を眠らせるために冷水を与えることは致命的です。もし消化の道を無視しなければ〔これを知っていたなら〕，何としばしば突然の閉塞症が，適切な熟練もしくは洗浄によって楽にされることが可能か。要するに多くの大きな病気は，その始まりを適度に観察することによって斥けられることが可能なのであり，これは〔症状が〕確定的になってからでは，もう後に医者の作業によっては (ope medica) 駆逐されえないのです。

　したがって健康への配慮を維持すべきということ。このことが，こうした解剖学の原理が学ばれねばならない大きな理由となります。さらに神は，ただ身体が無事であるということだけに注目するのではなく，身体に敬意を表するように命じています。なぜなら，こうした身体の製造〔構造〕における技芸 (ars in fabricatione) は，神という製作者に関する証言でもあるからです。そして私たちの肢体は数多くの神による働きのための道具〔器官〕(organa multarum divinarum actionum) でもあります。

　しかし，その他の理由も考えられます。道徳〔習俗〕を支配することにおいても，知識と意志と心の動きの区別を認識することが必要です。同じく場所的運動の道具についても知らなければなりません。こうした事柄については，もし人体の四肢に関する知識がなければ何ひとつ理解されえません。知識によって神は人生の御者となることを欲していますが，これは脳内にあります。脳では精気による煌めき (vibratum) と照明 (illustratum) が心像 (imago) を形成します。この知恵の座から神経が生じています。これは感覚の器官であり，場所的運動を可能にし，さらに思考する部分からの命令によって自由に場所的運動器官が支配されることになります。こうした自由によ

13 解剖学について　457

って神は私たちの内に，人間の自然本性における選択（delectus）があるように，また外的な行いを神の法と一致させ調和させること，さらに互いの利益のためにこの自由が適用されるようになるための自由が残存するのを欲しているのです。要するに，こうして私たちの内に自由についての理解が備わるようになり，私たちが神を自由な行為者であると知るようになるのです。

　生命の泉（fons vitae）である心臓には驚くべき運動があって，それは感情（affectus）と名づけられています。これは人生に幸福をもたらすもの，たとえば喜び（laeticia）や，あるいは罰をもたらすもの，たとえば悲嘆（moerores）といったものです。そして脳と心〔心臓〕との調和（concordia cerebri et cordis）は常に高潔な知識と心の動きが一致している，というようでなければなりません。しかし，ここでは悲しむべき不和（dissidium）が見出されます。というのも心臓の悪しき情火（mala incendia cordis）を知識が常に消火すること（exstinguere）は不可能だからです。なぜなら知識は，ちょうど神経によって場所的運動を駆動させるように心臓〔心〕を支配してはいないからです。こうした差異は解剖学の教えなしには理解されえません。しかし道徳〔道徳的な振る舞い〕（mores）にとっては，どのような部分がどのようにして支配され制御されうるのかを知ることが役立ちます。その後，神的な書物やその他の書物を読むことによってより明瞭となり，個々人の行動の場所や肢体を区別することが可能となります。

　パウロが次のようにいうとき，そこには悲しむべき嘆きがあります。不義によって真理の働きを妨げる人間のあらゆる不信心と不義に対して，神は天から怒りを現されます[4]。これは，もし知識と感情とをあなたが区別しなければ，というように理解されます。こうした〔知識と感情が備わる〕場所とともに，その区別がより明らかに示されることになります。法の知識（notitia legis）は脳にありますが，心臓〔心〕には選択に先立って逆らう情火（incendia contraria ante delictum）があります。ちょうどアレクサンドロスが，たとえ彼が無実の者，さらに友でもあるような者，よく尽力してくれた者を殺すことが悪事であるということを知っていたにせよ，怒りによってクレイ

───────────────

4　ロマ 1:18。

トスを殺害したように。

しかし知識と心とは犯された悪事の後に再び調和します。というのもアレクサンドロスは殺人を犯した後，最大の悲嘆に陥るからです。ここから神の計画を注意深く考えなければなりません。なぜ神はそのように，こうした秩序を定めたのか。

その理由は，こうです。法はみな服従かもしくは罰に向けての義務を負わせるものです。したがって人間の心が行動において神の知識に従うことを果たさない後には，悪事の後には罰が待っていることになるのです。こうして法は効力を有するものとなり，私たちはこうした知識が神によるものであることを理解するようになるのです。

解剖学の教えがその説明に大きな光を付加するような，そうしたどれほど多くのことが至る所で見出されることでしょうか。

私から学びなさい，と主はいわれました。私は柔和で謙遜な〔心の〕者だから[5]。人間の心という部分は情熱的なものと名づけられますが，すなわちその心のなかには二つの感情，もっとも粗暴なものともっとも獰猛なものがあります。怒り（ira）と野心（ambitio）です。これらは偉大な人物においては容易に点火されます。そして，その火は広範囲に渡って統治と共通の生活とを混乱させてしまいます。

サウルは野心に身を焼き，自身および自分の息子よりももっとも強い男が優先されるのを嘆きました。そして燃え上がる復讐の情火によって，同時に多くの他の事柄についても怒り，祭司やその家族全員を殺害してしまいました[6]。

スッラ，マリウス，ポンペイウスそしてユリウスによって駆動された市民戦争は，野心と私的な憎しみによって生じたものです。要するに，そうした実例はどの時代にでも見出されるものです。そして，教会においては同様のことがすべての時代において起こります。

アリウスは司教とされなかったとき，拒絶の悲しみから，次のように動かされ，こう述べました。新しい教義を拡散させ司教の権威を揺るがせるの

5　マタ 11:29。
6　サム上 16，22。

だ，と。

　こうした狂乱を，ミュンツァーはルターに対してけしかけました。なぜなら彼の栄光が傷つけられ，なおも同じような称賛を人々のあいだで熱望したからです。

　こうしたことがそのようになるのは明白なことで，昔の詩は次のように語ります。

　　　しかし，その昔，ごく少数の者たちの栄光への野心が，そして遺骨を守る墓石にしがみついて離れることのない名誉の肩書きへの欲心が，祖国を押しつぶしたものである[7]。

　したがって，こうした伝染病つまり不正な憤り，野心〔功名心・虚栄〕，復讐の熱望が，その他すべての者たちには，とくに教会を治める者たちには存在しないことを神の子は欲しています。そこで自分自身を私たちの前に見つめるべきものとして差し出したのでした。自身のなかには最大の温和さがあります。つまり，だれにも不正に怒ることはありません。そして，もっとも正しく怒られた者に対しては，赦しを乞う者に対しては，つまり自分に誤りがあることを嘆き悲しむ者には，そうした相手を思いやり優しく穏やかにこれを受け入れ，救い，現今の罰を放棄するのです。

　個人を問題とせずに，すべての悪事に対して怒るというのが子のあり方です。反対に自身に逃げ込んでくるすべての者には慈悲深いのです。このように子は正しくあり，慈悲深くあります。子は次のように傲慢とは無縁です。人類の犠牲となるために送られ，自身の召命の外に飛び出すことなく，権力，力，名声を熱望することなく，侮辱を防ぐことなく，もっとも容易にそうしたことはできたにもかかわらず，それらを耐えて甘受しました。なぜなら自身は権力の武装者であるのではなく，人類のための救い主（λύτρον）となるために派遣されていることを知っていたからです。こうした自身の課題において敬意をもって子は永遠の父に服従し，自身をすべての人間の下にか

---

7 ペルシウス／ユウェナーリス『ローマ風刺詩集』国原吉之助訳，岩波文庫，2012年，245頁。

ようにして投げ出し，個々人の悪行に対する怒りを自身に被ったのでした。私のそしてあなたの場所で罰に忍耐し，そうして私やあなたが容赦されるようにし，自身を私たちのための犠牲として差し出しながら，自らを女主人の下の女中にまで貶めたのです。こうした徳は神の子の心臓〔心〕のなかでは完璧なものであり，つまり聖霊が心臓全体〔心のすべて〕において燃えていたのであり，このように心臓の塊と息とは混ざり合っていました。この心臓〔心〕には欠陥〔汚れ〕（labes）も強情（contumacia）もありませんでした。

　さらに，たとえ過酷な怒りを抑制している他の人々においても，それにもかかわらず心のなかには不当な情火（incendia iniusta）が存在しています。しかし私たちには他の見張人〔監視人〕（custos）が付加されています。脳内には思考（cogitatio）があります。これは神経に命令することが可能です。あるいは場所的運動を支配する能力に対しても。外的な肢体は，こうして抑制されるようになります。ちょうどアキレウスをパラスが抑制したように。つまりパラスは思考であり，手が剣を鞘から抜かないようにしたのでした。しかし心〔心臓〕のなかではアガメムノンに対する強烈な怒りが燃え盛っていて，煮えたぎる血液に火を灯し，これは拡散しているのです。

　これらの記述において身体部分の違いが知られる場合，説明はより明瞭となり，私たちは身体のどの部分が，どのようにして制御されることが可能で，かつされねばならないか，学ぶようになるのです。というのも二つの支配〔制御〕の形態（duae formae gubernationis）があるからです。ひとつは政治的なもの（πολιτική）であり，これは説得によって意志を変えさせ動かします。もうひとつは専制的なもの（δεσποτική）であり，これは嫌々ながらでも依然として抵抗するものを強制〔制限〕します。この専制的な形態は，たとえ興奮する心〔心臓〕をまだ説得が落ち着かせていなくとも，とにかく〔できる限り〕（utcunque）思考が神経を支配するものです。

　教会と公共の生活にとって，こうした真のもっとも古い，異なる身体部分の自然本性に関する教えが必要であるということには，すべての人々が認めるよう強いられます。

　さて次のことが考察されねばなりません。神は人間の内にある種の似姿〔像・似たもの〕（simulacra）を与えました。それは自身について私たちに思

い出させるものであり，自身を名づけるとき，私たちによる名称〔言葉〕
(vocabulum) を用いるのです。子は永遠の父の言葉 (λóγος) といわれます。
そして父と子から聖霊が発出します。こうした名称を神の声が用いるとき，
私たちの身体部分の熟考による説明が前提とされます。

　脳内では思考することによって像〔表象〕(imago) が生じます。そのよう
にして自身を凝視し考える永遠の父は，このようにして輝く像を生み出して
いきますが，これが言葉なのです。そしてこのロゴス自体は私たちに話しか
けた後に父を明示します。

　さて人間の内には心臓のなかで生まれ点火されて燃える精気があります。
これによって身体の全部分が熱せられ，感情と運動が刺激されます。そこか
ら精気 (Spiritus) という用語，教会に従えばロゴスと示されているものです
が，これが知〔知識〕を点火します。聖霊〔聖なる精気〕(Spiritus sanctus)
は心〔心臓〕のなかで喜びや，神への愛，さらに神が引き起こされたり甘受
されたりと欲することのすべてを，行ったり耐えたりする力を引き起こす神
の炎 (flamma divina) です。

　この聖霊そのものが，あなたの心臓のなかで生じた炎と混ぜ合わされ，生
命を与える〔活気づける〕熱と健康によい運動を付加します。

　この神の恩恵は認識されねばなりません。さらに最大の感謝の心でもって
称賛されねばなりません。そして最大の配慮でもって保持されねばなりませ
ん。これらのことについて私たちが考えるとき，私たちの身体部分はいずれ
にしても吟味され検討されなければならないのです。こうしたことについて
は，どのような考察であっても私たちにたくさんのことを教えてくれます。

　解剖学という学問には他にも有用性があります。すべての自然の事物にお
ける秩序，天と地の形態や位置，季節の動きの交代，大地の豊かさは，この
世界がデモクリトスの原子によって偶然に合成されたのではなく，建築家的
な精神の存在を明示しています。これは計画性と技芸とをもって (consulto
et arte) すべての業 (omnia opera) を成し遂げたのです。しかし人間の身体
という建物においては非常に多くの技芸があるのは明らかです。以後，次の
ことは神に関して最大に明瞭な証言となります。それは脳のなかに数と秩
序，高潔なものと醜悪なものとのあいだの永遠の区別が存在しているという

こと，そして心臓〔心〕のなかには悪事を罰する苦痛（dolor）という，不変の復讐者と死刑執行人（immutabilis vindex et carnifex）がいるということです。これらは偶然に（casu）生じたのではありません。知性からしても，自然本性が理性を欠いた〔無分別なもの〕から生じてあるということはありえません。したがって事物を形成する神という精神が存在しているということ，しかも真実で，恩恵に満ちて，正しく，純潔で，私たちの内にそうした知識という徳を注ぎ移すという，そうやって自らの存在を明らかにする，そうした神が存在していることは認められなければなりません。どれほどの事物について私たちの明らかな記憶のなかに植え付けられているか，どうか考えてみてください。身体部分とその務めが考察されるとき，これらは私たちの目に自らを明らかにしているのです。

　最後に，こうした考察のなかで私たちは自分たちの傷を嘆きましょう。私たちの罪によって，このようなもっとも甘美な人間の身体という装置（machina）を，そのように不活発なものとして，その結果としてこれが死に従属してしまったことを悲しみましょう。毎日の悪行によって，多く人々が暴力を自分自身や他人に対して振る舞うことを嘆きましょう。神的な技芸によって作られた身体を台無しにしてしまうことを〔嘆きましょう〕。私たちは光と心の正直さを失ってしまったことを嘆きましょう。当初これは私たちに与えられていたものでした。そこでかのサマリア人のような市中の医者を求めましょう。彼は負傷した旅人の傷を葡萄酒で洗い流し，その人にバルサムを塗り，自身の肩にこの病人を担いだのです。そこで私たちはこの神の子に，ヤコブは彼をサマリアの平原で階段に止まっているのを見たのですが[8]，この子に私たちに対して尽力してもらい，その肩に私たちを担いでくれるように冀いましょう。こうして私たちの身体の塊が子に結び付き，残りの塊が完全に消し去られてしまうことのないように。子自身が述べているように彼は私たちを今も担ぎ，平原のなかで新しく生まれたばかりの子羊の牧者になることを欲しています。羊小屋に来る限り，懐に受け入れておいてくれるのです[9]。

8　創 28:12。

9　ヨハ 10:1。

　　　　　　　　　　　　　　　　　13　解剖学について　　463

　もう一度私たちは，私たちに似た身体を引き受けた，私たちのこの医者に
こうした栄誉を表しましょう。そして人間の身体という技芸を注意深く観察
しましょう。これは神の特別の住居なのです。こうした理由から私たちは解
剖学という学問についてしばしば考えることでこれを学ぶべきであり，決し
てこの自然学の有用性と，そのもっとも甘美なものの一部分たりとも軽んじ
てはなりません。さらに私たちに植え付けられた神に関するこうした証言そ
のものを，そして身体という技芸そのものにある神の敬虔な思い出〔記憶〕
を注視しましょう。さらに同時に，あたかも自身の住居や神殿に住まうかの
ように，神があなたの身体のなかに住まうのを欲しているというように考え
ましょう。

　というわけで，すべての身体を畏敬の念をもって敬虔にあなたたちは用い
ましょう。そして感謝に溢れる称賛でもって製作者である神をあなたたちは
賛美するのです。こうしてあなたたちは，こう冀いましょう。神があなたた
ちの身体を保護し支配してくれますように。神があなたたちの内に住んでく
ださいますように。そうしてロゴスがあなたたちに永遠の父を明らかに示し
て〔啓示して〕くださいますように。そして聖霊があなたたちの息
(halitus) と心臓のなかで混合されて，あなたたちの健康な運動が再生され，
これを生成させてくださいますように。

　したがいまして私はあなたに，神の子に，主イエス・キリストに，私たち
のために十字架に付けられ蘇られた方に，人間の身体を身に付けられた方
に，そして私たちにどのようにして神に話しかけることができるのか，私た
ちが知るように明らかにして下さった方に祈ります。この教会と大学
(Academia) を保護し支配してくださいますように。そして私たちすべてを
憐れみの道具 (vasa misericordiae) とし，私たちや他の人々にも健康安全を
もたらす器官としてくださいますように。さらに常にこの領域で教会をまと
め，それらに健康な支配を授けてくださいますように。以上。

464

14 医学という学問について（1555 年）

De arte medica[1]

　これも先の 10 および 13 の演説と同様に位置づけられる。医学あるいは医術は，私たち人間の身体という神による創造物の解明にも繋がり，それはすなわちその創造主である神の業を賛美することにも繋がる。つまり神に称賛を帰すことである。ここでも「精気」に関するメランヒトンの教説は，やはり繰り返されている。重要なのは魂の救いのためにもこの身体を神の神殿とし，神的用途に用いるための学問〔医学もしくは医術〕の保持と発展である。

＊　　　　＊　　　　＊

　医学〔医術〕という学問〔技芸・業〕に関する，もしくは私たちの身体に称賛を帰すことに関する演説。ハレから来た三人の医者に博士の学位が認定されるに際しての，ヤコブ・ミリッヒ博士による講演。

　教会の教えのなかには人間の身体に対して称賛を帰すべきであるという，極めて重要な教説があります[2]。この呼びかけによっては，ただ哲学者たち

1　CR 12, 113-119. 現代ドイツ語訳として以下も参照した。Hofheinz, Ralf-Dieter: Philipp Melanchthon und die Medizin im Spiegel seiner akademischen Reden. Herbolzheim 2001. S. 198-206.

2　一コリ 6:19-20。聖霊の住まいである身体のこと。

14 医学という学問について 465

が述べるようなことが意味されているのではありません。つまり健康を保ち
病気を退けるべきであるとか，あるいは身体の力は可能な限り維持されるべ
きであるとかということです。そうではなく称賛（honor）と名づけられて
いる場合には，それゆえに健康に大きな配慮が注がれるべき理由が理解され
ているのです。すなわち，それは身体が神による用途〔神的用途〕のために
(ad divinos usus) 作られているということです。なぜなら称賛とは優れた善
きものに対する承認を意味しているからであり，これはまずは神に定められ
ているからです。次いで他の事物にこれが転移されたとき，それでも神ゆえ
にそれらのものにも称賛を帰するのです。ちょうど私たちが両親，国，学
芸，法といったものに称賛を帰するように。というわけで私たちは学芸や法
が知恵の光線（radius）であることを知っています。これは神の内にあって
永遠かつ不死のものです。この光線によって神は自身が認識され，私たちの
生が支配されるのを欲しています。それゆえ私たちは支配が神の知恵の秩序
であり，神によって保持されていて，そのうえ神は私たちがそうした秩序に
服してあることを欲しているのを理解するのです[3]。両親については次のこ
とを私たちは真に知っています。両者の純潔な結合〔結婚〕は，神による神
秘的な計画によって是認されたのであり，子を産むこと〔生殖〕(generatio)
は神の業であり，それによって私たちは保持され，さらに親と子とのあいだ
に相互の絆（mutuum foedus）と相互の愛情（mutua στοργή）があることを欲
しているのを。このことによって，子に対するとともに私たちに対しても愛
を注ぐ神ご自身が思い出されることを欲しているのです。このように，どの
ような物事であれ私たちが称賛を帰する場合には，そのなかに何らかの神的
な善があることを意味しているのであり，それゆえにそうした事物は保持さ
れ，その他の事物よりも優先されなければならないのです。アリストテレス
がいったように，神的なものが称賛に値するのです[4]。

　したがって天からの神の命令が私たちの身体に称賛を示すようにと命じる
とき，わが身体に固有の神的なものとは何であるかが探究されねばなりませ
ん。たとえ，それが粘土から作られた土製の容器〔壺や瓶〕のように弱々し

3　ロマ 13:1。
4　『アリストテレス全集 15』岩波書店，2014 年，56 頁，参照。

い〔壊れやすい〕塊（fragiles massas）であることを知っているにせよ。ここ
では，まず目的因について述べようと思います。

　この身体は粘土から作られた塊のようであるにもかかわらず，次の用途の
ために作られています。それは永遠に渡って神の住居ならびに神殿となり，
最大限の称賛に値する神の行動の器官となることです。心臓では生命精気
（vitales spiritus）が生まれ，そこから上方へと大きな熱の息〔蒸気〕（halitus）
が，エウリピデスがいうように脳へと運ばれます。その後に脳で交わること
でより穏やかでより明瞭なものにされ，思考を形成することで脳に貢献しま
す。心室にある，そうしたまさに波のうねりは感情〔心の情態〕（affectus）
をかきたてます。

　こうした蒸気が全噴出されるなかで，まさに神性（divinitas）が混合され
ます。これは脳のなかではより明瞭な知識と，より強固な賛同を形成し，心
臓では神自身であるような，ある種の感情を形成します。このために人間の
自然本性は作られているのですから，聖書にあるように，神はすべてのもの
のなかにあってすべてでありたいと欲しているというとき，身体に称賛が帰
されるべきであるというのは正しいといわれるべきです。したがって神をこ
の自身の住居から追い出してしまうことがどれほどの悪行であるか，私たち
は考えましょう。自分の欲望（libido）と他の不品行によって神を追い出し，
この住居を台無しにしてしまったのです。あるいは完全にこの神殿を破壊す
ることが，どれほどの悪行であるかを考えましょう。大多数の人間の群集は
剣や他の装置を使って身体を損なってしまいます。しかし，より多くの人々
は治療薬を無視して酩酊して不潔なままです。この疫病（lues）は実際には
人々のあいだに（ἐπιδήμιος）常に全人類を介して広く行き渡っています。こ
の巨大で恐ろしい呪い〔不幸・悪行〕は認識され修正〔治療〕されねばなり
ません。そして，なぜ神は身体に称賛を与えるように命令したのか，その理
由をしばしば考えねばなりません。

　人間の身体は神の神殿となるように作られているので，その目的因につい
て述べました。私たちは再び製作者の技芸そのものを考察することにしまし
ょう。これはまさに神聖なものであり，神がどのような方であるかを明らか
に示してくれます。さらに，そうした理由ゆえに身体には称賛が帰されねば

なりません。神の内には卓越したものがあります。知恵，真理，善，恩恵，正義，純潔，善における一貫性です。これらのものを神は自身の知恵によって悪から区別します。自由な選択〔自由意志〕も同じです。ところで人間は，その身体の各部分がそうした最高のものの道具であるように作られています。脳のなかでは知識と真理が，数の理解が，神の法の光線が輝いています。これらは正しいものと正しくないものとを区別します。そして脳からは神経が生じています。これは思考によって駆り立てられます。そして四肢を駆動あるいは抑制します。こうして行動は正しい判断と一致し調和して成し遂げられることが可能になります。ちょうどアキレウスが燃え上がる怒りによって剣を鞘から抜いたにもかかわらず，そのとき静かな思考は神経に対してまるで手綱のように手を引っ込めるように命令し，神経と手は正しい判断に従ったのでした。このような知恵，自由，徳が，これまでともかく人間の自然本性のなかに残存しているのを私たちは知っています。たとえ，これが最初に作られたものとはどれほど違って衰弱したものになっているとはいえ。それでも神は私たちの内でこれまで神自身に関する証言や徴が輝いていることを欲しています。これらは神自身がどのような方であるかを思い出させてくれるのです。こうした人間の製作者における技芸が神的なものであるということは，告白される必要があります。

　事柄の重要性を求めるために私はこのことに詳しく言及したのではなく，この時間にすべての聴衆が神の意向について考えることへと導かれるために，そうしたのです。この神の意向は，私たちの身体に称賛を帰するように命じています。さらに私たちは二つの事柄を付加したいと思います。すなわち，まずは私たちが健康に気遣い神の住居を保持するのを軽んじていることについて，もうひとつは助力すなわち医学という学問の助力の必要性についてです。

　疑いなく私たちは，すべて食べ物，飲み物，睡眠，労働，要するに魂および身体によるあらゆる運動において秩序を無視することで罪を犯しています。そして自然の力を損傷しています。私たちは自分たちの精気と混ぜ合わされた神の光を妨害し，ついにはしかるべき時が来る前に自分たちを死へと至らしめてしまうのです。これは，ある者にはより過酷に，ある者にはより

468 第Ⅱ部 翻訳編

過酷ではなく生じるのですが，それでもすべての人々はこの点においては，みな罪を犯しています。そこで，もしこのことを神は気遣っていないと思う者がいたら，その人は完全に誤っています。というのも，しばしばこういう命令が繰り返されているからです。あなたは死んではならない。二日酔いであなたの心を重くしてはならない。身体に称賛を帰するようにしなさい。殺人，飲んだくれ，女郎買いをする者は，神の国を受け継ぐことありません[5]。ところで今日の大半の習慣はどのようなものでしょうか。彼らはラピタイ族やケンタウロスのように頻繁な酒盛りに加わっています。そこで彼らは限度なく暴飲暴食し，その後に暴れまくります。しかも，こうした慣習，あるいは力強さ，あるいは陽気さを，彼らは誤りなしのもの〔不品行ではないもの〕と見なしています。あなたは徐々に自らを死に至らしめて神の住居を破壊する，こうして今ここにいる神を追い出し遠ざけるものを，それこそまさに悪行とは判断しないのでしょうか。このようなことで少なくともあなたのものである精神と心とは喜べるのでしょうか。多くの日々を神に祈ることなしに酩酊し狂乱して神のことを考えもしないで生きることが，大きな悪であるとあなたは思わないのでしょうか。ついに，これは最悪の災難（calamitas）つまり神を遠ざけることで悪魔の卑劣な胸の内に飛び込むということになるのです。これは，ある者を間もなく殺人へと走るように駆り立て，ある者をそのように捕虜にしたままで，後に国家において彼らに祖国に対して疫病を撒き散らすように駆り立てます。人類に対する悪行人，カティリナ，アントニウスやそれに似たような者たちが行ったように。願えるものなら，こうした巨大な間違いの醜悪さ（turpitudo）が考慮されますように。神の怒りが認識されますように。そして多くの者がこの悪しき慣習（mores）を投げ捨てますように。これは結果として多くの個人にとっても，すべての種族にとっても，教会や国にとっても，これらを破壊してしまうことになります。

　このことは述べる必要がむしろあるのであって，医学という学問については何度も語られるべきです。なぜなら狂ったように身体を損なう者，処罰者

5　ガラ 5:19-21。

である神を恐れない者，人生において節制（moderatio）を愛することのない者は，神の知恵に関して，そして食物や薬で救助する秩序に関して，これらのものを空しく語るからです。

　したがって習慣の改善について簡単に述べた後に，今や医学という学問について僅かなことを付け加えたいと思います。これは人生にとって助けとなるものを明示してくれるのですが，あるものは健康を保つのに，あるものは病気を防ぐのに役立ちます。ここで，もし野蛮のままであるなら，負傷しても，身体器官の弱体や弛緩の回復に作用する癒しの明らかな有用性を知ることなく，だれも動かされなくなってしまい，多くの内的な病の撃退どころか，さらにすべての自然本性の考察も，医学という学問全体も，つまりすべてのものの製作者が無視されてしまうこととなり，いわばティターネスのようになってしまうことになります。これは天に対して戦争を引き起こします。このことを，私は正気を取り戻すために議論しようと努力しているのではありません。しかしティターネスはおぞましく馬鹿な叫びを聞いて散らされてしまいます。これはバッカスが葡萄の圧縮機のなかにいて，つまりそのなかで何か馬鹿な叫びをあげてひどく恐れさせられたのですが，その罰を受けたのです。それは神と神の事柄への暴言が引き起こしたものでした。しかし私は他のまだ正気の人々には，こう勧め祈りたいと思います。こうした自然の事物の全体をよく見つめ，これらがデモクリトスのいう原子から偶然に，精神なしに引き起こされた〔作られた〕のではないと考えるように，と。そうではなく，製作者であり，賢く，善く，慈悲深く，純潔で，悪行の処罰者である神による最高の技芸によって作られて保たれているのである，と。すべての活動において自身についての，また摂理についての，こうした証言が存在することを神は欲しています。

　さて自然の多くの部分における秩序について長く語るのは可能でしょう。すなわち世界〔宇宙〕という身体の配列について，天の運動の秩序について，季節の交代について，昼の，夜の，冬の，夏の，一年の大地からの豊かな実りについて，植物について，動物の種類について，人間の身体の構造について，人間の精神における確実かつ永遠の知識について。ここでは，ただ生きていくうえで身体の医学について短く語りたいと思います。

470 第II部 翻訳編

このテーマそのものが，あたかも父のような神の計画によって，私たちに生じてきたものを個々人に誠実に慎重に区別することを明示しています。あるものは滋養物となるように，あるものは治療薬となるように，というように。というのもマスチック〔乳香樹から採る樹脂〕，アキレイデ，ゲンティアナ，ミルバ，アロエを採ることのできる者は，そのうえまた傷への投薬において他の多くのものが健康によいものであることに賛同するからです。さらに神はある人々の精神を治療薬の考察へと向けさせ，その研究を助けます。こうした探究によって，自然に生じてきたもののなかには驚くべき力の多様性が散りばめられてある，ということが明らかとなります。ちょうど，あるものはある者の肢体に役立ち，あるものはある者の病気に対抗する助けとなるように。

したがって，こうした自然の観察は実際には神の知恵の考察であり，私たちに対する善と恩恵の考察でもあり，次いで人生にとって有益であることは明らかです。それゆえ神の栄光のために，そして私たちにとっての有益性のために，このもっとも甘美な学問を私たちは愛するようにしましょう。そして神によるありがたい恩恵を享受しましょう。その知恵と善とを賛美しましょう。私たちが，それほど大きく配慮されていることを知りましょう。それは，このもっとも速く駆け足で過ぎ去る人生を終えて，後にすべてにおいて私たちが永遠に無となってしまうためではなく，すべてにおいて永遠に習慣通りに神を享受し，その真の知恵を学ぶためなのです。このために神はこうした私たちの短い人生が，この知恵に近づく道となることを欲しているのです。

というのも，この世の生において神の子に関する教えを学ぼうと欲しない者は，一人として天の教会の市民には決してなれないからです。

自然学や神学の議論を最初にしていた人々には，始まりの両親，次いでノアとその子たち，そして後にエジプトのヨセフがいます。なぜなら，こうした哲学はアスクレーピオスから最初に始まったのではないからです。彼はトロイア戦争のそれほど前に生まれたわけではありません。その息子のポダレイリオスとマカオンがトロイアを追ってギリシアの軍勢を進めたのでし

---

6 ホメロス『イリアス（上）』松平千秋訳，岩波文庫，1992年，76頁，参照。

た[6]。トロイア戦争の時代よりもノアの家族が救われた洪水の年は，もう何千年もはるかに先立っています。

ところでノアにおいては当時から自然の考察は並外れたものとして見積もられていました。というわけで彼は動物を集め，箱舟のなかで年全体に渡ってそれらを養い，後に息子たちに葡萄酒を見せました[7]。私は，これがそのとき初めて作られたものだとは思いません。そうではなく彼がもっとも老年になって，神によってまさに初めて見せられたものだと思います。なぜなら神は年齢によるノアの身体の不活発を，葡萄酒を飲ませることで，より充実させて促進させようと欲していたからです。そして同時に来たる将来，未来に弱々しくなった末裔たちに，そうした飲み物が必要になるであろうということを続いて教えているのです。

さらに長いあいだ王家の家族では医学という学問が保護され伝えられてきています。ちょうどケンタウルスのキーローンの学校が有名です。そこではアキレウスに医学という学問を教えました。さらにエウリュピュロスの傷をパトロクロスは薬で治すのですが，その用法はアキレウスによって教えられたものです。これをホメロスは苦い草の根と呼んでいます。これは古代の著述者の判断ではウマノスズクサ属の植物（ἀριστολοχία）です。しかし，この学問の始まりについての話はやめておきましょう。なぜなら最初の両親が次のような知恵を持っていたことは疑う余地のないことですから。神の法と仲介者に関する約束，そして〔神との〕和解に関して，人間の災難の原因に関して，さらに永遠の生の回復に関して，次いで自然の考察に関しての解明（explicatio）です。確かに私たちはこれらのものから一年の記述や，耕作，そしてパンを焼く技芸を受け取っています。さらにシラは薬そのものが神の業であり，神によってそうした技芸が明らかに示されている，と断言しています。というのも彼は次のように薬について述べています。主は大地から薬を造られた。分別ある人は薬を軽んじたりしない[8]。この文章は薬の製作者を明らかに示しています。そして，この神による恩恵を役立て，神の思いに対して感謝して称賛することを促しています。医者についてシラは，こう述

7　創 9:20。

8　シラ 38:4。

べています。医者にも助けを求めよ。主が医者を造られたのだから[9]。同じく。医者をその仕事のゆえに敬え。主が医者を造られたのだから[10]。つまり神は薬だけを作られたのではないということです。そうではなく，ある人々の精神をそうしたものの探究へと向けるのであって，そうした研究を神は助けているということなのです。さらに医者の判断と右手とを支配しているのです。なぜなら神なしに医者の成功はないからです。というのも記されてあるように，医者そのものが時間の内にある生であり〔その限りでの〕長さ〔寿命〕だからです[11]。同じく。われらは神のなかに生き，動き，存在する[12]。まさに神は生命の泉であり贈与者です。しかし神は私たちがそうしたものを畏敬の念をもって用いることを欲しています。それによって生活の助けとなるように望んでいます。これらはまさにそのように役立ってこそ効力あるものとなるのです。こうして私たちは治療〔薬の投与〕（medicatio）と神への祈り，そして神による恩恵への賛美とが結び付けられるのを望みます。こうした敬意の表現〔責務〕（officium）は神に喜ばれるものです。神と自然における神の痕跡，自然の考察，それどころか人生全体の秩序を軽んじる野蛮な人々は，そうではありません。どういった理由によってでしょうか。なぜなら彼らは法，学問や教えに敵対し，そのうえ自分たちの欲望に法の馬勒と教えの鎖が被せられるのを恐れているからです。これを源泉として教えへの憎しみが生じてきます。宗教からではありませんが，とはいえある人々は宗教を口実としています。したがって教えの研究に没頭するまさにあなたたちは，神と神の業とを悪い事柄から区別するために，神に正しく祈ることを学び，善き事物を喜んで受け入れ，これが教えの規範であることを認識してください。

　神の業を正しく明示するこうした教えは追究されなければなりません。そして，この教えのなかに神に関する証言を，摂理に関する確固とした賛同を表すのです。こうして精神は神の知恵，私たちに対する善や恩恵を賛美する

9　シラ 38:12。
10　シラ 38:1。
11　シラ 17:1 以下。
12　使 17:28。

ように駆り立てられるのです。神は，こうした教えが人類にとって役立つものとなるように欲しています。あなたたちは決して犬儒学派の知恵を喜んではなりません。これは愚か者のあいだで，神がすべての自然と人間の生のなかに定めた教えや秩序を非難し，称賛を得ようと努めています。平凡な熱心さでもって教えを成長させる私たちにとっては，確かに病人にとって大きな苦痛が伴っていて，私たちは意見と薬を投与します。苦しみなしには多くの悲しい光景を見分けることはありません。このこと自体が原因で，とりわけ優れた慰めが生じてきます。なぜなら私たちは神が学問をよしとし，こうした私たちの尽力〔責務〕によって人間が自ら作り出した薬が役立てられるようになることを欲しているからです。さらに学問を他の者に伝え，薬を与える職人（artifices）となることも欲しています。そして医者の責務に対する信頼を，とりわけ神への祈りが強まることを望んでいます。こう記されている通りです。医者に場所を与えなさい。なぜなら，主がそれを作ったからです。主は確かに私たちの行いが無駄であることを望んではいません。こうした慰めは，私を元気づけてくれます。病気で苦しんでいる人のところに行くたびに，同時に生命の泉であり治療薬を作られた神に祈ります。神ご自身が私の精神と右腕を支配されるように，と。私は人間の自然本性の脆弱さがいかに大きなものであるか知っています。医者ほど，この大きさを知る者はいません。医者は多くの実例を見ていて，しばしば軽度の失敗から致命的な病気が生じることを識別します。しばしば回復期の患者が自然の秩序に保護されずに荒れ狂う死へと逆戻りして死んでしまうのを。しばしば身体はそれほど弱いものであって，食物も薬も受け入れなくなってしまうのを。しかし，たとえそうではあっても，それでも神の秩序は軽んじられてはなりません。神は食物や薬が提供されるのを欲しています。それを適切に施し，結果そのものに委ねられるのを。なぜなら老人や病人に食物といったものを与えないのは狂気の沙汰であり，悪事であるからです。というのも彼らは若者や全く健康で強い人々と同じように喜んでこれらを享受することはないからです。神の法そして神によって定められた秩序に私たちは従いたいと思います。そして自然を作った神に祈りたいと思います。悪魔の悪行によって衰弱させられてしまった私たちが，それでもこの弱さのなかで突然に消し去られるのを

欲することがないように。ある自由な空間を保護し認めてくれるように。私たちのあいだで教会をまとめてくれるように。常にこのなかで支配してくれるように全身全霊で祈ります。以上。

おわりに

　はじめに述べ，すでに見てきたようにメランヒトンが関わった学問世界は広大であり，その活動領域は多岐にわたっている。彼が及ぼした影響やメランヒトン思想の受容史など，フランクによる浩瀚なハンドブーフの目次を一覧するだけでも研究は果てしなく続けられるであろう[1]。ただし律法と福音を通奏低音とするルター神学を基盤にした「人間学」を中心に，さらに教育を軸にして，メランヒトンのすべての思想は有機的に関連づけられていると考えられる。人文主義を基本にして古典古代の文献および聖書に常に立ち還りつつ，当時の最新の研究成果とあわせて，自身の思想を時代と社会の要請に応じて絶えずアップデートしていった結果は，数々の組織的記述としてのテキスト（教科書）に結晶化している。そこで幅広いジャンルに及んで展開されたメランヒトンの教育思想。その僅かな一部分を本書では垣間見たに過ぎない。

　本書では少なくともメランヒトン思想の核心部分と全体構造だけは押さえることができたであろう。今後はそのディテールを，各領域とテーマに即して，あくまでも全体との繋がりを意識しながら，より丁寧に解明していかなくてはならない。

　さらに日本においては何よりもまず，メランヒトン自身のオリジナルテキスト（原典）からの邦訳が望まれる。テキストとしての『ロキ』の最終版をはじめ，目ぼしい演説や注解そしてカテキズムなどの翻訳が求められている。いよいよ2017年より修辞学に関するテキストから第1回目の刊行が開始された最新のメランヒトン全集の成果も取り入れたい[2]。思想史研究にお

1　むろんルター派陣営のなかでさえメランヒトンに反発し対立する人々が当時より多数いたことは周知の通りである。メランヒトンに対して肯定的ではない，むしろ否定的なイメージもまた生存中より形作られている。あわせてメランヒトン研究に限りはない。Cf. Kobler, Beate: Die Entstehung des negativen Melanchthonbildes. Protestantische Melanchthonkritik bis 1560. Tübingen 2014.

2　Weaver, William P. / Strohm, Stefan / Wels, Volkhard (Hg.) : Philipp Melanchthon.

いて何よりも重要なのはメランヒンの姿勢と同様 ad fontes，つまり原典そのものを読むことに尽きる。今後の課題としたい。

Opera Omnia. Opera Philosophica. Bd.2-2. Schriften zur Rhetorik. Berlin 2017.

あとがき

　時間が経つのは本当に早い。「序説」から本論の入り口に至るにも 17 年以上が過ぎてしまった。とくに怠けていたわけではないのだが，さまざまな仕事に追われ現在に及んでしまった。いつの時代や社会でも変わることのない現実ではあるが，それでも宗教改革期という激動の時代と社会のなかで，同じく大学教師として活躍したメランヒトンが残した膨大な知的遺産には驚嘆せざるをえない。ルターもまた巨人ではあるが，メランヒトンとはじつに小柄ながらも知の巨人だといわざるをえない。さまざまな研究成果をテキストという教材の形へと不断に更新し続けたメランヒトンからは今日の大学人も見習うべき面が多々あるように思う。また生徒や学生を親身になって大事に育てたメランヒトン。メランヒトンからは数多くの弟子や教師が巣立ち，ヨーロッパ中で活躍した。メランヒトンが残した人的遺産といえよう。これはルターにはできなかった偉業である。教育とは目立たなく地道な何の変哲もない日常的な業ではあるが，これを欠いては今日の私たちも存立しえない大切な営みである。メランヒトンの教育活動の心臓には，いうまでもなく信仰による愛があった。そうしたメランヒトンから今後も多くを学んでいきたい。学問人生に定年はない。

　だが死は必ずだれにでも訪れる。和辻哲郎が次のようなことを述べている。フランス文学者の河盛好蔵に語った言葉より（和辻照編『和辻哲郎の思ひ出』非売品，1962 年，113 頁）。

> 「君はまだ若いから，時間はいくらでもあると思うだろうが，学問というものは，本当に面白くなる頃には，余命がいくばくもないものだ。あまり道草を食わないようにしたまえ」と言われた。この御忠告はちか頃になってますます身にしみている。有り難い先生であった。

　学問を真に実践している先生だからこそいえる台詞だ。資本主義や成果主

義に蝕まれる現代ではなおのこと，こういえて説得力のある本物の先生は数少なくなってしまった。昨今の大学事情のなかで道草をしないわけにもいかないが，擦れ枯らしで終わらないよう努力したい。

2018年というメランヒトンとルターの歴史的出会いから500年の後に，何とかこうした小著を上梓することができたのも，振り返ればこれまで多くの方々からのご支援とご指導の賜物である。とりわけ2016年4月から2017年3月までの1年間，本務校より学外派遣研究員としてゲッティンゲン大学にて研究を許可されたことによる恩恵は大きい。お招きいただいた神学部・教会史講座のトーマス・カウフマン（Dr. Thomas Kaufmann）教授に衷心よりお礼申し上げる。宗教改革史の専門家が集うオーバーゼミナールでは多大な学問的刺激とエネルギーを得ることができた。また宗教改革500年記念に向かう時期とも重なり，翻訳も含め研究にも存分に専念することができた。さらにゲッティンゲンでは美しい自然に囲まれ，学術的にも豊かな最高の環境のなかで，多くの人々との出会いからも何物にも代えがたい貴重な経験をさせていただいた。お世話になった一人ひとりのお名前は多すぎてあげられないが，各人に心より感謝の意を表する。なお日頃より金子晴勇先生からは貴重なアドバイスを頂いている。心からお礼申し上げる。

以下，第I部各章の元となった論文の初出一覧を示しておきたい。ただし，いずれにも加筆・修正が施されている。

第1章…「ドイツの教師・メランヒトンの思想構造——人文主義と宗教改革——」，国士舘大学文学部人文学会編『国士舘人文学』第8号（通巻50号），2018年，37-56頁。

第2章…「メランヒトンの人間学に関する一考察——教育思想の基礎としての人間学——」，国士舘大学初等教育学会編『初等教育論集』第18号，2017年，1-27頁。

第3章…「メランヒトンにおける教育の原理と実践」，東京神学大学神学会編『神学』第79号，2017年，136-161頁。

第4章…「メランヒトンの大学教育改革——再洗礼派との対決のなかで——」，日本キリスト教教育学会編『キリスト教教育論集』第18号，

あとがき　479

2010 年，33-48 頁。

第 5 章 1 節…「カメラリウスの教育論」，日本ルター学会編『ルターと宗教改革：日本ルター学会研究年報』第 5 号，2008 年，43-48 頁。

第 5 章 2 節…「ルターの大教理問答書」，日本ルター学会編『ルターと宗教改革：日本ルター学会研究年報』第 7 号，2017 年，138-149 頁。

第 5 章 3 節…「格差社会とルター」，国士舘大学初等教育学会編『初等教育論集』第 12 号，2011 年，18-30 頁。

第 5 章 4 節…「格差社会とブーゲンハーゲン」，日本ルター学会編『ルターと宗教改革：日本ルター学会研究年報』第 6 号，2012 年，29-38 頁。

なお第 II 部に関しては，上記『初等教育論集』に試訳として断続的に掲載されたものを中心とし，さらに追加している。初の日本語訳となるものばかりであるのに加え，何よりも訳者の浅学のゆえに多くの間違いもあると思う。読者諸賢のご寛恕を請いつつ，ご叱正，ご批判をお願いする次第である。

最後に，出版に際しては『教育にできないこと，できること——基礎・実践・探究——［第 4 版］』に続き，今回も成文堂編集部の松田智香子さんに大変お世話になった。厚くお礼申し上げる。引き続いて妻・美和子にも校正を手伝ってもらった。心より愛をこめて Danke！

2018 年　春

菱　刈　晃　夫

480

文献一覧

テキスト

CR: Philippi Melanthonis Opera quae supersunt omnia. hrsg. v. Carl Gottlieb Bretschneider und (ab Bd.16) Heinlich Ernst Bindseil. 28 Bde. Halle und (ab Bd.19) Braunbschweig 1834-1860. ²Frankfurt/Mein 1963 (Corpus Reformatorum 1-28).

MSA: Melanchthons Werke in Auswahl. hrsg. v. Robert Stupperich. 7Bde. Gütersloh 1951-1975. z.T. ²1978-1983.

Heineck, Hermann: Die aelteste Fassung von Melanchthons Ethik. Berlin 1893.

欧文参考文献

Bauer, Barbara (Hg.): Melanchthon und die Marburger Professoren (1527-1627). Marburg 2000.

Bayer, Oswald: Martin Luthers Theologie. Eine Vergegenwärtigung. Tübingen 2003.

Beyer, Michael/Wartenberg, Günther (Hg.): Humanismus und Wittenberger Reformation. Festgabe anläßlich des 500. Geburtstages des Praeceptor Germaniae Philipp Melanchthon am 16. Februar 1997. Leipzig 1996.

Bellucci, Dino: Science de la Nature et Réformation. La physique au service de la Réforme dans l'enseignement de Philippe Mélanchthon. Roma 1998.

Bellucci, Dino: Natural Philosophy and Ethics in Melanchthon. In: Kraye, Jill/Saarinen, Risto (eds.): Moral Philosophy on the Threshold of Modernity. Dordrecht 2005. S. 235-254.

Beyer, Michael u. a. (Hg.): Melanchthon deutsch. Bd. 1. Leipzig 1997.

Beyer, Michael u. a. (Hg.): Melanchthon deutsch. Bd. 2. Leipzig 1997.

Bieber-Wallmann, Anneliese (Hg.): Reformatorische Schriften (1515/16-1524). Johannes Bugenhagen, Werke. Bd. 1-1. Göttingen 2013.

Blackwell, Constance/Kusukawa, Sachiko (eds.): Philosophy in the Sixteenth and Seventeenth Centuries. Conversations with Aristotle. Aldershot 1999.

Böhm, Winfried: Geschichte der Pädagogik. München ⁴2013.

Brecht, Martin: Martin Luther. Bd. 1. Stuttgart 1981.

Claus, Helmut: Melanchthon-Bibilographie 1510-1560. 4Bde. Gütersloh 2014.

Cohrs, Ferdinand: Die Evangelischen Katechismusversuche vor Luthers Enchiridion. 5Bde. Berlin 1900-1902.

De Angelis, Simone: Bildungsdenken und Seelenlehre bei Philipp Melanchthon. Die Lektüre des *Liber de anima* (1553) im Kontext von Medizintheorie und reformatorischer Theologie. In: Musolff, Hans-Ulrich/Göing, Anja-Silvia (Hg.): Anfänge und Grundlegungen moderner Pädagogik im 16. und 17. Jahrhundert. Köln 2003. S. 95-119.

De Angelis, Simone: Anthrolopologien. Genese und Konfiguration einer ›Wissenschaft vom Menschen‹ in der Frühen Neuzeit. Berlin 2010.

Di Liscia, Daniel A/Kessler, Eckhart/Methuen, Charlotte (eds.): Method and Order in

文献一覧　481

Renaissance Philosophy of Nature. The Aristotle Commentary Tradition. Aldershot 1997.

Dörpinghaus, Andreas/Uphoff, Ina Katharina: Grundbegriffe der Pädagogik. Darmstadt 2011.

Erasmus von Rotterdam: Ausgewählte Schriften. Bd. 1. Darmstadt 2006.

Frank, Günter: Die theologische Philosophie Philipp Melanchthons (1497-1560). Leipzig 1995.

Frank, Günter/Rhein, Stefan (Hg.): Melanchthon und die Naturwissenschaften seiner Zeit. Sigmaringen 1998.

Frank, Günter/Mundt, Felix (Hg.): Der Philosoph Melanchthon. Berlin 2012.

Fridensburg, Walter: Geschichte der Universität Wittenberg. Halle 1917.

Fridensburg, Walter: Urkundenbuch der Universität Wittenberg. T. 1. Magdeburg 1926.

Fromm, Martin: Einführung in die Pädagogik. Grundfragen, Zugänge, Leistungsmöglichkeiten. Münster 2015.

Garbe, Irmfried/Kröger, Heinrich (Hg.): Johannes Bugenhagen (1485-1558). Der Bischof der Reformation. Leipzig 2010.

Graybill, Gregory B.: Evangelical Free Will. Philipp Melanchthon's Doctrinal Journey on the Origins of Faith. Oxford 2010.

Grell, Ole Peter/Cunningham, Andrew (eds.): Medicine and the Reformation. London 1993.

Haemig, Mary Jane (ed.): The Annotated Luther, Vol. 4. Pastoral Writings. Minneapolis 2016.

Haemig, Mary Jane: The Influence of the Genre of Exegetical Instruction, Preaching, and Catechesis on Luther. In: Kolb, Robert/Dingel, Irene/Batka, L'ubomír: The Oxford Handbook of Martin Luther's Theology. Oxford 2016. S. 449-461.

Hamm, Berndt/Kaufmann, Thomas : Wie fromm waren die Humanisten? Wiesbaden 2016.

Hartfelder, Karl (Hg.): Melanchthoniana Paedagogica. Eine Ergänzung zu den Wirken Melanchthons im Corpus Reformatorum. Leipzig 1892.

Hartfelder, Karl: Philipp Melanchthon als Praeceptor Germaniae. Berlin 1889.

Hendel, Kurt K.: Johannes Bugenhagen. Selected Writings, Vol. I and II. Minneapolis 2015.

Historisches Wörterbuch der Philosophie. Bd. 1. Basel 1971.

Hofheinz, Ralf-Dieter/Bröer, Ralf: Zwischen Gesundheitspädagogik und Kausalitätstheolie. Melanchthons „Theologie der Krankheit". In: Frank, Günter/Lalla, Sebastian (Hg.): Fragmenta Melanchthoniana. Zur Geistesgeschite des Mittelarters und der frühen Neuzeit. Bd. 1. Heidelberg 2003. S. 69-86.

Hofheinz, Ralf-Dieter: Philipp Melanchthon und die Medizin im Spiegel seiner akademischen Reden. Herbolzheim 2001.

Holfelder, Hans Hermann: Solus Christus. Die Ausbildung von Bugenhagens Rechtfertigungslehre in der Paulusauslegung (1524/25) und ihre Bedeutung für die theologische Argumentation im Sendbrief "Von dem christlichen Glauben" (1526). Eine Untersuchung zur Genese von Bugenhagens Theologie. Tübingen 1981.

Jung, Martin H.: Frömmigkeit und Theologie bei Philipp Melanchthon. Tübingen 1998.

Jung, Martin H.: Frömmigkeit und Bildung. Melanchthon als religiöser Erzieher seiner

482 文献一覧

Studenten. In: Frank, Günter/Lalla, Sebastian (Hg.): Fragmenta Melanchtoniana. Zur Geistesgeschichte des Mittelalters und der frühen Neuzeit. Bd. 1. Heidelberg 2003. S. 135‒146.

Junghans, Helmar: Der junge Luther und die Humanisten. Weimar 1984.

Jütte, Robert: Poverty and Deviance in Early Modern Europe. Cambridge 1994.

Kaufmann, Thomas: Geschichte der Reformation in Deutschland. Berlin 2016.

Keen, Ralph (ed.): A Melanchthon Reader. New York 1988.

Koch, Ludwig: Philipp Melanchthon's Schola Privata. Ein historischer Beitrag zum Ehrengedächtniss des Präceptor Germaniae. Gotha 1859.

Kristić, Kruno: Marko Maulic. The Auther of the Term "Psychology". In: Acta Instituti Psychologici Universitatis Zagrabiensis 36. 1964. S. 7‒13.

Kunkler, Stephan: Zwischen Humanismus und Reformation. Der Humanist Joachim Camerarius (1500-1574) im Wechselspiel von pädagogischem Pathos und theologischem Ethos. Hildesheim 2000.

Kuropka, Nicole: Philipp Melanchthon. Wissenschaft und Gesellschaft. Tübingen 2002.

Kuropka, Nicole: Melanchthon. Tübingen 2010.

Kuropka, Nicole: Melanchthon und die Ethik. In: ZThK 113. 2016. S. 235‒257.

Kusukawa Sachiko: Aspectio divinorum operum. Melanchthon and Astrology for Lutheran Medics. In: Grell, Ole Peter/Cunningham, Andrew (eds.): Medicine and the Reformation. London 1993. S. 33‒56.

Kusukawa Sachiko: The Transformation of Natural Philosophy. The Case of Philip Melanchthon. Cambridge 1995.

Kusukawa Sachiko (ed.)/Salazar, Christine F. (trans.): Philip Melanchthon. Orations on Philosophy and Education. Cambridge 1999.

Lamanna, Marco: On the Early History of Psychology. In: Revisia Filosófica de Coimbra 38. 2010. S. 291‒313.

Lapointe, Francois H.: Origin and Evolution of the Term "Psychology". In: American Psychologist 25. 1970. S. 640‒646.

Leonhardt, Jürgen (Hg.): Melanchthon und das Lehrbuch des 16. Jahrhunderts. Rostock 1997.

Leppin, Volker: Luther Privat. Sohn, Vater, Ehemann. Dramstadt 2006.

Liedtke, Helmut: Theologie und Pädagogik der Deutschen Evangelischen Schule im 16. Jahrhundert. Wuppertal 1970.

Lindberg, Carter: Beyond Charity. Reformation Initiatives for the Poor. Minneapolis 1993.

Lindberg, Carter: The European Reformations. MA 1996.

Lindberg, Cater: Love. A Brief History Through Western Christianity. MA 2008.

Lorentzen, Tim: Johannes Bugenhagen als Reformator der öffentlichen Fürsorge. Tübingen 2008.

Luccio, Riccardo: Psychologia. The Birth of a New Scientific Context. In: Review of Psychology 20. 2013. S. 5‒14.

Luther, Martin: Martin Luthers Werke. Kritische Gesamtausgabe. Weimar 1983-1993. (WA, Tischreden は WA TR, Briefwechsel は WA Br と略記)

文献一覧　483

Maurer, Wilhelm: Der junge Melanchthon zwischen Humanismus und Reformation. Bd.2. Der Theologe. Göttingen 1969.

Melanchthon, Philipp: Philipp Melanchthons Schriften zur praktischen Theologie. T. 1. T. 2. hrsg. v. Ferdinand Cohrs. Leipzig 1915.

Melanchthon, Philipp: Ethicae Doctrinae Elementa et Enarratio Libri quinti Ethicorum. hrsg. u. eingel. v. Günter Frank. Stuttgart 2008.

Melanchthon, Philipp: Initia Doctrinae Physicae, Dictata in Academia Vuitebergensi. Die Anfänge der physikalischen Lehre, vorgetragen an der Universitat Wittenberg. Übers. v. Walther Ludwig. Rahden 2008.

Melanchthon-Komitee: Philipp Melanchthon. Humanist, Reformator, Praeceptor Germaniae. Berlin 1963.

Mertz, Georg: Das Schulwesen der deutschen Reformation. Heidelberg 1902.

Muther, Theodor: Zur Geschichte der Rechtswissenschaft und der Universitäten in Deutschland. Jena 1876.

Oyer, John S.: Lutheran Reformers against Anabaptists. Luther, Melanchthon and Menius and the Anabaptists of Central Germany. The Hague 1964.

Paulsen, Friedlich: Geschichte des gelehrten Unterrichts. Bd. 1. Leipzig 1919.

Petersen, Peter: Geschichte der aristotelischen Philosophie im protestantischen Deutschland. Leipzig 1921.

Peters, Albrecht: Kommentar zu Luthers Katechismen. 5Bde. hrsg. v. Gottfried Seebass. Göttingen 1990-1994.

Petersen, Peter: Geschichte der aristotelischen Philosophie im protestantischen Deutschland. Leipzig 1921.

Preus, J.A.O. (trans.): Philip Melanchthon. The Chief Theological Topics. Loci praecipui theologici 1559. Second English Edition. Saint Louis 2011.

Rogge, Joachim: Johannes Bugenhagen/ausgewählt und übersetzt von Joachim Rogge. Berlin 1962.

Rump, Johann: Melanchthons Psychologie (eine Schrift de anima) in ihrer Abhängigkeit von Aristoteles und Galenos. Kiel 1897.

Salatowsky, Sascha: De Anima. Die Rezeption der aristotelischen Psychologie im 16. und 17. Jahrfundert. Amsterdam 2006.

Scattola, Merio: Das Naturrecht vor dem Naturrecht. Zur Geschichte des ›ius naturae‹ im 16. Jahrhundert. Tübingen 1999.

Scattola, Merio: Notitia natulalis de Deo et de morum gubernatione: die Naturrechtslehre Philipp Melanchthons und ihre Wirkung im 16. Jahrhundert. In: Bauer, Barbara (Hg.): Melanchthon und die Marburger Professoren (1527-1627). 2Bde. Marburg [2]2000. Bd. 2. S. 865-882.

Scheible, Heinz: Melanchthon und die Reformation. Forschungsbeiträge. Mainz 1996.

Scheible, Heinz: Melanchthon. Eine Biographie. München 1997.

Scheible, Heinz: Philip Melanchton (1497-1560). In: Lindberg Cater (ed.): The Reformation Theologians. An Introduction to Theology in the Early Modern Period. Oxford 2002. S. 67-82.

484　文献一覧

Scheible, Heinz: Aufsätze zu Melanchthon. Tübingen 2010.

Scheible, Heinz: Der Bildungsreformer Melanchthon. In: Asche, Matthias/Lück, Heiner/ Rudersdorf, Manfeld/Wriedt, Markus (Hg.): Die Leucorea zur Zeit des späten Melanchthon. Institutionen und Formen gelehrter Bildung um 1550. Leipzig 2015. S. 93 -115.

Scheible, Heinz: Melanchthon. Vermittler der Reformation. Eine Biographie. München 2016.

Schilling, Johannes: Katechismen. In: Beutel, Albrecht (Hg.): Luther Handbuch. Tübingen ²2010. S. 305-312.

Schipperges, Heinrich: Krankheit und Kranksein im Spiegel der Geschichte. Berlin 1999.

Schlling, Heinz: Martin Luther. Rebell in einer Zeit des Umbruchs. München 2016.

Schmidt, Günter R. (Hg. Übers.): Philipp Melanchthon. Glaube und Bildung. Texte zum christlichen Humanismus. Lateinisch/Deutsch. Stuttgart 1989.

Sehling, Emil (Hg.): Die Evangelischen Kirchenordnungen des XVI. Jahrhunderts. 5Bde. Leipzig 1902-1913.

Sehling, Emil (Hg.): Die Evangelischen Kirchenordnungen des XVI. Jahrhunderts. Bd. 6- 16. Tübingen 1955-.

Stählin, Friedlich: Humanismus und Reformation im bürgerlichen Raum. Eine Untersuchung der biographischen Schriften des Joachim Camerarius. Leipzig 1936.

Stempel, Hermann-Adolf: Melanchthons pädagogisches Wirken. Bielefeld 1979.

Vermij, Rienk: A Science of Signs. Aristotelian Meteorology in Reformation Germany. In: Early Science and Medicine 15. 2010. S. 648-674.

Vidal, Fernando: The Sciences of the Soul. The early Modern Origins of Psychology. trans. by Saskia Brown. Chicago 2011.

Vogt, Karl August Traugott: Johannes Bugenhagen, Pommeranus. Leben und ausgewählte Schriften. Elberfeld 1867.

Weaver, William P. / Strohm, Stefan / Wels, Volkhard (Hg.): Philipp Melanchthon. Opera Omnia. Opera Philosophica. Bd.2-2. Schriften zur Rhetorik. Berlin 2017.

Wels, Volkhard: Manifestationen des Geistes. Frömmigkeit, Spilitualismus und Dichtung in der Frühen Neuzeit. Göttingen 2014.

Wels, Volkhard: Melanchthons Anthropologie zwischen Theologie, Medizin und Astrologie. In: Greyerz, Kaspar von/Kaufmann, Thomas/Siebenhüner, Kim/Zaugg, Roberto (Hg.): Religion und Naturwissenschaften im 16. und 17. Jahrhundert. Gütersloher 2010. S. 51- 85.

Weng, Gerhart: Philipp Melanchthons Gedichte zum akademischen Leben an der Leucorea zu Wittenberg. In: Frank, Günter/Lalla, Sebastian (Hg.): Fragmenta Melanchthoniana. Zur Geistesgeschite des Mittelarters und der frühen Neuzeit. Bd. 1. Heidelberg 2003. S. 179-241.

Wengert, Timothy J.: Humann Freedom, Christian Righteousness. Philip Melanchthon's Exegetical Dispute with Erasmus of Rotterdam. Oxford 1998.

Wengert, Timothy J.: Law and Gospel. Philip Melanchthon's Debete with John Agricola of Eisleben over Poenitentia. Grand Rapids 1997.

文献一覧　485

Wengert, Timothy J.: Martin Luther's Catechisms. Forming the Faith. Minneapolis 2009.
Werner, Volker (Übers.): Joachim Camerarius. Das Leben Philipp Melanchthons. Leipzig 2010.

邦文参考文献

アウグスティヌス『アウグスティヌス著作集 28』教文館，2004 年。

浅野啓子・佐久間弘展編『教育の社会史——ヨーロッパ中・近世——』知泉書館，2006 年。

アッポルド『宗教改革小史』徳善義和訳，教文館，2012 年。

アテナイオス『食卓の賢人たち 3』柳沼重剛訳，京都大学学術出版会，2000 年。

アリストテレス『アリストテレス全集 4』岩波書店，1968 年。

アリストテレス『アリストテレス全集 7』岩波書店，2014 年。

アリストテレス『アリストテレス全集 9』岩波書店，1969 年。

アリストテレス『アリストテレス全集 15』岩波書店，2014 年。

アリストテレス『政治学』山本光雄訳，岩波文庫，1961 年。

アリストテレス『弁論術』戸塚七郎訳，岩波文庫，1992 年。

アリストテレス『ニコマコス倫理学（上）』高田三郎訳，岩波文庫，2009 年。

石原謙『石原謙著作集 9』岩波書店，1979 年。

出隆『アリストテレス哲学入門』岩波書店，1972 年。

今井晋『人間の知的遺産 26　ルター』講談社，1982 年。

岩倉依子「ルターの教育論と 16 世紀ドイツの教育改革」，『思想』第 1122 号，2017 年，7-23 頁。

岩田靖夫『アリストテレスの倫理思想』岩波書店，1985 年。

ウィルキンソン『格差社会の衝撃——不健康な格差社会を健康にする法——』池本幸生他訳，書籍工房早山，2009 年。

ウェルギリウス『アエネーイス（上）』泉井久之助訳，岩波文庫，1976 年。

ウェルギリウス『アエネーイス（下）』泉井久之助訳，岩波文庫，1976 年。

ウェルギリウス『牧歌　農耕詩』小川正廣訳，京都大学学術出版会，2004 年。

ヴェーバー『プロテスタンティズムの倫理と資本主義の精神』大塚久雄訳，岩波文庫，1989 年。

ヴェルジェ『ヨーロッパ中世末期の学識者』野口洋二訳，創文社，2004 年。

梅津順一『ヴェーバーとピューリタニズム——神と富との間——』新教出版社，2010 年。

梅根悟監修『世界教育史大系 11　ドイツ教育史 I』講談社，1976 年。

梅根悟監修『世界教育史大系 26　大学史 I』講談社，1974 年。

エウセビオス『エウセビオス「教会史」（上）』秦剛平訳，講談社学術文庫，2010 年。

エウセビオス『エウセビオス「教会史」（下）』秦剛平訳，講談社学術文庫，2010 年。

エラスムス『エラスムス神学著作集』金子晴勇訳，教文館，2016 年。

オウィディウス『変身物語（上）』中村善也訳，岩波文庫，1981 年。

オウィディウス『変身物語（下）』中村善也訳，岩波文庫，1981 年。

オウィディウス『祭暦』高橋宏幸訳，国文社，1994 年。

オウィディウス『恋愛指南——アルス・アマトリア——』沓掛良彦訳，岩波文庫，2008 年。

486　文献一覧

踊共二編『記憶と忘却のドイツ宗教改革──語りなおす歴史 1517-2017 ──』ミネルヴァ書房，2017年。

オーバーマン『二つの宗教改革──ルターとカルヴァン──』日本ルター学会・日本カルヴァン研究会編訳，教文館，2017年。

金子晴勇『ルターの人間学』創文社，1975年。

金子晴勇『宗教改革の精神──ルターとエラスムスの思想対決──』講談社学術文庫，2001年。

金子晴勇『教育改革者ルター』教文館，2006年。

金子晴勇・江口再起編『ルターを学ぶ人のために』世界思想社，2008年。

河野雄一『エラスムスの思想世界──可謬性・規律・改善可能性──』知泉書館，2017年。

キケロー『キケロー選集 2』岩波書店，2000年。

キケロー『キケロー選集 7』岩波書店，1999年。

キケロー『キケロー選集 8』岩波書店，1999年。

キケロー『キケロー選集 9』岩波書店，1999年。

キケロー『キケロー選集 11』岩波書店，2000年。

ギデンズ『社会学　第 5 版』松尾精文他訳，而立書房，2009年。

『ギリシア悲劇　Ⅱ　ソポクレス』ちくま文庫，1986年。

『ギリシア悲劇　Ⅲ　エウリピデス（上）』ちくま文庫，1986年。

『ギリシア悲劇　Ⅳ　エウリピデス（下）』ちくま文庫，1986年。

クインティリアヌス『弁論家の教育 2』小林博英訳，明治図書，1981年。

クセノフォン『オイコノミコス──家政について──』越前谷悦子訳，リーベル出版，2010年。

楠川幸子「近世スコラと宗教改革──ルター主義者とアリストテレス哲学──」宮崎文典訳，神崎繁他編『西洋哲学史Ⅲ──「ポスト・モダン」のまえに──』講談社選書メチエ，2012年，99-146頁。

クセノポン『ギリシア史 1』根本英世訳，京都大学学術出版会，1998年。

クセノポン『キュロスの教育』松本仁助訳，京都大学学術出版会，2004年。

クライン他編『キリスト教神学の主要著作──オリゲネスからモルトマンまで──』佐々木勝彦他訳，教文館，2013年。

倉塚平他編訳『宗教改革急進派──ラディカル・リフォーメーションの思想と行動──』ヨルダン社，1972年。

倉松功『ルター，ミュンツァー，カールシュタット──その生涯と神学思想の比較──』聖文舎，1973年。

倉松功『ルターとバルト』ヨルダン社，1988年。

クライン／ポルケ／ヴェンテ編『キリスト教神学の主要著作──オリゲネスからモルトマンまで──』佐々木勝彦他訳，教文館，2013年。

グラント『中世における科学の基礎づけ──その宗教的，制度的，知的背景──』小林剛訳，知泉書館，2007年。

クリステラー『イタリア・ルネサンスの哲学者』佐藤三夫監訳，みすず書房，1993年。

ゲッツ『中世の聖と俗──信仰と日常の交錯する空間──』津山拓也訳，八坂書房，2004年。

文献一覧　487

ゲリッシュ『恩寵と理性――ルター神学の研究――』倉松功・茂泉昭男訳，聖文舎，1974
　年。

『古代ローマ喜劇全集 3　プラウトゥスⅢ』東京大学出版会，1977 年。

『古代ローマ喜劇全集 5　テレンティウス』東京大学出版会，1979 年。

小沼進一『アリストテレスの正義論――西欧民主制に活きる法理――』勁草書房，2000
　年。

コーン『千年王国の追求』江河徹訳，紀伊國屋書店，2008 年。

小林政吉『宗教改革の教育史的意義』創文社，1960 年。

坂本邦暢「聖と俗のあいだのアリストテレス――スコラ学，文芸復興，宗教改革――」，
　『Νύξ（ニュクス）』4 号，2017 年，82-97 頁。

『宗教改革著作集 4』教文館，2003 年。

『宗教改革著作集 15』教文館，1998 年。

シュトゥッペリッヒ『メランヒトン――宗教改革とフマニスムス――』倉塚平訳，聖文
　舎，1971 年。

シュトゥッペリッヒ『ドイツ宗教改革史研究』森田安一訳，ヨルダン社，1984 年。

シュプランガー『ドイツ教育史――就学義務制への歩み――』長尾十三二訳，明治図書，
　1977 年。

信条集専門委員会訳『一致信条書』聖文舎，1982 年。

新村出編『広辞苑［第 7 版］』岩波書店，2018 年。

スクリブナー／ディクスン『ドイツ宗教改革』森田安一訳，岩波書店，2009 年。

『聖ベネディクトの戒律』古田暁訳，すえもりブックス，2000 年。

『世界文学大系 67　ローマ文学集』筑摩書房，1966 年。

『世界文学大系 67　ローマ文学集』筑摩書房，1966 年。

『世界の名著 5　ヘロドトス　トゥキュディデス』中央公論社，1980 年。

『世界の名著 15　プロティノス・ポルピュリオス・プロクロス』中央公論社，1980 年。

セネカ『悲劇集 2』岩崎務他訳，京都大学学術出版会，1997 年。

高井保雄「ルターの小教理問答書」，日本ルター学会編『ルターと宗教改革――日本ルタ
　ー学会研究年報――』第 7 号，2017 年，150-163 頁。

橘木俊詔『格差社会――何が問題なのか――』岩波新書，2006 年。

橘木俊詔『日本の教育格差』岩波新書，2010 年。

田中秀央・落合太郎編『ギリシア・ラテン引用語辞典〔新増補版〕』岩波書店，1963 年。

ディオゲネス・ラエルティオス『ギリシア哲学者列伝（中）』加来彰俊訳，岩波文庫，
　1989 年。

ディルタイ『ディルタイ全集 7』法政大学出版局，2009 年。

ディルセー『大学史（上）――その起源から現代まで――』池端次郎訳，東洋館出版社，
　1988 年。

テオクリトス『牧歌』古澤ゆう子訳，京都大学学術出版会，2004 年。

テオグニス他『エレゲイア詩集』西村賀子訳，京都大学学術出版会，2015 年。

デモステネス『弁論集 1』加来彰俊他訳，京都大学学術出版会，2006 年。

デモステネス『弁論集 2』木曽明子訳，京都大学学術出版会，2010 年。

トッド『新ヨーロッパ大全 I』石崎晴己訳，藤原書店，1992 年。

中村賢二郎他編訳『原典宗教改革史』ヨルダン社，1976 年。

488 文献一覧

永田諒一『ドイツ近世の社会と教会──宗教改革と信仰派対立の時代──』ミネルヴァ書房，2000 年。

永田諒一『宗教改革の真実──カトリックとプロテスタントの社会史──』講談社現代新書，2004 年。

日本ルター学会編訳『宗教改革者の群像』知泉書館，2011 年。

根占献一『フィレンツェ共和国のヒューマニスト──イタリア・ルネサンス研究──』創文社，2005 年。

ネポス『英雄伝』山下太郎・上村健二訳，国文社，1995 年。

野津寛編『ラテン語名句小辞典』研究社，2010 年。

ハスキンズ『大学の起源』青木靖三・三浦常司訳，八坂書房，2009 年。

ハスキンズ『十二世紀世紀のルネサンス──ヨーロッパの目覚め──』別宮貞徳・朝倉文市訳，講談社学術文庫，2017 年。

早川朝子「宗教改革と医学の「近代化」──解剖学を中心に──」，『思想』第 1122 号，2017 年，103-120 頁。

菱刈晃夫『ルターとメランヒトンの教育思想研究序説』渓水社，2001 年。

菱刈晃夫『近代教育思想の源流──スピリチュアリティと教育──』成文堂，2005 年。

菱刈晃夫『習慣の教育学──思想・歴史・実践──』知泉書館，2013 年。

ヒポクラテス『古い医術について　他八篇』小川政恭訳，岩波文庫，1963 年。

ピンダロス『ピンダロス祝勝歌集／断片選』内田次信訳，京都大学学術出版会，2001 年。

フィッシャー『貧者の社会経済史──中世以降のヨーロッパに現われた「社会問題」の諸相とその解決の試み──』高橋秀行訳，晃洋書房，1993 年。

藤枝静正『ドイツ語学校の研究──宗教改革期を中心とする民衆教育機関の形成──』風間書房，1976 年。

ブラシュケ『ルター時代のザクセン──宗教改革の社会・経済・文化史──』寺尾誠訳，ヨルダン社，1981 年。

プラール『大学制度の社会史』山本尤訳，法政大学出版局，1988 年。

プラトン『プラトン全集 1』岩波書店，1975 年。

プラトン『プラトン全集 3』岩波書店，1976 年。

プラトン『プラトン全集 5』岩波書店，1974 年。

プラトン『プラトン全集 11』岩波書店，1976 年。

プラトン『プラトン全集 13』岩波書店，1976 年。

プラトン『プラトン全集 14』岩波書店，1975 年。

プラトン『国家（上）』藤沢令夫訳，岩波文庫，2009 年。

プルタルコス『モラリア 1』瀬口昌久訳，京都大学学術出版会，2008 年。

プルタルコス『モラリア 7』田中龍山訳，京都大学学術出版会，2008 年。

プルタルコス『モラリア 13』戸塚七郎訳，京都大学学術出版会，1997 年。

プルタルコス『モラリア 14』戸塚七郎訳，京都大学学術出版会，1997 年。

プルタルコス『プルターク英雄伝（九)』河野与一訳，岩波文庫，1956 年。

プルタルコス『英雄伝（中)』村川堅太郎訳，ちくま学芸文庫，1996 年。

プルタルコス『エジプト神イシスとオシリスの伝説について』柳沼重剛訳，岩波文庫，1996 年。

ヘーシオドス『仕事と日』松平千秋訳，岩波文庫，1986 年。

文献一覧　　489

別府昭郎『ドイツにおける大学教授の誕生——職階制の成立を中心に——』創文社，1998年。

ペルシウス／ユウェナーリス『ローマ風刺詩集』国原吉之助訳，岩波文庫，2012年。

ヘロドトス『歴史（上）』松平千秋訳，岩波文庫，2007年。

ヘロドトス『歴史（中）』松原千秋訳，岩波文庫，2007年。

ホメロス『イリアス（上)』松平千秋訳，岩波文庫，1992年。

ホメロス『イリアス（下)』松平千秋訳，岩波文庫，1992年。

ホメロス『オデュッセイア（上)』松平千秋訳，岩波文庫，1994年。

ホメロス『オデュッセイア（下)』松平千秋訳，岩波文庫，1994年。

ボードイン『貧困の救い方——貧しさと救済をめぐる世界史——』伊藤茂訳，青土社，2009年。

ホラティウス『ホラティウス全集』鈴木一郎訳，玉川大学出版部，2001年。

ポリュビオス『歴史3』城江良和訳，京都大学学術出版会，2011年。

マクグラス『宗教改革の思想』高柳俊一訳，教文館，2000年。

マレンボン『後期中世の哲学1150-1350』加藤雅人訳，勁草書房，1989年。

森田安一『ルターの首引き猫——木版画で読む宗教改革』山川出版社，1993年。

ユング『メランヒトンとその時代——ドイツの教師の生涯——』菱刈晃夫訳，知泉書館，2012年。

ユング『宗教改革を生きた人々——神学者から芸術家まで——』菱刈晃夫・木村あすか訳，知泉書館，2017年。

ラシュドール『大学の起源（上・中・下）——ヨーロッパ中世大学史——』横尾壮英訳，東洋館出版社，1966-1968年。

リアナ・トルファシュ「人間観とその表現——西洋における「小宇宙」の概念をめぐって——」，筑波大学哲学・思想学系『哲学・思想論集』35号，2010年，87-110頁。

リウィウス『ローマ建国以来の歴史3』毛利晶訳，京都大学学術出版会，2008年。

リウィウス『ローマ建国史以来の歴史4』毛利晶訳，京都大学学術出版会，2014年。

リンドバーグ『愛の思想史』佐々木勝彦・濱崎雅孝訳，教文館，2011年。

ルクレーティウス『物の本質について』樋口勝彦訳，岩波文庫，1961年。

ル・ゴフ『子どもたちに語るヨーロッパ史』前田耕作監訳，ちくま学芸文庫，2009年。

ルター著作集委員会編『ルター著作集1-5』聖文舎，1967年。

ルター著作集委員会編『ルター著作集1-6』聖文舎，1963年。

ルター著作集委員会編『ルター著作集1-8』聖文舎，1983年。

ルター研究所編『ルター著作選集』教文館，2005年。

ルター『ルター神学討論集』金子晴勇訳，教文館，2010年。

ルター研究所訳『エンキリディオン　小教理問答書』リトン，2014年。

ルントグレーン『ドイツ学校社会史概観』望田幸男監訳，晃洋書房，1995年。

索　引
（脚注を除く本文中の主なものに限る）

あ

アイアース ……………………… 276, 326

アイステシス …………………………… 362

アヴェロエス …………………………… 359

アウグスティヌス … 110, 160, 215, 344, 383, 391, 414

アウグストゥス …… 289, 291, 294-296, 310, 323, 386, 436

アカデメイア学派 ……………………… 248

アガメムノン ……………… 310, 366, 460

悪徳 ………………… 177, 239, 270, 437

悪魔 ……… 38, 47, 49, 50, 118, 191, 271, 327, 347, 374, 411, 443, 444, 473

アグリコラ，ヨハンネス ………… 113, 114

アグリコラ，ルドルフ ………………… 8

悪霊 ………………… 38, 44, 47, 50, 59, 446

アスクレーピオス ……………………… 470

アステュアゲス ………………………… 213

アタナシオス …………………………… 393

新しい方法 ……………………… 7, 84-87

アッティクス ……………… 158, 180, 386

アドラストゥス ………………………… 212

アナクサゴラス ………………………… 257

アパテイア ………………… 160, 193, 194, 248

アペッレース …………………………… 276

アポプロエーグメノン ………………… 160

アリスティデス ……………… 333, 387, 410

アルキメデス ……………… 189, 276, 359

アリストテレス …… 9, 15, 16, 19, 22, 28, 36, 41, 44, 58, 78, 81, 82, 85-90, 161, 162, 171, 175, 178-182, 192, 195, 197-203, 209-212, 224, 247, 248, 255, 262, 266-269, 271, 273, 277-280, 282-284, 286-296, 298, 299, 302, 305, 307, 313, 317, 333, 339, 346, 357, 358, 359, 402, 448, 465

アリストファネス …………………… 12

アルトハーマー ……………………… 110

アルベルトゥス・マグヌス ………… 33

アレクサンドロス ……… 189, 239, 256, 289, 299, 357, 358, 414, 449, 451, 457, 458

『按手を受ける者の試験』 ……………… 404

アンティゴネ …………………………… 215

アントニウス ……… 215, 310, 364, 430, 468

アンブロシウス ……………………… 15

イアソン …………………… 214, 367

医学 …… 21, 38, 39, 42, 43, 72, 231, 300, 453, 464, 467, 468, 471

医学的人間学 …………………………… 42

怒り ……………………………… 52

意志的なもの …………………………… 339

祈り …… 48, 50, 69, 76, 79, 119, 181, 293

祈りの習慣づけ ……………………… 48

『祈りのための小冊子』 ……………… 115

『イリアス』 …………………………… 12

イレニクス ……………………… 6, 8

ヴァッラ ……………… 160, 177, 374

ヴァレンティニアヌス ……………… 281

ウァロー ……………………… 256

『ヴィッテンベルク教会規定』 …… 131, 135

『ヴィッテンベルク共同財庫規定』 …… 131, 135

ヴィッテンベルク騒乱 ……………… 91

ウィルキンソン ……………………… 121

ヴィンスハイム ……………………… 78

ヴィンプフェリング ………………… 6, 7

ヴェーバー ……………………… 124, 125

ヴェサリウス ……………… 21, 300, 313, 314

ウェルギリウス ……… 12, 77, 78, 86, 94, 100, 105, 220, 254, 326, 328, 370

ヴェルス ……………… 36, 39, 46, 53, 301

ヴェンガート …………………… 112-114

索　引　491

ヴェンテ …………………………… 115
ヴォーラーシャイム ……………… 27
ウンガー …………………………… 6
永遠法 ……………………………… 66
エウセビオス ……………………… 445
エウリピデス …… 99, 192, 199, 214, 271, 280,
　326, 375, 466
エーブナー ………………………… 455
エコランパド ……………………… 8
エック ……………………………… 148
エネルゲイア ……………………… 308
エパメイノンダス ………………… 249
エピクロス …… 177, 228, 229, 248, 286, 311
エピクロス派 … 160, 177, 244, 258, 360, 368
エピメネデス ……………………… 396
エラスムス …… 4, 5, 7, 8, 30-32, 77, 95, 105,
　106
演説 …… 5, 21, 75, 77, 78, 94, 95, 99, 157, 162,
　163, 165, 232, 243, 254, 453, 464, 475
エンデレキア ……………………… 58
エンテレケイア …………………… 58
『黄金の壺』 ………………… 77, 226
オウィディウス ………… 78, 100, 189
オジアンダー ……………… 139, 440
『教えの手ほどき』 ……………… 110
オッカム …………………………… 84
オデュッセウス ………… 243, 451
オリゲネス ………………………… 15
オレステース ……………………… 207
音楽 ……………… 45, 105, 181, 186, 189
恩恵のみ …………………………… 35

か

カールシュタット ………… 91, 96, 135, 137
ガイウス・マリウス ……………… 213
外的言葉 …………………………… 50
外的な規律 ……………… 152, 155, 181
外部感覚 ………………… 315-317
解剖学 ……………… 21, 39, 455, 456
快楽 ……… 176, 177, 183, 184, 193, 228, 277,

　278, 282
快楽的生 …………………………… 274
カウフマン ………………… 111, 478
カエサル ……… 189, 213, 216, 278, 344, 386
学芸の種子 ………………………… 63
学識 14, 35, 40, 67-70, 76, 80, 121, 187, 232,
　289
学問的生 ………………… 274, 275
カシミール辺境伯 ………………… 304
カスマン …………………… 28, 30
活動の生 …………………………… 270
カティリナ ………… 212, 234, 468
カテキズム …… 22, 23, 76, 97, 105, 109-114,
　116, 121, 475
カトー ……… 77, 105, 180, 278, 280, 369, 370,
　371, 421
カトリシズム ……………………… 125
金子晴勇 ………… 32, 115, 119, 478
可変的道徳 ………………………… 205
カミッルス ………………… 292, 333
神による教育 ……………………… 121
神の教育 …………………………… 120
神の像 ……… 30, 57, 63, 64, 69, 390, 391, 440
神の法 ………… 19, 34, 36, 39, 46, 55, 65-67,
　97, 98, 158, 159, 161, 172, 173, 175, 195,
　209, 216, 259, 263, 334, 336, 345, 346, 349,
　350, 367, 373, 375, 376, 407-409, 418, 429,
　439, 440, 442, 449, 467
神への奉仕 ………………………… 143
カメラリウス ………… 103-108, 232, 404
カルヴァン ………………… 125, 126
カルヴィニズム …………… 125, 126
ガレノス ……… 236, 256, 313, 314, 316, 317
閑暇 ……………………………… 274
観想的生 …………………………… 274
寛大 ……………………………… 428
願望的なもの ……………………… 339
寛容 ………………… 206-209, 335
幾何学 …………………… 64, 387
幾何学的比例 ……………… 201, 202

492　索　引

キケロー …… 9, 12, 58, 77, 78, 90, 92, 94, 99, 100, 106, 182, 188, 189, 234, 269, 289, 296, 331, 333, 346, 359, 369, 386, 389, 394, 399, 438

気質 ……… 42, 44-46, 180, 233, 234, 237, 255

ギデンズ ……………………………… 122

起動因 ………………………… 226, 267

「95箇条の提題」 ……………… i, 3, 86, 129

キュロス ………………… 201, 213, 294

教育 ………… ii, 10, 24-26, 38, 45, 47, 56, 57, 62, 63, 65, 67-71, 75, 80, 91, 106, 107, 111, 120, 143, 151, 155, 157, 162, 169, 185-187, 191, 193, 233, 252, 264, 277, 297, 358, 378, 402, 455, 477

教育学 …………………………… 68

『教会のバビロン捕囚について　マルティン・ルターの序曲』 ………………… 13

矯正的正義 ……………………… 199

共通感覚 ………………… 181, 316

共通の原理 ……………………… 273

『共同金庫の規定』 ………… 132, 134, 135

ギリシア語文法 ………… 8, 12, 74, 78

『キリスト教界の改善に関してドイツのキリスト教貴族に宛てて』 ………………… 89

『キリストの聖なる真のからだの尊いサクラメントについて，及び兄弟団についての説教』 ………………… 130

キリストのみ …… 35, 48, 138, 140, 142, 143

クインティリアヌス ……………… 106, 188

楠川幸子 ……………… 28, 32, 34, 36

クセノフォン …… 94, 104, 164, 346, 399, 401

駆動力 ………………………… 340

グノーシス ……………………… 362

クラーテス ……………………… 337

グラウコス ……………………… 216

クラッスス ……………………… 438

クリテリア ……………………… 360

クリュソストムス ……………… 380

グリュナエウス ……………………… 6

クルーツィガー …………………… 163

クロディウス ……………………… 394

クンクラー ……………………… 106, 107

敬虔 ……… 14, 35, 40, 67-71, 79, 80, 104, 105, 108, 121, 180, 265

傾向 ……… 42, 45, 46, 224, 228, 235, 239, 264, 318, 333, 387

形式陶冶 ……………………… 71

『形而上学』 ……………………… 41

形相因 ………………………… 226, 267

契約的正義 ……………………… 199

ゲッリウス ………………… 207, 234

建築者的精神 ……………………… 302

原理的知識 ……………………… 361

行為義認論 ……………… 81, 90, 139

交換的正義 ……………… 199, 200

光線 ………………………… 60, 337

ゴクレニウス ……………………… 28

心の動き〔運動〕 …… 161, 321, 325, 326, 328, 335, 336, 393, 409, 418, 450, 456, 457

『国家』 ………… 168, 276, 277, 288

個人の規律 ……………… 173, 174

小林政吉 ……………………… 115

『コピア・ウェルボルム〔ラテン語教本〕』 ………………………… 95

コペルニクス ……………… 21, 38

ゴルギアス ……………………… 269

コンスタンティヌス ……………… 281

さ

最高法 ………………… 206, 208, 345

再洗礼派 ……… 37, 83, 91, 95, 96, 98, 101, 166

サフェーヌス ……………………… 242

作用因 ………………………… 179

サルスティウス ……………… 86, 254

算術 ………… 64, 78, 100, 199, 200, 387

算術的比例 ……………… 199, 202

詩 …………… 72, 74, 77, 79, 106

実質陶冶 ……………… 18, 72

私塾 ……… 23, 24, 63, 75, 76, 99

自然学 … iii, 10, 19, 21, 22, 33, 36, 38, 40, 42,

索　引　493

43, 50, 55, 59, 60, 70, 72, 78, 87, 89, 90, 94, 99, 100, 158, 231, 232, 236, 245, 246, 248, 252, 253, 255-260, 266, 267, 301, 346, 463

自然学的人間学 ……………………… 54

『自然学入門』 …………… 17, 19, 22, 39, 43

自然哲学 ····· iii, 19, 27, 33, 36-39, 55, 59, 64, 70, 89, 157, 158, 167, 169, 232, 252, 301

自然法 ····· 39, 43, 46, 65-67, 96-98, 101, 150, 161, 173, 176, 182, 183, 187, 194, 198, 199, 203, 205, 209, 216, 217, 219, 263-265, 436, 439

実存のゼロ地点 …………………… 118-121

実定法 …………………… 203, 204, 209, 264

『失楽園』 …………………………………… 125

質量因 ……………………………………… 267

資本主義の精神 ………………… 133, 143

ジムラー ……………………………………… 6, 7

シモニデス …………………………… 198, 418

シャーデンフロイデ …………………… 327

シャイブレ …………………………… i, ii, 10

社会福祉の精神 ………… 133, 134, 142, 143

自由意志 ····· 4, 30, 46, 96, 209, 211, 212, 310, 408, 438, 439, 467

自由学芸 …… 8, 10, 19, 36, 64, 68, 70, 71, 83, 167, 242, 243

習慣 ……… 44, 45, 49, 78, 179, 184, 185, 188, 191, 192, 224, 227, 234, 245, 249, 254, 255, 264, 287, 326, 379, 387, 446-450, 469

修辞学 …… 8, 11, 12, 18, 19, 22, 36, 44, 72-75, 87, 88, 90, 92-95, 98-100, 106, 157, 158, 169, 475

シュパンゲル ………………………………… 7

『巡察指導書』 …………………………… 111

情念 ····· 42, 185, 190, 191, 193-197, 211, 264, 270, 447

情欲 ……………………………………… 382, 383

シュタウピッツ ………………… 84, 85, 148

ジュッテ ……………………………………… 133

受動知性 …………………………… 356, 359

シュトゥフラー …………………………… 7, 8

シュテンペル ……………………………… 67, 68

シュミット ………………………………………… 67

ジョスカン・デ・プレ …………………… 189

処罰者 ……………………… 321, 322, 324

シリング ……………………………………… 110

試練 ……………………………… 47, 50, 120

神学的人間学 ………… 32, 47, 50, 55, 56, 118

信仰義認論 ………………… 35, 37, 38, 81, 89

信仰のみ ………… 35, 48, 70, 81, 119, 143

身体学 ………………………………………… 28

『人体構造論』 ……………………… 21, 300

人定法 …………………………………… 204, 264

神的な光 ……………………………………… 53

シンテレーシス …………………………… 356

人文主義 ………… 4, 5, 8, 9, 17, 30, 84

心理学 ………………………… 28, 33, 313

心霊主義 …………………………… 37, 38, 101

心霊主義者 ……………………………………… 91

数学 …… 9, 11, 87, 94, 99, 100, 106, 168, 253

スエトニウス ……………………………………… 86

スカトラ …………………………………… 64, 65

スカンデルベク …………………………… 326

スキピオ ……… 159, 189, 281, 291, 297, 331, 359, 365, 366, 370, 376, 387, 410, 413, 440

スコトゥス …………………………………… 84, 87

スコラ学 ………………………… 14, 15, 86

『スコラ神学に対する討論』 …………… 82

スッラ ……………………………………… 458

ストア派 ··· 160, 178, 180, 193-195, 217, 259, 332-334, 337, 371, 373-375, 402, 428

スペウシッポス ……………………………… 280

正義 ……………………………………… 197-200

精気論 …………………………………… 37, 50

『政治学』 ………………………………… 269

政治的生 ……………………………………… 274

聖書人文主義者 ……………………………… 9

聖書のみ ………………… 35, 48, 71, 82

『青年の学習改善について』 …… 9, 22, 83, 88

生の保持 ……………………………………… 324

生命精気 …… 52, 59, 301, 303, 305, 308, 311,

494　索　引

420, 466
生理学 …………………………………… 38, 39
セウェルス ……………………………… 215
世界の製作者 …………………………… 361
セネカ …………………………………… 295
ゼノン …………………………………… 375
占星学 …………… 7, 38, 45, 231-235, 237
ゾーピュルス …………………………… 216
ソクラテス ………………………… 291, 310
素質 ………………………………………… 45
ソフォクレス …………………………… 99, 104
ソポクレス ………………………… 215, 225
ソロモン ………… 12, 218, 222, 359, 414, 430
ソロン …………………………………… 291

た

体育 ……………………………………… 186
体液 ……………………………………… 42
体液病理学 ……………………………… 45
『大教理問答書』 ……………………… 47
『魂についての書』 ………… 21, 22, 33, 57-59,
　61, 300, 313
『魂についての注解』 ………… 22, 32, 33, 300,
　313
魂の不死 ………………………………… 394
ダリウス ………………………………… 299
知性的精気 ………………………………… 59, 60
地動説 ……………………………………… 38
ツヴィッカウの予言者 ………………… 92
ツヴィリンク ……………………………… 91
ツヴィングリ …………………………… 139
『デ・アニマ』 ………………………… 313
ディオニュシオス ……………………… 226
ティベリウス ……………………… 289, 291
ディルタイ ………………………… 17, 171
テオグニス ……………………………… 364
テオクリトス ……………………… 104, 321
哲学的人間学 …………………………… 32
テミストクレス …………………… 159, 189, 433
デモクリトス ……………………… 311, 461, 469

デモステネス ………… 99, 104, 423, 433, 454
テレンティウス ……… 7, 77, 94, 99, 100, 105,
　180, 225
天動説 ……………………………… 21, 363
天文学 ………… 7, 11, 38, 78, 87, 159, 231, 232
『天球論』 ………………………………… 95
『ドイツ史』 ……………………………… 8
ドイツの教師 …………… ii, 4, 23, 62, 67, 81
『ドイツミサと礼拝の順序』 ………… 110
『灯火の著作』 …………………………… 65
トゥキディデス ……………… 79, 94, 99, 315
道徳的悪 ………………………………… 442
道徳哲学 … 19, 36, 38, 55, 64, 70, 89, 97, 98,
　99, 157-159, 167, 169, 172, 174, 175, 244,
　246, 266
道徳の原理 ……………………………… 351
道徳法 …………… 55, 60, 96, 97, 101, 407
動物精気 …………………………… 53, 59
『動物発生論』 ………………………… 358
特殊的正義 ……………………………… 198
徳の行い〔徳ある振る舞い〕 ……… 175, 176,
　178, 187, 274
トマス ……………………………… 84, 87
トラシュブロス ……………… 208, 329, 428
トレバティウス ………………………… 296

な

内的言葉 …………………………………… 50
内部感覚 …………………………… 314-317, 353
ナウクレルス ……………………………… 8
ナジアンゾスのグレゴリウス ………… 429
ナットン ………………………………… 453
二国論 …………………………………… 151
『ニコマコス倫理学』 ……… 84, 171, 172, 262,
　323, 354, 386
二統治論 ………………………………… 151
ニュッサのグレゴリウス ……………… 258
『人間学的心理学もしくは人間の魂につい
　ての学説』 …………………………… 28
人間性〔人間らしさ・教養〕…… 5, 105, 163,

183
人間的なるもの …… 4
『人間の尊厳に関する人間学』…… 28
人間の法 …… 65, 66
人間の目的 …… 54, 55, 174-177
『人間の理性的な魂に関する心理学』…… 28
熱狂主義者 …… 37, 91, 96, 101
ネストール …… 289
ネロ …… 287, 291, 294, 295, 401
能動知性 …… 356, 357, 359
農民戦争 …… 91, 95, 111

は

ハートフェルダー …… 33, 34, 67
パイデイア …… 100, 151, 155
配分的正義 …… 200
パウロ …… 78, 99, 152, 153, 158, 198, 210, 219, 285, 299, 336, 344, 351, 375, 379, 383, 391, 395, 398, 400, 401, 411, 412, 415, 417, 428, 430, 433, 440, 444, 445, 448
ハドリアヌス …… 207
パピリウス …… 207
パラメーデース …… 291
ハルパゴス …… 213
反心霊主義 …… 37
ハンニバル …… 216, 357
ハンブルク教会規則 …… 143
反律法主義 …… 113
火 …… 372
ビアス …… 230
ヒエロニムス …… 15
光 …… 51, 60, 61, 342, 351, 352, 363, 371, 407
火花 …… 61-64, 342, 455
ヒポクラテス …… 45, 237, 300, 313
ピュタゴラス …… 274, 280, 281
ピュタゴラス派 …… 280
ヒュポスタシス …… 406
ピュロン …… 360, 423
ヒルテブラント …… 6, 7
貧困の脱霊化 …… 136

ピンダロス …… 12, 377
ファビウス …… 159, 207, 357, 359, 370
ファボリヌス …… 234
フィロン …… 278
ブーゲンハーゲン …… 103, 132, 134, 136-143, 151
フォキュリデス …… 273
ブツァー …… 139
プトレマイオス …… 99, 235, 239
普遍的経験 …… 361
普遍的善 …… 276
フマニタス研究 …… 86
フマニタス〔人間にふさわしい在り方・生き方〕……18, 92, 100, 101, 191
フライジングのオットー …… 127
プラウトゥス …… 77, 100, 105, 226
ブラウンシュヴァイク教会規則 …… 142
プラトン …… 30, 168, 196-198, 226, 228, 238, 245, 248, 257, 269, 274, 276, 277-279, 282-284, 288, 304, 320, 338, 339, 386, 398, 399, 405, 418, 439
プラトン学派 …… 160
フランク …… i, 35, 59, 63, 72, 475
フリードリヒ賢公 …… 8, 84
プリニウス …… 90, 168, 292
古い方法 …… 7, 84, 87
フルウィウス …… 212
ブルートゥス …… 180
プルタルコス …… 12, 192, 375, 399
ブレンツ …… 110, 139, 151
プロエーグメノン …… 160
プロクロス …… 95
プロディコス …… 269
『プロテスタンティズムの倫理と資本主義の精神』…… 123
プロペルティウス …… 386
プロレプシス …… 362
フント …… 28, 33, 34
文法 …… 10, 18, 19, 22, 71, 72, 74, 76, 77, 99, 105, 106, 167, 244

496　索　引

ヘーシオドス ………………… 223, 273
ペーターゼン ………………………… 172
ヘクトール …………………………… 290
ヘシオドス ……………………… 12, 378
ヘディオ ………………………………… 6
ベネディクトゥス …………………… 127
ヘラクレス ……………… 291, 328, 347
ペリクレス … 221, 230, 257, 298, 433
ペリパトス派 ………………………… 259
ヘロドトス ……………… 104, 378, 430
弁証法 … 8, 11, 12, 18, 19, 22, 36, 44, 72-75,
　78, 88, 95, 98, 99, 106, 157, 158, 167, 169,
　204, 244, 245, 272, 362, 372
『弁論術』 ……………………………… 162
ボエティウス …………………………… 58
炎 ……………………………… 41, 42, 64
ホメロス … 9, 12, 94, 99, 100, 104, 179, 189,
　226, 245, 256, 317, 378, 471
ホラティウス …………… 188, 226, 244
ポリビュオス ………………………… 434
ポルピュリオス ………………………… 85
ホロスコープ …………………………… 45
ポンペイウス …………… 289, 344, 419, 458

ま

マクシミリアン一世 …………………… 84
マニ教徒 ……………………………… 258
マリウス ………………… 281, 289, 458
マルクス・アウレリウス ……………… 86
マルタ ………………………………… 275
マルルス ………………………………… 28
マンリウス・トルクゥアトゥス ……… 207
ミュンツァー …… 91, 95, 148, 166, 301, 459
ミリキウス ……………… 231, 232, 241, 300
ミリッヒ ……………………………… 464
ミルティアデース ……………… 291, 293
ミルトン ……………………………… 125
『命題集』 …………………………… 14, 16
メデイア ………………………… 346, 367
メランヒトン・アカデミー ……………… i

メランヒトン研究所 …………………… i
メルラーシュタット …………………… 85
盲目の見張り ………………………… 245
目的因 …………………………… 227, 267
『物の本質について』 ………………… 320

や

ユークリッド …………………………… 99
雄弁への賛辞 …………………………… 92
ユリアヌス ……………… 158, 182, 383
ユング …………………… 3, 12, 69, 79
欲望的なもの ………………………… 339
欲求能力 ……………………………… 318
ヨハン堅忍侯 …………………………… 95

ら

リウィウス ………………… 78, 79, 100
理性的魂 ………………………… 59, 60
良心 …… 34, 49, 155, 296, 355, 356, 400, 413,
　415-417
リンドバーグ …………… 127, 128, 130, 140
倫理学 … 10, 19, 20, 22, 43, 55, 70, 72, 78,
　87, 89, 99, 100, 172, 267, 269
『倫理学の基本概念』 ……………… 20, 22
ルクレーティウス ……………… 281, 320
ルキアノス ……………………… 12, 104
ルキュルゴス ………………………… 192
ル・ゴフ ……………………………… 127
ルター神学 ……… ii, 27, 34-36, 39, 55, 62,
　68, 133, 172, 252, 262, 300
ルター—メランヒトン聖書 …………… 12
礼儀作法 ……………………………… 155
レーグルス …………………………… 268
『霊魂論』 …………………………… 402
歴史 ……… 9, 11, 72, 74, 79, 83, 99
レグルス ……………………………… 176
老バビュラス ………………………… 371
『ロキ』… 8, 11, 14-16, 20, 22, 27, 65, 70, 78,
　148, 171, 404, 475
ロイヒリン …………………………… 5-9

ロンバルドゥス ……………………… 14, 16, 99
論理学 …… 10, 11, 36, 72, 73, 87, 90, 100, 272

わ

和辻哲郎 …………………………………… 477

著者紹介

菱 刈 晃 夫（ひしかり てるお）

1967年福井県（福井市）生まれ。京都大学教育学部卒業。
京都大学大学院教育学研究科博士課程修了。
京都大学博士（教育学）。国士舘大学文学部教授。
専攻：教育学，教育思想史，道徳教育。
〔主要著書・訳書〕『ルターとメランヒトンの教育思想研究序説』（溪水社，2001年），『近代教育思想の源流―スピリチュアリティと教育―』（成文堂，2005年），『からだで感じるモラリティ―情念の教育思想史―』（成文堂，2011年），『教育にできないこと，できること［第4版］―基礎・実践・探究―』（成文堂，2018年），N.ノディングズ著，山﨑洋子・菱刈晃夫監訳『幸せのための教育』（知泉書館，2008年），日本ルター学会編訳『宗教改革者の群像』（知泉書館，2011年），M.H.ユング著，菱刈晃夫訳『メランヒトンとその時代―ドイツの教師の生涯―』（知泉書館，2012年），M.H.ユング著，菱刈晃夫・木村あすか訳『宗教改革を生きた人々―神学者から芸術家まで―』（知泉書館，2017年）など。

メランヒトンの人間学と教育思想
 ―研究と翻訳―

2018年7月20日　初　版第1刷発行

著　者　菱　刈　晃　夫

発行者　阿　部　成　一

〒162-0041　東京都新宿区早稲田鶴巻町514番地
発 行 所　株式会社 **成 文 堂**
電話 03(3203)9201(代)　Fax 03(3203)9206
http://www.seibundoh.co.jp

製版・印刷 シナノ印刷　　　　　　　　　製本 弘伸製本
© 2018 T. Hishikari　　　　　　　Printed in Japan
☆乱丁・落丁本はお取替えいたします☆　検印省略

ISBN978-4-7923-6115-0 C3037

定価(本体9000円＋税)